PUBLICATIONS

DE

L'ÉCOLE DES LANGUES ORIENTALES VIVANTES

IIIᵉ SÉRIE — VOLUME XV

FRANÇAIS DANS L'INDE

JOURNAL D'ANANDARANGAPPOULLÉ

LES
FRANÇAIS DANS L'INDE

DUPLEIX ET LABOURDONNAIS

EXTRAITS

DU JOURNAL D'ANANDARANGAPPOULLÉ

COURTIER DE LA COMPAGNIE FRANÇAISE DES INDES

(1736-1748)

TRADUITS DU TAMOUL

PAR

JULIEN VINSON

PROFESSEUR A L'ÉCOLE SPÉCIALE DES LANGUES ORIENTALES VIVANTES

PARIS
ERNEST LEROUX, ÉDITEUR
28, RUE BONAPARTE, 28
—
1894

TABLE GÉNÉRALE

Errata minora. . . . . (vij)
Introduction . . . . ɪ
Extraits divers (1736-1746). 1
Dupleix et Labourdonnais (1746). 23
Le siège de Pondichéry (1748). 145
Mots spéciaux et expressions locales. 321
Noms de personnes et noms géographiques 327
Index analytique 333

ERRATA MINORA

P. 1, note...... Depuis 1721.
— 2, l. 16...... Il s'agit de M. Claude Visdelou, évêque de Claudiopolis.
— 6, l. 5....... Canagarâyamodély.
— 131, l. 22 .... Akchaya.
— 141, note 2 ... 10 novembre 1746.
— 150, note 2 ... Une *garse* (et ailleurs).
— 152, note 2 ... Beau-frère de Dupleix.
— 160, l. 9..... Gengy.
— 173, l. 11 .... Prisonniers.
— 193, note, l. 15. Kerangal.
— 205, l. 7..... 27 — dimanche.
— 206, l. 6..... Aroumouga — Tilléappa.
— 224, note, l. 15. Valdaour.
— 237, note .... Ramazan.
— 240, titre cour. des assiégés.

N. B. — P. LXXVIII, l. 13. Il y a dans ce plan une erreur singulière *Topenelic* pour *Nellitoppe ;* je n'ai pas cru devoir la corriger par respect pour le dessinateur primitif.

INTRODUCTION

C'était presque un lieu commun, il n'y a pas bien longtemps, que l'incapacité colonisatrice des Français ; on trouverait encore un nombre important de politiciens avisés, de journalistes influents, de patriotes convaincus, pour affirmer doctrinalement que la France doit avoir beaucoup d'autres préoccupations que les questions coloniales et qu'après tout, les colonies « c'est l'affaire de l'Angleterre ». Lamartine, affirme-t-on, prétendait ainsi que les enfants, c'était « l'affaire de Victor Hugo ». Quoi qu'il en soit, ces opinions radicales paraissent s'être un peu adoucies depuis quelques années ; et ce n'est pas sans une certaine satisfaction que nous voyons de temps à autre des anti-coloniaux farouches nommés à d'importants emplois dans ce qu'on a si bien nommé « les Frances d'outre-mer ».

Mais c'est là un point de vue bien étroit. Je ne suis pas de ceux qui voient dans l'expansion coloniale, comme on dit aujourd'hui, soit une sorte de déversoir pour l'activité excessive d'un pays, soit un terrain d'exploitation industrielle ou commerciale, soit un pénitencier perfectionné. J'estime que les colonies intéressantes sont celles qui sont établies dans des pays de civilisation différente, inférieure à certains points de vue, où la nation colonisatrice doit s'attacher à faire l'éducation des indigènes, à provoquer leur amélioration matérielle et morale, et à créer, par le rapprochement des idées et des races, une race mixte pour ainsi dire qui puisse être en état, au bout d'un certain nombre de générations, de vivre d'une vie propre et indépendante, dans l'intérêt général de l'humanité.

Quand on conçoit ainsi la question coloniale et qu'on étudie l'histoire des derniers siècles, on ne peut que déplorer cruellement l'ineptie des ministres de Louis XV qui ont empêché la France de remplir le rôle glorieux auquel elle semblait destinée. L'Inde surtout nous a échappé de la façon la plus lamentable ; il n'est pas douteux qu'elle eût beaucoup plus progressé entre nos mains, depuis un siècle, que dans celles de l'Angleterre marchande, piétiste et monarchique. L'Anglais, toujours raide et immuable, est encore simplement superposé à la société indienne ; il a presque uniquement pris la place des potentats musulmans dont la domination était toute factice et extérieure : l'Empire de l'Inde n'est qu'un colosse aux pieds d'argile ; il n'y a aucun lien d'estime, d'affection ou de reconnaissance entre les gouvernants et leurs sujets.

Le Français, plus aimable, plus généreux, moins convaincu de son infaillible supériorité, a laissé partout des traces plus profondes et plus vivaces. Dans l'Inde même, je ne suis pas bien sûr que notre défaite ne soit pas regrettée par quelques-uns et que le nom de la France ne soit pas plus ou moins inconsciemment associé à l'œuvre inévitable et sans doute prochaine de la libération définitive. Après tout, il est encore agréable pour nous de constater que nous avons été les premiers, que l'Angleterre n'a fait que nous suivre et nous imiter, et que Clive, ses compagnons et ses successeurs ont profité de l'expérience des anciens gouverneurs de Pondichéry et continué à leur profit l'œuvre de Dupleix.

Ce livre a pour but d'apporter un contingent non sans valeur aux documents déjà connus touchant l'histoire de cet homme illustre et d'éclairer d'un jour nouveau la rivalité de la France et de sa rivale séculaire dans la vaste péninsule cisgangétique. Avant d'en montrer sommairement l'utilité ou l'importance, il convient de jeter un coup d'œil rapide sur la situation de la France et sur les agissements de nos compatriotes dans l'Inde au dernier siècle.

On sait que les Français, après avoir fondé leur principal établissement à Surate, s'emparèrent, le 25 juillet 1672, de Saint-Thomé, ou plus exactement Méliapour, sur la côte de Coromandel. Les Hollandais vinrent les y assiéger deux ans plus tard, et la place capitula le 6 septembre 1674. Quelques-uns des vaincus se réfugièrent, par mer, dans un petit village à une vingtaine de lieues au sud, qui s'appelait *Pudutchêri* « nouveau hameau », et où, depuis le 15 janvier, était établi François Martin, ancien gouverneur de Mazulipatam (1).

Comme l'indique son nom, *Pudutchêri* « nouveau hameau », Pondichéry, en 1673, n'était qu'un très modeste village (2), établi depuis peu de temps au bord de la mer et le long d'un étroit cours d'eau qu'on peut regarder comme un affluent de la rivière d'Ariancoupam. Ce cours d'eau, arrivant presque perpendiculairement au rivage, faisait, à environ 250 toises de la côte, un détour vers le sud et allait rejoindre la grande rivière à 600 toises environ plus à droite. Dans la boucle ainsi formée et le long de la rive

---

(1) Il y avait déjà des marchands français à Pondichéry au commencement de 1673; le principal paraît avoir été un sieur d'Épinay. Le vaisseau *le Flamand* y avait pris des *coulis* (manœuvres, hommes de peine) pour Saint-Thomé, en janvier 1673, et l'on y vint ensuite à diverses reprises chercher des lettres, des provisions, etc. La première mention du nom de Pondichéry que j'ai trouvée dans des récits de voyages est celle de Gautier Schouten, dans son *Voyage* de 1658-1665 ; il nomme, sur la côte orientale de l'Inde : Tranckebare, Lauripatnam, Trinilivas, Colderon, Portanova, Teguepatnam, *Poulecère*, Coulemour, Alamburi, etc. Les noms originaux sont parfaitement reconnaissables malgré les profondes altérations que l'écrivain leur a fait souffrir.

(2) Une légende veut que ce village ait été établi dans une *parcherie* (hameau habité par des parias) où le roi de Gingy avait vendu en 1624 (?) cent cinquante *kanis* de terre (90 hectares) à des Français. Le mot parcherie, *par'atchêri*, aurait été alors changé en *pudutchêri*.

gauche du petit fleuve s'étaient élevées des huttes de paille et de terre, des « paillottes », comme on dit encore aujourd'hui, ainsi que quelques maisonnettes de briques, habitées par des pêcheurs ou des petits marchands. A droite du cours d'eau, il y avait une vieille pagode. Les Français s'installèrent près de la mer, au nord des constructions indiennes ; nous savons notamment, par l'auteur du *Journal du voyage de Duquesne*, qu'en 1690 leur concession, comme on dirait en Chine aujourd'hui, se composait surtout d'un Fort qui n'était qu'un « quarré barlong, très irrégulier, n'y ayant que trois mauvaises tours rondes », avec un seul bastion régulier « du côté du jardin » ; à l'ouest, il n'y avait qu'une muraille « tombante » en briques recouvertes de chaux stuquée, sans talus, ni cordon, ni fossé, ni glacis. La plupart des habitants européens, au nombre de deux cents, logeaient dans le Fort, dont tous les bâtiments et entre autres l'église des Capucins n'étaient point encore achevés. Il y avait cependant hors du Fort quelques maisons européennes, à un seul étage et toutes blanchies à la chaux.

Dès 1678, la construction de la forteresse était commencée ; aucun ingénieur ou architecte ne surveillait les travaux ; on avait consulté seulement le traité de Manesson-Mallet sur l'art militaire. Ce n'était qu'un mur, autour de la maison de François Martin (les documents du temps le qualifient de « second de Pondichéry »), renforcé à l'ouest par deux bastions d'angle non flanqués. En 1688, le rajah de Gingy accorda à Martin, grâce à des négociations habilement menées par le capitaine Germain et un Indien nommé « Vitoulourapagy » (?), l'autorisation d'élever également deux bastions à l'est ; à cet effet, il concéda, à l'est des constructions existantes, un carré de terrain à enclaver dans l'enceinte. En 1690, le Fort n'était armé que de trente-deux petits canons « de deux, de quatre, de six et de huit livres de calibre » ; en 1691, Martin fit venir de Balassor, par l'escadre de Duquesne dix-huit canons plus gros qu'il fit disposer en batterie au bord de la mer. Les Hollandais, qui s'emparèrent de Pondichéry le 6 septembre 1693 et ne le rendirent qu'en 1699, complétèrent cette défense.

En 1701, lorsqu'on commença la construction du Fort Louis, l'ancien Fort formait un trapèze de 80 toises de large sur 150 de long, en moyenne, parallèle à la mer dans sa longueur. Le Fort Louis, qui était un pentagone régulier à cinq bastions, engloba un espace beaucoup plus considérable (environ 11,300 t. q. de surface), ce qui entraîna la démolition de beaucoup de paillottes et de maisons indiennes et l'expropriation de plusieurs constructions européennes, notamment du cimetière « des Français » qui se trouvait sur le glacis du Fort, au nord-ouest. Bientôt il n'y eut plus guère de maisons indiennes à l'est de la boucle du fleuve ; la ville noire, en s'agrandissant(1), recula de plus en plus dans l'intérieur, le long de la rive gauche, en s'élargissant vers le nord ; puis elle franchit la rivière et s'étendit au sud, jusqu'à une ligne menée dans le prolongement de son embouchure. La ville blanche s'étala des deux côtés du Fort Louis. Les Européens se firent des jardins au sud du cours d'eau ; il y eut notamment le grand jardin de la Compagnie, au sud-ouest de la Grande Pagode.

Quand l'enceinte fortifiée fut achevée, un canal fut creusé, parallèlement à la mer, entre la ville blanche et la ville noire, à partir de la courbure du fleuve. La ville était ainsi partagée en trois quartiers. Cette disposition existe encore aujourd'hui, et la ville a conservé les mêmes dimensions qu'en 1765, sauf à l'ouest où deux rues nouvelles ont été bâties depuis 1816.

De 1761 à 1765, les Anglais firent sauter toutes les fortifications et les principaux édifices de la ville. En 1769, Legentil installa son observatoire sur les ruines du palais du

---

(1) En 1703, on comptait à Pondichéry 30,000 habitants dònt à peine 2,000 chrétiens.

Gouvernement dans le Fort, dont il donne un dessin navrant. L'emplacement de la citadelle forme aujourd'hui la magnifique place du Gouvernement, où l'on a construit, au milieu, une fontaine et à l'entrée de laquelle, regardant la mer, se dresse, depuis le 16 juillet 1870, la statue de Dupleix (1).

On avait mis longtemps à construire l'enceinte fortifiée. Le Fort, commencé en 1702 et terminé en 1706, comprenait cinq bastions qu'on appelait le bastion *Dauphin* à l'ouest, construit en 1702; le bastion *de Bourgogne* au sud-ouest, en 1703; le bastion *de Berry* au nord-ouest, en 1704; le bastion *de Bretagne* au sud-est, en 1705, et le bastion *de la Compagnie* au nord-est, en 1706. Entre le bastion Dauphin et le bastion de Berry, il y avait un ravelin fait en 1704; en dehors de l'enceinte, à l'est, vers la mer, on avait établi en 1703 une double tenaille qui fut démolie quand fut construit au dehors le rempart du bord de la mer. On entrait dans le Fort par deux portes : la porte *Royale* à l'est entre les bastions de Bretagne et de la Compagnie, et la porte *Dauphine* au nord-ouest entre les bastions Dauphin et de Berry.

Pour bien montrer la position respective du nouveau Fort et de l'ancien, il suffira de dire que l'angle intérieur sud-ouest du vieux Fort était à 70 toises en dedans de la pointe du bastion Dauphin et à 42 toises de celle du bastion de Bourgogne; l'angle intérieur nord-est était à 45 toises du bastion de la Compagnie et à 60 toises du bastion de Berry, en dedans toujours bien entendu.

Une délibération du 12 mai 1721 décida l'achat, à un capitaine anglais venant du Pégou, de 99 pièces brutes et 84 pièces resciées de bois de teck, au prix de 4 pagodes

---

(1) Le compte rendu de la cérémonie a été publié à Pondichéry en 1870 ; on y trouve une description de la statue. Le piédestal représente des sacs à terre ; il paraît que les Indiens y voient des sacs de roupies. Cf. : *Inauguration de la statue érigée par la ville de Pondichéry à la mémoire du marquis Dupleix*, etc. Pondichéry, Impr. du Gouvernement, in-8°, 28 p.

(32 francs) les premières et 2 pagodes les secondes ; ces bois devaient être employés au « rétablissement » du bâtiment du Fort, à la construction des magasins, etc. En 1722, on travaillait encore aux murs de revêtement du Fort et nous trouvons une délibération du 26 octobre de cette même année qui ordonnait la démolition des murs et des bâtiments « de l'ancienne forteresse » pour construire trois magasins et deux casernes, à l'intérieur du nouveau Fort évidemment.

La ville n'était entourée que de haies, avec des batteries aux angles, qu'on appelait, en partant du nord-est, le *Fort Saint-Louis,* la redoute (avec porte) *de Madras*, la redoute *du Nord-Ouest*, la redoute (avec porte) *de Valdaour*, le *Fort Sans-Peur* (à l'angle sud-ouest), *la petite batterie*, le *Fort Saint-Laurent ;* les glacis de la Forteresse au sud-ouest touchaient presque au cours d'eau qui délimitait la ville. La Forteresse ne paraît pas avoir eu de nom propre avant 1706 (1); on disait « la Citadelle ou le Fort de Pondichéry » ; puis on lui donna le nom du roi de France, ce qui est tout naturel, vu les habitudes du temps. Certains écrivains ont dit que le Fort Louis tirait son nom d'un capucin, le père Louis, qui en avait dirigé la construction. Mais ce fait est inexact ; comme on le verra plus loin, le père Louis ne commença à s'occuper des travaux de fortification de Pondichéry qu'en 1724 et le *Fort Louis*, ainsi dénommé dès 1706, avait été construit de 1702 à 1706. Un plan, de 1704, montrant les parties alors construites, celle en projet et le reste de l'ancienne citadelle, est signé *Denyon :* c'est sans doute le nom de l'officier ou de l'ingénieur qui a dirigé les

---

(1) Luillier, qui accompagnait à Chandernagor la fiancée de Dulivier, s'arrêta à Pondichéry du 12 au 22 juillet 1702. Il raconte que la ville, très peuplée, avait environ quatre lieues de tour ; qu'on « y faisait bâtir un nouveau Fort » outre lequel « il y en a encore neuf autres petits pour défendre la ville des Maures ». La garnison comprenait trois compagnies de soldats de France et trois cents *topas*.

travaux ; il y avait encore à Pondichéry, en 1715 et 1716, un M. Denyon, « Commandant, Premier Capitaine, Ingénieur du Roi ».

Depuis longtemps on se préoccupait d'entourer toute la ville, en l'agrandissant, d'un mur d'enceinte avec bastions, portes, etc., mais on reculait devant la dépense. Une délibération du 3 juin 1724 accepta l'offre d'une souscription faite dans ce but par les habitants notables. Ils consentaient à l'établissement d'une taxe spéciale, à la condition que cette contribution ne serait perçue que jusqu'à l'achèvement des travaux et que la Compagnie des Indes contribuerait aussi de son côté à la dépense. Il fut entendu que M. Dumas, juge de la chauderie, établirait le prorata de la taxe proportionnellement à la possibilité de chaque habitant ; M. Legou, conseiller, était spécialement chargé de la perception. L'engagement, sur *ôles* (1), est daté du 25 mai 1724 et signé d'une part par le Gouverneur et les Conseillers MM. Beauvollier de Courchant, Dumas, Legou, Vincens, Dirois, Dulaurens, et de l'autre par le chevalier Guruvappa (2) « chef des malabars » et par les divers chefs de castes. Il est intéressant de donner ici la liste des castes alors reconnues et établies à Pondichéry ; le nombre des signatures, que je donne entre crochets, correspond sans doute à l'importance respective de chaque caste ; je conserve l'orthographe originale : « Vellala [4], Cavaret [5], Agambadé [4], Tisserands [6], Tisserands de Bételle [4], Comuttys [1], Pasteurs [4], Chettys [3], Tisserands de guingams [2], Huiliers [3], Pallys [1], Jagrens [1], Batteurs et nettoyeurs de coton [1], Maures ou Cholîas [3], Pottiers de terre [2], Pêcheurs [2], Blanchisseurs [4], Orfèvres [2], Charpentiers [2], Serruriers [2], Cuivriers [2] » (3).

(1) Feuilles de palmier.
(2) Nous en reparlerons plus loin.
(3) Les *Vellâlas* ou *Vellâjas* sont essentiellement des propriétaires cultivateurs. Les *Kavar'ei* sont originaires du pays télinga ; ils sont marchands

La direction des premiers travaux fut confiée au père Louis, capucin, dont les capacités étaient reconnues et qui avait déjà fait construire la chapelle du Fort. Il avait été chargé, par une délibération du 3 mars 1724, de remplacer M. Delarche, un commis de la Compagnie, qu'on avait nommé ingénieur en 1722 et qui n'était, paraît-il, « ni ingénieur, ni architecte », qui avait fait les « magasins trop bas », et qui était à la fois « insouciant et négligent ». Le 8 février de cette année 1724, on avait décidé de faire curer les fossés du Fort Louis, mis à sec par la chaleur et qui exhalaient une « puanteur » désagréable. Du reste, l'armement était très défectueux : le 18 août 1724, le conseil constatait que les canons étaient « chambrés et trop courts » et prenait la résolution de faire débarquer du vaisseau *le Lys* dix canons avec leurs affûts et 300 boulets. Le 16 juillet 1725, on constate encore que les canons sont « chambrés, affaiblis, rouillés », et on demande à M. Desboisclair « de faire débarquer de son escadre les canons qui lui seront inutiles pour son retour en Europe » ; à la même époque, on n'avait à Pondichéry que « 10,000 livres de poudre d'Europe ».

Le 27 septembre 1726, on décidait qu'il y avait lieu de continuer à exécuter « l'ancien plan » et à percer les rues de la Porte neuve de Madras, de Valdaour, et les trois rues des Tisserands qui sont parallèles. On prenait en même temps la résolution de démolir les paillotes et les maisons en briques qui existaient encore sur les glacis du Fort, au nord, ainsi qu'on l'avait précédemment fait au sud ; le cime-

---

ambulants. Les *Agambadé* sont probablement les *agamudei*, subdivision des Vellâjas. Les *Kômuttis* sont des négociants, ainsi que les *Çettis*. Les *Pallis* sont des cultivateurs. Les *Jagrens* sont peut-être les *Çakkilis*, cordonniers. Les *Choulias* sont des marins, négociants, armateurs, d'origine arabe (et non persane) : ils parlent tamoul, mais ils écrivent avec l'alphabet arabe. Je ne sais ce que peuvent être les « tisserands de Bételle », il doit y avoir là des erreurs de copie. On sait que les *guingams* sont des toiles d'une espèce particulière.

tière des Français, qui était en haut du glacis, devait être transporté dans l'enclos des Capucins, près de l'église (1). Une délibération du 15 novembre 1726 ordonnait d'ailleurs de faire, au nord du Fort, un autre cimetière pour les « topas et autres gens du pays » (2). A ce moment, les deux magasins à côté de la porte royale étaient terminés et servaient de casernes ; ils avaient un premier étage voûté ; il ne restait plus qu'à construire un second étage qui devait contenir les approvisionnements de riz pour une année. Le père Louis avait fait disposer, sous le rempart, derrière les casernes, des cuisines et des *godons* (3) voûtés. Les murs de revêtement construits par M. Delarche étaient en mauvais état et menaçaient ruine ; il fallait les remettre en état. Il y avait encore à construire au bord de la mer des magasins et une douane ; et, au grand bazar, une salle de justice et une prison pour les indigènes. M. Deidier, ingénieur, arrivé d'Europe ou des Iles, fut très satisfait des travaux exécutés sous la direction du père Louis.

La Compagnie des Indes était d'accord avec ses représentants dans le pays. Elle leur écrivait de Paris, le 28 décembre 1726 : « Faites fabriquer le plus de poudre possible à Pondichéry. Achetez sur place les matières nécessaires. Vous avez bien fait d'envoyer dans ce but le vaisseau *le Pondichéry* au Pégou. La Compagnie veut consacrer, en trois ans, 12,000 pagodes (environ 100,000 fr.) à la construction de l'enceinte autour de la Ville ».

Une autre lettre de Paris, du 25 septembre 1727, constate que les murs de l'enceinte sont à moitié construits sur une longueur de 650 toises : ils ont neuf pieds de haut, sur

---

(1) En 1845, un terrain de 3000 m. q., hors ville, fut affecté au nouveau cimetière des Européens.

(2) Transporté hors ville en 1827.

(3) Les Anglais écrivent *go-down*. C'est proprement un magasin de réserve, un office, un cabinet à mettre les provisions. La forme originale tamoule est *kiḍangu* « magasin, grenier, hangar ».

quinze qui sera la hauteur définitive; la Compagnie prescrit d'y faire travailler sans discontinuer. On pourra dépenser cette année 1,500 pagodes dont la Compagnie fournira 800 ; le reste devra être produit par les souscriptions des habitants et par les amendes. La Compagnie annonce aussi l'envoi de cinquante canons de 18 et elle recommande de faire finir les casernes, rétablir le pont de la Porte royale, faire construire une voûte sur le bastion de Bretagne pour y mettre la presse à presser les balles de marchandises. Il y avait aussi à reconstruire, pour 5 à 600 pagodes, la poudrière hors ville qui avait pris feu en mai 1727, coûtant la vie à treize ou quatorze personnes. Quant au Fort et au Gouvernement, on ne devait s'en occuper qu'après l'enceinte.

Le 25 janvier 1728, le Conseil de Pondichéry écrivait à la Compagnie que le père Louis avait en peu de temps fait construire une maison très solide pour M. Lenoir, le Gouverneur, et que ce vaillant capucin travaillait avec tant d'ardeur, du matin au soir, que, dit la lettre, « nous craignons qu'il ne soit malade » ; aussi se proposait-on de faire « présent à la communauté d'eau-de-vie, vin ou autre chose ». Depuis le mois de juin 1727, on avait continué l'enceinte, à partir de la nouvelle porte de Madras, jusqu'aux fondations du corps de garde attenant au bastion *(Saint-Louis)* qui devait être élevé au bord de la mer, au nord, soit sur une longueur de 420 toises, dont 200 avaient déjà quinze à dix-sept pieds de haut. Il y avait, dans cet espace, deux bastions, un neuf *(d'Anjou)* qui avait la même hauteur, un vieux *(d'Orléans)* bâti par les Hollandais (de 1693 à 1699) qui était plus haut mais qu'on avait « rasé à la même hauteur ». La dépense s'était élevée à 3,700 pagodes dont 1,900 au compte de la Compagnie et 1,218 fournis par les amendes et les saisies (1). On se préoccupait peu de la défense faite

---

(1) Un tiers de ces amendes était affecté à la solde des troupes. Les 1,218 pagodes formaient donc les deux tiers de la perception totale.

en 1723 par le Nabâb d'Arcate, au nom du Grand Mogol, de continuer les fortifications. En 1728, on obligea de nouveau les employés à payer « la taxe pour fortifications » qu'ils ne payaient plus depuis février 1725. Le 30 janvier 1729, on constatait que la poudrière et le bastion nord *(Saint-Louis)* du bord de la mer étaient finis. On avait construit au nord, jusqu'à la mer, 172 toises de murs, avec un corps de garde pour soldats français, une chambre d'officier, une poudrière voûtée, un corps de garde pour soldats topas, un bastion d'angle avec une petite rampe « pour monter dessus » et trois « petits souterrains ». La hauteur du rempart était de 2 toises 2 pieds 6 pouces ; celle du bastion de 3 toises 3 pieds 6 pouces. Depuis le bastion *Sans-Peur* on avait élevé, vers le sud, 60 toises de murs de huit pieds de haut. La dépense totale s'était élevée à 4,400 pagodes dont 852 avaient été produites par la contribution des habitants. On avait aussi construit, dans le Fort, une halle voûtée de 73 pieds sur 21 et, au bord de la mer, un bâtiment couvert en tuiles destiné à faciliter aux employés l'embarquement et le débarquement des marchandises.

Cette halle « pour la visite des marchandises » ne fut terminée qu'en mai 1729. ainsi qu'il résulte d'une autre lettre du 31 janvier 1730. Cette lettre nous apprend de plus qu'on avait augmenté l'enceinte, au sud, de 217 toises à neuf pieds de hauteur, avec une porte *(de Villenour)* flanquée de deux demi-bastions (qui avaient six toises de face, six et demi de flanc et quinze pieds de haut ; c'était aussi la hauteur de la courtine longue de 65 toises). Des deux côtés de la porte, il y avait deux corps de garde, l'un pour les Européens, l'autre pour les Topas. Il y avait, « pour monter », deux rampes, sous lesquelles étaient ménagées d'un côté une poudrière, de l'autre une cuisine, une décharge et une prison. On avait continué les murs, en fondations, sur une longueur de 154 toises, jusqu'en face du jardin de la Compagnie ; il devait y avoir là un bastion (de *La Reine*) de dix toises de face et cinq de flanc. Dans le Fort, on avait construit deux corps de logis. L'ingénieur M. Deidier avait fait faire en ville une nouvelle poudrière, beaucoup plus éloignée du Fort que l'ancienne. On avait dépensé 1,773 pagodes.

Les fortifications furent considérées comme terminées en 1736, car une délibération du 22 juillet supprima la taxe spéciale consentie par les habitants en 1724. Il restait pourtant à faire les parapets ; on avait aussi à reconstruire, en pierres et briques, suivant le devis du père Louis, le pont de la porte de Goudelour. Le rempart du bord de la mer consistait en un mur de 170 toises fondé à chaux.

On put alors s'occuper de constructions d'un autre ordre. En 1734, on avait commencé un hôpital ; en 1736, un hôtel des monnaies qui fut terminé en 1738 et qui avait coûté 5,520 pagodes. En 1738, on acheta pour 1,300 pagodes une maison appartenant à un indien pour en faire une « batterie de toiles ». Le 12 mai 1739, on décidait la reconstruction des six blanchisseries de toiles qui étaient près de la porte de Madras ; elles étaient en ruines et les toiles y étaient « gâtées par les *carrias* » (1). Le 10 novembre 1739, une délibération autorisa l'achat pour 1,200 pagodes d'un immeuble qui en avait coûté plus de 5,000 : c'était un jardin à l'ouest du Fort, qui mesurait cinquante toises du nord au sud et soixante-treize de l'est à l'ouest ; il y avait là une jolie maison construite en 1738, avec cuisine, écurie, basse-cour, etc. : on se proposait d'y loger « les Seigneurs Maures » qui viendraient à Pondichéry. L'hôpital, commencé en 1734, n'était pas encore fini le 2 janvier 1738, faute de chaux « rare cette année » ; cette nouvelle œuvre du père Louis était, paraît-il, manquée : c'était laid et mal construit ; on avait dû mettre partout des contreforts qui rendaient les

---

(1) Du tamoul *Kar'eiya*, insectes très abondants dans l'Inde et qui dévorent rapidement les matières animales ou végétales. Tous les commissaires de la marine connaissent la légende des barres de fer disparues et portées dans les inventaires comme « rongées par les cariahs ».

salles obscures. On venait de commencer les fondations du nouveau Gouvernement ; l'ancien avait dû être abandonné en 1737 : les poutres étaient pourries, les murs avaient perdu leur aplomb ; et il avait fallu louer pour trois ans, moyennant un loyer de 240 pagodes par an, une maison appartenant à M. Febvrier pour y mettre la salle du Conseil, le Secrétariat, le Notariat, le Greffe, etc.

Le 2 janvier 1738, on écrivait aussi de Pondichéry à la Compagnie que les plates-formes des bastions de la ville et du Fort d'Ariancoupam étaient en partie prêtes.

Les défenses de Pondichéry consistèrent dès lors, outre le Fort avancé d'Ariancoupam, à une lieue et demie au sud-ouest, outre une ligne de barrières et de palissades *aux limites* (1), en une citadelle dont nous avons donné plus haut la description, le Fort Louis, et en une enceinte continue bastionnée. Au bord de la mer, devant le Fort, la défense était naturellement moins considérable ; il y avait là un mur avec des batteries centrales et deux batteries en forme de bastions, la batterie *Royale* au sud et la batterie *Dauphine* au nord ; exactement au milieu s'ouvrait la porte *marine* correspondant à la porte *royale* du Fort. Quand au reste de l'enceinte, avec chemins couverts, fossés et glacis, elle comprenait dix bastions et quatre portes, à savoir, en partant du bord de la mer au nord : le bastion *Saint-Louis*, le bastion *d'Orléans*, le bastion *d'Anjou*, la porte *de Madras*, le bastion *Nord-Ouest*, le bastion *Saint-Joseph*, la porte *de Valdaour,* le bastion *Sans-Peur*, la porte *de Villenour*, le bastion *de La Reine*, le bastion *de l'Hôpital*, la porte *de Goudelour,* le bastion de *la petite batterie* et le bastion *Saint-Laurent*. Au sud et dans une île, en avant de

---

(1) Ces limites étaient à une demie-lieue des remparts de la ville, au sud principalement, vers Ariancoupam. Suivant M. Laude, dont je citerai plus loin la publication, c'est cet endroit que les Indiens auraient nommé *Contésalé* (en tamoul *Kuṇḍuçâlei* « salle, endroit, place, portée des boulets (?) ».

ces deux derniers bastions, il y avait une redoute dite redoute de *Saint-Thomas*. Dans le Fort, il n'y avait plus que des édifices publics : l'église ou chapelle Saint-Louis à l'ouest en face du bastion Dauphin (1), la salle d'armes et des casernes au nord-ouest devant le ravelin, le Gouvernement neuf avec son vaste perron entre les bastions de Berry et de la Compagnie, et en face, au sud, le magasin des vivres entre les bastions de Bourgogne et de Bretagne ; vers la porte royale, se trouvaient, en allant du dedans au dehors, la salle de visite des toiles, les bureaux, les magasins, la poudrière et un corps de garde. Dans le bastion de Berry, au milieu, il y avait un pigeonnier ; entre le magasin des vivres et le rempart s'élevait le mât de pavillon. L'ancien Gouvernement, avec un assez grand jardin et de nombreuses dépendances était en dehors du Fort, au nord, à environ une centaine de toises du Gouvernement neuf.

Les édifices religieux étaient relativement nombreux à Pondichéry. Les Capucins qui étaient arrivés dans l'Inde, dit-on, en 1640, s'y étaient établis vers 1660 ; on leur avait construit, dans le Fort, une église qui n'était pas finie

---

(1) Dans cette chapelle, construite par les soins du Père Louis, fut enterré le premier Gouverneur, François Martin, mort le 30 décembre 1706 ; l'acte de sépulture se termine par cette phrase caractéristique : « Pondichéry lui a obligation de ce qu'il est aujourd'hui ». Des fouilles, faites il y a deux ans pour retrouver la tombe de Martin, sont restées infructueuses. L'histoire de Martin est des plus intéressantes : né à Paris, fils naturel reconnu d'un gros épicier aux Halles, chassé par son frère légitime à la mort subite de leur père, il se plaça garçon épicier. Renvoyé pour avoir épousé une marchande de poisson des Halles, il vécut avec elle deux années extrêmement pénibles. A bout de patience, il abandonna sa femme un beau matin et entra au service de la Compagnie des Indes. Vingt-deux ans plus tard, devenu Gouverneur et Général de Pondichéry, il écrivit son histoire à la Compagnie qui fit rechercher sa femme à Paris. Ses agents la trouvèrent par hasard dans la rue, colportant « de la marée ». On l'expédia à Pondichéry avec sa fille ; elle y arriva en 1685 environ et sut fort bien y tenir son rang ; en 1702, elle reçut on ne peut mieux Luillier et sa cousine, la fiancée de Dulivier, alors Commandant au Bengale. Mlle Martin fut mariée avec M. Bureau des Landes, agent au Bengale. Mme Martin avait cinquante ans environ en 1690.

en 1690 ; mais ils prirent possession dès 1684 d'une église construite hors du Fort, sous le vocable de Saint-Lazare, aux frais d'un Indien, « chef des marchands malabars de la Compagnie française », Lazare de Mota (?), qui leur légua de plus le terrain et les bâtiments en 1686. Le 1er juillet de cette même année, ils acquirent, de divers particuliers, un autre terrain qui, joint à ceux que leur avaient donné la Compagnie et le chef local indigène, formait un carré de 20 toises de côté. On le leur prit le 11 août 1688 pour construire la fausse braye et le bastion détaché au nord du vieux Fort ; mais le 16 décembre 1702, on leur donna à la place un terrain de 48 toises carrées, à environ 100 toises au sud-est du Fort. Il y avait sur ce terrain des maisons de briques et des paillottes, appartenant à des Indiens auxquels on dut en rembourser la valeur (119 pagodes 22 fanons, soit 857 fr.) ; les matériaux furent laissés aux Capucins. Sur le terrain pris en 1688, ils avaient commencé à construire un hospice « qui fut mis bas » et qui avait coûté déjà 315 pagodes de Paliacate (2,270 fr.)

L'église Saint-Lazare qui était au sud-est du Fort ne servit que jusqu'en 1709. Le 15 août de cette année, les Capucins avaient pris possession d'un nouvel édifice. Celui-ci menaçant ruine à son tour, les Capucins furent autorisés le 15 août 1739 à en rebâtir un autre sur un emplacement plus éloigné du Fort, derrière l'ancien ; cet emplacement, formé de deux pièces de terre où étaient construites les maisons Chevalier et Bouteville, coûta à la Compagnie, en tout, 1,042 pagodes (7,400 fr.), 742 pour la première et 300 pour la seconde. La hauteur de l'église fut fixée à 35 pieds. L'ancienne église était à 80 toises de l'angle du bastion du Fort le plus rapproché (le bastion de Bretagne) ; le portail de la nouvelle devait se trouver à 100 toises du même bastion, mais au devant devait s'étendre une cour fermée d'une claire-voie et mesurant 42 toises de long sur 16 de large, qui arrivait à 50 toises du bastion.

En 1757 et 1758 on travaillait encore à cette construction : on célébrait déjà l'office dans un des bas-côtés de l'édifice neuf; quant à l'ancienne église, on dut la démolir entièrement, parce qu'elle menaçait à chaque instant de s'écrouler. Cette église fut détruite par les Anglais après 1761 (1).

Le 2 août 1765 fut consacrée une nouvelle église des Capucins, Notre-Dame-des-Anges, sur les ruines de l'ancienne; en juillet 1803, le général Binot s'en empara pour en faire un hospice.

Il est intéressant de rappeler ici que l'église actuelle est perpendiculaire à la mer comme l'était la première église des Capucins, celle de 1684. La seconde était, au contraire, parallèle à la côte.

Outre l'église extérieure, Saint-Lazare ou Notre-Dame-des-Anges, il y avait la chapelle ou l'église du Fort dédiée à Saint Louis, construite probablement vers 1714. Cette chapelle était proprement la paroisse officielle, l'église des blancs; l'autre fut primitivement la paroisse des indigènes.

Les Jésuites commencèrent, en 1685, les fondations d'une église dédiée à la Sainte Vierge (Notre-Dame de la Conception), sur un terrain que leur avait donné, en 1675, Tanapamodéliar. Cette église, bâtie à la hâte en briques et en terre, était petite et incommode; aussi, le 28 mai 1728, le Conseil leur permit-il d'en rebâtir une autre, « pourvu qu'elle n'eût pas plus de 59 pieds d'élévation et qu'elle

---

(1) En 1827, pendant les travaux nécessaires pour les fondations du phare et du mât de pavillon, on trouva enfouie dans le sol la cloche de cette église. Elle portait l'inscription suivante : « *Je porte le nom de Dame Jeanne Albert* « *épouse du sieur Joseph François Dupleix, Ecuyer, Gouverneur de Pondichéry* « *et suis vincens ou 2000 par mon poids. Ego sum vox clamantis in deserto.* « *A Pondichéry. 1756. Fondeur Arlapen* ». On aura remarqué le jeu de mots sur le nom du premier mari de Madame Dupleix, Vincens. La cloche fut donnée en 1827, aux Missionnaires qui la firent fondre, et vendirent le métal pour faire de la monnaie. Le produit de la vente servit à acheter la cloche de l'église de la ville noire.

fut au moins à une distance de 110 toises du Fort(1) ». En 1740, ils furent également autorisés à rebâtir leur maison. La même année, ils obtinrent la permission de construire à Oulgaret une église « sur le modèle de celle que Mgr l'archevêque d'Ada. du rit chaldéen, a fait élever à ses frais à Ariancoupam » en 1741 ; l'église d'Oulgaret fut construite aux frais du courtier de la Compagnie Pedro Canagarâyen « qui avait perdu son fils unique » ; elle fut ouverte au public le 30 novembre 1745, sous l'invocation de Saint André. L'église d'Ariancoupam, consacrée à Notre-Dame-des-Anges, dut être rebâtie en 1837.

Le 16 octobre 1745, on avait tracé dans l'église des Jésuites, à Pondichéry, suivant une décision du pape Benoît XV, une ligne de démarcation entre l'espace réservé aux gens de castes et celui affecté aux parias.

Le 20 juin 1792, eut lieu la dédicace de la nouvelle église des Missionnaires, construite sur les anciennes fondations de celle des Jésuites. Auparavant, les Missionnaires avaient leur église spéciale dans la rue du Grand-Bazar ; elle avait été consacrée, le 13 octobre 1745, sous l'invocation de « la très Sainte Vierge présentée au Temple ». Le terrain, rue du Grand-Bazar, avait été donné aux Missionnaires, en 1720, par une nommé Pouchiammalle.

L'église des Jésuites et celle des Missionnaires furent détruites par les Anglais après la capitulation du 15 janvier 1761.

Il n'y a plus aujourd'hui que deux églises catholiques à Pondichéry : dans la ville noire, celle des Missionnaires sur l'emplacement de celle des Jésuites, rue des Missions ; et, dans la ville blanche, l'église paroissiale de Notre-Dame-des-Anges, ancienne église des Capucins, rue des Français,

(1) Par la même délibération, on permit aux habitants de construire à leurs maisons un étage, vu que « l'enceinte des murs ne permettant plus de s'étendre pour bâtir, ils regagneront en hauteur ce qu'on ne pourra plus leur donner en largeur et longueur ».

dont le fond touche à la rue des Capucins. Un temple protestant fut construit dans le courant de ce siècle, rue de la Monnaie, tout près du Collège colonial, qui a sa chapelle particulière. Ce collège, laïque jusqu'en 1847, fut alors confié à la congrégation des Missions Étrangères. Il leur fut repris en 1878, pour être administré par les prêtres du Saint-Esprit ; mais il leur fut rendu, en 1887, après la création de l'archevêché « ordinaire » de Pondichéry (1).

Je ne crois pas qu'il y ait eu à Pondichéry aucune communauté de femmes avant 1738. Une délibération du 15 décembre de cette année concédait aux Ursulines, pour y tenir école, un terrain au bout de la rue des Français, vis-à-vis de la maison de M. le Notre de la Morandière, depuis la rue du Bazar, du sud au nord, jusqu'au chemin de ronde du bord de la mer, vers le corps de garde du bastion Saint-Laurent. Il y avait sur ce terrain des maisons et des paillottes dont il fallut rembourser le prix aux propriétaires.

A Karikal, l'église Notre-Dame-des-Anges fut construite sous le commandement de M. Fleurin, de 1765 à 1770, pour le compte de la Compagnie.

A Chandernagor il y avait deux églises : l'église Saint-Louis, « dans la Loge », et l'église Notre-Dame-des-Anges en dehors.

A Mahé, l'église catholique était dédiée à sainte Thérèse.

Dans les premiers temps de l'occupation, le service religieux était fait un peu au hasard, pour ainsi dire, par les prêtres qui se trouvaient là. Dans les établissements français de l'Inde, à Pondichéry notamment, il y eut d'abord uniquement des Capucins (et avec eux un cordelier en 1690), puis des Missionnaires, puis des Jésuites qui commencèrent

---

(1) En 1722, les Jésuites tenaient, paraît-il, à Pondichéry un collège où l'on comptait douze professeurs. En 1790, les Missionnaires avaient un séminaire avec trente élèves indiens et un collège. Il convient de rappeler qu'en 1770 les évêques de l'Indo-Chine vinrent établir à Virampatnam leur séminaire indigène ; il y demeura quelques années.

par n'y venir qu'en passant et s'y fixèrent après la ruine de leur mission de Siam. Ces divers religieux, animés sans cesse d'une rivalité jalouse, étaient en hostilité perpétuelle. Le Gouvernement laissait faire et se désintéressait de la question. Cependant, dès le 11 septembre 1703, nous voyons le Conseil supérieur de Pondichéry, qui réunissait les pouvoirs administratifs et judiciaires, accueillir l'appel comme d'abus du Procureur Général contre les agissements du cardinal Maillard de Tournon, patriarche d'Antioche, *legat à latere* du pape, visiteur apostolique aux Indes et à la Chine, qui demeura à Pondichéry du 9 novembre 1703 au 11 juillet 1704. L'arrêt interdit au légat de faire aucun acte de juridiction avant que « ses facultés aient été registrées et vérifiées » par le Conseil, « sous telles modifications que ledit Conseil verra être à faire ». Le 20 février 1716, le Conseil déclare nulle et de nul effet la publication d'un document « en langue malabare », venu de Rome, par cette raison qu'aucun bref, bulle, mandement, etc., ne pouvait être publié sans avoir été préalablement soumis au Conseil.

Le 7 mai 1709, le Conseil confisqua et annexa au domaine de la Compagnie un terrain dont les Jésuites se disaient propriétaires sans avoir voulu ou pu justifier de leurs titres. Ce terrain, qui formait un rectangle de 240 toises sur 60, se trouvait tout près de la rivière d'Ariancoupam, en face de l'île des Cocotiers, à 240 toises au sud-ouest du Fort.

Mais ce ne fut guère que sous le second Gouvernement de M. Lenoir (1726-1733) qu'on paraît s'être occupé d'organiser en quelque sorte un service public religieux.

A Pondichéry, depuis la visite de M. de Tournon, les Jésuites français, auxquels une ordonnance royale de mars 1695 avait permis de s'établir aux Indes (en 1702, il y avait à Pondichéry cinq Pères Jésuites et un frère), possédaient en fait la cure des Malabars, c'est-à-dire des indigènes vêtus à la mode du pays, et les Capucins celle des gens habillés à l'européenne, blancs, créoles, métis, etc. En droit, ce fut seulement à la mort du Père Esprit de Tours (2 janvier 1738), qui exerçait les fonctions de curé de la ville blanche « depuis plus de quarante ans » (il avait été précédé dans ses fonctions par le Père Félix), que l'existence de cette cure fut reconnue, quoique jamais, à proprement parler, il n'y ait eu érection de cure. Le Conseil présenta à la nomination de l'évêque de Saint-Thomé le Père Dominique de Valence, capucin ; le 13 février suivant, l'évêque nomma le Père Dominique curé de l'église paroissiale de Pondichéry et de son annexe. L'église paroissiale était celle du Fort « sous le vocable de Saint-Louis », et l'annexe était Notre-Dame-des-Anges, hors du Fort.

Les Capucins continuèrent à faire le service jusqu'à l'établissement d'un Préfet apostolique, en 1776. En 1702, ils se composaient de trois pères et d'un frère ; en 1728, ils étaient au nombre de deux et recevaient chaque année de la Compagnie 800 livres ; on porta bientôt ce chiffre à 1,000 livres. En 1738, on leur allouait 1,200 livres par an, ce qui était fort peu, car ils devaient être au nombre de six : deux pour dire deux messes dans le Fort, à cinq heures et demie, « avant la garde montante », et à sept heures et demie ; trois pour l'église de la ville, et un pour le grand hôpital. En 1750, ils touchaient 500 livres par an chacun.

Le Conseil, d'ailleurs, prétendait aussi exercer son « patronage » sur la cure de la ville noire ; mais les Jésuites résistaient, alléguant que c'était « une mission indépendante » ; ils paraissent avoir obtenu gain de cause. Une lettre pastorale de l'évêque de Saint-Thomé, du 15 novembre 1712, avait nettement délimité le domaine des Jésuites et celui des Capucins ; cependant, ces derniers se plaignaient continuellement des envahissements de leurs pieux émules : le 21 août 1749 notamment, ils articulaient que « les Jésuites, non contents d'avoir à eux les chrétiens habillés à la malabare, donnent la communion à des matelots et à des soldats ». On sait qu'après la suppression des Jésuites, les Missionnaires leur furent substitués dans les mêmes conditions; un arrêt du Conseil du 25 avril 1769 avait attribué aux Missionnaires tous les biens, meubles et immeubles des Jésuites.

A Chandernagor, il y eut d'abord des Jésuites pour « aumôniers ». Le 18 décembre 1695, une « patente » du Père Louis de Piedade, « visiteur de M. l'évêque de Saint-Thomé au Bengale », établit « curé des Français et des gens à leur service » le Père Dolu, jésuite, ou, en son absence, « tel autre prêtre qui sera présenté par la royale Compagnie de France ». Un mandement de l'évêque de Saint-Thomé, du 10 avril 1696, confirma cette patente; il n'y avait alors à Chandernagor qu'une église, celle de Saint-Louis, dans la loge française. Le curé de Chandernagor se trouvait ainsi, en quelque sorte, un fonctionnaire français dépendant des autorités de la loge. Une pareille situation ne pouvait convenir à des Jésuites; aussi, le 23 mai 1698, « à l'insu de la Compagnie », obtinrent-ils de l'évêque de Saint-Thomé une lettre pastorale qui érigeait à Chandernagor une paroisse distincte de celle de la loge, sous le vocable de « Notre-Dame-des-Anges », et en nommait curé le même Père Dolu; l'église en question ne fut bâtie que plus tard. Sur les instances du Gouverneur de Pondichéry, l'évêque révoqua cette lettre pastorale le 3 juillet 1705, d'après « les ordres du Roi de Portugal ». La Compagnie, d'ailleurs, avait prescrit de ne jamais appeler de Jésuites aux fonctions de curé ou d'aumônier dans ses possessions coloniales. Néanmoins, « par la faiblesse des Directeurs français », les Jésuites restèrent de fait en possession de la cure de Chandernagor. Mais, en 1730, le Père Pons, qui s'y trouvait, refusa de « coucher dans la loge et d'y dire la messe tous les jours », comme avaient fait ses prédécesseurs. Son supérieur de Pondichéry affirma qu'il lui donnait l'ordre de le faire; le Père Pons n'obéit point. Le

Conseil supérieur voulut profiter de l'occasion pour trancher dans le vif; il envoya à Chandernagor un Capucin, le Père Albert Saldin. Celui-ci s'installa dans la loge, dit la messe, fit des mariages, etc. Les Jésuites le déclarèrent excommunié *ipso facto,* remarièrent les gens qu'il avait mariés et lui occasionnèrent, soutenus par Dupleix, tant d'ennuis qu'il s'en revint à Pondichéry. Le Conseil tint bon. Les Jésuites portèrent le différend en France. Ils firent successivement deux arrangements avec la Compagnie, et enfin, en 1733, la cure de Chandernagor leur fut définitivement attribuée, sous diverses conditions. Le premier curé nommé, sur présentation du Conseil supérieur de Pondichéry, par l'évêque de Saint-Thomé, fut le Père Deschamps (1733), et le second le Père Charles de Montalembert (1738). L'église paroissiale de Chandernagor « *intra muros* » était celle dédiée à Saint Louis. Dans le dossier très considérable relatif à cette affaire, je relève la lettre suivante, écrite à Dupleix, de Pondichéry, le 26 juin 1732 :

« Nous avons lu avec attention, Monsieur, vos réponses en apostilles à quelques articles de notre lettre du 16 mars ; nous ignorons ce que vous voulez dire par : l'auteur de cette lettre. Vous savez que nous ne signons pas de lettre sans les lire au Conseil et que chacun est libre d'y augmenter ou diminuer ; les lettres qui s'écrivent au Conseil ne sont point le fait d'un particulier.

« Il est inutile d'entrer dans le détail des moyens dont vous vous êtes servi pour rétablir les Jésuites contre nos ordres formels ; la Compagnie en jugera sans partialité sur les pièces que nous lui avons envoyées ; nous nous flattons qu'elle sera parfaitement instruite des moindres particularités de cette affaire.

« Vous avez tort de dire que M. de Saint-Thomé a déclaré nul le mariage du sieur La Gouche [qui avait été fait par le Père Albert]. Il n'a osé le faire ; il s'est borné à écrire qu'il ressemblait à celui de la merle. Il semble que vous nous taxiez de mettre la main à l'encensoir et de vouloir gêner les consciences. Au contraire, nous voulons empêcher qu'elles ne le soient. Nous savons ce que nous devons à l'Église ; mais les lois du Royaume, que mal à propos vous citez pour autoriser votre aveugle soumission à tout ce que dit M. de Saint-Thomé et votre curé jésuite, savent réprimer les abus que commettent les gens d'Église, sous prétexte de leur autorité. C'est en quoi consistent les privilèges de l'église gallicane. Le Roi et les parlements répriment tous les jours l'abus que font les gens d'église de leur autorité, sans que cela touche à l'encensoir. Les Jésuites ont grand intérêt de vous entretenir dans les sentiments où vous êtes de recevoir aveuglement et sans examen tout ce qui est proposé par l'évêque et le curé, comme vous dites que votre catéchisme vous l'enseigne. Vous devriez penser qu'étant à la tête d'un Conseil, vous êtes dans une obligation particulière de maintenir les usages du royaume, et qu'ayant la direction des affaires de la Compagnie, vous ne pouvez vous dispenser de soutenir ses intérêts. C'est à quoi vous n'avez nullement réfléchi en rétablissant les Jésuites ; ce sera toujours un titre contre la Compagnie, mais ils ne manqueront pas d'en profiter.

« A l'égard des 597 roupies, 6 annas, 8 goudas (1,493 fr. 65) avancés aux RR. PP. Jésuites pour une année d'honoraires en qualité d'aumôniers, ils en doivent la restitution, que vous leur ferez faire ».

En 1736, les deux aumôniers de Chandernagor touchaient 1,000 livres par an.

En 1737, les Jésuites curés de Chandernagor refusèrent encore de dire les vêpres à la Loge les dimanches et les jours de fête.

En 1776, quand les Missionnaires prirent la place des Jésuites, ils cédèrent aux Capucins la cure de Chandernagor, vu le petit nombre d'indigènes chrétiens de l'Établissement.

A Mahé, le service de l'église Sainte-Thérèse était fait par trois carmes déchaussés français aux appointements de 500 livres chacun.

A Cassimbazar, on s'adressait au premier prêtre qu'on trouvait ; en 1737, c'était un Jésuite portugais à qui l'on donnait 100 roupies (250 fr.) par an ; en 1740, la Loge était desservie par des Augustins de Mourchidabad.

A Mazulipatam, le curé était un capucin.

Quant à Karikal, dès la prise de possession par les Français, les Jésuites demandèrent à en être « aumôniers », sous prétexte que la mission de Tanjaour appartenait à leur ordre. Ils furent chargés du service, par un accord, en date du 4 juin 1737, dont l'article suivant est à retenir :

« Art. 7. — Les Révérends Pères Jésuites de Karikal ne troubleront en façon quelconque les Gentils ou Maures qui seront sous le pavillon, dans l'exercice de leur religion ni dans leurs cérémonies ; et ces peuples auront à cet égard toute liberté, conformément au traité fait avec le roi de Tanjaour pour la cession de Karikal et dépendances que nous ne pouvons nous dispenser d'exécuter. Cela n'empêchera pas cependant que ces Révérends Pères ne puissent travailler à la conversion des Gentils par la voie de la persuasion ».

L'accord est signé « Dumas, Legou, Dulaurens, Signard, Miran et Gargam, de la Compagnie de Jésus, Supérieur général, tant en son nom qu'en celui de toute la communauté ».

Outre leurs appointements en argent, les ecclésiastiques « fonctionnaires publics », comme on aurait dit en 1791, recevaient des dons en nature. On donnait encore aux Capucins, en 1769, « suivant un usage constant », deux barriques de vin et un quarteau d'eau-de-vie. Jusqu'en 1708, on leur avait fourni journellement « huit pains pour leur nourriture » ; mais comme alors on « rompit la table » (commune sans doute), cette fourniture devint impossible.

et, le 11 août, le Conseil alloua aux Capucins 200 livres par an « pour leur pain ».

Hiérarchiquement, tous ces prêtres et religieux étaient placés sous l'obédience des évêques portugais de l'Inde. On sait que la grande péninsule s'était trouvée canoniquement attribuée aux Portugais, lors du fameux partage d'Alexandre VII. Il y eut quatre diocèses : l'archevêché de Goa (créé évêché le 3 novembre 1534, fait métropole le 4 mars 1557) et les évêchés de Cochin (4 mars 1557), de Cranganore (4 août 1600) et de Saint-Thomé ou Méliapour (9 janvier 1606), dont la juridiction s'étendait à toute la côte orientale de l'Inde.

En 1776, le roi de France ordonna la soustraction à ces obédiences des territoires français et institua à Pondichéry une préfecture apostolique. Les premiers préfets furent naturellement les supérieurs des Capucins ; ils avaient droit à un palanquin et à un pion (1) payé par le Trésor. C'est en janvier 1777 que la séparation fut faite. Une ordonnance royale du 11 mai 1828 renouvela l'organisation de la Préfecture apostolique et M. Calmels, d'Albi, fut nommé Préfet apostolique : il publia un catéchisme spécial pour la colonie.

Mais, en janvier 1777, arrivait dans l'Inde, pour liquider les affaires des Jésuites, si cette expression m'est permise, un vicaire apostolique, Mgr de Tabraca (Pierre Brigot), qui s'installa à Pondichéry. En 1787, il céda ses fonctions à son coadjuteur, M. Champenois, évêque de Dolicha, qui le remplaça définitivement à sa mort, le 9 juin 1789, et fut lui-même remplacé, le 10 novembre 1810, par M. Louis Hébert, évêque d'Halicarnasse (2). Le 10 novembre 1833, M. Clément Bonnand, évêque de Drusipare, son successeur, fut sacré à Oulgaret ; en 1857, on lui donna pour coadjuteur M. J.-S.

(1) Sorte d'ordonnance, serviteur civil qui porte une plaque avec le titre du fonctionnaire.

(2) Un autre évêque d'Halicarnasse, le P. Noronha, cordelier de Goa, avait résidé à Pondichéry vers 1758.

Godelle, évêque de Thermopyles. M. Bonnand mourut à Bénarès le 21 mars 1861 et M. Godelle devint titulaire du vicariat apostolique de Pondichéry. Il mourut lui-même à Chambéry, le 15 juillet 1867, et eut pour successeur M. François Laouënan, évêque de Flaviopolis, ancien principal du Collège colonial de Pondichéry, préconisé le 5 juillet 1868, sacré le 11 décembre suivant (1).

Depuis l'institution, en 1659, du vicariat apostolique de Vérapoli, depuis les *légations* temporaires du cardinal de Tournon et de l'évêque de Claudiopolis au commencement du dernier siècle, il y avait une lutte sourde entre le clergé portugais pour ainsi dire régulier, ordinaire, et le clergé irrégulier dépendant des vicaires apostoliques créés de 1776 à nos jours dans tout le territoire de l'Inde. Cette situation a pris fin en 1886. Le domaine des quatre diocèses portugais (Goa, Cochin, Daman et Méliapour) a été très réduit et surtout très nettement délimité. Tout le reste de la Péninsule a été partagé en sept métropoles (Agra, Calcutta, Madras, Pondichéry, Colombo, Vérapoli et Bombay), d'où relèvent quatorze évêchés. L'archevêque de Pondichéry a pour suffragants les évêques de Maduré (résidence Trichenapally), Maïssour (résidence Bangalore), Coïmbatour et Mangalore. Le gouvernement français, par un arrangement avec le pape en date du 1er septembre 1886, a accepté cette organisation, et un décret du 21 juin 1887 a supprimé le préfet apostolique de l'Inde française. Il y a pourtant encore, dans l'Inde, deux vicariats apostoliques, pour les chrétiens nestoriens ou de saint Thomas, à Trichour et à Cottayam (2).

---

(1) M. Laouënan, né à Lannion le 19 novembre 1822, devenu archevêque de Pondichéry le 25 novembre 1886, est mort à Montauban le 30 septembre 1891.

(2) Ces chrétiens hérétiques, convertis par menaces, persécutions, persuasions, conciles, synodes, etc., au xvie siècle, n'ont pas tardé à reprendre leur indépendance. Ils étaient, en 1850, au nombre de 116,000. Ils obéissent à un évêque qui réside à Angamalé. On n'en trouve que dans le Malabar et le Travancore.

Les chrétiens formaient d'ailleurs et forment encore une minorité qu'on peut qualifier d'infime à Pondichéry. Aussi doit-on s'attendre à y trouver de nombreux édifices consacrés aux cultes originaux du pays et au culte musulman. Or, à ce point de vue, si l'on regarde un plan actuel de Pondichéry, on y trouve trois mosquées musulmanes, toutes trois dans la ville noire et de construction relativement récente. En 1847, on n'en comptait que deux, celle de *Mirâppaḷḷi* et la *Djoumamasdjid*. Sur les plans des premières années du dernier siècle, on voit qu'il y avait deux mosquées dans la ville blanche, au sud du Fort, près du cours d'eau. Dans le plan gravé et publié à Paris après le siège de 1748, aucune mosquée n'est marquée; mais nous voyons, dans le *Journal* d'Anandarangappoullé, que l'une des deux mosquées de la ville blanche existait encore à cette époque.

Quant aux pagodes indiennes, les vieux plans, antérieurs au siège, en indiquent plusieurs en dehors de la ville, dont au moins une, à gauche du ruisseau, dut être comprise dans la nouvelle enceinte. Ce ne peut être cependant la grande pagode démolie le 8 septembre 1748, comme on le verra plus loin, puisque celle-ci était au nord de l'église des Jésuites. Le plan de 1769 n'indique qu'une pagode, près de la porte de Madras, celle de *Pêrumâl* probablement.

Le Gentil, qui était à Pondichéry en 1769, dit ce qui suit dans le compte rendu de son voyage, publié en 1778 : « Il y a plusieurs pagodes à Pondichéry, comme je l'ai déjà dit; mais les Européens ne peuvent y entrer. Les tours de ces pagodes sont basses, en comparaison de celles de Villenour; les Missionnaires se sont toujours opposés à ce que ces masses parussent trop au-dessus de la ville. On en bâtissait cependant une en 1768 qui devait avoir en hauteur les deux tiers de celle de Villenour, c'est-à-dire 58 à 60 pieds ».

En consultant le plan le plus moderne que nous connaissions, celui de 1884, nous trouvons à Pondichéry huit pagodes, grandes ou petites, dont une petite dans la partie septentrionale de la ville blanche, à l'angle de la rue d'Orléans et de la rue Law de Lauriston (elle est consacrée à une divinité locale, une forme de Ganêça, *Manakkulattuppiḷḷeiyâr*), et sept dans la ville noire : celles d'*Eḷḷamman,* dans la rue de ce nom, près de la rue de l'Ancien-Hôpital, dans la partie englobée en 1724 dans l'enceinte murale; de *Kâlattîçvara,* dans la rue des Missions ; de *Vêdaburîçvara,* plus au nord ; de *Mâriyamman,* dans la rue de Madras ; de *Kâmâtchiyamman,* à l'angle de la rue des Tisserands et de la rue du Grand-Bazar; de *Pérumâl* ou *Varadarâdjâpérumâl,* dans la rue du Grand-Bazar, et de *Darmarâdjâ* ou *Drâupadiyamman,* près du boulevard extérieur, formant un triangle presque isocèle avec les deux précédentes.

Les trois pagodes de *Pérumâl,* de *Kâlattîçvara,* d'*Eḷḷamman,* et le pagotin de la ville blanche, sont les plus anciennes ; elles existaient avant l'occupation du pays par les Français, ainsi que la grande pagode de *Vêdaburîçvara* qu'on appelait la pagode du lingam et qui fut démolie le 8 septembre 1748. Celle-ci fut remplacée, vers 1751, par celle du même nom qui existe encore aujourd'hui. La pagode de *Kâmâtchiyamman* est sans doute celle que, suivant le Gentil, on construisait en 1769. Les deux autres sont encore plus récentes (1).

On trouvera plus loin, dans le *Journal,* l'histoire de la démolition, le 8 septembre 1748 (fête de la Conception de la sainte Vierge), de la grande pagode de Védaburi-Içvara, sous prétexte d'opérations de guerre. Il paraît intéressant, à cette occasion, de reproduire ci-après un certain nombre

---

(1) Les pagodes de *Kâlatti,* de *Vêdaburi,* de *Pérumâl,* appartiennent à des castes de la main droite ; celle de *Kamâtchi* et *Ellamman* à la main gauche. Les autres sont communes aux deux mains. *Kâlatti* est spécialement administrée par la caste des *Comuttis;* les trois autres le sont par les *Vellâjas,* les *Kavar'ei* et les *Chettis.* La distinction des castes en main droite et main gauche est très ancienne; aucune explication suffisante n'en a été donnée jusqu'ici.

de documents relatifs à l'histoire religieuse de l'Inde française et aux agissements des prêtres et des fonctionnaires indigènes.

Tout d'abord, je trouve dans l'excellente et remarquable *Histoire monétaire des Colonies françaises,* de M. E. Zay (Paris, 1892, in-8° de IV-380 p.), p. 298-303, une correspondance fort intéressante entre le gouvernement de Pondichéry, l'évêque de Saint-Thomé et la Compagnie, au sujet des pagodes frappées à Pondichéry, au nombre de dix mille environ, en 1705. Les Jésuites et leur chef s'étaient avisés qu'on avait fait un acte abominable en frappant des monnaies tout à fait semblables aux pièces indiennes, c'est-à-dire avec l'empreinte d'une divinité « païenne », d'une « idole »; mais la Compagnie, soucieuse avant tout de ses intérêts commerciaux, prescrivit à ses représentants locaux de passer outre à l'opposition de « l'Église », par la raison « qu'on ne rend aucun culte à cette monnaie, et que, dans toute religion, il est ordonné de rendre à Cézar ce qui appartient à Cézar ». Il ne paraît pas que les Jésuites, Capucins ou Missionnaires, aient jamais protesté contre le Croissant adopté comme différend monétaire pour la monnaie de Pondichéry (1).

Nous commencerons par citer de très intéressantes délibérations du Conseil supérieur de Pondichéry :

---

(1) L'hôtel des Monnaies de Pondichéry a fonctionné de 1737 à 1793; il a travaillé de nouveau de 1816 à 1830 et en 1836-1837. Pendant la première période, il frappait des *pagodes* d'or, des *roupies* et des *fanons* d'argent et des *caches* de cuivre. Pendant la seconde et la troisième périodes, il n'a frappé que de la monnaie d'argent et de cuivre. Les roupies et les pagodes portaient le croissant. Les roupies avaient les mêmes inscriptions que celles qui avaient cours dans toute l'Inde, c'est-à-dire des formules persanes avec le nom du Grand-Mogol et la date de l'année de son règne. Les roupies frappées depuis 1816 portent uniformément le nom de *Châh-'âlam* et l'année 43 qui correspond à 1806, dernière année de son règne nominal. Le nom de Pondichéry ne figure pas sur ces pièces qui sont datées d'Arcate. Les Anglais faisaient de même, mais ils avaient pour différends une rose (celles frappées à Calcutta), ou une fleur de lotus (celles frappées à Madras). On sait que le fanon de Pondichéry,

DÉLIBÉRATIONS DU CONSEIL SUPÉRIEUR DE PONDICHÉRY :

« *Du 3ᵉ septembre 1705.* — Sur ce qui a été représenté au Conseil que, depuis quelque temps, les tisserands, qui sont au moins un tiers des habitans de cette ville, s'assemblent pour demander que l'on lève les deffenses qui leur ont été faites de continuer à pratiquer les cérémonies gentilles qu'ils ont coutume d'observer dans de certaines festes qui leur arrivent pendant le courant de l'année, auxquelles lesdits tisserands sont fort attachés, en sorte que, continuant à leur en deffendre l'usage, il est à craindre que lesdits tisserands ne prennent le parti de quitter absolument cette ville, et comme cette crainte est fondée sur la fâcheuse expérience que l'on a déjà faite que ces peuples, par l'attachement qu'ils ont à leur fausse religion, abandonneront toujours aisement les lieux où ils seront gênés sur ce point, pour aller habiter ailleurs, étant certain que, depuis l'affaire survenue ici au sujet de la pagode, il est sorti peu à peu plus de deux mille familles qui ont été s'établir ailleurs, considérant, en outre, que lesdits tisserands sont, de tous ceux qui peuplent cette ville, les habitants que l'on doit s'attacher le plus à ménager et à favoriser, tant par rapport à l'établissement de cette ville qui dépérira insensiblement par la sortie de ces ouvriers, ce qui porteroit un préjudice irréparable à la Compagnie, qui, depuis six ans, fait des dépenses très considérables pour former un bon établissement à Pondichéry, et comme en favorisant autant q' nous sera

---

divisé en 24 caches, valait environ 30 c.; que la roupies de huit fanons valait 2 fr. 50 et que la pagode valait trois roupies ou trois roupies et demie. J'ai sous les yeux une roupie française de 1751 où se lisent les inscriptions suivantes : 1º face : *Sikkah-i mubârak-i bâdchâh ghâzi Ahmad-châh bahadûr* « marque bénie du monarque glorieux seigneur Ahmed châh » ; 2º revers : *zarb-i Arkât sanah 3 djulûs-i mâimanat-i mânûs* « frappé à Arcate l'an 3 de l'avènement de son règne illustre ». Le petit croissant est au-dessus du *djin*.

possible, l'avencement *(sic)* de la véritable religion dans ces quartiers, on doit aussi travailler dans l'intérêt de la Compagnie, et que dans cette veue, il faut trouver les moyens de remplir cette ville de la plus grande quantité d'habitans qu'il sera possible, tant pour produire un revenu à la Compagnie qui puisse l'aider à supporter les dépenses excessives qu'elle fait ici, que pour tâcher de faire fabriquer par la suite dans Pondichéry la plus grande partie des marchandises que la Compagnie tire de ces quartiers, considérant d'ailleurs que, quoiq^l fut à souhaiter que la ville fut entièrement peuplée de chrétiens, néanmoins ce q^l y en a est sy peu considérable par rapport aux autres habitans que, si les gentils sortoient, à peine resteroit-il de quoi peupler un très-petit village, encore ne seroit-ce que des gueux ; toutes ces raisons murement pesées et considérées, et s'agissant d'un point de la dernière conséquence pour l'établissement de Pondichéry et les intérêts de la Compagnie, le R. P. Esprit, notre curé, ayant été consulté de la part du Conseil, sur ce que nous puissions faire en ce rencontre, et son sentiment étant que l'on pouvoit permettre aux gentils de continuer leurs cérémonies accoutumées, ce qu'il a même offert de donner par écrit.

Il a été résolu que l'on lèveroit les deffenses faites et que l'on permettroit aux tisserands de célébrer les festes qu'ils ont coutume d'observer pendant l'année, *comme ils ont fait l'an passé* (1), à la charge q^{ls} n'innoveront rien.

MARTIN. DE FLACOURT. D'HARDANCOURT.

Du 12 octobre 1709. — Le Conseil assemblé, Monsieur le chevalier Hébert auroit dit que le R. P. Thomas, capucin, l'auroit averti qu'un de ces jours passé un Jésuitte se promenant avec lui, lui avoit dit que si l'on avoit ci-devant abatu une pagode aux gentils, il s'étoit toujours bien douté

---

(1) Ajouté de la main de Martin.

que ce n'étoit qu'à condition qu'il leur seroit permis d'en bâtir une autre, ce que lesdits gentils faisoient effectivement dans la rue de Madras ; laquelle nouvelle ayant extrêmement surpris mondit sieur le chevalier Hébert, il se seroit fait informer du lieu où l'on bâtissoit et ayant appris que c'étoit dans la pagode dite des Marchands, sise rue de Madras, il auroit sur-le-champ envoyé faire deffence de continuer le travail, quelque bâtiment que ce fut, et voulant être informé véritablement de ce que c'étoit, les ouvriers ayant d'abord quitté, le soir même, la caste des cometis, au nombre d'environ vingt personnes, fut chez le s^r Hardancourt, disant qu'ils avoient été fort surpris de la deffence à eux faite de continuer le bâtiment qu'ils élevoient dans l'enclos de leur pagode, ledit sieur Hardancourt en ayant donné avis à mondit sieur le chevalier Hébert ; le lendemain, il résolut de mander ladite caste le jour d'après pour les écouter, mais hier même, tous les chefs de caste s'étant assemblés et étant allés au nombre de plus de deux cents personnes chez les Conseillers pour demander à être introduits devant Monsieur le Gouverneur et Mondit sieur en ayant été informé et sû que tous les habitans s'étoient élevés sur cette affaire dont les suites étoient à craindre dans la situation présente de l'extrême chereté du ris, qui dure depuis longtemps, et de la nécessité de faire la cargaison des deux vaisseaux malouins pour laquelle on a fait des avances considérables.

Il a été résolu de faire venir présentement les chefs de caste pour les entendre.

Lesquels étant arrivés, ils auroient dit que, depuis la parole qui leur a été donnée au Pongol dernier de les laisser en repos sur le chapitre de leurs cérémonies, ils s'étoient attendus à une parfaite tranquillité, que cependant on leur avoit fait deffense de continuer un petit bâtiment qui étoit dans l'enclos de leur pagode, à quoi ils avoient obéi, mais qu'ils prioient Monsieur le Gouverneur de les laisser, attendu que ce qu'ils bâtissoient n'étoit point une pagode, mais seulement une salle ou divan pour se mettre à couvert, et qu'ils demandoient qu'il plut à Monsieur le Gouverneur d'envoyer quelques personnes de son Conseil pour visiter ledit bâtiment et en faire leur rapport.

Le Conseil s'étant retiré dans la chambre, après avoir examiné les raisons, il auroit été résolu que les sieurs Hardancourt et de la Prévostière se transporteroient à l'heure même sur les lieux pour faire la dite visite, ce que lesdits sieurs auroient fait, et étant de retour ils auroient rapporté que ledit bâtiment étoit un carré long de l'environ 10 pieds de large sur 20 de long, que l'on couvroit en terrasse, et qui étoit au devant de la porte par où on entre dans la pagode, dans lequel lieu il n'y avait aucune idole ni place destinée pour y en mettre, ainsi que les gentils l'avoient assuré.

Lequel rapport entendu et toutes choses examinées, il a été résolu qu'on permettroit aux gentils d'achever le dit bâtiment, ce qui leur a été déclaré sur-le-champ.

Hébert. D'Hardancourt. Cuperly. De la Prévostière.

« *Du 9 mars 1714.* — Aujourd'hui, Monsieur le chevalier Dulivier, Gouverneur pour le Roi des ville, forts et dépendances de Pondichéry et Directeur général pour la Compagnie royale de France, a fait assembler le Conseil et communiqué les décisions du Conseil approuvées et confirmées par Sa Majesté le 14 février 1711, sur le mémoire des demandes faites par les RR. PP. Jésuites, missionnaires aux Indes, établis à Pondichéry, et dit que son intention étoit qu'ils fussent exécutés; qu'il s'agissoit d'examiner les moyens les plus sûrs d'y pouvoir parvenir et prévenir autant qu'il sera possible les suites fâcheuses qui pourroient causer quelques préjudices à cet établissement et donner lieu à quelque émotion populaire, comme il est arrivé autrefois.

Le Conseil, après avoir vu et examiné les décisions de Sa Majesté sur le Mémoire des demandes desdits RR. PP.

Jésuites, a représenté à mondit sieur le Gouverneur qu'il étoit prêt à donner les mains à ce que lesdites décisions fussent exécutées avec tout le zèle possible ; mais que l'expérience, jointe à l'attachement qu'il a aux véritables intérêts de la Compagnie, l'oblige de faire observer les conséquences dangereuses qui pourroient causer la ruine entière de cet établissement. Ce qui est arrivé sous le Gouvernement de M. le chevalier Martin, au sujet de la Pagode voisine de l'église des RR. PP. Jésuites, pourroit en faire juger, quoique la chose fût de très moindre conséquence que la démolition de cette Pagode ; que les deux points les plus essentiels desdites décisions sont la démolition de cette Pagode et la charge de Modéliar qu'on doit ôter à Nanyapa, s'il ne se fait chrétien de bonne foi dans six mois. Les occurences présentes nous mettent (pour ainsi dire) dans la nécessité indispensable de nous servir de ce serviteur de la Compagnie, qui est un homme accrédité chez les Maures et toutes les autres nations de l'Inde, comme nous l'avons reconnu en différentes occasions et particulièrement dans celle qui est arrivée, il y a peu de jours, que le Nabab a écrit à mondit sieur le Gouverneur et a envoyé des cavaliers pour demander et reprendre la possession des aldées ou villages qui ont été donnés à la Compagnie avec 8,000 chacras (1) qu'il demandoit pour les revenus desd. aldées et des présens ; que Nanyapa, ayant été chargé de la négociation de cette affaire, a renvoyé et fait retirer les cavaliers sans qu'il en ait rien coûté ; et, depuis qu'il est Modéliar, tout ce qui est survenu avec les Maures a toujours passé par ses intrigues avec le même tempérament ; que, comme il est au courant du secret de toutes les affaires de la Compagnie, tant pour les affaires du dedans que pour celles du dehors, il seroit d'une dangereuse conséquence

---

(1) Petite pièce d'or indienne dont la valeur varie de 0 fr. 90 c. à 1 fr. 20. Ces monnaies portaient le disque vichnouviste *(tchakra)*.

que cet homme se retirât chez nos voisins ou dans les terres des Maures où il pourroit par ressentiment sous main nous susciter de très fâcheuses affaires et qui n'iroient pas moins qu'à la perte entière de tout cet établissement ; qu'il est caution de tous les baux des rentes et revenus de la Compagnie ; que, si on retiroit cet homme de la charge de Modéliar, il est indubitable qu'au premier mouvement que feroient les Maures, les fermiers et rentiers se retireroient et emporteroient toutes les rentes ; ce qui entraîneroit une partie des habitans les plus aisés ; pour ce qui regarde le commerce, il est le plus habile de toute la côte pour toutes les preuves qu'il en a donné dans toutes les occasions et particulièrement dans la dernière des trois vaisseaux de Saint-Malo qui ont mis à la voile le 15 février dernier ; nous n'avons aucun Malabar, soit chrétien ou Gentil, de sa capacité pour remplir son emploi sur lequel on pourroit se reposer dans les occurrences présentes où les Maures sont continuellement en campagne pour reprendre les aldées ou villages qui ont été donnés aux nations d'Europe par les Nababs ou Gouverneurs ; qu'il seroit à souhaiter que la force de l'Évangile et le bon exemple pût attirer cet homme à notre religion, car il apparaît que l'on parviendroit par son moyen à l'exécution d'une partie des points que Sa Majesté a eu la bonté de décider touchant la Religion et notamment à la démolition de la pagode voisine des RR. PP. Jésuites, qu'il y a même lieu d'espérer qu'en ménageant cet homme et prenant les tempéramens nécessaires, en l'engageant par toutes sortes de voies possibles, on pourra avec le temps y réussir ; qu'ainsi, il convenoit, par toutes les raisons ci-dessus et à cause de la situation fâcheuse dans laquelle nous nous trouvons, de conserver ledit Nanyapa, n'ayant que lui de qui nous puissions tirer quelques secours dans une occasion puissante et de lui associer cependant le nommé Chauvry, ancien chrétien malabar, qui est le seul sur la probité duquel on pourroit se reposer; afin qu'agissant conjointement et de concert avec ledit Nanyapa dans toutes les affaires, il puisse en avoir une parfaite connaissance et s'accréditer parmi les peuples pour pouvoir un jour se rendre capable d'exercer seul cet emploi qui passera par ce moyen des Gentils aux Chrétiens qui trouveront en lui un protecteur pour entrer dans le commerce.

Ce que tout le Conseil ayant considéré quoique les art. 3 et 6 des décisions de Sa Majesté sont précis en ces termes :

Demandes :

Art 3.	Art. 3.
Cet article est accordé, mais il est de conséquence que ces sortes de nouveautés s'établissent avec beaucoup de sagesse et de modération de la part du Gouvernement et des Missionnaires, et qu'ils agissent de concert.	De ne laisser aux Gentils que deux grandes pagodes, avoir, une d'Issouren, située dans la rue de Madras, et l'autre de Péroumal dans la rue des Tisserands, avec liberté d'y faire des sacrifices deux et trois fois la semaine, excepté la quinzaine de Pâques, les dimanches, les fêtes de l'Ascension, du Saint-Sacrement, de l'Assomption, de la Toussaint et de Noël. Qu'on fera murer ou fermer les portes de toutes les autres pagodes, afin qu'elles se détruisent elles-mêmes par le temps avec deffenses expresses d'en bâtir d'autres.
Art 6.	Art. 6.
Cela se doit et on exhorte M. le Gouverneur de le faire exactement.	Pour attirer les Gentils à notre religion, qu'on marque aux Malabars chrétiens quelque

On donnera six mois à Nanyapa pour se faire instruire, et si, dans ce temps-là, il ne se fait pas chrétien de bonne foi, il faudra le changer et mettre un chrétien en sa place.

On doit encore accorder ce qu'on demande ici en faveur des chrétiens malabars.

Il faut que cela soit ainsi ; c'est déshonorer la religion que de préférer les valets gentils aux chrétiens.

distinction en les admettant, du moins au commencement, avec les Gentils aux fermes et employs, et même, lorsque cela se peut, en leur donnant la préférence ;

Que l'emploi de Modéliar ou de chef des Malabars soit toujours possédé par un chrétien et qu'on l'ôte incessamment au Gentil Nanyapa ;

Qu'on admette les marchands chrétiens dans le corps des marchands malabars aux mêmes conditions que les Gentils ;

Enfin, on prie instamment la Compagnie d'exhorter les employés de ne prendre à leur service que des valets chrétiens.

Nous confiant en la bonté ordinaire du Roi, qui recommande presque dans tous les autres articles desdites décisions d'user de tous les tempéramens convenables pour ne pas irriter les Gentils, il a été arrêté, d'une commune voix et d'un sentiment unanime, d'établir le nommé Chauvry, ancien chrétien malabar, dont la probité est reconnue, Coomodeliar (*sic*), conjointement avec ledit Nanyapa, pour agir ensemble dans toutes les affaires avec les mêmes pouvoirs, honneurs, prérogatives et prééminences attachés à cet emploi, sans aucune différence ni distinction de premier et de second, leur recommandant la bonne union et intelligence, aud. Chauvry d'avoir un soin tout particulier de ce qui regarde le bien et avancement de la religion et des chrétiens, avec menaces que n'advertissant pas du contraire (s'il arrivoit), il seroit repris et rigoureusement châtié, aud. Nanyapa de n'apporter aucun empêchement ni opposition à tout ce qui regarde la Religion catholique, même de ne rien dire aux chrétiens qui puisse leur faire de la peine et aussi de ne rien innover de leurs cérémonies des Pagodes et de se réduire peu à peu à ce qui leur étoit permis de faire dans le temps du Gouvernement de feu M. le chevalier Martin, sous peine d'en être repris et rigoureusement châtié;

Qu'à l'égard des autres articles pour le temporel, M. le Gouverneur conviendra avec les RR. PP. Jésuites des remplacements qui leur ont été accordés.

Fait et délibéré au Fort Louis de Pondichéry ledit jour 9 mars 1714..

P. DULIVIER. CUPERLY. DULAURENS. BONGRÉ,

« *Du 9 novembre 1714.* — Le Conseil assemblé, M. le Chevalier Dulivier, Gouverneur pour le Roi des villes, fort et dépendances de Pondichéry, Conseiller du Roi, Président du Conseil supérieur de Pondichéry et Directeur Général pour la Compagnie royalle de France, a représenté qu'il étoit informé qu'il y avoit dans Pondichéry deux chefs de cabales qui forment un parti parmi les peuples, qui sont les nommés Chegapamodély et Calanatandanene; que le premier retire quelque droit sur les bœufs chargé de nelys (1), et le second est celui qui remue les Tisserands ; que depuis peu de jours il y a eu une assemblée nocturne de quelques cabeches (2), ou chefs des castes, qu'on ne connaît pas particulièrement, dans la maison du nommé Tenaverayapoullé, ou il fut arrêté deux choses, la première de mourir plutôt que de permettre qu'on abate la pagode près l'église des RR. PP.

---

(1) Riz non décortiqué.
(2) Portugais *cabeça,* tête.

Jésuites, et la seconde, de représenter et parler fortement si l'on veut empêcher leurs cérémonies. Le même jour que le nommé Komerapachetty fut chassé de Pondichéry, les Malabars s'assemblèrent chez Tevenerayenmodély, ceux de la caste Vellear qui ont beaucoup de nelys en ville refusèrent (d'entrer) dans le complot, mais Chegapamodély, chef de la faction, les ayant gagnés, les força d'y entrer ; que la nuit suivante, ils s'assemblèrent chez le nommé Kalavé Tandaven, où il fut résolu que, si on ne vouloit pas leur accorder la permission de jouer des instruments les dimanches, ils s'en iroient, et le jour de leur départ fut marqué à lundi prochain et leur alte doit être sous un grand arbre qui est au nord-ouest de la porte Madras ; que la nuit dernière du jeudi au vendredi, ils se sont encore assemblés chez un tisserand, Chenden, proche d'une petite pagode, qui est vers le fort Nordou (1) ; qu'ils avaient posé des sentinelles de deux en deux, et deux au-delà de la maison pour n'être pas surpris, et qu'ils ont confirmé la même résolution par laquelle ils avoient déterminé de partir lundi ; qu'ils ont fait signer cette résolution par les Chefs des Castes à l'exception des chettys qui s'en sont excusés. Les Azetaires ont aussi refusé d'y signer ; les Cambaliers (2) n'ont pas encore signé et leur chef a répondu qu'il ne signeroit pas que les charpentiers et autres gens du marteau du Fort n'aient signé, et que les principaux qui ont signé sont Tevencrayamodély, Chegapamodély, Kalavé Tandaven, Tirouvengadapoullé (3) et Moutchi Kandapen ; et qu'il s'agissoit d'examiner les moyens les plus prompts et les plus seurs pour empêcher ces sortes d'assemblées qui ne tendent uniquement qu'à quelque émotion populaire.

(1) Nord-ouest probablement.
(2) Je ne puis identifier les *Azetaires*. Les *Cambaliers* sont évidemment les *Kammâlers* « forgerons, orfèvres, fondeurs, charpentiers ».
(3) Nous en reparlerons plus loin ; c'est probablement le père d'Anandarangappoullé.

Le Conseil, après avoir meurement considéré les conséquences de cette affaire, qui demande un prompt et seur remède, afin d'empêcher ces sortes d'assemblées illicites, remettre la tranquillité dans les esprits et enfin châtier les auteurs ou chefs de caballes,

A, d'une même voix et d'un sentiment unanime, résolu que l'on fera incessamment arrêter les dits Chegapamodély et Kalatandaven, chefs des faction et caballe, et que, comme perturbateurs du repos public, ils seront chassés de Pondichéry et ses dépendances, avec deffense à eux faite, sous peine de punition corporelle, d'y jamais rentrer sous quelque prétexte que ce puisse être, et qu'il sera enjoint au neinard ou prévost de donner avis en cas de contravention et de les arrêter s'ils sont rencontrés sur les terres de la Compagnie; que leurs cases ou maisons seront rasées et démolies comme criminels d'État et séducteurs du peuple, et que deffences seront faites à toutes personnes de quelque état, qualité ou condition qu'ils soient de faire, dans Pondichéry ou ses dépendances, aucunes assemblées nocturnes sous de pareilles peines et de plus grandes si le cas y échet.

Fait et délibéré au Fort Louis de Pondichéry, lesdits jour et an, 9 novembre 1714.

P. DULIVIER. CUPERLY. DULAURENS. BONGRÉ.

« *Du 16 novembre 1714.* — Le Conseil assemblé, Monsieur le chevalier du Livier, Gouverneur pour le Roi des Ville, Fort et dépendances de Pondichéry, Conseiller du Roi, Président du Conseil supérieur de Pondichéry et Directeur Général pour la Compagnie royalle de France, a représenté qu'il étoit informé que le nommé Velleyambelan, fils du défunt Delapamodély avait toutes les oles du complot des deux chefs de caballe dénommés dans la délibération du 9 du présent mois; que ledit Velleyambelan est celui qui servoit d'agent dans cette affaire, qui alloit et venoit pour faire signer les oles aux castes et les animoit à se joindre de leur parti; et qu'il croyoit à propos, pour empêcher à l'avenir de pareilles assemblées, qui ne tendent uniquement qu'à quelque émotion populaire, de faire châtier tous ceux qui conseillent, favorisent ou sollicitent à faire de pareilles entreprises.

La matière mise en délibération, il a été résolu que l'on fera incessamment arrêter et chasser de Pondichéry le dit Velleyambelan avec deffence d'y jamais rentrer sous peine de punition corporelle, et qu'il sera enjoint au Neynar ou Prevost d'y veiller et de l'arrêter en cas qu'il le rencontre sur les terres de la Compagnie et d'en donner avis.

Monsieur le Gouverneur a aussi représenté au Conseil que le temps étant favorable, il croyoit à propos, pour se conformer, autant qu'il seroit possible, aux décisions du Conseil, approuvées par Sa Majesté le 14 février 1711, de faire faire deffences aux gentils chefs des castes, de faire aucunes cérémonies dans leurs pagodes ni ailleurs pendant la 15^{ne} de Pasques, l'octave du St Sacrement, les fêtes de l'Assencion *(sic)*, de l'Assomption, la fête de St Louis, les dimanches, la Toussaint et Noël, comme aussi de ne faire aucunes cérémonies p^r la nouvelle lune au cas qu'elle arrive le dimanche, de ne faire aucunes cérémonies de leurs mariages les jours de dimanche, non plus celles des enterremens au son des instrumens ces mêmes jours; que pour parvenir à l'exécution de ces points il avoit laissé entrevoir aux peuples son intention afin de sonder les esprits et ne point donner lieu à quelque émotion populaire; qu'il y avoit eu quelques esprits séditieux qui avoient formé une caballe et qui vouloient porter ces peuples à se retirer de Pondichéry au cas qu'on leur deffende leurs cérémonies; que le Conseil avoit jugé à propos de faire chasser de Pondichéry ces sortes de gens et que M^r le Gouverneur avoit fait appeler les chefs des castes et leur avoit représenté avec douceur qu'il avoit des ordres de Sa Majesté pour empêcher ces sortes de cérémonies les jours de dimanches et fêtes solennelles qu'il étoit en droit de faire exécuter, mais que, comme le père commun de tous les habitans de Pondichéry, il avait jugé à propos de les en informer, afin, s'il y avoit parmi eux quelqu'un qui ne voulut pas s'y soumettre, il pourroit se retirer où bon lui semblera, et après une longue conférence et leur avoir représenté la douceur du gouvernement, la tranquillité où ils vivent et les profits considérables qu'ils ont fait depuis un an; ils ont demandé à Monsieur le Gouverneur, par écrit, ce qu'il désiroit être exécuté afin qu'ils en confèrent avec les autres chefs des castes, et que dans la huitaine ils en rendront raison, et que c'est l'unique expédient qu'il a jugé à propos pour ne point irriter ces peuples.

Ce que le Conseil a approuvé et ordonné, conformément à l'article 9 desdites décisions, s'il y avoit quelque gentil qui voulut porter quelque chrétien à apostasier, il sera puni corporellement.

Fait et délibéré au Fort Louis de Pondichéry, ledit jour 16 9bre 1714.

P. Dulivier. Cuperly. Dulaurens. Bongré.

« *Du 21 novembre 1714.* — Le Conseil assemblé, Monsieur le Chevalier du Livier, Gouverneur pour le Roi des Ville, Fort et dépendances de Pondichéry, Conseiller du Roi, Président du Conseil supérieur de Pondichéry et Directeur-Général pour la Compagnie royalle de France, a représenté qu'il avoit été résolu par les délibérations des 9 et 16 du présent mois, de faire chasser de Pondichéry les deux chefs du complot et leur agent secret; que, comme depuis ce temps ils s'étoient cachés et que dans cet intervalle l'on avoit fait donner aux chefs de castes un état des points qu'on veut absolument être exécutés et dont ils ont promis de rendre réponse dans peu de jours ; qu'en faisant arrêter ces trois hommes et les chasser il pourroit arriver que cela irriteroit ces peuples ; qu'il convenoit de prendre de justes mesures afin de pouvoir, par douceur, parvenir à l'exécution des articles qu'on s'est proposé de leur faire exécuter.

La matière mise en délibération, il a été unanimement résolu que l'on surçoiroit *(sic)* pour quelque temps à l'exécution des deux délibérations, afin de pouvoir, par ce moyen, parvenir à l'exécution desdits articles.

Fait et délibéré au Fort Louis de Pondichéry, lesdits jour et an, 21 novembre 1714.

P. Dulivier. Cuperly. Dulaurens. Bongré.

« *Du 4 février 1715*. — Le Conseil assemblé, Monsieur le Chevalier du Livier, Gouverneur pour le roi des Ville, Fort et dépendances de Pondichéry, Conseiller du Roi, Président du Conseil supérieur de Pondichéry et Directeur Général pour la Compagnie royale de France, a dit qu'il avoit toujours recherché avec soin de faire exécuter les décisions du Conseil, confirmées et approuvées par Sa Majesté le 14 février 1711, y touchant les points qui concernent la religion; qu'au mois de novembre dernier, on avait cru le temps favorable par rapport que c'est la saison des pluies, le ris étant à bon marché, et à la mort du Raja de Gingi (1), protecteur des gentils ; que pour cet effet, il fut fait deffence à ces peuples de faire aucunes cérémonies de leurs pagodes dans Pondichéry les jours de fêtes solennelles, non plus que celles pour leurs mariages et enterremens, et pour la nouvelle lune les jours de dimanche; que sur cette deffence plusieurs chefs des castes étoient venus tumultueusement le trouver pour avoir la permission de faire leurs cérémonies comme ils avoient coutume de faire auparavant, ce qu'il leur avoit refusé en leur remon-

---

(1) En octobre 1714 (Del. du 13 oct).

trant avec douceur qu'il avoit des ordres positifs de Sa Majesté pour empêcher ces sortes de cérémonies ; qu'alors il se forma un parti qui résolut de sortir incessamment de Pondichéry ; qu'en ayant été informé, il fit appeler au Conseil les chefs, leur parla avec douceur et après une longue conversation ils demandèrent par écrit les points auxquels on vouloit les réduire afin d'en conférer avec les castes, ce que mondit sieur le Gouverneur leur accorda et leur dit que ceux d'entre eux qui ne voudroient pas s'y soumettre pouvoient se retirer où bon leur sembleroit; que, dans cet intervalle, il n'avoit été fait aucunes cérémonies de leurs mariages et enterremens les jours de fêtes et dimanches encore qu'ils en eussent demandé la permission par deux fois pour deux gentils qui moururent l'un le jour de la fête de la Toussaint et l'autre le dimanche suivant; et même que le jour de Pongol qui est le premier de leur année qui arrive le 11 janvier, que tout le peuple sort hors de la ville, ils n'ont fait aucun moüvement, ce qui donnoit lieu d'espérer qu'ils se soumettroient à ce qu'on leur avoit demandé; mais que, le premier du présent mois, sept ou huit des principaux des castes sont venus lui demander la permission de faire leurs cérémonies de la nouvelle lune qui arrivoit directement dimanche dernier, 3° du présent mois, ce que mondit sieur le Gouverneur leur refusa, et dès le lendemain 4°, plusieurs de ces peuples sortirent de Pondichéry et ont continué jusqu'à présent, en sorte que la meilleure partie de la ville est déserte, et que les boutiquaires, chettis, blanchisseurs, batteurs, macoas, coulis, etc., sont aussi sortis qui sont les peuples dont nous avons absolument besoin pour fournir la cargaison des deux vaisseaux de Saint-Malo, *la Paix* et *le François d'Argouges,* de présent mouillés en rade de Pondichéry et qui sont obligés d'en partir incessamment dans la fin du présent mois au plus tard, pour profiter de la mousson et faire leur retour en France; et qu'il s'agissoit d'examiner les moyens les plus prompts et les plus seurs pour parvenir à l'exécution desdites décisions, à la conservation de cet établissement et aux intérêts des armateurs desdits vaisseaux.

La matière mise en délibération,

Considéré 1° que poussant les chefs à la rigueur, il s'en suivroit que la colonie en souffriroit considérablement en ce que toutes les choses nécessaires à la vie manqueront, les denrées ainsi que les marchandises ayant été arrêtées sur les avenues de Pondichéry ; 2° que les rentes et revenus, tant des fermes que des entrées qui appartiennent à la Compagnie cesseront, et par ce moyen l'impossibilité de faire subsister la garnison et soutenir cet établissement, et en 3ᵉ lieu, que la meilleure partie des fonds destinés pour faire la cargaison de ces vaisseaux, qui sont entre les mains des marchands par eux dispersés dans les terres pour faire les marchandises nécessaires, sont en risque d'être perdus si ces peuples s'enfuient ;

Le Conseil a jugé à propos que mondit sieur le Gouverneur, avant que de rien décider, feroit appeler au Conseil les supérieurs des missions et les missionnaires qui sont à présent à Pondichéry ; qu'on leur exposera le fait dont il s'agit avec toutes ces circonstances, et que chaque ordre donnera son avis séparément, même que les officiers de la garnison ainsi que ceux des vaisseaux, avec les principaux bourgeois et habitans, seront aussi convoqués et appelés au Conseil pour dire leur sentiment et donner leur avis sur ce qu'il convient de faire en de pareilles occurences, pour ensuite être par le Conseil pris les mesures nécessaires.

DULIVIER. CUPERLY. DULAURENS. BONGRÉ.

Et à l'instant, Monsieur le Gouverneur, en exécution de la délibération cy-dessus, a fait (appeler) au Conseil M. le Chᵉʳ Denyon, commandant, M. de Beauvollier, major, de Chardonnaud, de Boutteville, et la Generie, capitaines, M. de la Mancelière-Gravé et la Vigne-Buisson, capitaines des vaisseaux *la Paix* et *le François d'Argouges,* Durand, de la Jonchais et de la Monnerie, officiers desdits vaisseaux, les Srs Delarche, Dugué, Mouffle, de la Fosse, Grouet et Cordier, lieutenants, les Srs Moisy, de la Prévostière, de Flacourt, Albert, de la Touche, de la Morandière, de Tremaine et Le Gou, habitans de cette ville, et en présence du Conseil leur a exposé le fait dont il s'agit en toutes ses circonstances et priés de dire en leurs âmes et consciences leurs sentimens et de donner leurs avis sur ce qu'il convient de faire en pareilles occurrences,

Ont dit d'une commune voix et d'un sentiment unanime qu'il convenoit, pour rappeller ces peuples, de leur accorder la permission de faire cette cérémonie qui n'arrive que fort rarement les jours de dimanche pour éviter les inconvénients qui en pourroient arriver en leur refusant, et sur ce que Monsieur le Gouverneur a demandé à l'assemblée, le cas arrivant que ces peuples demandent à innover ou augmenter quelques cérémonies s'il convenoit de leur en accorder la permission, l'assemblée a répondu d'une commune voix que cela ne se pouvoit accorder et ont signé :

P. Dulivier. Cuperly. Dulaurens. Bongré. Denyon. Beauvollier de Courchant. De Chardonnaud. Bouteville. La Generie. Mancelière-Gravé. Lavigne-Buisson.Cézard-Auguste Durand.Goletrie-Souché. Moinerie-Gris. Delarche. Dugué. Groüet, Moisy. C. de Flacourt. Albert. De la Touche. De la Morandière. Tremaine. Legou.

Mondit sieur le Gouverneur ayant fait appeler le R. P. Esprit, supérieur et custode de l'Hospice des RR. PP. Capucins, et les autres religieux Capucins missionnaires de Pondichéry, est comparu au Conseil le R. P. Esprit, avec le R. P. Jean-Baptiste d'Orléans, et leur ayant exposé le fait en toutes ses circonstances, le R. P. Esprit, ayant pris la parole, demanda à Monsieur le Gouverneur si les ordres de Sa Majesté étoient précis ou conditionnels, les ordres lui ayant été représentés et, après en avoir pris communication,

Ont dit d'une commune voix que dans les occurences présentes, leur avis étoit de permettre aux peuples leurs cérémonies de la même manière qu'il leur étoient permises, lorsque Monsieur le Gouverneur est arrivé à Pondichéry.

P. Dulivier. Cuperly. Dulaurens. Bongré.
f. Esprit, capucin, missionnaire apostolique, et custode ind.
f. Jean-Baptiste d'Orléans, capucin, m. ap. ind.

Mondit sieur le Gouverneur, au même moment, ayant dépêché un exprès *(sic)* à Ariancoupam prier de sa part le R. P. Bouchet, qui y étoit pour lors, d'avoir la bonté de se transporter au Conseil pour dire son sentiment sur le sujet dont il s'agissoit, sa Révérence se rendit à l'instant à Pondichéry et fut droit à la maison de leur communauté d'où elle députa les RR. PP. La Breuille et Hébrard qui entrèrent au Conseil et ausq^{ls} Monsieur le Gouverneur ayant représenté la nécessité qu'il y avoit que le R. P. Bouchet, supérieur, fut présent pour satisfaire aux ordres de Sa Majesté qui ordonnent que lorsqu'il s'agiroit des choses concernant la religion, on feroit appeler les supérieurs et les missionnaires qui sont icy pour délibérer ensemble et agir ensuite de concert, le R. P. La Breuille, prenant la parole, dit que le R. P. Bouchet n'avoit pas cru nécessaire de venir au Conseil et qu'il avoit aussi bien que lui, P. La Breuille, représenté à Monsieur le Gouverneur que tant que Nanyapa seroit à la tête des affaires, il seroit un obstacle à la religion, et le R. P. Hébrard dit qu'ils étoient toujours prêts d'obéir, non seulement aux ordres de Sa Majesté, mais encore à celles de Mondit sieur le Gouverneur, et se retirèrent.

Et un quart d'heure après, le R. P. Bouchet, accompagné des RR. PP. La Breuille et Hébrard, entrèrent au Conseil.

Mondit sieur le Gouverneur leur représenta fort amplement en présence du Conseil que depuis 4 ou 6 jours la plus grande partie des Malabars gentils s'étoient retirés de Pondichéry pour les avoir voulu contraindre dans l'exercice de leurs cérémonies, et particulièrement dans celles pour la nouvelle lune qui arriva dimanche dernier, au son des instrumens, qu'il avoit mis toutes sortes de moyens en usage pour les engager par la voie de la douceur à rentrer, ayant même toutes les peines du monde à retenir le peu qui reste, qui vouloient suivre l'exemple des autres, que toutes les démarches qu'on avoit faites à cette occasion avoient été inutiles par l'obstination où ces peuples persistent de ne pas démordre de leur résolution pendant qu'ils se verroient contraints dans l'exercice de leurs cérémonies, ce qui réduiroit les habitants à la dernière nécessité par le manquement de toutes les choses, les denrées et marchandises étant arrêtées sur les avenues de Pondichéry, ce qui mettoit les vaisseaux qui sont en rade hors d'état de pouvoir profiter de la mousson pour faire leur retour en Europe et la meilleure (partie) des fonds destinés pour faire la cargaison de ces deux vaisseaux qui sont entre les mains des marchands gentils et par eux dispercés *(sic)* dans les terres en risque d'être perdus, et enfin les rentes et revenus de la Compagnie qui vont cesser, ce qui nous exposeroit par conséquent à des malheurs évidents, et qu'un mal aussi pressant demandoit un prompt remède afin de prévenir les inconvéniens qui ne manqueroient jamais d'en résulter; que, dans ces circonstances, il prioit très instamment leurs Révérences de vouloir bien dire et déclarer ce qu'ils pensoient à ce sujet et s'il étoit à propos de tenir bon ou de céder.

A quoi le R. P. Bouchet répondit que suivant la grande expérience qu'il avoit de ces troubles dans les Indes, qu'il falloit se servir de l'occasion qui se présentoit pour abattre la pagode, et que c'étoit un moyen seur pour les faire revenir à la ville ; mondit sieur le Gouverneur ayant voulu représenter de rechef à leurs Révérences les conséquences dangereuses de cette affaire, ledit R. P. Bouchet, prenant la parole, demanda si l'on vouloit qu'il dit son sentiment et ce qu'il pense, et continuant de parler, dit de rechef : oui, Monsieur, je juge maintenant qu'il faut abattre la pagode et que c'est le vrai moyen de faire revenir les Malabares ; il dit encore que la cause de ces désordres étoit Nanyapa, et dit qu'il avoit plusieurs fois représenté à Monsieur le Gouverneur que tandis que Nanyapa seroit à la tête des affaires, ce sera toujours un obstacle à la religion et que pour faire mourir l'arbre, il falloit couper la racine. Il ajouta encore que les Malabares disoient bien d'autres choses sur ce sujet, qu'il ne vouloit pas dire, de peur de faire de la peine à Monsieur le Gouverneur, et se retirèrent.

P. Dulivier.   Cuperly.   Dulaurens.   Bongré.

Le Conseil jugea à propos de présenter à leurs Révérences le résultat cy-dessus et leur en envoya copie et après l'avoir vû, lesdits R. P. Bouchet, de la Breuille et Hébrard refusèrent de la signer, disant qu'elle ne contenoit pas au juste ce qu'ils avoient dit au Conseil, et promirent de le donner par écrit ce qu'ils ont fait le 18 février et par eux deux écrits signés cy-joint et desquels la teneur en suit :

Le quatrième de février 1715 le R. P. Bouchet étant venu d'Ariancoupam pour se rendre aux ordres de Monsieur le Gouverneur qui l'avoit envoyé quérir, et ayant appris que c'étoit pour assister au Conseil qu'il vouloit tenir touchant l'émute *(sic)* arrivée parce qu'il avoit défendu aux gentils de Pondichéry de faire leur procession de la nouvelle lune qui tomboit un dimanche, voulut se dispenser d'y paraître, et m'ordonna d'aller voir Monsieur le Gouverneur avec le Père Hébrard pour lui dire ses sentimens. J'y allai donc, et Monsieur le Gouverneur m'ayant fait entrer et asseoir dans la chambre où étoient Messieurs Cuperly, Dulaurens et Bongré, conseillers, et le sieur de la Valpalière, secrétaire du Conseil ; après l'avoir salué de la part du R. Père Bouchet, je lui dis à voix haute, en présence de tous les Conseillers, que ledit R. Père le supplioit de le dispenser de venir pour une affaire de cette nature, vû qu'il n'avoit rien à lui dire de nouveau que ce qu'il lui avoit toujours dit, savoir que, tandis que Naniapen seroit en place, on ne pourroit jamais rien entreprendre en faveur de la religion, parce qu'il feroit révolter le peuple ; qu'il pouvoit se souvenir que moi-même l'étant venu un jour avertir d'une révolte qui se tramoit dans la ville, je lui avois dit la même chose. A cela, Monsieur le Gouverneur ayant répondu que c'étoit en conséquence des ordres du Roi qu'il avoit pris la liberté de faire appeler le R. P. Bouchet, je répliquai, par manière d'interrogation, si le Roi ordonnoit qu'on consultât les Supérieurs des maisons religieuses avant que de faire des ordres, ou si c'étoit quand, après avoir fait des ordres, on se trouvoit dans l'embarras. A cela, Monsieur le Gouverneur ne répondit rien ; mais il me répéta que c'étoit en conséquence des ordres du Roi qu'il avoit fait appeler le R. P. Bouchet. A cela, le Père Hébrard répondit : Monsieur, le R. P. Bouchet est bon serviteur du Roi, et il a un respect extrême pour ses ordres et pour les vôtres et il ne manquera en rien à son devoir. Alors, Monsieur le Gouverneur voulant expliquer le fait présent dont il s'agissoit et que je ne voulois pas entendre, je me levai, disant que j'allois faire mon rapport au R. P. Bouchet, et je pris congé de la compagnie. Voilà, dans la vérité, ce que je dis. En foi de quoi je me suis signé.

Charles DE LA BREUILLE,
De la Compagnie de Jésus,

Je soussigné certifie que tout le contenu cy-dessus est la pure vérité.

A Pontichéry, ce quatorzième de février 1715.

Pierre HÉBRARD,
De la Compagnie de Jésus.

Je soussigné déclare que le douzième de février 1715, Monsieur le Chevalier du Livier avait envoyé au R. P. Bouchet les sieurs de la Valpalière et Faucheur, pour lui faire signer un écrit, je remarquai qu'on m'y faisoit parler autrement que je n'avois fait dans le Conseil le quatrième de février et qu'on y avoit supprimé des choses importantes que j'avois dites; c'est pourquoi j'ai fait l'écrit précédent, où j'ai rapporté exactement mes propres paroles. Fait à Pondichéry, le quatorzième de février 1715.

Charles DE LA BREUILLE,
De la Compagnie de Jésus.

Je soussigné déclare que le douzième de février 1715, Monsieur le Chevalier Dulivier, Gouverneur de Pondichéry, m'ayant envoyé les sieurs de la Valpalière et Faucheur, pour me faire signer un papier dans lequel on me faisoit dire des choses d'une manière différente de celles que j'ai déclarées, et où l'on avoit retranché d'autres circonstances considérables, je n'ai pas voulu signer le papier qu'on m'avait présenté, mais je leur ai lu sur le champ les déclarations suivantes, telle que je les écrivis et signai en sortant du Conseil.

Aujourd'hui, quatrième de février 1715, Monsieur le Gouverneur de Pondichéry m'ayant fait avertir qu'il vouloit me demander mon sentiment sur ce qu'il falloit faire à l'occasion de ce que plusieurs habitans malabars s'étoient retirés de la ville, parce qu'on n'avoit pas voulu leur permettre de célébrer avec le son des instrumens la fête de la nouvelle lune de leur mois de janvier, à cause qu'elle tomboit un dimanche; j'ai répondu que je jugeois devant Notre-Seigneur, suivant la grande expérience que j'avois de ces sortes de troubles dans les Indes, qu'il falloit se servir de l'occasion qui se présentoit d'abattre la pagode; que c'étoit un moyen sûr pour les faire revenir à la ville; en effet, lui dis-je, les petits princes de ces terres, dans de semblables occasions, ne manquent jamais d'en profiter pour obtenir ce qu'ils prétendent. Alors, Monsieur le Gouverneur m'ayant voulu représenter quelque chose sur ce sujet. je pris la liberté de lui dire : Monsieur, voulez-vous que je vous réponde suivant vos sentimens ou suivant ce que je pense? et continuant de parler, je lui dis, de rechef : oui, Monsieur, je juge devant Notre Seigneur qu'il faut abattre maintenant la pagode et que c'est le vrai moyen de faire revenir les Malabars; je fis plus : j'avertis Monsieur le Gouverneur que les habitans Malabars disoient hautement que la cause et la racine de tous ces désordres étoient Naniapen. J'ajoutai et lui répétai plusieurs fois, comme nous lui avons toujours dit, que tandis qu'il conservera en place Naniapen, on sera toujours sujet aux-mêmes troubles, et l'on ne pourra rien faire ici en faveur de la religion. Enfin, je déclarai que les Malabars disoient bien d'autres choses sur ce sujet que je ne voulois pas rapporter à Monsieur le Gouverneur, de peur de lui faire de la peine. Voilà ce que j'ai dit en présence de Monsieur le Gouverneur et de tout son Conseil et des Pères de la Breuille et Hébrard, jésuites. En foi de quoi, j'ai signé cette présente déclaration. A Pondichéry, ce quatrième jour de février 1715.

J.-B. BOUCHET.
De la Compagnie de Jésus.

Nous, soussigné, certifions que tout le contenu ci-dessus est la pure vérité. Fait à Pondichéry, ce quatorzième de février 1715.

Charles DE LA BREUILLE,   Pierre HÉBRARD,
De la Compagnie de Jésus.   De la Compagnie de Jésus.

Et ledit jour, 4ᵉ février 1715, en conséquence du résultat du Conseil de ce jour, Monsieur le Gouverneur ayant aussi envoyé prier M. Teissier, supérieur des Missions étrangères, et MM. Rosst, Cordier, Neez et de Saint-Germain, missionnaires de présent à Pondichéry, de se rendre au Conseil, et y étant entrés, Mondit sieur le Gouverneur leur a représenté que, comme il s'agissoit de la religion, il avoit pris la liberté de les faire appeller conformément aux ordres de Sa Majesté, pour dire leurs avis sur le fait dont il s'agit, et après leur avoir fait un long détail, ainsi qu'il avoir fait aux RR. PP. Jésuites, de la situation malheureuse où nous avoit rendu la désertion de la plus grande partie des Malabars Gentils qui s'étoient retirés depuis quatre ou cinq jours, et que toutes les démarches qu'on avoit fait pour les obliger à rentrer ayant été inutiles, à moins qu'on ne leur permit l'exercice de leurs cérémonies avec la même liberté qu'elles étoient lors de son arrivée, et que ne pouvant différer un moment sans prendre un parti dans une occasion aussi pressante, il les prioit instamment de dire ce qu'ils pensoient, quel étoit leur sentiment à ce sujet et s'il falloit tenir bon ou céder. A quoi M. Tessier, adressant la parole à Monsieur le Gouverneur, a dit : vous savez si la chose est possible ou non ; s'il est vrai qu'elle le soit, il faut soutenir ; si, au contraire, il y a de l'impossibilité, il convient de céder, puisqu'à l'impossible nul n'est tenu, et se sont retirés sans conclure autre chose.

DULIVIER. CUPERLY. DULAURENS. BONGRÉ.
P.-E. QUERALAY. TESSIER, *p. m. a.* A.-D. ROOST.
E. CORDIER, *p. m.* NÉEZ, *p. m. a.*
P. HÉBERT DE S. GERVAIS *m. a.*

Du 6 février 1715. — Aujourd'hui, le Conseil, de rechef assemblé pour déterminer quelles mesures on prendroit pour faire revenir les Malabars Gentils qui se sont retirés de Pondichéry, a jugé à propos de faire appeler au Conseil M. le Chevalier Denyon, M. de Beauvollier, major ; de Chardonnaud, de Boutteville et la Generie, capitaines ; de la Mancelière-Gravé, cap^{ne} du vaisseau *la Paix*; de la Vigne-Buisson, capitaine du v^{au} *le François d'Argouges ;* Durand, de la Jonchay et de la Monnerie, officiers desdits vaisseaux ; Delarche, Dugué, Mouffle, de la Fosse, Gronet et Cordier, lieutenants; les sieurs Moisy, de la Preuotière, de Flacourt, Albert, de la Touche, de la Morandière, de Tremaine et Legou, habitans de cette ville ;

Auxquels Monsieur le chevalier Dulivier, Gouverneur de Pondichéry et Directeur Général pour la Compagnie royalle de France, en présence du Conseil, a représenté que depuis cinq à six jours la plus grande partie des Malabars Gentils s'étoient retirés de Pondichéry parce qu'on avoit voulu les contraindre dans l'exercice de leurs cérémonies, qu'il avoit mis toutes sortes de moyens en usage pour obliger ces peuples par la douceur à rentrer et à se soumettre aux ordres qu'on leur avoit prescrit, ayant eu même toutes les peines du monde à retenir le petit nombre qui reste qui est sur le point de prendre le même parti que les autres, ce qui mettoit les habitans dans la dernière nécessité et les vaisseaux qui sont en rade hors d'état de pouvoir partir cette mousson pour Europe, les denrées et les marchandises étant arrêtées sur les avenues de Pondichéry, et la meilleure partie des fonds destinés pour la cargaison de ces vaisseaux dispersés dans les terres par les marchands auxquels on a été obligé de les avancer, les rentes et revenus de la Compagnie aussi bien que les entrées cesseront et nous mettront dans l'impossibilité de pouvoir soutenir cet établissement; que ces peuples s'étant obstinés à ne point absolument rentrer qu'on ne leur envoyât M. le Chevalier de Nyon, commandant, et M. Cuperly, à moitié chemin de Villenoure, où ils auroient soin de se rendre, pour les assurer et leur promettre de bonne foi, au nom de Monsieur le Gouverneur et du Conseil, qu'on leur accorderoit les mêmes libertés et privilèges dont ils jouissoient lors de son arrivée; que Monsieur le Gouverneur, considérant d'ailleurs le danger évident où nous expose le moindre retardement dans une occasion aussi pressante, et que nos voisins (1), jaloux de ce que depuis son arrivée plu-

---

(1) Les Anglais de Madras et de Gondelour.

sieurs marchands gentils ont pris le parti de venir s'établir icy, profiteroient suivant les apparences de ces désordres pour les engager à retourner dans leurs établissemens, où ils vivent sans aucune contrainte et avec toutes sortes de libertés pour l'exercice de leur religion, et que, vu toutes ces circonstances, il prioit l'assemblée de dire librement ce qu'ils pensoient et ce qu'il convenoit de faire sur ce sujet.

La matière mise en délibération et le tout bien et murement considéré, l'assemblée, d'une commune voix et d'un sentiment unanime, a dit qu'on ne pouvoit mieux faire, dans les conjonctures présentes, pour assurer le repos public et prévenir les malheurs qui arriveroient infailliblement, que d'envoyer immédiatement lesdits sieurs de Nyon et Cuperly au lieu cy-dessus marqué pour assurer ces peuples qu'on leur accordoit les mêmes libertés qu'ils avoient lors de l'arrivée de Monsieur le Gouverneur sans qu'ils puissent cependant rien augmenter ny innover.

Fait et délibéré au Fort Louis de Pondichéry, ledit jour 6 février 1715, et ont signé :

P. Dulivier. Cuperly. Dulaurens. Bongré. Denyon. Beauvollier de Courchant. de Chardonnaud. Bouteville.
La Generie. Mancelière Gravé. Lavigne-Buisson. César-Auguste Durand. Goletrie-Souché. Moinerie-Gris.
Delarche. Dugué. Grouet. Moisy. C. de Flacourt.
Albert. De la Touche. De la Morandière.
Tremaine. Legou.

« *Du 20° février 1715*. — Monsieur le Chevalier du Livier, Gouverneur pour le Roi des Ville, Fort et dépendances de Pondichéry, Conseiller du Roi, Président du Conseil supérieur de Pondichéry et Directeur Général pour la Compagnie royalle de France, a fait assembler le Conseil à une heure après midi, représenté et communiqué une lettre du R. P. Bouchet, Supérieur des RR. PP. Jésuites de cette ville, sans date et qu'il a reçue à onze heures et demie, et qui lui a été remise par le frère Loupias, en présence de Monseigneur l'Évêque de Claudiopolis (1), du R. P. Louis, capucin, du sieur de la Vigne-Brisson, capitaine du vaisseau *le François d'Argouges,* et de MM. Cuperly et de la Preuostière, en forme de plainte contre Nanyapa de ce qu'il donne à manger aux pauvres à la Chauderie, comme il a coutume de le faire toutes les années. Or, il se trouve, cette année, quantité de pauvres chrétiens auxquels, outre le manger, ledit R. P. se plaint qu'il donne des chapelets par dérision et mépris de la religion ; sur quoi demande l'autorité de Monsieur le Gouverneur pour l'en empêcher, ce qui a obligé Monsieur le Gouverneur de faire assembler dans le couvent le Conseil.

Et, après avoir pris communication de la lettre, il a été résolu que l'on enverroit aussitôt à la Chauderie de Nanyapa le nommé Chauery, second modéliar, avec le nommé Pedourou, tous deux anciens chrétiens malabars de Pondichéry, pour ledit Chauery, en présence dudit Pedourou, deffendre audit Nanyapa de continuer son aumône et de se rendre incessamment au Conseil, avec six des principaux chrétiens qui y seront trouvés, pour y être entendus sur ce qui s'y sera passé.

Fait et délibéré au Fort Louis de Pondichéry lesdits jours et an, 20° février 1715.

DULIVIER. CUPERLY. DULAURENS. BONGRÉ.

« *Du 12 septembre 1732.* — Monsieur le Gouverneur, ayant eu avis que les Gentils avoient fait quelques réparations à la Pagode du Lingam, envoya, le deux de ce mois, à cette pagode, le Naynar avec deux interprètes de la Chauderie et les deux maîtres massons *(sic)* de la Colonie, pour voir et examiner en quoi consistoient ces réparations ; et, sur

(1) Il se nommait le P. Claude de Visdelou et était venu à Pondichéry pour surveiller l'exécution des décisions papales dans la grande affaire des *rites malabares.* Il résida depuis 1712 à Pondichéry où il mourut le 11 novembre 1737 à l'âge de 82 ans.

le rapport qu'ils lui firent que les Gentils avoient mis à une serre où ils gardent leurs Idoles, dans la cour intérieure de cette pagode, quelques soliveaux neufs en place de vieux, sans cependant toucher à la terrasse ou couverture, il assembla le Conseil pour délibérer sur les moyens de ménager en cette occasion les intérêts de notre sainte religion, et en même temps ceux de la Compagnie en n'irritant point les Gentils. Il fut résolu de faire mettre en prison les ouvriers qui avoient travaillé à cette réparation; et, le six, ces ouvriers, au nombre de cinq, ayant été amenés en la chambre du Conseil et interrogés sur les ouvrages qu'ils avaient faits à la Pagode et par quels ordres ils y avoient travaillé, répondirent qu'ils avoient tiré huit vieux soliveaux et en avoient placé huit autres neufs de bois rouge, et qu'ils l'avoient fait par ordre de deux marchands de nellys, chefs de la caste Vellala et administrateurs de la Pagode. Il fut arrêté de renvoyer ces ouvriers en prison et de faire aussi arrêter ces deux marchands de nellys, ce qui fut exécuté le même jour six; mais comme depuis les Gentils s'assemblent chaque jour et sollicitent fortement l'élargissement des prisonniers, le Conseil n'a pas cru devoir différer davantage à prendre un parti. C'est pourquoi il s'est fait représenter la lettre du Conseil de Marine du treize février mil sept cent dix sept à M. Hébert, et faisant attention aux ordres formels qu'elle contient de laisser subsister les pagodes et de ne pas soufrir qu'il soit touché en aucune façon à la Pagode du Lingam, de peur de soulever les Gentils; considérant, d'ailleurs, que ce sont les différentes émeutes populaires arrivées à Pondichéry (quand on a voulu toucher aux Pagodes ou cérémonies gentiles) qui sont cause qu'il n'y a point de bourses et qui éloignent encore actuellement les riches marchands et bons ouvriers de venir s'y établir; et que l'affaire présente, quelques ménagemens que l'on ait gardés, ne peut encore faire qu'un très mauvais effet sur l'esprit des Indiens; ces deux marchands de nellys ayant comparu et dit que ce qu'ils avoient fait n'étoit point une nouveauté ; qu'ils n'avoient fait que ce qui leur étoit permis par l'usage, voulant nous faire entendre que la liberté de Religion leur ayant été accordée, ils étoient en droit de réparer leurs Pagodes et n'avoient pas cru devoir en demander la permission, il a été délibéré et arrêté d'une voix unanime de laisser les choses en l'état qu'elles sont, d'élargir les ouvriers, et cependant pour marquer aux Gentils que bien loin d'approuver en façon quelconque leur conduite en cette occasion, et pour les empêcher de faire à l'avenir aucunes réparations aux Pagodes sans permission, les chefs de castes ont été mandés pour être blâmés publiquement d'avoir fait travailler à cette Pagode sans permission, et les défenses de faire aucunes réparations aux Pagodes leur ont été réitérées »

« *Du 3 juillet 1733*. — Les Gentils ayant demandé plusieurs fois la permission de faire rétablir le mur d'enceinte de la Pagode des marchands qui est dans l'ancienne rue de Madras, laquelle est ouverte de tous côtés ; et ayant représenté que les soldats et matelots européens pouvoient y entrer étant ivres et y causer des désordres surtout lorsque les femmes y sont assemblées la nuit; alléguant que, puisque on leur permet la liberté de leur religion, on doit nécessairement leur permettre d'avoir des pagodes et de les entretenir; le Conseil a éludé leur demande autant qu'il a pu, mais ne pouvant résister aux sollicitations réitérées de ces peuples et considérant que si un soldat ou matelot européen entroit dans cette Pagode et y faisoit du désordre, cela feroit des désordres auxquelles on ne pourroit peut être pas remédier; que, si cela ne causoit pas la ruine totale de l'Établissement, cela l'affaiblissoit extrêmement, et qu'enfin il est nécessaire de conserver le peu de Marchands qu'il y a dans la Colonie, il a été délibéré et arrêté de leur permettre de rétablir le mur d'enceinte de la Pagode. »

« *Du 26 avril 1748.* — Étant survenues quelques difficultés entre M. Paradis, commandant de Karikal, et le R. Père du Tremblay, jésuitte aumosnier dudit comptoir, au sujet des réparations à faire aux Pagodes ou temples des Gentils, et même de la réédification de quelques-unes des dites, dont le premier nous fait part par sa lettre du neuf du présent mois ; le Conseil, s'étant fait représenter le réquisitoire de M. le Procureur Général du Roy à ce sujet, en datte du vingt-deux, ainsi que les traittés faits avec le Roy de Tanjaour lors de l'achat de Karikal et autres aldées et l'accord fait avec les RR. PP. Jésuites au sujet de l'aumosnerie de Karikal ; et étant bien aise de constater les réponses et ordres donnez en conséquence et de faire voir qu'ils n'ont été donnés que d'une voix unanime et après une mûre délibération, a délibéré de les faire registrer sur le présent Registre et a my marge des difficultés proposées par ledit sieur Paradis dans sa lettre du 9 avril, et il a été en même temps convenu de registrer à la suitte de nos réponses pour plus de sureté et prévenir tout accident, la décision de Mgr l'Évesque de Saint-Thomé, au sujet de la réédification des Pagodes ou Temples des Gentils en datte du 20 juin 1742. souscriptes du R. P. Gargam, Supérieur des RR. PP. Jésuittes, du R. P. du Tremblay et autres ; remis ce jour par Monsieur le Gouverneur pour être déposés dans les archives de la Compagnie, laquelle sert en partie de réponse aux difficultés présentes.

Difficultés par M. Paradis, Commandant à Karikal, par sa lettre du 9 avril 1748.	*Réponse du Conseil aux articles cy-contre.*
ART. Ier.	ART. Ier.
Le Commandant de Karikal doit-il s'opposer aux répara-	Le Commandant de Karikal ne peut et ne doit s'oppo-

tions des Pagodes légères ou considérables ?

ser aux réparations des Pagodes de son établissement et dépendances telles quelles soient, à moins que ce fût des augmentations ou agrandissements considérables.

Art. 2.

Doit-il en abbattre sans permettre d'en rebâtir d'autres, égales ou moindres, mais jamais plus considérables ?

Art. 2.

Quand le Commandant de Karikal se trouvera dans le cas de faire abbattre quelques pagodes pour raison de convenance ou autrement, après avoir employé tous les moyens de persuasion pour se dispenser d'accorder la permission d'en rétablir d'autres ; s'il n'y peut réussir, il pourra, sans difficultés, accorder la permission d'en établir d'autres, mais jamais de plus grandes ny plus considérables.

Art. 3.

Doit-il permettre qu'on paye aux RR. PP. Jésuites la dixme ordinaire des terrains nouvellement cultivés ou quel parti doit-il prendre à ce sujet ?

Art. 3.

Le Commandant de Karikal ne doit permettre de lever ce droit sur les terres nouvellement cultivées en faveur de qui ce soit ; ou, s'il le lève, il doit être appliqué au profit de la Compagnie.

Art. 4.

Doit-il souffrir que les anciens droits des Pagodes leur soient refusés par les moissonneurs ou rentiers chrétiens ?

Art. 4.

Le Commandant de Karikal ne doit, pour quelques raisons que ce puissent être, se dispenser de payer et faire payer ces droits dans toutes les terres de sa dépendance par quelques censiers moissonneurs ou rentiers que ce soit.

Ensuite la teneur de la *Décision de M𝓐𝓇 l'Évêque de Saint-Thomé,* au sujet de la réédification des Pagodes ou Temple des Gentils, en datte du 20 juin 1742 :

« Dei gloria et religionis honor petebant quod destrueretur impiissimum fanum, quod non sine scandalo intactum remansit prope templum dei genitricis. Si modo aliter destrui non potest nisi tolerando, sive non impediendo, quod transferatur in alium locum ab ecclesia longe distantem, cum a duobus malis in eodem genere mali necessariis, minus sit permittendum, ad removendum scandalum quod sane magnum est et religioni valde injuriosum, poterit tolerari, seu non impediri, translatio dicti fani per omnimodam similitudinem fabricæ.

« Maïlapour, 20 juin 1742.

« JOSEPHUS, ep[s] mailap[s].

« Illustrissimi domini Episcopi sententiæ adhærentes subscripsimus.

« MEMMIUS GARGAM, e S. I., Superior Generalis.
« Carolus de MONTALEMBERT, S. J. Hugo VICARY, S. J.
« Jacobus SAIGNES, S. J. Hermanus de FORTBOIS, S. J.
« Cæsar Clemens DAUPHIN, è S. J. Michæl ARDTAND, S. J.
« J.-B. TREMBLAY, S. J. Em. »

Fait et arrêté en la Chambre du Conseil Supérieur à Pondichéry, les jours, mois et an que d'autres parts.

« DUPLEIX. LEGOU. GUILLARD. LEMAIRE. »

On trouve également de très intéressants détails dans les lettres du Conseil Supérieur de Pondichéry à la Compagnie des Indes à Paris. Nous citerons les suivantes :

« *Du 31 janvier 1749.* — M. Paradis, commandant de

Karikal, nous fait part, par sa lettre du 9 avril 1748, des difficultés survenues entre lui et les RR. PP. Jésuites, aumosniers, au sujet des réparations à faire aux Pagodes ou Temples des Gentils, de la réédification de quelques-uns de ces temples détruits pendant la guerre de 1744 pour la construction de notre Fort et sur la levée des droits des pagodes sur les moissonneurs, auxquels ces RR. PP. prétendoient s'opposer et y paroissoient même si bien décidés qu'ils ont assuré le sieur Paradis qu'ils ne confesseroient point ceux qui les paieroient et que même ils les excommunieroient. Sur ses représentations et vu le réquisitoire du Procureur Général du 22 avril, dont cy-joint copie, et les traités faits avec le roi de Tanjaour lors de l'acquisition de Karikal et dépendances, nous décidâmes, par notre délibération du 26 avril, que le Commandant de Karikal ne pouvoit s'opposer aux réparations de Pagodes de son établissement ; que quand il seroit dans le cas d'en démolir quelques-unes, si après avoir employé tous les moyens de persuasion pour se dispenser d'accorder la permission d'en rebâtir d'autres, il ne pouvoit l'obtenir, il pourroit sans difficulté permettre, mais jamais de plus grandes ni plus considérables, et que, quant aux droits de pagodes sur les moissonneurs, il devoit les faire payer à l'ordinaire par quelques moissonneurs quelconques, mais n'en point établir de nouveaux sur les terres de nouvelle culture qu'applicables au profit de la Compagnie, dont nous avons envoyé copie à Karikal, et depuis tout a été tranquille à cet égard. Nous prions la Compᵉ de lire toutes ces pièces avec toute l'attention qu'elles méritent et de nous donner ses ordres en conséquence. Nous ne pouvons nous dispenser d'observer à cette occasion à la Compagnie que si elle veut rendre florissans ses établissements dans ces pays-ci, toutes ses décisions en pareille matière ne doivent tendre qu'à assurer aux gens du pays une liberté entière de conscience et de l'exercice de leur religion...

Monsieur le Gouverneur a profité de la première rumeur et de l'effroi qu'a causé aux gens du pays l'approche des Anglais pour faire abattre la pagode du lingam qui, au grand scandale de la religion et sans que depuis longtemps on eut pu trouver ce prétexte spécieux pour l'abattre, étoit tout enjoignant l'église des RR. PP. Jésuites, sous prétexte qu'en cas d'événement et que les Anglois vinssent à se rendre maîtres des murs et de la ville, ce temple étoit trop proche du Fort, où dans ce cas nous aurions été forcés de nous retirer pour nous y défendre jusqu'à l'extrémité(1). Ce qui fut exécuté sur le champ et sans aucune opposition de la part de qui que ce soit, de façon que nous ne sommes plus exposés à voir, comme il est arrivé souvent, le service divin troublé et interrompu par le sacrifice du démon. Il n'est point venu jusqu'ici à notre connaissance que ceux de cette caste ou religion, quoique nous les sachions d'ailleurs fort mécontents, aient fait quelque mouvement ou sollicitation pour obtenir de bâtir un autre temple à leur divinité,

---

(1) Cf. *Lettres édifiantes*, Paris, 1781, t. XIV, p. 252 : « Pendant le siège, on a rasé une Pagode qui était près de notre Église, article que n'avions pu obtenir jusqu'à présent, mais que M. Dupleix a fait de la meilleure grâce du monde, a la réquisition des Missionnaires » (Lettre du P. Possevin au P. d'Irlande, datée de Chandernagor le 11 janvier 1749). Dans la *Relation du siège de Pondichéry* qui fait partie (p. 237 à 315) de la *Collection historique pour servir à l'histoire de la guerre terminée par la paix d'Aix-la-Chapelle* (Paris, 1758, in-12), on lit ce qui suit à la page 279 : « Pour n'avoir rien dans le circuit de la Citadelle qui fût capable de nous causer de l'embarras en cas d'attaque, M. Dupleix, ce même jour (8 septembre), donna ordre de démolir divers bâtimens, et entr'autres le Temple d'Idoles qui étoit près des Jésuites. Cela fut exécuté avec l'applaudissement général de toute la colonie qui gémissoit depuis longtems de voir le culte du démon si près de l'Autel de J.-C., lui insulter et remplir la ville du bruit et du tumulte de ces fêtes impies ». La raison alléguée était, comme on le voit ci-dessus, toute spécieuse et sans aucune valeur : la Pagode n'était pas plus gênante que l'Église des Jésuites. Le 10 août 1701, Fr. Martin, à la requête des Jésuites, avait ordonné la démolition de cette Pagode ; mais le 13 et le 15, plus de 10,000 indiens voulurent sortir de la ville et Martin dut venir en personne le 16 août révoquer son ordonnance.

mais nous craignons bien, s'ils nous en pressent d'une certaine façon, et après y avoir employé tous les moyens de persuasion et de douceur, d'être obligés d'y consentir. Nous avons premièrement une décision de l'évêque de Saint-Thomé au sujet de cette même pagode ou temple, souscrite de tous les Jésuites qui étoient pour lors ici, qui nous y autorise ; elle est rapportée tout au long dans notre délibération du 26 avril 1748 ; et, en second lieu, la Compagnie et nous, ne devons avoir pour but, pour favoriser et rendre ses établissements florissans dans ce pays-cy, de faire revenir ces malheureux infidèles par la force et l'autorité ; nous devons, au contraire, leur en assurer un libre exercice en tout ce qui dépendra de nous, et autant que la bienséance et les anciens usages reçus nous le permettrons ; c'est à la Compagnie à y faire de solides réflexions et bien mesurées.

« *Du 31 janvier 1750.* — Les habitants malabars de cette Colonie de la caste du lingam, dont nous avons fait abattre la pagode ou temple, ... n'ayant pu obtenir de M. le Gouverneur la permission d'en rebâtir une autre, quoi qu'ils aient pu faire auprès de lui, et ne cessant de l'importuner continuellement depuis à ce sujet, viennent de nous présenter requête pour nous demander cette permission ; appuyés de la décision de l'évêque de Saint-Thomé au sujet de cette propre pag^e dont il permet la transfération et la réédification dans une autre endroit, laquelle décision a été acceptée et approuvée par tout ce qu'il y avoit pour lors de Jésuites, et se trouve transcrite tout au long dans notre délibération du 26 avril 1748, nous avons délibéré et jugé à propos de le leur permettre, pour prévenir les suites et inconvénients fâcheux auxquels un plus long refus auroit pu nous exposer et la Colonie, nous y trouvant, d'ailleurs, en quelque façon autorisés par d'anciens ordres du Conseil de Marine dans la lettre du 13 février 1717 à M. Hébert, par laquelle il lui ordonne formellement de laisser subsister les

e

pagodes et de ne pas souffrir qu'il soit en aucune façon touché à celle du lingam qui est positivement celle dont il est question aujourd'hui et nous avons pensé qu'ayant tant fait que de l'abattre, pour prévenir les inconvénients qu'on y a pressenti de tout temps et qui sont réels, il n'y avait d'autre remède que de permettre d'en rebâtir une autre, ce que nous avons fait. Elle se rebâtira dans un coin de la ville noire, où elle ne sera pas plus gênante que deux autres qui y sont déjà. M. le Gouverneur a jugé à propos de différer pour quelque temps encore l'enregistrement de la délibération prise en conséquence, étant dans l'intention, avant de permettre aux Malabars de faire usage de cette permission, de tâcher d'en profiter pour obtenir des Malabars quelques avantages ou des prérogatives en faveur des pauvres chrétiens. Nous avons vu avec plaisir dans une lettre de la Compagnie à M. Dupleix, du 11 avril dernier, qu'il nous communique, qu'elle prévient, par les ordres qu'elle nous donne, la conduite que nous avons tenue dans cette occasion, ce qui nous affermit et nous confirme dans notre façon de penser à ce sujet. Au premier bruit qui se répandit dans le public de la démarche des Malabars auprès du Conseil pour demander la permission de rebâtir la Pagode et des favorables dispositions où nous paraissions être à ce sujet, les ecclésiastiques vinrent nous faire des représentations auxquelles nous n'avons pas cru devoir nous arrêter. Ce qui surprendra sans doute la Compagnie, c'est que le Supérieur des Jésuites en place se présenta pour le même sujet, prétendant que l'acceptation de la communauté entière de la décision de l'évêque de Saint-Thomé ne le liait en rien, ne l'ayant pas signée; il n'avait garde sans doute, puisqu'il n'étoit pas pour lors ici, mais s'il y eût été, nous sommes fermement persuadés qu'il n'eût fait aucune difficulté, non plus que les autres, de la signer, parce que depuis longtemps ils ne cherchoient et ne soupiroient qu'après la démolition de cette pagode et que sûrement ils y auraient consenti pour l'obtenir à telle condition qu'on leur eût proposé. Nous ne ferons aucune réflexion sur la conduite de ce religieux dans cette occasion, persuadés que la Compagnie les saisira aussi bien que nous. »

Il y a lieu de citer aussi une lettre du Conseil Supérieur de Pondichéry au Commandant de Karikal :

« *A Pondichéry, le 15 octobre 1756. — A M. Porcher.* — Nous avons bien reçu en son tems, Monsieur, votre lettre du 3 du courant. Quoique nous n'approuvions pas le zèle inconsidéré du P. Leveau, que nous le ferons prier de modérer, nous ne pouvons cependant nous empêcher de vous blâmer d'avoir laissé outrepasser l'accord fait au sujet des cérémonies des gentils lors de l'établissement de Karikal, et d'en avoir permis de nouvelles qui n'avoient jamais été en usage avec un faste injurieux à la vraie religion. Vous vous en tiendrez dorénavant à ce sujet aux termes de la délibération dont nous vous envoyons ci-joint copie, en vous recommandant surtout de ne point condescendre aux instances de ceux qui vous entourent et ne leur accorder que ce que vous ne pouvez leur refuser sans risque. Depuis M. Paradis il n'y avait eu aucune plainte ni de la part des gentils ni de celles des PP. Jésuites; modelez-vous sur la conduite de vos prédécesseurs.

Nous sommes, etc.

DUVAL DE LEYRIT. BARTHÉLEMY. COLLÉ. BAUSSET. DELARCHE. DESVAUX. GUEULETTE. »

Il semble également utile d'extraire le passage suivant d'un Mémoire sur les diverses nations européennes établies dans l'Inde par M. Law de Lauriston :

« Encore une raison contre nous qui est plus forte qu'on ne pense, c'est que, conduits par nos religieux missionnaires, nous nous sommes acharnés à détruire plusieurs temples des gentils, quelquefois pour en enlever les pierres, quelquefois pour le seul plaisir de détruire des idoles. On a vu, à ce qu'on m'a assuré, à l'occasion d'une affaire de conséquence, où les habitants étoient révoltés contre nous ; cette affaire finie, la tranquillité rétablie, on a vu, dis-je, nos soldats, excités par leur aumônier, choisir de préférence les temples des habitants pour y faire leurs ordures ; sur quoi alarme de tous côtés : les gens du pays nous abandonnèrent, et nous restâmes si seuls qu'on ne trouvait pas un grain de riz ou de blé dans le camp. On fut obligé, enfin, pour ne pas mourir de faim, de faire des excuses, de faire nettoyer les temples par nos propres gens et de punir par les verges les soldats qui les avoient insultés. Ce zèle, sans doute, étoit en vue de mériter le ciel par une action si sainte, mais comme très certainement nos soldats n'y pensoient guère, il y a apparence qu'il n'y aura que ceux qui les animoient qui en seront récompensés après leur mort. Au reste, il y a une maxime que je crois très vraie, c'est que lorsqu'on veut se faire aimer des habitants du pays où l'on est, il ne faut pas commencer par les insulter ; convertissez-les d'abord par de bonnes raisons et ensuite vous ferez ce que vous voudrez de leurs temples. Tous les marchands dans l'Inde, tous les banquiers généralement sont gentils. Croit-on qu'ils n'ont pas dû être sensibles à notre procédé si différent de celui des Anglais qui ne se mêlent en rien des affaires de leur religion ? Croit-on que, toute détestable qu'elle est, elle n'a pas aussi ses zélateurs parmi des gens qui y sont nés, nourris, élevés, et que quelques-uns de ces zélés n'auront pas pris plaisir à la venger de nos insultes que nous regardons comme saintes, mais qu'ils regardent comme autant d'impiétés ? *(Remis à* M. DE BELLECOMBE *par* M. LAW *en février-mars 1777)* ».

Ce dernier document, où perce l'esprit moderne de tolérance, n'est-il pas très instructif ? Il nous permet de supposer qu'après la Révolution, la France eût autrement agité le vieil esprit hindou que ne l'a fait la froide et dédaigneuse Angleterre.

On a beaucoup écrit, depuis une trentaine d'années, sur les guerres de l'Inde, sur Dupleix et Labourdonnais. Beaucoup trop de ces ouvrages ont été faits de seconde main, à la hâte, sans études préparatoires suffisantes, dans un but de spéculation littéraire, si j'ose m'exprimer ainsi. Quelques-uns d'entre eux se sont bien inspirés des publications ou des conseils du savant M. P. Margry, l'ancien archiviste de la Marine, qui a réuni sur Dupleix les documents les plus exacts et les plus précis, mais qui n'a point donné l'œuvre magistrale qu'il est seul en état de faire et qu'il nous promet depuis bien longtemps déjà. Trop souvent aussi, on a puisé aux sources anglaises; on a adopté sans discussion — et comment une discussion eut-elle été possible, en l'absence de renseignements originaux? — les propositions ou les opinions d'un historien anglais, le colonel G. Malleson, assez exact d'ailleurs et aussi impartial que possible. Son principal ouvrage, *History of the French in India* (Londres, 1868, in-8° de xiv-583 p. (1) est un de ceux où Dupleix est démesurément grandi aux dépens de Labourdonnais. Ce livre paraît avoir été beaucoup trop facilement accepté en France comme disant le dernier mot, et il ne manque pas de gens pour affirmer aujourd'hui que l'ancien Gouverneur Général de l'île de France s'est vendu à l'Angleterre en 1746, lors de la capitulation de Madras. Je n'ai aucune qualité pour le défendre ou pour l'attaquer; mais je crois que des accusations pareilles ne devraient pas être articulées sur de simples insinuations de lettres ou d'enquêtes plus ou

---

(1) Une traduction française, par Mme S. Lepage, a été publiée à Paris en 1874 : *Histoire des Français dans l'Inde*, in-8° de xi-504 p. et une carte. La traduction est exacte ; mais aucune note, aucune addition, aucune modification n'a été jointe au texte et l'orthographe déplorable de l'auteur anglais pour les noms indiens a été trop scrupuleusement conservée.

moins intéressées, mais seulement avec des preuves formelles et précises à l'appui, ce qui n'a point été fait encore. Il résulte de tout ce qui a été publié, et les documents ci-après justifient cette manière de voir, que Dupleix et Labourdonnais avaient reçu des Ministres et de la Compagnie des instructions contraires; qu'ils avaient d'ailleurs leurs idées propres; qu'ils étaient presque aussi entiers, absolus et autoritaires l'un que l'autre; enfin, si cette comparaison n'est pas trop excessive, nous retrouvons dans leur querelle la rivalité du pouvoir civil et du commandement militaire, de la marine et de l'armée, qui a joué trop souvent un rôle si fâcheux dans nos expéditions coloniales.

Le *Journal,* dont on lira les extraits ci-après, donnera, je l'espère du moins, des détails précieux sur la physionomie de Dupleix. Il a été écrit, au jour le jour, par un homme qui a été mêlé de très près, heure par heure, à la vie du grand Gouverneur, et dont l'existence, par une coïncidence remarquable, a suivi très exactement la marche ascendante et la décadence de notre influence dans l'Inde. Anandarangappoullé, l'auteur de cette Chronique, est né en 1709, comme notre colonie prenait son essor; il occupa une haute position sous Dupleix, au maximum de notre puissance, et mourut le 11 janvier 1761, quatre jours avant la capitulation de Pondichéry.

La Chronique d'Anandarangappoullé est encore à peu près entièrement inédite. Les manuscrits dont elle se compose ont été découverts à Pondichéry, en 1846, par M. A. Gallois-Montbrun, qui devint plus tard le chef du service des Contributions et qui s'occupait beaucoup d'études littéraires tamoules; il faisait rechercher les vieux manuscrits en langues du pays qui pouvaient se rencontrer dans la ville indienne. C'est ainsi qu'il fut amené à découvrir, dans une maison qu'habitaient les descendants de l'ancien courtier de la Compagnie des Indes, un nombre fort important de registres contenant des documents historiques d'une très grande valeur. Il fit copier, pour sa collection particulière, tous ces documents, dont M. Édouard Ariel, ancien élève d'Eugène Burnouf, secrétaire du Conseil du Gouvernement de Pondichéry, fit également prendre copie. Une vingtaine d'années après, M. F.-N. Laude, procureur général, fit encore copier, pour son usage personnel, une partie de ces documents. J'ignore ce qu'est devenue la copie de M. Laude ; celle de M. Gallois-Montbrun a été déposée à la bibliothèque publique de Pondichéry par son fils, maire de la ville ; celle de M. Ariel fait aujourd'hui partie du fonds tamoul de la Bibliothèque nationale à Paris.

Ces documents forment seize volumes grand in-folio qui portent les numéros 143 à 158 du catalogue du fonds tamoul ; la copie est faite avec soin, parfois bien collationnée et presque toujours très lisible. Le n° 143 comprend des horoscopes, des lettres d'Anandarangappoullé datées de 1746, une traduction du traité de Versailles de 1783, une relation détaillée du siège de Pondichéry en 1778, des compliments et souhaits en vers, etc. Les n°s 144 à 154 contiennent le journal d'Anandarangappoullé, et les n°s 155 à 157 celui de son fils Tirouvêngadappoullé. Le n° 158 renferme une sorte de table, des lettres, des horoscopes, etc. Le manuscrit original d'Anandarangappoullé formait treize volumes ; la copie de M. Ariel en a formé onze, savoir : n° 144, de 1726 à 1746, 166 et 219 feuillets ; n° 145, d'octobre 1746 à juin 1747, feuillets 193 à 290 et 116 feuillets ; n° 146, de juillet 1747 à août 1748, feuillets 120 à 436 et 96 feuillets ; n° 147, de septembre 1748 à mars 1750, 145 et 261 feuillets ; n° 148, de mars 1750 à octobre 1751, feuillets 262 à 336, 194 et 130 feuillets ; n° 149, d'octobre 1751 à septembre 1752, feuillets 131 à 245 et 295 feuillets ; n° 150, de septembre 1752 à décembre 1753, feuillets 296 à 424 et 284 feuillets ; n° 151, de septembre 1754 à août 1755, 275 et 97 feuillets ; n° 152, d'août 1755 à septembre 1756, feuillets 98 à 254 et 234 feuillets ; n° 153, de septembre 1756 à août 1758, feuillets 238 à

342 et 286 feuillets ; n° 154, d'avril 1758 à avril 1760, feuillets 288 à 403 et 281 feuillets. La copie du manuscrit de Tirouvengadappoullé a formé trois volumes, savoir : n° 155, d'avril 1662 à octobre 1765, 120, 95 et 108 feuillets ; n° 156, de décembre 1765 à octobre 1773, feuillets 109 à 193, 108 et 44 feuillets ; n° 157, d'octobre 1773 à mars 1799, feuillets 45 à 66, 108, 145 et 132 feuillets.

Ces trois volumes sont loin d'offrir l'intérêt des onze précédents. Malheureusement, ceux-ci offrent d'assez nombreuses lacunes, dues à la perte de quelques-uns des registres originaux : du 15 novembre 1748 au 24 juin 1749, du 20 décembre 1750 au 13 avril 1751, du 1ᵉʳ avril 1752 au 5 avril 1753, du 10 décembre 1753 au 3 septembre 1754 ; de mars 1755 au 8 avril 1756 ; du 21 septembre 1758 au 22 janvier 1759 ; le journal s'arrête d'ailleurs au 8 avril 1760, qui correspond, d'après le comput indien, au mardi 30 Phalguna de l'année Prâmâdhi.

Aucun passage, aucun spécimen de cette Chronique n'avait encore vu le jour quand, en 1889, j'en ai publié quelques extraits, comme on le verra plus loin. En 1870, à l'occasion de l'érection, à Pondichéry, d'une statue de Dupleix (le 16 juillet), M. F.-N. Laude, procureur général, avait publié la traduction, par extraits, de toute la partie de ces mémoires relative au siège de Pondichéry par l'amiral Boscawen, du 6 septembre au 16 octobre 1748 (1); cette traduction, évidemment exacte, n'est pas irréprochable ; elle a été faite par un Indien et revue par un Européen qui ne savait pas le tamoul, car elle renferme beaucoup d'expressions qui ne s'accordent ni avec les habitudes du temps, ni avec les connaissances probables de l'auteur, ni avec son style. En 1849, M. A. Gallois-Montbrun avait fait imprimer, à Pondichéry, une très intéressante *Notice sur la chronique en*

(1) Dupleix, *Le siège de Pondichéry,* en 1748, extrait des Mémoires inédits de Rangappoullé, divan de la Compagnie des Indes. — Pondichéry, impr. du Gouv., 1870, in-8° de 91 pages.

langue tamile et sur la vie d'Ananda-Rangapillei (16 p. in-8°).

Anandarangappoullé était né à Madras le 30 mars 1709, qui correspond à l'année indienne Sarvadhâri, mois de Phalguna, vingt et unième jour, samedi, cinquième jour de la lune. Son père, Tirouvêngadappoullé, vint s'établir à Pondichéry peu après; en 1714, nous l'avons vu mêlé aux mouvements occasionnés par les entraves qu'on voulait apporter à l'exercice des cultes indigènes; en 1721, il fut nommé courtier-adjoint de la Compagnie; le courtier titulaire était un certain Gourouvappamodély, qui était venu en France, qu'on y avait baptisé solennellement (Louis XIV lui avait servi de parrain) et qu'on avait anobli en lui conférant le titre de chevalier. Le courtier, appelé d'abord *modéliar* (proprement *mudaliyâr*, de *mudal* « premier »), était en quelque sorte l'agent général de la Compagnie des Indes, l'intermédiaire entre elle et les indigènes. Plus tard, le titre français de *courtier* fut remplacé par l'appellation persane de *diwân, divan*... Après « le chevalier Gourouvappa », le courtier titulaire fut un nommé Pedro Canagarâyamodély, qui mourut en 1746. Anandarangappoullé fut appelé à le remplacer vers la fin de 1747 (1). Il occupa ces fonctions jusqu'en 1756; à cette époque, il fut écarté par le nouveau gouverneur, M. Duval de Leyrit. Il mourut le 11 janvier 1761, quatre jours avant la capitulation de Pondichéry.

C'est surtout de 1746 à 1756 que sa Chronique offre de l'intérêt. Pendant cette période, il a vu de près tous les personnages qui ont paru sur la scène politique; il a été mêlé à tous les événements, à toutes les négociations. Aussi fut-il

---

(1) La liste des *courtiers, divans, modéliars*, de la Compagnie a Pondichéry, comprendrait les noms suivants : 1690, *André ;* 1700, *Lazare ;* 1708, *Naıniappamodély*, courtier, non chrétien, auquel on adjoignit *Savérippoullé*, chrétien, en 1714; vers 1720, le chevalier *Guruvappamodély*, chrétien, auquel on adjoignit en 1721 *Tirouvêngadappoullé*, non chrétien; vers 1730, *Pedro Canagarâyamodély*, chrétien, auquel *Anandarangappoullé* fut adjoint plus tard en fait sinon en droit ; enfin *Ananda*, vichnouviste, en 1747.

comblé d'honneurs par les potentats indigènes : en 1749, Muzaffar-djang le nomma *mansubdâr* (1) de 3,000 chevaux, titre qui, du temps d'Akbar, lui aurait assuré un traitement annuel de 204,000 roupies (510,000 fr.). Quelques temps après, il reçut le titre de *Vezârdardyavidjaya* et chargé, comme *jagirdâr* (2), du commandement du fort et du district de Chinglepett. Enfin, en 1755, il devint le « Chef des Malabars » de Pondichéry.

Sa Chronique, rédigée au jour le jour, est très inégale. On y trouve un peu de tout, au hasard et sans ordre : des discussions de famille, des racontars de quartier, des descriptions de cérémonies religieuses, à côté de conversations avec Dupleix et d'autres hauts personnages, ou parmi des récits très détaillés d'événements fort importants. L'écrivain n'oublie aucun des traits qui permettent de tracer un portrait fidèle des gens avec qui il a affaire ; un mot suffit quelquefois. C'est ainsi qu'on voit Paradis, l'un des adversaires de Labourdonnais, dire avec une forfanterie toute castillane : « Partout où je vais, il y a toujours la victoire (3) ! »

Comme le fait remarquer M. Gallois-Montbrun, l'impression qui résulte de ces mémoires, en ce qui concerne la personne de Dupleix, est qu'il offrait un mélange des plus grands talents, de l'intelligence la plus vive, des conceptions les plus hardies, et de la vanité la plus outrée, de l'infatuation la plus ridicule et de la cupidité la plus étroite. Dès ses premières discussions avec Labourdonnais, Dupleix, en son

---

(1) Proprement *mançubdâr* « fonctionnaire », seigneur vassal du Grand Mogol, auquel il devait fournir un nombre déterminé de chevaux.

(2) Proprement *djâgîrdâr* « porteur d'un djagîr », c'est-à-dire d'une sorte de majorat, usufruitier des revenus d'un territoire déterminé.

(3) M. Paradis, ingénieur (?), paraît avoir été le compagnon, l'ami, le confident le plus ordinaire de Dupleix. Commandant à Karikal, puis Gouverneur de Madras, il revint à Pondichéry, en 1748, contribuer à la défense de la place. Blessé grièvement à la malheureuse sortie du 11 septembre, il mourut le 14, trois jours après, et fut enterré dans la chapelle de l'Hôpital. Il était d'origine suisse et avait, au moment de sa mort, quarante-sept ans.

particulier, le traite de chien, *nây* en tamoul, et s'emporte en apostrophes aussi violentes qu'excessives. Il accepte, avec une satisfaction évidente, les flatteries les plus exagérées, et par des flatteries on arrive à obtenir de lui des faveurs qu'il avait précédemment refusées. Il ne repousse point les offrandes et les présents. Mais c'est surtout sa femme, Jeanne Albert, qui sort diminuée de ces récits ; elle nous y apparait avec tous les défauts des créoles mulâtres (elle en avait du sang dans les veines par sa mère, Élizabeth-Rosa de Castro) ; elle fait montre à tout instant d'une dévotion méticuleuse et est toujours prête à appuyer les plaintes et les demandes des missionnaires catholiques.

Fille de Jacques-Théodore Albert, chirurgien de la Compagnie royale de France à Pondichéry, et d'Élisabeth-Rosa de Castro de Madras, Jeanne Albert avait épousé à Pondichéry, le 5 juin 1719, M. Jacques Vincens, conseiller au Conseil supérieur, originaire de Montpellier. Elle lui donna au moins huit enfants : trois garçons dont le premier naquit le 27 mai 1720 et cinq filles dont l'avant-dernière ne vécut que onze mois ; la dernière est sans doute celle que, si nous en croyons Anandarangappoullé, on surnommait Chonchon en famille : elle devait être encore très jeune en 1742, car elle n'était pas mariée en 1754 et suivit Dupleix et sa mère en France : fiancée à Bussy, dit-on, elle mourut à Paris en 1757 ou 1758. M. Vincens était mort en 1739 ou 1740, et ce fut le 17 avril 1741 que sa veuve se remaria, à Chandernagor, avec Joseph-François Dupleix, « écuyer, Directeur Général pour la Compagnie de France dans le royaume du Bengale, Président du Conseil de Chandernagor, nommé Gouverneur des Ville, Citadelle et Fort de Pondichéry, Commandant Général dans l'Inde et Président du Conseil supérieur de Pondichéry ». L'acte de mariage attribue à Mme Dupleix trente-trois ans ; il doit y avoir là une erreur ou une complaisance du curé, car le premier enfant de Mme Dupleix est né en 1720 : elle l'aurait donc eu à douze ans, après avoir été mariée à onze, ce qui est bien difficile à admettre. On verra plus loin que, le 18 octobre 1742, Dupleix eut un fils qui ne vécut pas. Mme Dupleix mourut à Paris en décembre 1757 et son mari épousa à la fin de 1758 Mlle de Chastenay-Lanty, dont il eut une fille. Mlle Dupleix épousa le marquis de Valori : de ce mariage naquirent deux filles qui se marièrent avec le marquis Dupuy-Montbrun et le marquis d'Infreville. L'aînée des filles de Mme Dupleix, Marie-Rose Vincens, avait épousé, à l'âge de seize ans, le 17 novembre 1738, M. François Coyle de Barneval ; deux autres, Anne-Christine, née en 1726, et Jeanne-Susanne, née en 1728, se marièrent à Pondichéry le même jour, 29 juillet 1743, avec Jacques Duval d'Esprémenil, Conseiller au Conseil supérieur, et François-Corneille de Schonamille, Gouverneur de Banquibazar qui appartenait aux Hollandais. On connaît le rôle joué, au commencement de la Révolution, par le fils de d'Espréménil. Mme Dupleix avait deux frères et six sœurs, dont l'une, Marie-Magdeleine, fut mariée avec M. Aumont d'abord, puis avec M. Combeault d'Auteuil (1), qui commandait la cavalerie à Pondichéry pendant le siège. Dupleix avait aussi sous ses ordres un de ses propres parents, son neveu dit-on, M. de Kerjean.

En 1889, j'ai publié, avec une traduction française, quelques extraits du *Journal* d'Anandarangappoullé, dans le recueil publié pour le Congrès des Orientalistes par l'École des Langues orientales vivantes, p. 335-382 ; j'ai reproduit cet article, moins les textes tamouls, dans la *Revue de Linguistique et de Philologie comparée* (t. XXIII, 1890, p. 1-27). Je les reproduis de nouveau ci-après, en y ajoutant d'autres extraits beaucoup plus longs et beaucoup plus importants que j'ai classés sous trois rubriques différentes : Extraits divers (1735-1766), Dupleix et Labourdonnais (1745), le Siège de Pondichéry (1748). Tous ces morceaux sont traduits pour la

---

(1) C'est par inadvertance que j'ai dit (p. 132, note 2) que M. d'Auteuil était le beau-frère de Labourdonnais. Il fallait mettre « Dupleix ».

première fois, à l'exception d'une partie de ceux relatifs au siège de Pondichéry qui avaient été publiés, en 1870, par M. Laude. M. Laude s'exprimait en ces termes : « Nous avons cherché, autant que le génie de la langue le permet, à conserver à la traduction le caractère original de la langue tamoule, en élagant, toutefois, les passages qui nous ont paru inutiles ou prolixes ». En comparant mes traductions avec celles de M. Laude, on se convaincra aisément que celles-ci ont été faites de seconde main, qu'elles ne sont pas toujours d'une exactitude rigoureuse et que, sous prétexte d'inutilité, l'éditeur a surtout supprimé des passages où Mme Dupleix est représentée sous de fâcheuses couleurs et d'autres qui auraient pu déplaire aux lecteurs cléricaux et intolérants. Quant à la prolixité, j'ai cru pouvoir à mon tour supprimer ou abréger certains passages ; mais j'ai toujours eu soin, ce que n'a pas fait M. Laude, de mettre des points suspensifs dans le premier cas et des parenthèses dans le second.

Le style de l'auteur indien est sans aucune prétention. La correction n'en est point irréprochable et, de plus, les copies que j'ai eues sous les yeux, faites parfois avec beaucoup de négligence, n'ont pas toutes été collationnées sur les manuscrits originaux. Il en est résulté probablement des erreurs, plus ou moins graves, qu'on voudra bien me pardonner, je l'espère. J'ai traduit le plus littéralement que je l'ai pu, en suivant toujours le texte de près et en conservant les idiotismes, les vulgarités, les tournures de phrases, les tutoiements, les interjections de l'original. Anandarangappoullé écrivait ou dictait évidemment jour par jour ce qu'il avait fait, vu, ou appris, et la longueur de certaines « journées » laisse supposer qu'il devait y consacrer parfois de longues heures. La précision et la minutie des détails montrent l'exactitude générale du récit qui est d'ailleurs confirmé, quand la vérification est possible, par les Mémoires publiés au dernier siècle en Europe, et dont je cite, en note, d'assez nombreux passages. Je joins au texte, entre autres, un plan de Pondichéry que j'ai cherché à rendre aussi complet que possible (1).

En relisant les épreuves de ce livre, je me retrouve par la pensée dans ce Pondichéry où j'ai passé les plus belles années de mon enfance, où j'ai appris à aimer l'Inde, où j'ai fait toute mon éducation d'homme sous la direction jamais lassée d'un père dont l'affection vigilante et profonde a toujours été pour moi sans bornes. C'est lui qui m'a fait apprendre les langues du pays, qui m'a fait connaître les grands noms de Dupleix et de Labourdonnais, qui m'a donné le goût de ces études linguistiques auxquelles je dois tant de satisfactions intimes et, aux heures amères, tant de consolations sereines. C'est seulement quand je me suis écarté de la voie qu'il m'a tracée que j'ai failli, que j'ai souffert, que j'ai connu la tristesse et la douleur. Mais le regret ne saurait effacer l'erreur; le seul remède est de regagner au plus tôt la route abandonnée où, suivant l'exemple de Stace, on peut suivre de loin et baiser toujours les traces vénérées du guide, du maître, de l'ami suprême : c'est la route austère du devoir et du travail.

Il ne m'appartient pas d'apprécier la valeur du témoignage d'Anandarangappoullé ni de tirer de ce qu'il rapporte une conclusion quelconque. Je préfère laisser ce soin aux lecteurs impartiaux et désintéressés. Je ne puis cependant m'empêcher de réfléchir à la destinée vraiment misérable de Dupleix et de Labourdonnais, tous deux, à des degrés divers, ruinés, méconnus, condamnés, honnis. Qu'ils durent

(1) Ce plan a été fait d'après celui qui a été gravé spécialement à Paris en 1749 ou 1750, en vue précisément d'honorer Dupleix pour la défense de 1748, et qui est en vente à Paris, encore aujourd'hui, dans les dépôts publics, au prix de 2 fr. L'auteur d'un des derniers ouvrages publiés en France sur Dupleix m'a affirmé qu'après avoir beaucoup cherché il n'avait pu trouver de plan de Pondichéry antérieur à 1769; or, outre le grand plan gravé dont je viens de parler, il en existe un petit, très suffisant, dans l'*Histoire des Indes*, par l'abbé Guyon (Paris, 1744, 3 vol. in-12).

souffrir de l'acharnement des passions égoïstes dans l'étroitesse de la vie européenne, eux qui avaient pris l'habitude des idées larges sous les vastes horizons des tropiques ! Assister impuissant à sa propre décadence; voir, sans y pouvoir porter remède, s'écrouler ses longues espérances et le rêve de toute sa vie ; se souvenir avec désespoir des belles heures passées, n'est-ce pas la plus cruelle douleur que puisse éprouver un homme ?

> ..... *Nessun maggior dolore*
> *Che ricordarsi del tempo felice*
> *Nella miseria...*

C'est dans de pareilles situations, lorsqu'on en est réduit à jeter des regards désolés sur un passé disparu, lorsqu'on n'a plus l'illusion du travail absorbant ni la ressource finale des larmes, qu'on comprend la vieille philosophie hindoue du *Nirvâṇa,* dont l'idéal est l'anéantissement absolu. Mais les âmes énergiques doivent résister à cet abattement égoïste et lutter de toutes leurs forces contre ce qu'on aurait appelé jadis l'implacable fatalité. Il n'est point de malheur assez grand, de catastrophe assez profonde, qui ne porte en soi-même une consolation et une promesse, la consolation qu'on doit trouver dans sa conscience réveillée, la promesse d'une réaction plus ou moins prochaine dans les événements, les opinions, le cours général des choses. Relever fièrement la tête, opposer un front serein aux calamités de la vie, regarder toujours devant soi, prendre pour unique objectif le devoir et pour unique appui le droit, c'est le propre des cœurs généreux et forts qui prétendent virilement dominer les événements et ne point s'y laisser soumettre :

> *Et mihi res, non me rebus, submittere conor !*

Bordeaux, 13 novembre 1893.

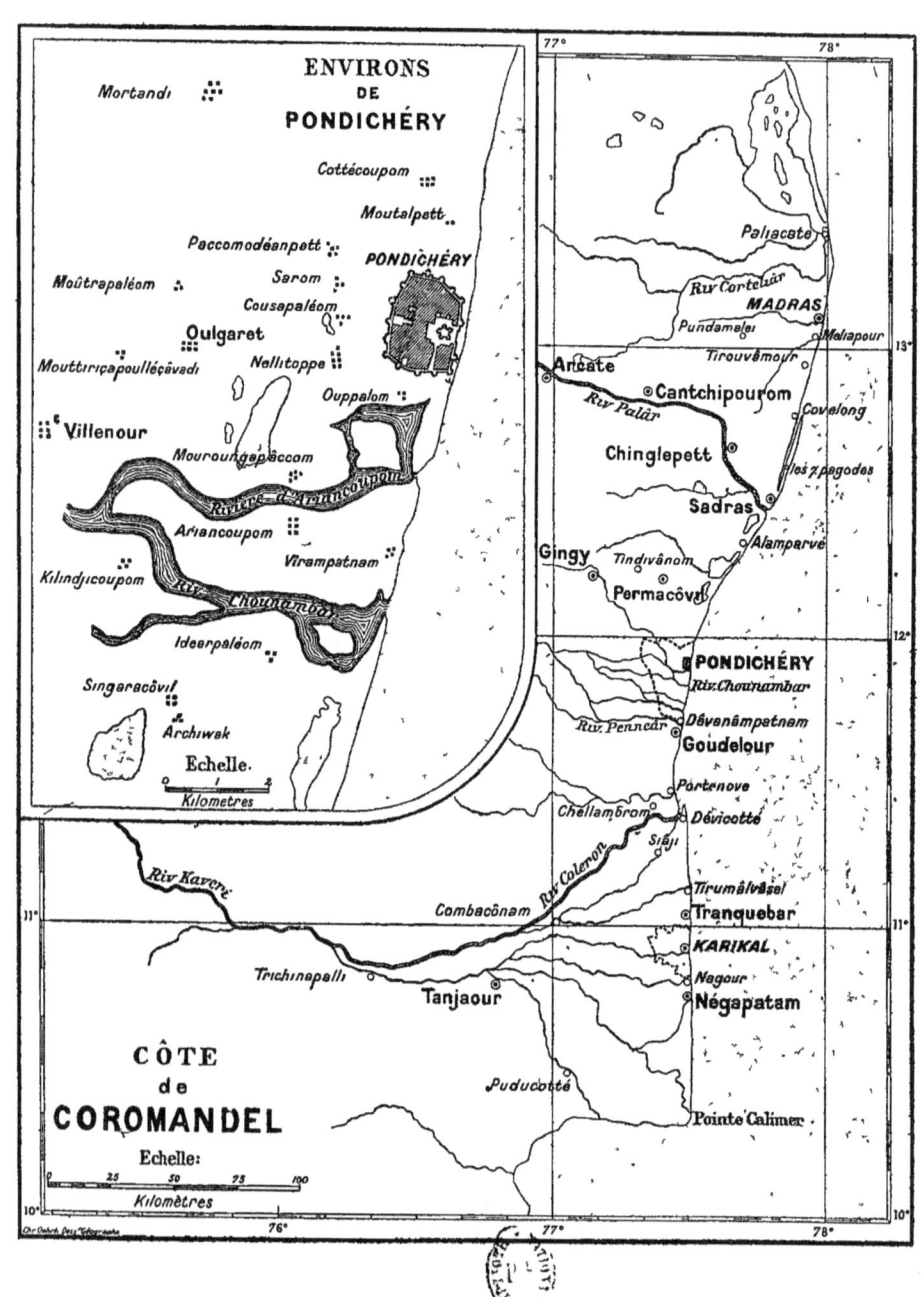

EXTRAITS DIVERS

(1736-1746)

LA VICTOIRE DU TRÈS ILLUSTRE RAMA !

............................?...

Le temps passe, la parole demeure.

Ce qui a été entendu par les oreilles, ce qui a été vu par les yeux ; les choses intéressantes et nouvelles qui se sont passées ; les arrivées des navires, puis les départs des navires ; — c'est ce qu'on a entrepris d'écrire (ci-après).

....

Année Nala	1736
Mois Avaṇi	Septembre
29 — dimanche	10

Ce matin, à huit heures, sont arrivés d'Alamparvé le *serpeau*, envoyé de la main du Nabab Dost-Ali-Khan, et le *paravânah* pour le coin des roupies. Canagarâyamodély (1) aussi est venu avec, étant allé au devant. Dès que le *serpeau* et le *paravânah* furent apportés dans le fort, on y tira vingt et un coups de canon ; sur les navires d'Europe, on tira aussi vingt et un coups, et autant sur les trois (autres) navires. On mit sur un palanquin le document arrivé, qui permet de frapper des roupies, et on le promena solennellement dans la ville. Pour obtenir ce coin, on avait offert au Nabab Dost-Ali-Khan

---

(1) C'était depuis 1725 environ le courtier, le divan de la Compagnie, le chef des Malabars, le *Modéliar* ; il mourut le 25 juin 1745.

un *nazr* de quatre-vingt-dix mille roupies et vingt mille roupies pour le *khartch* du *darbâr* (1), et en outre à Imâm-Çâhib quinze mille roupies ; soit, en tout, cent vingt-cinq mille roupies ou quarante mille pagodes. Mais, pour les négociations, quand MM. Élias et Miran sont allés (à Arcate), il y a eu huit mille pagodes (2) de dépensées. Il y a eu beaucoup d'autres dépenses depuis le commencement des démarches, mais je ne sais à peu près combien, et j'ai omis de l'écrire ici pour ce motif... M. Lenoir (3) n'aurait pas tant dépensé.

. . . .

Année Pingala	1737
Mois Aippaçi	Novembre
30 — dimanche	11

A onze heures et demie, après le lever du soleil, *Monseigneur le Bispo* (4) qui s'appelle........ (5) a fini ses années. Comme à ce Bispo ne se conformait pas la conduite des gens de la communauté de Saint-Paul (6), s'étant mis en contradiction avec eux, il était allé à l'église des Capucins. Comme entre ceux-ci et les gens de Saint-Paul, il y avait eu querelle, je ne sais pour quelle cause ; auparavant, en 1723, suivant l'ordre du *guru* (7) *Pape,* qui est l'autorité suprême, un certain *Patriarche* (8) s'était transporté partout où il y avait une secte

---

(1) *Serpeau*, proprement *sarêpâô, sar-ô-pâ,* سرى پاو vêtement d'honneur ; — *paravânah,* پروانه, ordre royal ; — *nazr,* نظر faveur, protection ; — *khartch,* خرج, dépenses, frais ; — *darbâr,* دربار, cour, audience royale.

(2) Cent vingt-cinq mille roupies représentent environ 312,500 francs et huit mille pagodes, 62,500 francs.

(3) Gouverneur à deux reprises, de 1718 à 1723 et de 1726 à 1735.

(4) Le texte porte en un seul mot *monçeñorbispu.*

(5) Le nom est en blanc dans le manuscrit.

(6) Les Jésuites.

(7) Directeur spirituel.

(8) Le cardinal de Tournon, patriarche d'Antioche, qui vint à Pondichéry en 1701.

opposée à la doctrine de la religion. Le Pape lui avait dit de condamner les gens qui marchaient contre la religion ; il lui avait dit aussi de prononcer la malédiction contre ceux qui ne marcheraient pas conformément à l'ordre du Pape ; alors... (la suite manque).

....

Année Kâlayukti	1738
Mois Adi	Juillet
14 — jeudi	24

Jeudi matin, à six heures, en raison de l'achat de Karikal, du fort de Karkangéry (1), de la Grande Aldée et des autres localités formant les cinq Grâma (2) : Kôtteisoupraya ; Avaçar'amadichanaya, l'homme d'affaires de Çêchâçalachetty ; Vîrappaya, qui remplit l'office de secrétaire auprès de Çêchâçalachetty ; un autre brame, dont je ne sais pas le nom, homme de Rangôpandita, lequel est auprès du roi de Tanjaour qui vient de monter sur le trône ; un chef de compagnie (un Thâbédar (3)) ; et, avec eux, quatre pions royaux de la Compagnie ; sont partis à cet endroit (Karikal) pour aller porter au roi de Tanjaour les présents qui lui ont été destinés.

Année Kâlayukti	1738
Mois d'Adi	Juillet
15 — vendredi	25

A trois heures de l'après-midi, M. Dirois, qui doit être com-

---

(1) Karkangéry, proprement *Kârkkiḷâtchêri*, est un village situé à 4 kilomètres au S.-E. de Karikal. Le 14 octobre 1859, nous sommes allés, mon père, mon frère et moi, y voir l'emplacement du fort détruit par les Anglais après la prise de notre établissement en 1760. Il n'en restait plus qu'une partie du fossé (60 mètres de long sur 4 à 5 de profondeur et 12 à 15 de large) et les fondations des murs de revêtement correspondant. Le dernier gardien du fort ou des ruines du fort, au dire de son fils Narayanapadéatchy (âgé de soixante ans en 1859), propriétaire d'une partie du terrain, se nommait Sidambarapadéatchy.

(2) Villages dépendants administrativement.

(3) Proprement *ṭabēdâr*.

mandant à Karikal, M. Martinville, son second, et M. Rebutty, qui doit être ingénieur pour faire les travaux au fort, se sont mis en route pour Karikal. Les Tamijars (1) qui sont allés là pour occuper les divers emplois, sont Pragâçamodély, qui a l'œil du faucon (qui est louche), fils d'Arunassalamodély qui a été *maniagar* (2) de la chauderie ; Sinnapariçirampoullé, fils du frère d'Arambârtteipoullé, qui tient ici les comptes chez le Grand *Dobachi* (3) ; Sinivâçapandita, dit Andjâmpoullé, fils de Mèlagiripandita de la Monnaie. Quant à leurs emplois, c'est M. Dirois qui les déterminera, après être arrivé là-bas, car ici on n'a rien indiqué. De plus, vingt pions de la Compagnie sont partis à la suite de M. Dirois, avec tout ce qui est nécessaire pour le voyage. Pour qu'on puisse savoir exactement, jour par jour, ce qui se passe à Karikal et à Tanjaour, on a organisé un service de courriers.

Année Kâlayukti	1738
Mois d'Aḍi	Juillet
15 — samedi	26

Le navire de France *le Saint-Géran* (4) ayant été désigné pour aller à Karikal, M. Aubin, capitaine de navire ; M. Delatour, capitaine de soldats ; le grand major M. Roussel ; le lieutenant M. Goguelin (?) ; cent soldats ; le comptable M. Delarche, et le comptable mulâtre M. Saint-Gilles (?), qui

(1) C'est-à-dire des *Tamouls*, gens de caste, à l'exclusion des parias.
(2) *Maniagar*, tamoul *Maniakkâra* « percepteur, régisseur, administrateur agricole ». — La *Chauderie* de Pondichéry, c'est-à-dire le Tribunal.
(3) Agent principal, courtier, proprement « interprète, qui sait deux langues, *dô bâchî* ».
(4) C'est le vaisseau dont Bernardin de Saint-Pierre a immortalisé le naufrage, qui eut lieu, comme on sait, à l'Ile-de-France, dans la nuit du 17 au 18 août 1744, par un très beau temps, uniquement à cause de l'impéritie de ses officiers ; on ne put rien sauver de la cargaison, et, de tout l'équipage, neuf hommes seulement survécurent. En allant de Pondichéry à Karikal, en 1738, il paraît qu'il s'arrêta à Tranquebar, car, aux Archives de Pondichéry, on trouve une plainte formelle du Gouverneur danois accusant *le Saint-Géran* de s'être livré à « des violences » dans la rade de Tranquebar. La citadelle de Tranquebar s'appelait alors Danskborg.

devront tenir les comptes à Karikal, se sont embarqués sur
ce navire pour faire le voyage.

En outre, forgerons, charpentiers, scieurs, en tout environ
soixante ou soixante-dix personnes, se sont aussi embarqués
sur le navire.

En outre, on a embarqué sur le navire, pour envoyer à
Karikal, de la pierre de chaux, des haches, des serpes, des
houes et autres choses analogues.

Ce jour même, au coucher du soleil, on lui a donné congé.

Il a déployé ses voiles et s'est mis en marche, mais comme
il n'y avait pas de vent, il roulait et se couchait; aussi, jetant
l'ancre, s'est-il arrêté.

Année Kâlayukti	1738
Mois d'Adi	Août
15 — samedi	2

Si l'on s'informe : « quelle est la nouvelle qui est arrivée
aujourd'hui par le courrier de Tanjaour ? », ceux qui portent les présents au roi de Tanjaour se sont arrêtés à Mâyavaram et ont envoyé en avant à Tanjaour le brame, homme
de Rangôjipandita, et un officier indigène. Lorsqu'ils eurent
vu Rangôjipandita, lui eurent parlé et lui eurent remis la
lettre qu'ils avaient pour lui, il leur remit à son tour une lettre et les renvoya. Que disait cette lettre? « Nous avons dit,
pour quelque motif, que nous vous donnerions Karikal et
cinq villages qui l'avoisinent; mais, comme nous avions
besoin d'argent immédiatement, nous vous avons envoyé
des hommes pour vous dire qu'il nous fallait tout de suite
de l'argent pour nos dépenses. Vous êtes restés sans nous en
envoyer. Quel besoin avez-vous maintenant de venir à nous
avec de l'argent? Nous vous en avions demandé pour une
occasion déterminée, mais vous ne nous en aviez pas donné.
Maintenant, nous n'avons plus besoin de vos pagodes.
Allez-vous en. » Il a écrit cela et l'a fait dire aussi de
vive voix. Soupraya et Kichenaya ont écrit cela ici; Kiche-

naya ajoute : « Je vais parler à Rangôjipandita », et il est parti pour Tanjaour. Dès que cette nouvelle fut arrivée, à Pondichéry, à Canagarâyamodély, il lut la lettre et alla le dire à Monsieur. Quand Monsieur sut cela, il fut tout contrarié. Canagarâgamodély et Çêchâçalachetty furent aussi tout tristes.

Cependant Maléappamodély et Poullémouttou qu'on avait précédemment envoyés à Karikal, ont fait parvenir une *ôle* à Canagarâyamodély. Ils y disent ceci : « Vous nous avez dit d'aller à Karikal. Nous y sommes arrivés et nous avons parlé en ces termes aux Choulias (1) et à tous les autres habitants : « maintenant, cette ville est aux Français ; soyez heureux ; des navires et des blancs arriveront dans sept à huit jours ». Ils en étaient très contents et ils ont fait écrire cette nouvelle au Soubédar (2). Celui-ci a écrit au Roi de Tanjaour et aussitôt le Roi a répondu : « Quoi ! leur avons-nous donné les terres de notre pays ? Si leurs gens, quels qu'ils soient, viennent, il faut les battre et les chasser ». Voilà ce qui a été écrit au Soubédar. De plus, le Roi a ordonné de faire descendre à Karikal cent cavaliers et trois cents fantassins. Ces cavaliers et ces soldats sont arrivés, nous ont appelés et nous ont dit de nous en aller. Et nous sommes partis. »

Cette nouvelle, écrite à Canagarâyamodély par Maléappamodély et Poullémouttoupoullé, a jeté beaucoup de trouble ici.

Année Kâlayukti	1738
Mois d'Avaṇi	Août
6 — lundi	18

A trois heures après midi, Tiruvaḍibâlichetty est arrivé ici d'Uttattûr, près Tanjaour, où est à présent Chandâ-Çâhib. On a envoyé d'ici au-devant de lui, pour le recevoir, Cana-

---

(1) Musulmans indigènes, qui ne sont pas d'origine étrangère.
(2) Proprement *çûbadâr* « chef de province, capitaine ».

garâyamodély, Mûttirapoullé et Çêchâçalachetty. Ils l'ont amené jusqu'à la maison de Çêchâçalachetty et sont rentrés chez eux. A la suite de Tiruvaḍibâlichetty venaient un éléphant et cinq à six chevaux.

Année Kâlayukti	1738
Mois d'Avaṇi	Août
8 — mercredi	20

Après quatre heures et demie de l'après midi, vers cinq heures, Tiruvaḍibâlichetty est allé à l'audience de Monsieur le Gouverneur. Comme il entrait, on a tiré dans le Fort neuf coups de canon. Monsieur vint dans la grande salle du milieu, s'y assit et parla en deux mots des choses générales. Monsieur le Gouverneur demanda à Tiruvaḍibâlichetty : « Ibadâçâhib est-il bien? »; il répondit : « Il m'a dit de vous dire quelque chose, mais cela doit être dit en particulier ». Là dessus, Monsieur, ouvrant (la porte de) sa chambre à écrire, là entrèrent Monsieur le Gouverneur, Canagarâyamodély, Tiruvaḍibalichetty et Vêngaḍâçalachetty. Ces quatre personnes y restèrent trois heures ou trois heures et demie, puis revinrent s'asseoir dans la salle du milieu. Voici les cadeaux qu'on a donnés : à Tiruvaḍibâlichetty, huit pièces de velours rouge, un turban d'honneur, une écharpe à ceinture, une (pièce de) brocart, un cheval de Manille dont le prix est de quatre-vingt pagodes; à Latchoumibaḍichetty, frère cadet de Çêchâçalachetty, deux pièces de velours rouge; à Vêngaḍâçalachetty, deux pièces de velours rouge. Dès qu'ils eurent reçu ces cadeaux, Monsieur les congédia et dès qu'ils sortirent, le Modéliar, Mouttiapoullé et moi, tous trois, nous les accompagnâmes jusque chez eux. Nous entrâmes dans la salle de leur maison et nous nous y assîmes. Alors, ils donnèrent en cadeaux à Canagarâyamodély un châle, une ceinture, un collier d'honneur, un turban d'honneur. Ils donnèrent les mêmes choses, moins le châle, à Mouttiapoullé et à moi. Ils donnèrent de plus à Çêchâçalachetty une paire de châles. En outre, le jour où il était arrivé, Bâlichetty avait donné quatre choses à Canagarâyamodély ; à Mouttiapoullé et à moi une paire de châles. Enfin, à Mêlagiripaṇḍita et aux autres, on fit divers cadeaux proportionnés à leur situation.

Si l'on demande pour quelle affaire est venu Tiruvaḍibâlichetty, c'est que, comme il y a amitié entre Tiruvaḍibâlichetty et Sâhudjî (1), il ne convenait pas que celui-là restât là, et il est venu à Pondichéry avec un ordre écrit de la main de Chandâ-Çâhib ; et, pour qu'il ne vînt pas pour rien, dès qu'on parla de l'affaire de Karikal, Chandâ-Çâhib, qui avait déjà dit : « nous ferons le reste », lui dit de dire les choses qui complètent cette parole. C'est avec ces intentions qu'il est venu. Pour ce motif et pour le faire voir, il a été très expansif. Il y a chez lui l'esprit de libéralité. Il y a certes bien des gens qui ont de la libéralité ; mais on ne peut pas dire d'eux comme de lui que cela va jusqu'à la vertu de charité. Il a cependant un défaut et ce défaut, c'est, outre ce qu'il donne chaque matin aux brahmes, d'accorder tout ce que demandent ceux qui lui procurent des femmes, fussent-elles leurs propres épouses ou leurs propres sœurs, quels que soient ceux qui demandent un emploi quelconque ou qui cherchent un emploi quelconque. Par ce défaut, ses bonnes qualités sont effacées. Et comme sa conduite est réglée par cette passion qui l'absorbe nuit et jour, il perd son temps à s'entourer de petites gens propres à cela et ne fréquente pas les gens distingués ni ceux qui ont l'esprit élevé. Et cela, parce qu'il n'a pas héréditairement cet esprit et que son manque de fortune ne lui a pas donné la tendance à s'élever.

Année Kâlayukti	1738
Mois d'Avaṇi	Septembre
21 — jeudi	2

A sept heures du matin, le capitaine du navire français

(1) Le roi de Tanjaour.

venu de France, *le Phénix,* a fait partir ce navire pour aller faire la guerre à Karikal. On y a embarqué quarante blancs et quarante topas (1), un major, un lieutenant, et, outre les canons qui étaient déjà sur le navire, on en a embarqué trente à quarante autres. On a embarqué aussi des boulets, de la poudre, des grenades et toutes autres munitions de guerre, ainsi que des vivres et des provisions de toute espèce. Le capitaine du navire a fait lever les voiles à sept heures du matin et il est parti. A ce moment, on a tiré du navire vingt et un coups de canon et du Fort aussi on en a tiré vingt et un. Alors, il a déployé toutes ses voiles et est parti en courant.

Année Kâlayukti	1738
Mois d'Avaṇi	Septembre
31 — vendredi	12

Ce matin, sont arrivés, ont mouillé et filé leurs chaînes, les deux navires de France qui étaient allés prendre possession de Karikal. M. Dirois qui y était allé pour être commandant, M. Martinville qui devait être son second, les capitaines qui devaient commander les troupes, les majors, Pragâçamodély à l'œil de faucon (qui était parti avec une grande envie d'être le Grand Dobachi), les soldats, les pions et toutes les autres personnes ont débarqué ici. Mais, comme l'affaire pour laquelle ils étaient allés là-bas n'a pas réussi, ils s'en reviennent tous tristes.

De plus, comme le roi de Tanjaour a dit de mettre en prison Sinnappaya qui était venu auprès de lui et Kichenaya qui y était déjà, ils se sont sauvés et se sont cachés dans la chauderie de Çanguvâram. Comme il a dit aussi de prendre Rangôjipandita et de lui couper la tête, celui-ci s'est sauvé à son tour. C'est ce qu'écrit Sinnappaya dans une lettre qu'a

---

(1) Mulâtres, métis descendants de Portugais unis à des femmes indiennes. On les appelle aussi « gens à chapeaux » (le mot *topa* vient en effet de *ṭopi* « chapeau, bonnet, couvre-chef ») par opposition au turban des indigènes.

reçue aujourd'hui Canagarâyamodély, à ce qu'on m'a rapporté. Un pion de la Compagnie qui était allé là-bas m'a dit la même chose.

Année Kâlayukti	1738
Mois d'Aippaci	Octobre
Ier — mardi	14

Aujourd'hui (est revenu) Kôtteisoupraya qui était parti pour remettre les présents à Tanjaour, sans avoir pu rejoindre même ceux qui les portaient et sans être arrivé à Tanjaour, ayant souffert beaucoup d'ennuis au milieu de la route. Des hommes de Rangôjipandita, de Tanjaour, qui arrivaient, les ont rencontrés à Nâtchiyârkôvil ; après leur avoir dit de rendre les papiers signés antérieurement relativement à Karikal, ils les ont attaqués par surprise et les ont faits prisonniers, sans leur permettre de manger, sans les laisser aller à la selle, sans les autoriser même à lâcher de l'eau. Là-dessus, pendant la nuit, comme assistant à un spectacle, ils ont guetté le moment où leurs gardiens étaient plongés dans un profond sommeil et, alors, emportant les cadeaux et laissant là tout le reste, ils se sont enfuis la même nuit. Pour écrire tous les ennuis qu'il ont eus et tout ce qui s'est passé à Karikal, il faudrait employer cinq à six feuilles de papier ; mais je ne l'écris pas en détail. Passant de l'autre côté du Coléron, ils sont arrivés dans le pays de l'*Uḍeiyâr* (1), à l'agrahâra de Piḷiantôppe d'où ils ont écrit à Canagarâyamodély. Il y a vingt jours que Canagarâyamodély leur a écrit de revenir. Aussi, partant de là et rapportant les cadeaux, Kôtteisoupraya et Têngamunjiçirappaya sont rentrés ici aujourd'hui.

Si l'on voulait écrire l'histoire de tout ce qui s'est passé depuis le jour où ils sont partis pour porter les présents

---

(1) Dynastie originaire du pays canara qui usurpa le nord du Soja (Chôla) vers la fin du xiv° siècle.

à Tanjaour jusqu'au jour où ils sont revenus, s'étant trouvés dans l'impossibilité d'arriver jusque-là, on n'y arriverait pas en employant cent feuilles de papier. Ils ont éprouvé là une honte extrême et, de plus, il y a eu un grand déshonneur pour les Français. En aucun temps, il n'est arrivé aux Français un pareil déshonneur. Depuis le commencement du gouvernement de M. le chevalier Dumas, comme il n'a pas fait ce qui était convenable, les affaires se sont arrangées d'une manière choquante. Désormais, il n'y a rien à faire avec les gens du Tanjaour, et on a pris la résolution d'aller s'emparer de Karikal par la force au commencement du prochain mois de Tâi. Si les Français font ainsi, ils en prendront possession, il n'y a pas de doute. Et cela parce que Chandâ-Çâhib fait couper par ses hommes toutes les moissons du Tanjaour et qu'ils emportent tout le grain; en outre, ils envahissent les villages et réduisent les gens en esclavage, de sorte que tous les habitants des hameaux quittent leurs habitations et viennent se réfugier, de ce côté-ci du Coléron, à Négapatam, Tranquebar et autres endroits de la côte (1). Pendant que tout son royaume est ainsi violenté, le Roi de Tanjaour, épouvanté, devenu incapable d'agir, gît couché, enfermé dans sa citadelle. Aussi, si, profitant de l'occasion, les Français vont s'emparer de Karikal, que pourra faire le Roi de Tanjaour? C'est donc pour eux une bonne occasion. La résolution qu'ils viennent de prendre est dans les desseins des hommes, mais personne ne peut savoir quel est le dessein de Dieu. On le verra d'après la marche des choses.

Année Kâlayukti	1739
Mois de Tâi	Février
30 — dimanche	8

Il y a eu une autre affaire aujourd'hui. Francisque Pereira est arrivé ce matin de l'armée de Chandâ-Çâhib. Il est venu

---

(1) Probablement surtout dans les possessions européennes.

offrir de laisser les Français prendre Karikal et a apporté, pour cela, un paravânah et un papier écrit par le Roi de Tanjaour. Il a apporté aussi une lettre de Chandâ-Çâhib fixant le prix à un lack de chakras (1), d'après ce qui m'a été dit.

Année Kâlayukti	1739
Mois de Mâçi	Février
1er — lundi	9

Ce matin, le Conseil s'est réuni et, après cette réunion, les blancs disaient que M. Golard allait partir pour Karikal comme Directeur et qu'on allait y expédier des soldats et quelques pions.

Année Kâlayukti	1739
Mois de Mâçi	Février
2 — mardi	10

A neuf heures du matin, on a rangé (les soldats) en ligne dans la citadelle. M. le Gouverneur est venu dans les rangs, s'est arrêté, a donné un papier écrit à M. Bury, et lui a dit de lire. Celui-ci, prenant le papier, l'a lu à haute voix de façon que tous le sachent, en disant : « M. Golard va comme commandant à Karikal ».

Aussitôt cette lecture terminée, M. le Gouverneur embrassa M. Golard, et tous les autres membres du Conseil vinrent le féliciter.

Puis, au coucher du soleil, celui-ci monta sur le *sloop* n° 1, où furent embarqués tous ses meubles et ustensiles, et il se mit en route (2).

(1) C'est-à-dire 100,000 chakras ou environ 90,000 francs.
(2) Voici le procès-verbal officiel et authentique de la prise de possession de Karikal, d'après une copie prise par mon père sur l'original en parchemin qui est conservé aux Archives de Pondichéry (carton 103, fascicule 46) :

« Au nom de Dieu tout-puissant!

« L'an mil sept cent trente-neuf, le quatorzième février de la vingt-cinquième année du règne de Louis quinze, Roy de France,

« En vertu de la vente qui a esté faite l'an mil sept trente huit à la nation

Dans ce sloop se sont aussi embarqués Pragâçamodély, fils d'Arounassalamodély, qui doit être Dobachi; Tirouvengaḍen, fils de Vengaḍabadipoullé de Vandavachi, qui occupera l'emploi qu'avait Arumbâtteipoullé. Ils se sont embarqués avec le docteur Francisque Pereira qui est venu d'auprès de Chandâ-Çâhib. Il est monté en outre à bord cinquante soldats. Ils ont mis à la voile et sont partis rapidement à sept heures du matin.

Sinnaparaçurâmapoullé, qui fera l'office d'interprète du Tribunal de la chauderie qu'occupe ici Sinivâçapandita, fils de Mêlagiripandita, ainsi que d'autres fonctionnaires du même ordre, se sont également mis en route.

française par Sahagy marajou, Roy de Tanjaour, feudataire des terres de Karical, de la forteresse de Karkangéry et des aldées qui en dépendent, laquelle vente nous a été consentie et concédée de nouveau par le puissant seigneur Chandersaheb, général de l'armée de l'Empereur Mogol et du Tanjaour et de Trichenapaly, dont il est actuellement en possession, lesquels actes et confirmation sont cy-après transcrits,

« Nous, Golard, conseiller du Conseil supérieur de Pondichéry, envoyé à cet effet par Monsieur Dumas, écuyer, chevalier de Saint-Michel, Commandant général de tous les Établissements français aux Indes, Gouverneur de Pondichéry et Président du Conseil supérieur y étably, et par Messieurs du Conseil supérieur dudit lieu,

« J'ay, au nom du Roy de France et de la Compagnie des Indes, pris possession de Karical, de la forteresse de Karkangéry et des aldées qui en dépendent, sçavoir : Tiroumalerayanpatanam, Quileour, Meleour, Poudoutoré, Cottypatou, Tenelar, Kalicarou, Maratapoury, Arigapatou, Oulqueray, et sur lesquelles terres j'ay arboré le pavillon de Sa Majesté,

« Et les forteresses de Karkangéry, Karical et ses dépendances, m'ont été remis ce jour sans aucun trouble ny obstacle, pour dorénavant appartenir en toute propriété et à perpétuité à la Compagnie des Indes et à la nation française.

« En foi de quoy, nous avons dressé le présent procès-verbal, en présence de Navaouskan... officier de l'armée de Chandersahèb, du seigneur Francisque Pereira, médecin et agent du Nabab, de M. Delatour, capitaine des troupes françaises, soussignez.

« Fait à Karical, le quatorze février mil sept cent trente-neuf.

Signé en langue maure :   GOLARD,   DELATOUR,
    « NAVAOUSKAN,   ROUSSEL,   DUFRESNE,
                    PEREIRA, SAINT-MARTIN, NICOLAS. »

Année Kâlayukti 1739
Mois de Mâçi Février.
3 — mercredi 11

Sur une chaloupe sont partis (pour Karikal) des forgerons, des fondeurs, des terrassiers, des charpentiers et autres ouvriers habiles aux travaux de ce genre, avec leurs instruments respectifs. Il est parti en même temps des canons, de la poudre, des boulets et autres munitions de guerre et appareils y relatifs. On a expédié de la sorte quarante-deux chaloupes.

Année Siddhârti 1740
Mois de Mâçi Mars
24 — jeudi 4

Si l'on demande quelle est l'affaire qui s'est passée en ville, au coucher du soleil, un habitant de Tambirettipaléom, Çôleiappen, marchand ambulant, a un enfant, un fils, un garçon de douze à treize ans. Des reṭṭis (1) chrétiens de ce village le cachèrent, le menèrent à l'église Saint-Paul, le firent baptiser (2) et le laissèrent dans l'église, où on le garda deux jours. Cependant, le père et la mère de cet enfant le cherchaient aux quatre coins de la ville sans le trouver nulle part. Aujourd'hui même, ce matin, ils l'ont vu qui se tenait debout sur le seuil de l'église.

Année Raudri 1740
Mois d'Aḍi Juillet
13 — dimanche 10

Ce matin, à dix heures, sur les deux navires de France, précédemment arrivés à Mascareigne (3), l'un d'eux est arrivé

(1) La caste des *reṭṭis* est composée de cultivateurs originaires du pays télinga.

(2) Anandarangappa emploie ici l'expression chrétienne *ñânasnânam* (sanscrit *djñânasnâna*) « bain de la sagesse ».

(3) Tamoul *Maçukkarei*. Anandarangappa désigne le plus souvent sous ce nom l'île de France ; on sait que c'est plutôt au contraire l'appellation propre a la Réunion.

en courant à Pondichéry. Comme il jetait l'ancre, il a tiré quinze coups de canon. Ce navire de France s'appelle *le Fulvy*, et le nom de son capitaine est M. de Saint-Georges. Il a apporté la nouvelle que M. Dirois, qui commande à Mahé, passe au Bengale ; que M. Dupleix, qui est au Bengale, vient prendre le commandement ici ; et que M. le chevalier Dumas rentre en France.....

Année Durmati	1741
Mois d'Adi	Juillet
8 — mercredi	19

Ce matin est arrivé en rade un navire de France *le Triton*. Il a tiré vingt et un coups de canon et dans le Fort on a aussi tiré vingt et un coups. Ce navire a apporté la nouvelle que M. Dumas est nommé Directeur.

Année Durmati	1741
Mois de Purattâçi	Septembre
15 — mercredi	27

A onze heures du matin, sur deux navires du Roi et cinq navires de la Compagnie, soit en tout sept navires, venant de France, qui étaient partis de Mascareigne avec toutes les affaires de guerre, trois navires sont venus mouiller dans la rade. Le commandant de ces sept navires est M. de Labourdonnais. Le navire sur lequel il vient porte le pavillon amiral. Aussi, à son arrivée, tous les marins qui étaient en rade ont fait à l'amiral tous les saluts convenables (1).

Année Durmati	1741
Mois d'Aippici	Octobre
4 — lundi	16

A huit heures du matin, M. le Gouverneur a remis le com-

(1) Labourdonnais dit dans ses *Mémoires* qu'il arriva à Pondichéry le 30 septembre et qu'il en repartit le 22 octobre pour Mahé bloqué par les *Naires*, guerriers du pays ; il les battit et les mit en fuite le 5 décembre.

mandement général au petit Monsieur (1). On a tiré alors vingt et un coups de canon. Tous les blancs, conseillers et autres, sont venus les saluer. Il lui a remis les clefs et toute l'autorité.

Année Durmati	1741
Mois d'Aippici	Octobre
6 — mercredi	18

Aujourd'hui, à cinq heures du soir, M. de Labourdonnais est monté sur son navire pour partir.

Année Durmati	1741
Mois d'Aippici	Octobre
7 — jeudi	19
10ᵉ jour de la lune	

Ce matin, M. le Gouverneur Dumas, étant sur le point de partir pour France, a pris ses dernières dispositions à cinq heures. Depuis la maison de Monsieur jusqu'au bord de la mer, des deux côtés, on avait planté des branches de bananiers et de cocotiers. Comme on savait que Monsieur allait partir pour France avec sa femme, les grands parmi les blancs qui sont en ville et les grands parmi les *Tamijars* étaient allés le voir et lui parler dès la veille, à dix heures du soir.

A cinq heures du matin, Monsieur et sa femme ont quitté leur maison et sont sortis. Alors, le palanquin de Madame devant, celui de Monsieur derrière et derrière encore les palanquins de M. Dulaurens, le petit Monsieur, et des autres conseillers, se sont avancés doucement au milieu de l'allée des cocotiers et des bananiers, accompagnés des *combu* (2), des *tams-tams*, des bayadères et des chanteurs. Ils sont montés en chelingues (3) à six heures, et Madame était dans la che-

---

(1) C'est-à-dire le second, l'intendant, l'ordonnateur, par opposition au Gouverneur qui était « le grand Monsieur ».
(2) Corne, trompe, cornet, etc., ainsi nommé à cause de sa forme.
(3) Bâteau du pays non ponté qui sert à franchir la barre.

lingue de Monsieur. A ce moment, le Fort a tiré vingt et un coups de canon. Lorsqu'ils passaient en rade, tous les navires tiraient le canon au fur et à mesure. Lorsque Monsieur et Madame sont montés à bord de leur navire, on a tiré sur ce navire même vingt et un coups de canon, et on y a arboré un pavillon carré. Sur le navire de M. de Labourdonnais, on a tiré alors vingt et un coups de canon et tous les autres navires en rade en ont tiré autant aussitôt après.

Trente heures après, ils étaient encore en rade.

Année Durmati	1741
Mois d'Aippici	Octobre
8 — vendredi	20

Ce matin, à dix heures, le navire où est monté hier M. Gouverneur Dumas a mis à la voile et est parti. Au moment où il partait, le navire où était M. de Labourdonnais et tous les autres navires ont mis à la voile et sont partis en même temps.

Année Durmati	1742
Mois de Tâi	Janvier
4 — samedi	14

A dix heures du matin, un navire est arrivé en courant, venant du Bengale. Il a tiré neuf coups de canon. Si on demande quelle est la nouvelle arrivée par ce navire, il a dit : « Avec ce navire-ci, nous sommes partis quatre navires du Bengale ; sur un de ces navires vient Monsieur le Gouverneur ». On ne sait si on verra les trois autres navires aujourd'hui ou demain.

Ce même jour, à quatre heures de l'après-midi, ces trois navires ont été aperçus. Comme sur l'un d'eux vient, pour être le chef de cette place, M. Dupleix, il y a mis le (pavillon) amiral. Au moment même où il arrivait, tous les hommes des navires qui étaient à la côte lui ont fait honneur en tirant le canon l'un après l'autre. Puis il a tiré vingt et un coups de canon au Fort; en retour, dans le Fort, on a tiré vingt et un coups. A cinq heures, sur un *caṭṭimaron* (1) est venu un papier. Dans ce papier est venue cette annonce : « La mer est forte ; on descendra demain matin ». Alors, dans cette place, on se mit à faire des préparatifs : depuis le bord de la mer jusqu'à la maison de M. le Gouverneur (2), des deux côtés, on planta des bananiers et des cocotiers.

Mais, le 6 (de *Tâi*, 15 janvier), à six heures du matin, sous l'astérisme Açvadi et la constellation Makara, M. Dupleix, sa femme, et toutes les autres personnes qui étaient avec lui descendirent (à terre). Dès qu'il fut descendu à la côte, on tira vingt et un coups de canon dans le Fort. Au bord de la mer allèrent le recevoir les Messieurs qui sont dans cette place, Conseillers et autres grands personnages. De là, à pied, avec une escorte de soldats des deux côtés, il alla dans le Fort, entendit l'office dans l'église; puis, tout de suite, l'escorte s'aligna et tira trois feux de file. A huit heures, il se rendit à pied du Fort à sa maison. On tira vingt et un coups de canon quand il sortit du Fort, et vingt et un quand il entra dans sa maison. Cependant, les danseurs, les musiciens; les bayadères, avec toute la pompe ordinaire, vinrent chez lui pour cet heureux jour et il s'assit pour recevoir leurs hommages.

Année Dundubhi	1742
Mois de Purattâçi	Octobre
28 — mercredi	10

Mercredi, à la demie après midi sonné, il naquit à M. le Gouverneur Dupleix un enfant mâle. C'était la fête de la naissance : dès qu'il fut né, les navires qui sont à la côte, un à un,

---

(1) Proprement *kaṭṭumaram* « arbres attachés », sorte de radeau long, insubmersible, formé généralement de trois ou cinq troncs d'arbres liés ensemble.

(2) En 1742, le gouverneur n'habitait plus dans le Fort. Sa maison, ainsi que l'hôtel de la Compagnie, étaient à l'entrée de la partie nord de la ville blanche, en face du Fort Louis. L'hôtel du Gouvernement occupe encore le même emplacement; l'hôtel de la Compagnie est devenu celui du Procureur général.

DUPLEIX

l'un après l'autre, tirèrent vingt et un coups de canon; à l'église, on sonna la cloche pendant une demi-heure. Cependant, cet enfant mourut et alla aux pieds du Seigneur. Par sa corpulence, cet enfant était comme un enfant d'un an, à ce qu'a dit le maître des cérémonies qui l'a vu et mesuré; il avait, en pieds d'Europe, deux pieds et demi : « On n'a jamais vu naître, disait-il, un enfant si gros et si long ».

Année Rudhirôtgâri	1743
Mois de Márgaji	Décembre
8 — jeudi	19

Aujourd'hui, à quatre heures de l'après-midi, si l'on demande : « Quelle est la merveille qui a été vue ? », depuis dix à quinze jours, on voyait des étoiles en plein jour. Puis on vit constamment deux étoiles. On disait : « Comment cela ? C'est une calamité ! C'est merveilleux de voir des étoiles en plein jour ! » Mais, aujourd'hui, à quatre heures de l'après-midi, du côté du nord-ouest, est tombé, en s'enflammant, un astre qui avait la grosseur d'une citrouille. Tous les gens qui étaient dans la ville l'ont vu et toutes les personnes disaient : « Quelle calamité résultera de cela ? Nous ne savons ! » Tout le monde disait aussi : « A aucune époque, on n'a vu ainsi tomber et s'enflammer des étoiles en plein jour ! »

Aujourd'hui, à quatre heures du soir, M. le Gouverneur est revenu du *Taṇṇîr-pandal* (1) de Môrtâṇḍi. Comme il arrivait, M. Dulaurens et M. d'Espréménil se disputèrent, parce qu'ils avaient bu du vin. Les mots injurieux allaient. M. d'Espréménil donna un coup de pied à M. Dulaurens, puis un coup de canne. Là dessus, ils se battirent à coups de poing et finirent par tirer leurs épées. Mais tous se précipitèrent pour les retenir. Je ne sais qu'elle idée leur avait passé par l'esprit.

---

(1) Construction légère en forme de dais ou tente, où l'on distribue gratis de l'eau aux passants.

Année Akchaya	1746
Mois de Çittirei	Avril
13 — vendredi	22

Si l'on demande : « Quel événement intéressant s'est passé aujourd'hui dans la ville? », un sous-marchand, notaire, appelé M. Coquet, était sorti de chez lui hier, à sept heures de l'après-midi, était allé au jardin de M. Fasque(?), à Mirâpaḷi, y avait bu du vin et s'en revenait ensuite à la maison. Dans cette rue, il entra dans une maison et voulut voir s'il y avait des femmes. Comme il faisait noir, il prit dans le foyer un tison qu'il agita. Alors, une fille qui était dans cette maison sortit en courant. Il lui courut après, perdant ses souliers. Elle courut, entra dans une maison voisine en criant et se mit à pleurer. Alors des Tamijars qui étaient là et d'autres gens qui passaient s'attroupèrent, se dirent : « Un soldat est venu entrer là », et se mirent à chercher. Lui, alors, s'enfuit et alla se cacher dans une paillotte (1) nouvellement bâtie et qui n'avait pas de porte. Les Tamijars eurent peur et entourèrent la paillotte. Lui, après être resté quelque temps dans cette paillotte, ramassa des mottes de terre et les leur jeta. Alors, de ceux qui étaient assemblés dans la rue, quatre personnes passèrent par derrière, le prirent, et tous ensemble le battirent au point de lui déchirer ses habits, à commencer par sa veste à boutons d'or, lui arrachèrent son épée et sa canne de rotin, et, après l'avoir bien battu, le portèrent chez le petit Monsieur où ils le laissèrent. On dit qu'il ne pourra pas se rétablir des coups qu'il a reçus et qui lui ont fendu la tête (2). Comment est son état? voilà ce qu'il faut savoir. Quand M. le Gouverneur apprit cette affaire, il dit : « Si un blanc entre chez un Tamijar pour prendre des

---

(1) Maison construite en terre et couverte de paille.
(2) M. Coquet ne mourut pas de ses blessures ; il était en 1750 à Mazulipatam : une lettre du 29 mai 1751 dit incidemment qu'il y est mort peu de temps auparavant (Archives de Pondichéry).

femmes, demeureront-ils tranquilles? Ils ont fait un bon ouvrage ». Comme on a dit : « Nous ignorons quels sont ceux qui l'ont battu », on les recherche. On n'a pas encore trouvé celui qui a battu.

Année Akchaya	1746
Mois de Vâigâçi	Juin
30 — vendredi	9

Si on demande : « Quel événement intéressant s'est passé aujourd'hui dans la ville? », le samedi 25 courant (4 juin), de dix heures trois quarts du matin à minuit, s'est accompli, en une seule cérémonie, le mariage des deux filles de Çêchâçalachetty. Les maris de ces deux jeunes filles sont : l'un, le fils de Râtchanachetty de la Grande Aldée; l'autre, qui habite Négapatam, le fils de Vâlichetty de Maduré. En faisant ces deux mariages en même temps dans la maison, on a réduit la dépense à peu de chose.

A cause de ce mariage, aujourd'hui jeudi, à six heures du soir, M. Dupleix, sa femme, M. Dubois, Mme d'Espréménil (1), M. Lostice (?) et Mme Cornet (2) sont venus (chez Çêchâçalachetty). Après être restés assis pendant une demi-heure, ils se sont levés et sont entrés dans la première pièce, ont vu l'époux et l'épouse, puis sont revenus sous le *pandal* (3). Assis autour d'une table de sucreries, ils en ont mangé, et, au bout d'une demi-heure, ils sont partis. On a tiré quatre fois (*sic*) vingt et un coups de boîte : vingt et un à leur arrivée, vingt et un quand ils se sont assis, vingt et un quand ils se sont mis à table, vingt et un quand ils se sont levés et vingt et un quand ils sont partis.

(1) C'était la troisième fille de Mme Dupleix. Le célèbre conseiller au Parlement, député en 1789, était son fils; il était né à Pondichéry le 20 septembre 1746.

(2) On se rappelle l'assassinat de Mme Gustave Cornet par Marchandon, son valet de chambre, rue de Sèze, à Paris, le 16 avril 1884. M. Cornet appartenait à la même famille que la visiteuse de Çêchâçalachetty.

(3) *Pandal*, sorte de dais fixe ou de pavillon de feuillage.

Mais, comme M. le Gouverneur est venu, voici la manière dont on lui a fait un présent. On a donné en secret mille roupies à M. le Gouverneur et cent (1) à Madame ; sous le pandal on a donné seulement de l'arec, du bétel, de l'eau de roses et des fleurs.

---

(1) 1,000 roupies font 2,500 fr. Dans un autre passage des mémoires, nous voyons Mme Dupleix demander à un solliciteur de l'emploi de courtier 10,000 roupies pour son mari et le tiers en sus pour elle. M. Gallois-Montbrun dit que, d'après un autre passage, Dupleix aurait reçu 100,800 fr. pour prix d'une décision dans une succession contestée ; je n'ai pas retrouvé ce passage, mais j'ai lu, dans un autre, que, le 16 mars 1746, on promettait à Dupleix, si l'on pouvait gagner par son intermédiaire un procès à Trichenapally, vingt-cinq pour cent de la somme revendiquée : « Je donnerai bien », aurait dit le demandeur, « le quart des 50,000 pagodes (410,000 fr.) au Gouverneur ». Je ne sais si le procès a été gagné.

DUPLEIX ET LABOURDONNAIS

(1746)

———

Année Akchaya
Mois d'Ani
2 — lundi

An 1746
Juin
12

Ce matin, M. de Bausset m'ayant envoyé chercher,.... voici ce qu'il me dit : « Les cinq navires qui sont partis de France l'an passé au mois d'Avani (août-septembre) sont arrivés à Mascareigne le 3 février 1746 ; par ces navires, il est venu à M. de Labourdonnais l'ordre de faire la guerre contre les Anglais ; conformément à ces ordres, il a fait ses préparatifs et s'est mis en route avec, tout ensemble, les navires venus de France et ceux qu'il avait préparés. Avant l'arrivée des navires de France à Mascareigne, il avait envoyé à M. le Gouverneur Dupleix, par le sloop nommé *l'Élisabeth*, une lettre qui disait : « Nous arriverons à Pondichéry le 30 mai ». Ce sloop, étant arrivé à Karikal un mois et demi en avance, y avait déposé cette lettre et était reparti de là pour Mascareigne ; puis il s'était dirigé tout droit sur les rivages de l'est, mais les Anglais étaient survenus, avaient fait feu, avaient fait débarquer les hommes qui étaient sur ce sloop et s'étaient emparés du sloop lui-même. On a su les nouvelles détaillées qu'apportait ce sloop ; on a su que si les navires viennent ils occuperont d'abord la rade de Karikal, ils y déposeront leur peu de malades et y débarqueront leurs caisses d'argent. Pour recevoir ces caisses et remplacer les hommes descendus des navires, (M. le Gouverneur) a envoyé d'ici des soldats et des cipayes de Mahé; et, depuis ce temps-là, dans l'attente de l'arrivée des navires, il ne cesse depuis dix jours de regarder du côté de la mer.....

        Année Akchaya   An 1746
          Mois d'Ani   Juin
           3 — lundi   13

....

Dans la ville, tous les gens regardent du côté de la mer et n'ont pas d'autre pensée que celle-ci : « Les navires n'arrivent pas! » Mais c'est pour leurs fautes que le Seigneur impose cette attente aux gens de la ville. Et on le prie d'être favorable et d'accorder ce qu'ils souhaitent, car autrement ils n'y tiendraient pas. Si Dieu les frappe, que deviendra notre bonheur?.....

        Année Akchaya   An 1746
          Mois d'Ani   Juin
           4 — mardi   14

Ce matin à sept heures, on mit un pavillon parce qu'on voyait un navire au sud. M. le Gouverneur était content; il est monté sur la terrasse et a regardé. Un *cattimaron* est allé (au navire) et a rapporté cette nouvelle écrite sur un billet : « Nous sommes un navire de Haçanmarécar et nous portons du sel de Paranguipett (1) à Markane ». Monsieur, ayant lu cela, déchira le billet et rentra tout triste dans sa maison....

        Année Akchaya   An 1746
          Mois d'Ani   Juin
         11 — mardi   21

Aujourd'hui, à dix heures et demie, Monsieur m'a fait venir et m'a dit de faire envoyer cinquante roupies au sloop Mâliais à Alamparvé et de faire dire, par écrit, à ce sloop

---

(1) Portenove.

de se tenir à sa disposition. Il a ajouté : « Rangappa ! il est arrivé à Négapatam un brigantin de Ceylan ; en venant (1) ce brigantin a rencontré neuf navires qui lui ont demandé qui il était ; il leur a répondu : « Nous sommes des Hollandais » et leur a montré son passeport. Le capitaine de ce sloop a rapporté aussitôt au Gouverneur de Négapatam que les marins de ces neuf navires sont Français (2) ; tous les conseillers l'ont vu et la nouvelle nous est arrivée ». Après avoir dit cela, Monsieur m'a montré une lettre de M. de Labourdonnais et a repris : « D'après cette lettre, ils doivent arriver aujourd'hui ou demain, s'il plaît à Dieu ; si non, ils doivent se garer des navires anglais qu'ils rencontreront ici le 15 juillet ». Il disait cela avec un grand enthousiasme. J'ai répondu : « C'est une bonne fortune pour vous ! » et j'ai ajouté beaucoup d'autres paroles conformes à son sentiment. Comme je parlais longuement, son enthousiasme ne finissait pas et allait croissant de plus en plus. Je dis, et je le pensais : « Dieu vous accordera sa grâce ! » Cette nouvelle me donnait beaucoup de joie à moi-même et je me disais : « le Seigneur me donnera le grand bonheur de voir cela ».

J'ai écrit une *ôle* (3) à Alamparvé pour faire dire au sloop et aux navires de se tenir prêts, et j'ai envoyé les roupies.

....

Année Akchaya	An 1746
Mois d'Ani	Juillet
28 — vendredi	8

Aujourd'hui, à onze heures et demie, un navire arriva en vue. Arnassalachetty vint me dire que ce navire avait mis

---

(1) Le 4 juillet.
(2) Ces neuf navires étaient : *l'Achille,* commandé par M. de Lobry, 74 canons, 780 hommes ; *le Bourbon,* M. Sellé, 42 c., 350 h. ; *le Neptune,* M. de la Porte-Barré, 34 c., 350 h. ; *le Saint-Louis,* M. de Ponneland, 36 c., 350 h. ; *le Duc-d'Orléans,* M. de Champlais, 34 c., 350 h. ; *le Lys,* M. Beard, 30 c., 200 h. ; *la Renommée,* M. de la Gatinais, 30 c., 230 h. ; *le Phénix,* M. de la Chaisse, 44 c., 250 h. ; *l'Insulaire,* M. de la Baume, 24 c., 350 h.
(3) C'est-à-dire une lettre sur *ôles*, sur feuilles de palmier.

le drapeau blanc, qu'on avait mis le drapeau sur le Fort et qu'on était venu faire un rapport à Monsieur le Gouverneur. Sur quoi, je me dis : « Sortons, et allons au bord de la mer pour voir ». J'étais dans le magasin d'arec ; dès que je sortis, le nommé Barlam (1), fils de Malékkojoundémodély, me dit : « Monsieur est monté sur la terrasse, a regardé, a dit : « Un navire de France est arrivé ! C'est un navire à nous ! » et il m'envoie le dire au supérieur Cœurdoux (2), de l'église Saint-Paul ». Là-dessus, j'allai au bord de la mer.

Il y avait là M. de la Villebague (3), M. Auger, M. Laisné (?) dont le navire *le Favori* a été pris à Achem, et d'autres. Je leur demandai : « A qui est ce navire ? » M. de la Villebague me dit : « Ce navire est la frégate marchande du Bengale ; il s'appelle *le Marie-Joseph* et son capitaine est M. Champignon ; il est chargé de beaucoup de *cauris* » ; puis il reprit : « Il est allé à Mascareigne, il est probable qu'il en arrive ». — « Mais, demandai-je, ce navire ne viendrait pas seul sans que d'autres navires vinssent avec lui ! » — « Y a-t-il doute là-dessus ? » me dirent-ils pour terminer. Cependant, un pion (4) vint annoncer qu'un *caṭṭimaron* était allé au navire et avait rapporté une lettre. Alors, M. Auger, ayant pris

---

(1) *Barlam* ou *Barlaam*, prétendu saint du christianisme oriental. Ce nom, habituel aux chrétiens de Saint-Thomas, est rare chez les catholiques. Il désigne sûrement un chrétien.

(2) Le P. Cœurdoux, supérieur de la Mission des Jésuites à Pondichéry, est bien connu ; c'est un de ceux qui ont attiré l'attention des Européens sur l'importance du sanscrit et sur sa parenté avec le grec et le latin. En 1771, il était encore en correspondance avec Anquetil-Duperron.

(3) Mahé de la Villebague, frère de Labourdonnais, fut arrêté en 1748 à Madras avec un certain M. Desjardins. Accusés de concussion et traités comme prisonniers d'État, ils furent d'abord enfermés dans le Fort Louis à Pondichéry, où ils se trouvèrent notamment pendant le siège de 1748, puis expédiés en France le 1er mars 1749 sur les vaisseaux *l'Auguste* et *le Centaure*. M. de la Villebague mourut pendant la traversée.

(4) Un *pion* serait, d'après Littré, un soldat à pied ou un domestique allant à pied dans l'Inde. Plus exactement, c'est une sorte de garde du corps, de courrier et de commissionnaire, qui porte d'habitude en bandoulière une bande de peau de tigre où est fixée une plaque d'argent avec le titre ou les armes du fonctionnaire au service duquel le pion est attaché.

cette lettre et l'ayant lue, dit : « Ce navire est *le Marie-Joseph*, son capitaine est M. Champignon, il est chargé de *cauris;* et voici ce qu'il écrit : « A sept lieues de chemin « d'ici, j'ai laissé neuf navires, y compris celui de M. de « Labourdonnais, commandant; ils restent pour se battre « avec les navires anglais; il semble que les nôtres aient le « dessus ; nos navires arriveront probablement cette après-« midi ou demain ». Après avoir appris ces nouvelles, je revins chez moi au bout d'une demi-heure.

Mais, comme la nouvelle portée par ce navire est une très heureuse nouvelle, tous les gens qui sont dans cette ville se réjouissaient d'une joie pareille à celle qu'on éprouverait si l'on découvrait un trésor, si l'on retrouvait un objet précieux qu'on aurait perdu, si des morts étant allés à Kâçi (1) ressuscitaient, si l'on célébrait des fêtes chacun à sa façon pour toutes les sortes de motifs qu'on pourrait imaginer, si l'on obtenait enfin un fils désiré. Ainsi, toute la ville était autant en joie que si tous avaient bu l'ambroisie divine. La joie d'aujourd'hui, on ne finirait pas de l'écrire sur le papier. Si l'on demande : « Pour quel motif y a-t-il eu tant de joie ? », (c'est que), comme l'année dernière, il n'est venu aucun navire de France, qu'aucun n'est allé non plus d'ici en France; que tous les navires partis d'ici pour la Chine, Manille et Achem ont été tous, y compris les petites barques, pris par les Anglais; que les employés de la Compagnie et tous les négociants de la ville n'ont plus d'argent ; que tous les habitants de la ville n'ont plus de travail; dans une pareille occurrence, le fait qu'un navire vient en avant annoncer l'arrivée de l'escadre cause à tout le monde dans la ville une joie extrême.

Après cela, dans l'après-midi, on monta au mât de pavillon et on dit qu'on apercevait quelques navires. Et, en effet, à la nuit, huit navires vinrent près de la côte. Comme c'était

---

(1) C'est-à-dire Bénarès.

la nuit et comme on pouvait craindre que ce ne fussent des navires anglais venus par ruse, les canons qui étaient sur le rempart du bord de la mer, au sud, dans le Fort, un à un, à commencer par le canon à bombes, firent feu successivement d'un coup chacun. Il y eut même deux ou trois pièces où l'on mit des boulets. Pour faire connaître indubitablement aux gens du Fort que les navires qui étaient arrivés étaient des navires français, ceux des navires répondirent à chaque coup tiré par les gens du Fort par deux coups de canon. Les gens du navire et ceux du Fort tirèrent ainsi jusqu'à minuit.

Puis, comme deux heures allaient sonner, M. de Labourdonnais, qui est le commandant de tous les vaisseaux, quitta son navire, descendit (à terre), vint auprès de M. le Gouverneur, resta à parler avec lui pendant une heure, et retourna à son navire sur une *chelingue*. Voilà ce qui s'est passé aujourd'hui. En outre, dès qu'un des navires fut arrivé à midi, (on sut qu')il avait laissé un navire et un sloop à Alamparvé, et M. le Gouverneur envoya l'ordre de ramener ici ces deux bateaux. C'est là ce qui s'est passé jusqu'à présent. *Le Marie-Joseph*, en venant, a touché à Karikal, y a pris quatre-vingt soldats et M. Mainville (?), qu'il a débarqués à Pondichéry.

Année Akchaya	An 1746
Mois d'Ani	Juillet
29 — samedi	9

Ce matin, en regardant dans la rade, on vit que le navire arrivé hier à midi et les huit arrivés à la nuit, soit neuf en tout, s'étaient rejoints. A huit heures du matin, on tira quinze coups de canon seulement sur le navire que montait M. de Labourdonnais ; et, en retour, les gens du Fort tirèrent aussi le canon.

Voici l'histoire de ces navires. Parmi eux, cinq étaient partis de France en août 1745 ; ils arrivèrent à Mascareigne le 3 février 1746 (1). Il y avait là quatre navires du pays ; on les prépara pour la guerre. On eut ainsi neuf vaisseaux de guerre, auxquels on réunit le marchand *le Marie-Joseph* du Bengale (2). On alla à l'île de Madagascar, on y embarqua des vivres et on repartit. En route, le vent et la tempête se déchaînèrent terriblement (3) : les mâts cassèrent, les gouvernails se brisèrent, les navires firent eau, et on pensa : « Notre fin est arrivée, les navires vont sombrer ». Mais, par la grâce de Dieu, le vent s'arrêta, la mer se calma, la pluie cessa ; puis les navires se tirèrent de là heureusement. Après cela, on répara les mâts et tout le reste et on se remit en route. Mais, une seconde fois, le vent et la pluie recommencèrent, et il fallut faire les nouvelles réparations nécessaires. On arriva à la pointe de Ceylan un mois ou quarante jours après.

Dès qu'on eut quitté cet endroit, comme on venait près de terre, au sud de Négapatam et comme les vaisseaux de guerre anglais étaient là, sous les ordres de M. le commodore Peyton, le quatrième jour (4), à quatre heures de l'après-midi, le combat commença entre ces navires français et eux. Ils se battirent jusqu'à sept heures du soir. Parmi les Français, sept cents (hommes), le navire de M. de Labourdonnais et celui de M. Delasselle (?) (5), se battirent avec ces six

(1) Le *Journal du voyage* de l'escadre, par M. le capitaine de Rostaing (*Collection historique*, Londres et Paris, 1758, in-12, p. 161-236), dit que ces cinq vaisseaux (*l'Achille, le Saint-Louis, le Lys, le Phénix*, et *le Duc d'Orléans*) arrivèrent à l'Ile-de-France le 29 janvier 1746. Labourdonnais dit qu'ils arrivèrent successivement du 28 janvier au 1ᵉʳ février.

(2) *Le Marie-Joseph* était à Bourbon.

(3) Labourdonnais quitta l'Ile-de-France le 24 mars et alla à Bourbon, d'où il repartit le 29 pour rejoindre l'escadre mouillée à Madagascar. Il y arriva le 8 avril après avoir essuyé une violente tempête, celle dont parle Anandarangappa ; le vaisseau de Labourdonnais, *l'Achille*, en souffrit le plus. L'escadre quitta définitivement Madagascar (Mayotte) le 22 mai. Le *Journal* de M. de Rostaing ne parle pas d'une seconde tempête ; la pointe de Ceylan fut doublée par l'escadre le 5 juillet.

(4) Le 6 juillet.

(5) Probablement le capitaine Sellé, qui, suivant le *Journal* de M. de Rostaing, commandait le vaisseau *le Bourbon*.

navires (anglais), et pendant ce temps ils tirèrent quatre-vingt mille coups de canon (1). Comme il y avait six navires anglais, qu'il y avait parmi eux des hommes bons pour se battre, eux aussi se battirent très bien. Ceux-ci avaient l'avantage du vent; ceux-là l'avaient contraire, et comme il n'y avait pas là pour eux de mouillage convenable et qu'il y en avait un bon pour les autres, comme ces derniers avaient été sauvés par là, comme les barils de poudre étaient sur ces deux navires et que cela avait causé beaucoup de dégâts, comme il y avait aussi en abondance les caisses de France contenant l'argent, les étoffes, le vin et le reste, ils pensèrent : « La victoire ou la défaite est indécise, Pondichéry est à une dizaine de lieues (2), il n'est pas prudent pour nous de rester ici, d'autant plus que l'ennemi battu va se tenir tranquille ; levons donc les voiles et allons à Pondichéry ». Mais parmi ceux-là (les Anglais), deux navires ont éprouvé beaucoup de dommage ; que ces deux navires coulent bas ou qu'ils soient conservés, les hommes qui sont dessus ont beaucoup souffert ; ces deux navires sont devenus impropres au service, à ce qu'on nous a appris, et on ajoute que les hommes qui sont sur les quatre autres navires ont éprouvé beaucoup de dommages.

Ce même jour, à cinq heures, M. de Labourdonnais est descendu à terre. Au moment où il descendait, on tira sur le navire quinze coups de canon. Aussitôt qu'il fut à terre et qu'il arriva au pied du rempart au bord de la mer, on tira quinze coups de canon. A l'exception du grand Monsieur M. Dupleix, les autres petits Messieurs, à commencer par les Conseillers, les Capitaines, etc., étaient venus au-devant de

---

(1) L'exagération est manifeste. M. de Rostaing dit que le feu dura deux heures et parle de trois mille coups ; il ajoute qu'il y eut seulement 11 officiers et 200 hommes tués ou blessés. Parmi les six navires anglais, il y avait la prise française, *le Favori,* dont il a été question ci-dessus.

(2) La bataille fut livrée à huit lieues au large, entre Négapatam et la pointe Calimer, à environ 120 kilomètres au sud de Pondichéry. L'escadre anglaise se retira dans la baie de Trinquemalé, à Ceylan.

lui jusqu'au bord de la mer et l'amenèrent avec eux. Au moment où il arrivait à la maison de M. le Gouverneur, M. le Gouverneur sortit jusqu'à l'endroit où garde la sentinelle. Ils s'embrassèrent l'un l'autre. Comme ils allaient dans la salle intérieure, on tira quinze coups de canon. Alors M. le Gouverneur et M. de Labourdonnais vinrent à la *varangue* (1), sortirent en dehors et se mirent à causer.

L'argent arrivé par ces navires se monte à quarante mille marcs, l'or à ce qui est nécessaire pour faire un lack de roupies (2). En outre, il est venu des étoffes de laine, des barriques de vin, je ne sais combien, et des caisses de corail.

Année Akchaya	1746
Mois d'Ani	Juillet
30 — dimanche	10

Aujourd'hui, dès le lever du soleil, les blessés et les petits bagages ont été débarqués. Ce matin, nous sommes allés, le petit Modéliar (3) et moi auprès de M. de Labourdonnais et nous lui avons présenté nos compliments et nos paroles de félicitation.

Année Akchaya	1746
Mois d'Aḍi	Juillet
1er — mercredi	13
Astérisme Kârtigei	

. . . .

Ce matin, M. de Labourdonnais voulut aller à Oulgaret. Comme il s'y rendait, les soldats du poste de la porte de Villenour donnèrent l'alerte et formèrent la haie; alors il fit dire au chef du poste, par son pion : « Je ne suis pas venu en cos-

---

(1) On a pris, en France, l'habitude de dire pédantesquement *vérandah*; c'est la galerie à colonnes qui forme la façade de toutes les maison européennes dans l'Inde.

(2) Cent mille roupies (250,000 francs).

(3) C'est-à-dire le second courtier, le courtier suppléant. Ananda ne venait qu'en troisième lieu.

tume ; je suis sorti en robe de chambre et en bonnet (1) ; il n'est pas besoin de vous mettre en rangs ». Sans l'écouter, le chef fit former les rangs et battre le tambour. M. de Labourdonnais passa et alla à Oulgaret. Comme il en revenait par la porte de Valdaour, là aussi on donna l'alerte et on forma les rangs. Il envoya dire par son pion au chef du poste de la porte de Valdaour la même chose qu'il avait fait dire à celui de la porte de Villenour, mais là, ils rompirent les rangs et restèrent tranquilles. Il passa. Comme il arrivait près de la porte du Fort, là aussi on se mit en rangs et on battit du tambour ; il envoya dire encore la même chose et ceux-là aussi, sans former les rangs, demeurèrent tranquilles.

Là dessus, M. de Labourdonnais, ayant fait venir M. Duquesne, lui parla ainsi : « Lorsque votre Gouverneur va quelque part, il faut qu'il passe entre une haie de soldats, et on bat aux champs, même pour le petit Monsieur. Dans mes troupes, le major et les capitaines font former les rangs et l'ont bat aux champs pour moi. Ne croyez-vous pas qu'il serait convenable que vos soldats battissent aux champs pour moi, comme pour votre Gouverneur? » M Duquesne répondit : « Je ne saurais permettre qu'on batte ainsi ». M. de Labourdonnais rapporta à Monsieur le Gouverneur : « M. Duquesne m'a dit : quand vous passerez, je ferai battre le rappel; si cela ne vous plaît pas, vous n'avez qu'à ne pas passer ». Monsieur fit venir M. Duquesne et lui demanda : « Qu'est ce que vous avez dit que, s'il consent à un rappel de tambour, il pourra venir dans vos troupes en rangs, et que, s'il n'y consent pas, il n'a pas besoin d'y venir? » — « Je n'ai pas parlé ainsi; voici ce que j'ai dit; écoutez : si vous venez, vous ne le pouvez sans que je fasse battre le rappel; quant à faire battre aux champs, je ne puis le permettre; mais je n'ai pas dit : sinon, il ne faut pas que vous veniez; et même, j'ai ajouté : prenez l'autorisation de Monsieur le Gouverneur

---

(1) Le texte tamoul dit *kullâ*, proprement *kullây* « petit bonnet, calotte, etc. »

Dupleix. Je n'ai pas parlé autrement ». Monsieur le Gouverneur Dupleix pensa en lui-même : « Il n'a pu en effet parler ainsi »; mais, par égard pour M. de Labourdonnais, il dit : « M. de Labourdonnais est un grand personnage; peut-il mentir ? Tu changes tes paroles ; va en prison », et il donna l'ordre de le garder dans le clocher du Fort. M. de Labourdonnais, étant flatté, ne dit pas qu'il ne fallait pas le mettre en prison et se tint coi, pensant : « Qu'il aille en prison ! » Là-dessus, on le mit en prison.

M. de Labourdonnais pensait : « Je suis un Gouverneur de ville ; je suis en outre, par ordre du Roi, commandant de guerre et des navires ; il n'est pas possible qu'on ne batte pas aux champs pour moi comme pour les Gouverneurs des villes ». Et il avait du dépit.

M. Dupleix pensait : « Je suis le chef de la ville ; s'il descend sur le rivage, il m'est inférieur ; s'il remonte à bord, il est maître. A-t-il donc tant de vanité ? Peut-il lui être permis de se donner dix-huit gardes du corps à cheval ? » Et, comme, pendant qu'il mangeait, on sonnait de la trompette, on battait la grosse caisse et ainsi de suite, M. Dupleix fut contrarié en son esprit.

Par suite de tout cela, l'estime de l'un pour l'autre va en diminuant en dedans, quoique en dehors ils affectent de l'amitié.

Année Akchaya	1746
Mois d'Ani	Juillet
2 — dimanche	14

Ce matin, on a fait sortir M. Duquesne de prison.

M. de Labourdonnais, ayant fait descendre quelques gens des navires et ayant fait venir des soldats et des officiers, au nombre de quarante à cinquante personnes, les fit mettre en rangs en face de la maison de M. le Gouverneur, les passa en revue, se mit au milieu des rangs et se fit rendre les honneurs dus à un Gouverneur. Puis il fit rompre les rangs et les renvoya, et s'en alla à la maison de M. Desjardins chez qui il est descendu.

M. Dupleix n'alla point assister à cette revue et ne la regarda même pas; jusqu'à ce qu'on eût rompu les rangs, il fit semblant de dormir. Alors, s'habillant, il sortit et vint dans la salle publique. Là, le petit Monsieur et toutes les autres personnes vinrent le saluer. M. de Labourdonnais vint aussi et se mit à lui parler. On voyait que, dans leurs pensées, ils ne pouvaient pas se supporter l'un l'autre. M. Dupleix se demandait si, ne voulant pas se soumettre à lui, M. de Labourdonnais pouvait se donner des gardes et, là où il se trouvait lui-même, avoir son poste de soldats, son poste de gardes à cheval, et tant d'autres choses, sans avoir égard à lui, et la colère lui venait. M. de Labourdonnais se disait de son côté : « Je dois me faire rendre les mêmes honneurs que lui; je suis commandant de la guerre; le consulterai-je pour agir? » Tels sont leurs sentiments l'un pour l'autre. Le désordre augmente : que va-t-il en arriver désormais? On n'en sait rien.

Année Akchaya	1746
Mois d'Adi	Juillet
4 — mardi	16

Ce matin, le capitaine de l'un des cinq navires de France, qui était malade, est mort. Sur son navire, on a descendu le pavillon à la moitié du mât, et on l'a mis, lui, sur un canon, en attendant le moment de l'enterrer. A ce moment, tous les navires ont fait une décharge de leurs canons, et on l'a enterré cet après-midi à cinq heures et demie.

Aujourd'hui, à neuf heures du matin, j'ai eu une conversation avec Monsieur, et voici ce qu'il m'a dit : « M. de Labourdonnais est un tripotier, un indiscret et un babillard. A cause des injustices qu'il a faites à Mascareigne, ceux qui sont dans cette ville avaient adressé aux Ministres en France une pétition où il y avait de quoi le faire pendre. Mais comme sa bonne fortune était de vivre encore quelques jours ; comme M. de Fulvy, frère du Contrôleur Général, était amateur d'argent ; il s'est sauvé en sacrifiant un peu de son trésor. Il a levé une escadre de sept navires et s'en est allé en disant : « Je prendrai le pays d'Arabie », et, sans rien prendre du tout, a fait bien du tort à la Compagnie avec ces sept navires. C'est un grand fourbe ! » et il a ajouté bien d'autres paroles de mépris.

A cela j'ai répondu en me conformant à sa pensée..... : « Il n'y a personne qui vous égale dans l'Inde et jamais la Compagnie ne trouvera quelqu'un comme vous », et je continuai longtemps à lui parler de la sorte.

Alors, il reprit : « M. de Labourdonnais a favorisé et laissé faire les vaisseaux anglais ; s'il ne l'avait pas fait, nous aurions pu prendre tous les vaisseaux anglais ; c'est ce que m'ont dit les officiers de marine arrivés sur ces neuf navires et qui sont venus me trouver isolément ; mais M. de Labourdonnais a donné une raison, c'est qu'il apportait des caisses d'argent et que trois navires n'étaient absolument pas en état de combattre. Il a bien fallu admettre cette raison ; mais désormais il ne pourra plus les lâcher ainsi, et il n'y aura aucune explication à donner si ceux-ci ne tombent pas entre les mains de ceux-là ou ceux-là entre les mains de ceux-ci ».

A cela je répondis encore suivant son sentiment, et je lui dis que trois navires chargés d'argent étaient partis de Madras pour le Bengale. Il me dit : « Aux navires qui viennent d'arriver, il en manque un qui est allé plus loin et s'est dirigé vers le Bengale (1). Il rencontrera ces trois navires et ne saurait manquer de les prendre ; cela ne peut manquer », et nous sommes restés longtemps ainsi à parler. Je n'ai écrit ici que ce qui a été dit et très exactement.

Ce soir, j'ai appris la nouvelle que le Gouverneur de Dêva-

---

1. L'*Insulaire*, qui avait beaucoup souffert dans le combat du 6 et qui « avait grand besoin d'un radoub ».

nâmpatnam avait réuni les commerçants, leur avait demandé où ils voulaient envoyer leurs meubles, leurs affaires, leur argent et leurs enfants ; et leur avait prescrit de les envoyer ainsi, ce qu'ils avaient fait. C'est ce qu'a rapporté Vîrachetty qui est venu de Dêvanâmpatnam à Goudelour, à ce que m'a dit Guruvapachetty.

Le capitaine de navire qui est mort ce matin a été enterré ce soir. Il y avait une haie de trois cents soldats, on portait le pavillon du Roi et on battait du tambour. M. de Labourdonnais, les capitaines des navires et les autres personnages l'accompagnèrent au débarquement, à l'église et au cimetière. Les soldats tirèrent d'abord trois fois, puis tous les vaisseaux tirèrent vingt et un coups, et enfin, dans le Fort, on tira sept coups.

Année Akchaya	1746
Mois d'Adi	Juillet
7 — vendredi	19

Aujourd'hui, il n'y a pas d'autre chose à remarquer que ceci : ce matin, je m'étais dit : « Allons un peu voir des nouvelles de M. de Labourdonnais » et j'allai à sa maison. J'y fus, je lui fis *salam*, j'entrai dans le magasin d'arec et je revins chez moi.

M. de Labourdonnais offrait un repas de midi à Madame la Gouvernante ; à ce moment, on tira vingt et un coups de canon sur les navires.

Année Akchaya	1746
Mois d'Adi	Juillet
8 — samedi	20

Aujourd'hui, on a expédié au Bengale le navire *le Marie Joseph* qui en était le marchand. Sur un des huit navires (1) préparés pour la guerre, on a embarqué des provisions de

1. *La Renommée*, commandant M. de la Gatinais.

bouche, de l'eau et des munitions de guerre; puis on le fit partir en lui donnant l'ordre de s'en aller jusqu'à Parangipett (1) et d'en revenir, en prenant et ramenant à Pondichéry tous les petits navires, sloops, chaloupes, soit qu'ils appartiennent aux Anglais, soit qu'ils aillent à Dêvanâmpatnam, à Goudelour et à Madras. Le capitaine de ce navire est M. de la Gatinais. J'ignore si on lui a donné en plus d'autres ordres; c'est là celui qui m'a été révélé et je n'écris que ce que j'ai pu savoir.

Année Akchaya	1746
Mois d'Adi	Juillet
9 — Jeudi	21

Aujourd'hui, à huit heures du matin, j'allai chez M. le Gouverneur. Lui et M. de Labourdonnais étaient à parler ensemble. Au moment où je me présentais, tous les conseillers arrivèrent et se réunirent en conseil. M. de Labourdonnais assista à ce conseil. Quand il y fut resté environ une demie-heure et qu'il eut parlé un peu, lui seul sortit et les autres Messieurs, M. le Gouverneur et les Conseillers, restèrent en conseil. Que s'y est-il passé? quelle résolution a-t-on prise? Je l'ignore.

....

Ce soir, on m'a dit que M. le Gouverneur a donné un dîner à M. de Labourdonnais et qu'on y avait fait des danses et des chants.

Année Akchaya	1746
Mois d'Adi	Juillet
12 — dimanche	24

Ce soir, M. de Labourdonnais a donné un dîner à M. le Gouverneur et on y a fait des danses.

1. Portenove.

Année Akchaya	1746
Mois d'Adi	Juillet
15 — mercredi	27

Si on demande quelle est la chose remarquable qu'on a faite aujourd'hui, un individu qui avait été chez les Anglais à Dêvanâmpatnam, qui était venu ici comme serviteur de Madame (Hollaque?), avait obtenu un emploi auprès de M. de Labourdonnais, grâce aux relations qu'elle avait avec lui. Il l'avait laissé, lorsqu'il partit pour France, chez son frère cadet, M. de la Villebague. Il avait rempli son emploi jusqu'à maintenant et était assez à son aise, ayant gagné de l'argent. Maintenant, comme M. de Labourdonnais est revenu avec neuf navires en qualité de commandant pour la guerre, il pensa qu'il y avait quelque argent à gagner dans cette circonstance, et se mit à fréquenter M. de Labourdonnais. Il y avait auprès de ce dernier un homme du nord (un télinga) qui était venu de Dêvanâmpatnam et qui faisait dire là-bas tout ce qui se passait ici. Le beau-frère de Tambitchâmodély, Malékkojoundémodély, venait chez Monsieur et, étant informé des secrets des Anglais à Dêvanâmpatnam, lui en apportait des nouvelles; il allait et venait tous les quinze jours; mais le télinga envoyait dire aux gens de Dêvanâmpatnam tout ce qui se passait ici. Il en avertit Monsieur et, ce soir, on a mis en prison, dans le Fort, deux personnes, ce télinga et un comptable (1) tamoul. On a, en outre, emprisonné à la chauderie d'autres individus qu'on dit être de Dêvanâmpatnam.

Malécojounden a reçu pour cela des mains de Monsieur cent roupies. Il a pris avec lui deux ou trois pions et est parti. Est-ce pour donner à quelqu'un ou est-ce pour avoir les secrets des Anglais à Madras et à Dêvanâmpatnam?

---

1. Comptable, *Kanakkan';* on appelle souvent ainsi dans l'Inde un employé de bureau quelconque.

Année Akchaya 1746
Mois d'Adi Juillet
16 — jeudi 28

Aujourd'hui, le Gouverneur m'a fait venir et m'a mis dans la main un coco plein de mercure, un rouleau de cinq à six ôles et un petit livre d'ôles contenant des comptes, que des macouas (1) avaient trouvés dans un bateau vide ; et il me dit : « Cherche à qui est ceci, de quelle ville, et occupe-toi de le renvoyer à son propriétaire ou de faire comme tu trouveras avantageux ».

Une demie-heure après, il me donna une ôle en télinga et me dit de la lire. C'est une ôle que le père de Singanachetty, qui est auprès d'un certain Kandirayappa qui est au service de M. Ryan à Dêvanâmpatnam, lui envoie de Madras. Ce qui est écrit sur cette ôle, c'est que Kichenachetty est mort, que le Gouverneur de Madras a fait venir son fils, lui a donné beaucoup d'argent et l'a renvoyé ; qu'on creuse des fossés autour du Fort ; qu'on a coupé tous les arbres et élevé des palissades devant les remparts du nord ; que tels et tels sont morts, que leur fortune se montait à deux cent vingt pagodes, mais qu'il en reste seulement soixante-dix, parce qu'on en a donné cent cinquante à divers, etc. Après avoir lu cela, je le dis à Monsieur. Monsieur me recommanda de ne parler de cette affaire à personne. Je lui dis : « Pourquoi en parlerai-je ? » — « Je te le dis une fois pour toutes », reprit-il.......

Année Akchaya 1746
Mois d'Adi juillet
18 — samedi 30

(Conversation avec MM. de la Villebague et Dulaurens). Ils me dirent : « Les Hollandais de Négapatam et les Anglais

---

1. *Macouas*, bateliers et pêcheurs du pays.

sont à réparer leurs vaisseaux à Trinquemalé ; mais l'escadre de M. de Labourdonnais va aller les chercher ; de la sorte, nous détruirons vite les vaisseaux anglais ; puis, nous irons prendre Madras et en quatre jours notre drapeau y flottera. Ce sera notre gloire dans ce pays ; en Europe, nous aurons celle de mettre à l'attache le roi des Anglais... »

Année Akchaya — 1746

Mois d'Adi — Juillet

19 — dimanche — 31

Aujourd'hui, le Gouverneur a donné un dîner à M. de Labourdonnais et à d'autres personnes, M. Paradis, M. des Fresnes ; ils sont tous allés à Oulgaret pour y dîner dans le jardin de M. Paradis. Je n'ai appris rien autre chose remarquable.

Après dîner, ils s'en sont revenus à six heures. Le soir, ils ont soupé chez M. d'Espréménil.

Année Akchaya — 1746

Mois d'Adi — Août

22 — mercredi — 3

Aujourd'hui, M. de Labourdonnais et le Gouverneur M. Dupleix, prirent le repas de midi chez M. de la Villebague. A trois heures, M. Dupleix et M. de Labourdonnais sortirent de là et vinrent en dehors de la porte marine ; le palanquin de M. de Labourdonnais était devant et celui de M. Dupleix derrière. Comme ils venaient tous les deux ensemble, les tambours battaient aux champs. Alors, M. de Labourdonnais descendit de palanquin, à côté de la douane, et prit congé de M. Dupleix pour aller livrer bataille à M. Peyton, commandant des vaisseaux de guerre anglais. A ce moment, on tira vingt et un coups de canon. Alors, Monsieur alla avec lui et l'accompagna jusqu'à ce qu'il montât dans la chelingue ; ils s'embrassèrent une fois. Lorsqu'il fut monté dans la chelingue, que celle-ci eut poussé au large et se fut retournée, on tira vingt et un coups de canon. Monsieur resta là jusqu'à ce que la chelingue eût dépassé les trois barres, puis il salua et revint chez lui.

Les gens qui étaient là disaient : « Quand celui-ci a débarqué, les tambours n'ont pas battu aux champs et on a tiré seulement quinze coups de canon. Du temps de M. Dumas, on avait battu aux champs et on avait tiré vingt et un coups de canon; M. Dupleix n'a pas fait faire ainsi : il en est résulté bien des ennuis. Pour détruire cette mauvaise chose, maintenant, il a fait battre aux champs et tirer vingt et un coups de canon, et même il l'a accompagné et est resté là jusqu'à ce qu'il ait dépassé les trois barres ». Quelques-uns disaient : « C'est parce qu'il est venu lui-même qu'on a battu le tambour; il a employé là un moyen détourné ». On ajoutait : « Si on n'a pas tiré le canon quand M. de Labourdonnais est monté à son bord, c'est parce qu'on peut dire qu'il allait chez lui et qu'on ne tire pas le canon quand les gens rentrent chez eux ». Quelques-uns disaient : « Cela ne se fait que quand on revient après avoir vaincu un adversaire ». Ainsi, chacun raisonnait comme il lui paraissait.

M. de Labourdonnais, le commandant, a dit devant tous les premiers Messieurs : « Puisque les navires anglais sont maintenant à Trinquemalé, en train de se réparer, je vais y aller, je les combattrai, je les vaincrai, je ferai prisonnier M. Peyton leur commandant et tous les autres officiers; ou, si je ne le peux pas, je les coulerai et ferai en sorte qu'ils n'aient plus de nom; ou autrement, je suis décidé à ce qu'ils en fassent ainsi de moi ». M. le Gouverneur a dit de même et tous les autres blancs ont également parlé ainsi. Les personnes capables sont convaincues qu'il a le talent nécessaire pour marcher.

Il n'est pas besoin d'écrire ici toutes les munitions qu'on a embarquées sur ces huit navires, les haches, pinces, bêches, pioches, etc; il faut être compétent en ces choses et ceux qui sont expérimentés le sauront. A cela, on a joint des moutons, des cochons, des poulets, des vaches, du poisson salé, du pain, du vin de Colombo, du riz, des pois, etc.; du beurre, de l'huile, du lait, etc. Énumérer tout ce qu'on a embarqué serait infini, et on pourrait dire que c'est comme un océan profond ou une montagne.

Maintenant, pour les neuf navires arrivés pour la guerre, on dépense au moins quatre à cinq mille roupies (par jour), ce qui peut aller en un mois à un lack de roupies ou, si l'on trouve que c'est trop, à quatre-vingt ou quatre-vingt cinq mille roupies (1) pour le moins. On a aussi embarqué des provisions de bouche sur ces navires. Au navire commandant appelé *l'Achille*, on a envoyé dans une caisse quatre mille roupies pour lui et trois mille pour les sept autres navires.

Pour remplacer les malades et les morts, sur les trois mille trois cents personnes qu'ont amenées ces navires, on y a embarqué trois cent quatre-vingts soldats, quatre-vingts mulâtres, et quelques officiers. Pour montrer le chemin jusqu'à Trinquemalé, on a loué deux pilotes qui, pour un mois, ne coûteront pas moins de vingt-trois roupies. Monsieur les avait fait venir près de lui et leur avait promis le traitement complet; M. de Labourdonnais les avait par suite embarqués sur son navire. Mais, comme les navires allaient à la guerre et qu'ils avaient peur, il leur avait dit : « S'il y a bataille, on vous mettra dans l'entrepont avec les aumôniers et les médecins qu'on a l'habitude d'y mettre ; outre le traitement, on vous donnera beaucoup de choses, etc. ». M. le Gouverneur et M. de Labourdonnais leur avaient fait ainsi beaucoup de promesses. En outre, on a mis sur chaque navire des plongeurs, des pêcheurs macouas et un *cattimaron* pour les envoyer, lorsqu'on serait à la pointe de Ceylan, voir les

---

1. Deux cent cinquante ou deux cent mille francs par mois ; *lack* veut dire *cent mille*.

navires, les embouchures des rivières, les courants, les profondeurs, etc.

Comme ceux-ci (les Anglais) ont l'habitude (du pays) et que ceux-là (les Français) ne l'ont pas, on a cherché et réuni des gens ayant coutume de voyager sur des *donis* (1) et des *chelingues*, et M. de Labourdonnais les a emmenés avec lui.

Les blancs disent que M. de Labourdonnais leur a dit à tous en partant : « Dans quinze jours, je reviendrai après avoir pris M. Peyton; alors, il y aura de la joie pour vous et pour moi; aujourd'hui, il ne faut pas me faire tant de compliments; donnez-moi congé ». Comme le mauvais temps est passé et le beau temps venu, ils ne doutent pas que M. de Labourdonnais ne revienne victorieux. Ils disent que le Seigneur suprême veut qu'il en soit ainsi et que cela ira bien; aussi, tous sont dans la joie de l'espérance.

Année Akchaya	1746
Mois d'Adi	Août
23 — jeudi	4

Aujourd'hui, à six heures du matin, le fils de Chandâçâhib, le fils de Badéçâhib, Açâdçâhib beau-frère de Huçainçâhib, et d'autres gens de leur pays, étant montés, les premiers sur des chelingues pontées et les autres sur des chelingues ouvertes, s'en allèrent ainsi sur cinq chelingues. Comme ils montaient sur le vaisseau commandant *l'Achille*, le second capitaine vint les recevoir. On avait rangé des deux côtés seulement trois cent cinquante personnes, on battit le tambour, on sonna les trompettes et les clairons, pour leur faire honneur. Alors, M. de Labourdonnais vint lui-même au devant d'eux, les embrassa, les amena dans sa chambre qui avait été récemment décorée de bandes de papier, les fit

1. Petit navire ou grand bateau du pays, faisant le cabotage, grossièrement construit et mesurant environ vingt mètres de long sur trois de large et quatre de profondeur.

asseoir sur un canapé à quatre pieds qui était placé à l'endroit où était le plus bel ornement, et leur fit, avec beaucoup d'honneurs, des compliments. Eux aussi répondirent par des compliments. Après qu'ils eurent terminé ces congratulations, ils s'informèrent de quelle nature étaient les travaux d'un navire. Ayant donné l'ordre de mettre tout en train, il leur montra toutes ces affaires, puis leur fit voir le premier pont et le second pont, leur montra rang par rang les canons et les autres armes de guerre. Ensuite, ils revinrent dans la chambre du capitaine et s'y assirent. Là, le fils de Chandâçâhib donna à M. de Labourdonnais un serpeau de cent dix à cent vingt roupies et le fils de Badéçâhib lui en donna un autre. M. de Labourdonnais donna au fils de Chandâçâhib un fusil avec bayonnette et au fils de Badéçâhib un fusil simple ; la valeur de ces deux fusils est considérable (1). Puis, il les ramena à l'échelle et les congédia.

Dès qu'ils furent descendus, en bas, dans la chelingue, il donna l'ordre à tous les navires de tirer deux coups de canon et sur au moins quatre navires on a tiré à la fois. Alors, tous les marins, tirant leurs chapeaux, crièrent : « Vive le Roi ! » trois fois et on rendit encore d'autres honneurs. De même que, lorsqu'ils étaient montés sur le navire, on avait formé les rangs et battu les tambours, on fit de même à leur descente. Après cela, ils revinrent au rivage et rentrèrent chez eux.

M. de Labourdonnais fit mettre à la voile, à onze heures, les huit navires de l'escadre et ils sont partis pour aller combattre les Anglais à Galle, Colombo, Jaffna, Trinquemalé. En partant, le navire commandant seul tira quinze coups de canon et du Fort on répondit par quinze coups.

1. Le *Journal* de M. de Rostaing dit que ces fusils étaient garnis d'argent ; il définit le serpeau « un habillement moie ».

Année Akchaya	1746
Mois d'Adi	Août
31 — vendredi	12

Sur le navire appelé *la Marie-Gertrude,* la nuit, sans que personne le sache, on a embarqué des tentes, des piques, de la poudre, des boulets, etc., en un mot tout ce qui est nécessaire pour faire la guerre, mais on ne sait où l'on envoie ces munitions.....

Aujourd'hui, à trois heures, M. Paradis est parti pour Karikal, sans prendre congé de personne et sans qu'aucune personne que lui le sçût. Il est parti en palanquin, avec les quatre pions qui sont auprès de lui. Ils ont pris la route du rivage jusqu'à Portenove ; là, il doit monter dans une chelingue pour se diriger vers Karikal. C'est Tiruvêngadappoullé de Karikal qui est venu m'apprendre cette nouvelle.....

Au coucher du soleil, à six heures, un convoi est arrivé de Mahé. Il y a douze jours qu'ils en sont partis. La nouvelle qu'ils ont apportée est la suivante : un sloop (1), avec des munitions de guerre, était parti de Mascareigne et louvoyait en cherchant les sept navires. Deux vaisseaux anglais qui se rendaient à Bombay, se présentèrent devant lui. Il se battit avec eux et prit l'un de ces vaisseaux ; l'autre réussit à s'enfuir. Sur le navire pris, on trouva jusqu'à quatre-vingt mille roupies. Le sloop et sa prise sont arrivés à Mahé. Telle est la nouvelle qu'ils ont apportée.

Dès que ce courrier fût arrivé, M. le Gouverneur donna l'ordre d'aller chercher M. Paradis, mais les pions, après y être allés, revinrent dire qu'il était parti. Monsieur ne savait-il donc pas que M. Paradis était parti ? J'ignore par quelle fantaisie il a dit d'aller le chercher !

1. Sans doute le brigantin *la Marie-Jeanne,* commandé par M. de Louche.

Année Akchaya	1746
Mois d'Avani	août
1ᵉʳ — samedi	13

(Le voyage de M. Paradis a donné l'alarme à Goudelour et à Dêvanâmpatnam).

Année Akchaya	1746
Mois d'Avani	Août
5 — mercredi	17

Aujourd'hui, M. de la Villebague, frère cadet de M. de Labourdonnais, m'a fait venir et m'a demandé des provisions, en me disant qu'il lui en fallait un peu pour la côte Malabar; je les lui ai promises. Alors il me dit: « Il faudra réunir les provisions pour l'escadre de mon frère le plus tôt possible. Pour cela et pour moi, j'enverrai demain vingt pagodes; j'ai jusqu'à vingt mille roupies (1). Les jours s'écoulent ! As-tu fait partir ton frère ou non ? » Je lui demandai : « Pourquoi avez-vous tant attendu ? » Alors, il me manifesta toute la douleur qui était dans son esprit. Je lui répondis encore, puis je revins chez moi pour faire envoyer chez lui ce qu'il demandait.

Vers six ou sept heures, M. Paradis, qui était allé samedi d'ici à Karikal, est revenu dans une chelingue. Si l'on cherche à savoir pour quelle raison il est parti précipitamment et revenu de même, on raconte qu'arrivé à Karikal le lendemain matin, il monta à bord du navire de M. de Labourdonnais aussitôt après avoir mangé, le vit, lui parla, resta jusqu'au soir sur le navire, descendit à terre au coucher du soleil, soupa, monta dans une double chelingue et arriva ici ce matin à six heures. Pour quel motif a-t-il fait ce voyage? Est-ce une chose qu'on ne pouvait écrire dans une lettre à M. de Labourdonnais, ou craignait-on qu'une lettre pût être prise

---

(1) Vingt pagodes font environ 180 fr.; vingt mille roupies valent 50,000 fr.

en chemin ? Pour quelle raison a-t-on pris le parti d'envoyer quelqu'un à M. de Labourdonnais ? J'ai écrit ce que j'ai appris, vrai ou faux ; je ne sais trop au juste. On avait résolu d'aller soit au port de Madras, soit au port de Dêvanâmpatnam. M. de Labourdonnais avait fait embarquer sur *la Marie-Gertrude* et sur deux sloops qui étaient en rade ici, de la poudre, des boulets et toutes les autres choses de guerre ; a-t-il oublié le moment fixé ? Les navires doivent-ils alors revenir ici pour aller là ? Monsieur le lui aurait fait dire et il aurait répondu que non.

Dès que M. Paradis fût arrivé, il alla chez Monsieur. Aussitôt qu'il fut rentré chez lui, M. le Gouverneur prit à part M. d'Auteuil, puis me fit venir et me demanda : « Tous les chevaux que je t'ai dit de réunir sont-ils prêts ? » Je lui répondis : « Quand vous me direz qu'ils vous sont nécessaires, alors, si vous les demandez, je les ferai venir avant une demie-journée et je vous les remettrai ». Alors, Monsieur me dit : « C'est bien ! Tu peux les faire préparer ».

Après midi, Monsieur et M. Paradis sont allés au bord de la mer et y sont restés longtemps à parler. Ils dirent qu'il fallait examiner les bateaux des uns et des autres et promettre le frêt convenable. Ils firent venir M. Auger, le blanc qui est capitaine de port, et le lui dirent ; M. Auger monta sur tous ces bateaux et revint faire son rapport. Cependant, M. Paradis était monté sur tous les navires et sloops de la Compagnie et les avait visités. Puis il revint prendre Monsieur au bord de la mer et ils s'en allèrent ensemble. C'est ainsi qu'ils ont passé l'après-midi. Au coucher du soleil, Monsieur et M. Paradis ont quitté le bord de la mer, sont revenus, ont réuni tous les pêcheurs, et, pendant les trente heures indiennes de la nuit, ont fait descendre au bord de la mer des *rettous* (1) pour tentes et leurs accessoires, et ont fait embarquer tout ce qu'il y avait en ville d'affaires pour la guerre.

---

(1) Grosse toile, toile à double fil.

C'est la nouvelle qu'on m'a rapportée. Si elle est exacte, il est vraisemblable qu'on va aller attaquer Madras ou Dêvanâmpatnam.....

Année Akchaya	1746
Mois d'Avani	Août
6 — jeudi	18

Aujourd'hui, trois cents cipayes de Mahé seulement sont allés au Fort, se sont mis en rangs et on leur a donné de la poudre et des balles pour dix coups. Avant quatre heures du soir, on a aussi donné de la poudre et des balles à quelques cipayes. Il y a environ trois cent quatre-vingts personnes qui ont ainsi reçu des munitions. On dit qu'ils doivent être embarqués demain sur les navires et les sloops qui sont en rade. Il ne me semble pas qu'il doive en être ainsi, car je sais qu'ils doivent partir par la route du rivage.

Année Akchaya	1746
Mois d'Avani	Août
7 — vendredi	19

Quand j'étais allé chez Monsieur, il m'avait demandé : « Les chevaux sont-ils prêts? ». Je lui avais répondu : « Quand vous me direz qu'il vous les faut je les ferai venir », puis je lui dis qu'il fallait des passeports pour envoyer les navires des musulmans de Méliapour et de Portenove à Madarnâci (?) et à Quéda. Il dit alors qu'il fallait qu'ils prissent un engagement de ne pas embarquer des meubles ou d'affaires des Anglais. Je lui dis que déjà j'avais envoyé un papier signé d'eux dans ce sens ; alors, il m'accorda ma demande en disant à M. Minot qui était dans le bureau du Secrétaire de m'écrire les passeports. Alors, je fus écrire aux gens de navires de venir, que demain ou après demain je leur donnerais les passeports.....

Ce même jour, à minuit, soixante soldats se sont embar-

MAHÉ DE LABOURDONNAIS

qués sur le navire appelé *la Marie-Gertrude*; puis on y a embarqué des munitions de guerre, des échelles, des tentes, des cordes, etc., et toutes les choses qui doivent aller avec cela ; des provisions de bouche : moutons, bœufs, cochons, poulets, etc., pain, vin, etc. Les pions du bord de la mer disent qu'en fait de choses de ce genre, il n'y a plus rien à embarquer.

Année Akchaya	1746
Mois d'Avani	Août
8 — samedi	20

Aujourd'hui, à huit heures du matin, j'allai chez Monsieur, je le saluai, et, comme je m'asseyais dans la salle publique, M. Mathieu (?) me fit appeler et me demanda : « Il est venu hier, au coucher du soleil, une lettre de M. de Labourdonnais pour Monsieur; sais-tu les nouvelles? » — « Dites-les moi », lui répondis-je, et il me dit alors : « M. de Labourdonnais a conduit ses vaisseaux droit dans la rade de Négapatam (1). Aussitôt, le Gouverneur envoya auprès de lui les capitaines et les conseillers (2). Quand ils virent M. de Labourdonnais, voici ce qu'ils lui dirent : « Nous ne marchons point contrairement au droit, et cependant vous nous avez pris, en vous rendant à Pondichéry, un sloop et un navire à trois mâts. Quelle faute nous reprochez-vous ? » A cela, M. de Labourdonnais répondit : « Les Anglais qui sont nos ennemis ont pris par tromperie deux de nos vaisseaux, l'un qui venait de Manille à cette côte et l'autre qui allait en Amérique; ils les ont amenés chez vous; connaissant cette mauvaise action, deviez-vous les acheter?» et il ajoutait, en se fâchant : « C'est pourquoi, dorénavant, nous prendrons, partout où nous

---

(1) La flotte mouilla sans saluer et un navire français fut se placer à côté de chacun des bâtiments présents dans la rade.
(2) Le *Journal* dit : « les deux premiers conseillers », mais il ne parle que d'une seule députation des Hollandais à bord de l'*Achille* et dit qu'à peine arrivé Labourdonnais avait envoyé à terre un officier, dans un canot, pour notifier au Gouverneur les raisons qu'il avait de pas faire les saluts d'usage.

les trouverons, vos sloops et vos navires et nous ne les lâcherons pas ». Ces Messieurs, redescendant en chelingue, revinrent à Négapatam et dirent au Commandant tout ce que leur avait dit M. de Labourdonnais. Aussitôt, le Commandant de Négapatam réunit en Conseil le second et tous les conseillers, et ils envoyèrent auprès de M. de Labourdonnais le second et les conseillers. On fit décorer superbement toutes les rues; on y fit mettre des bannières et des arcades avec des tentures; on fit arroser les rues et on y fit étendre des toiles pour marcher dessus; on fit charger à poudre tous les canons qui étaient dans la ville et au bord de la mer, et on ordonna aux gens de caste, aux négociants, aux employés, aux soldats, aux topas, aux pions canaras, de bien s'habiller et de se réunir : le Commandant les conduisit au bord de la mer et les fit mettre en rangs.

« Le second et les conseillers montèrent en chelingue et allèrent trouver M. de Labourdonnais et lui dirent : « Il y a de la colère dans votre esprit, n'est-ce pas? parce que nous avons acheté ces deux navires ; mais c'est par de l'argent, et pas autrement, que nous les avons achetés, et alors qu'elle est notre faute ? Il y aurait eu de la faute, si nous les avions achetés sachant qu'ils étaient à vous et qu'il y avait eu tromperie ; mais nous avons été de bonne foi. Veuillez donc nous pardonner cette offense. Fixez un prix pour ces deux navires et nous vous donnerons, dans la quinzaine, tout ce que nous avons de pagodes en argent ; tout de suite, nous vous ferons un billet. Cependant, accordez-nous la faveur de venir dans notre ville et d'y accepter un banquet ; veuillez aussi donner des ordres pour que nos navires et nos chelingues puissent aller partout sans crainte. Notre Commandant ayant un grand désir de vous voir est venu au bord de la mer ; veuillez y descendre », et ajoutant beaucoup d'autres paroles de flatterie, ils ramenèrent avec eux M. de Labourdonnais.

« D'ailleurs M. de Labourdonnais fit dire aux commandants

de chacun des vaisseaux de se tenir sur leurs gardes. Puis il réunit les personnes qui vont d'ordinaire avec lui (1), descendit de son navire (2) avec beaucoup de solennité, entra dans la chelingue et arriva au rivage. Alors, les canons des navires et ceux du Fort tirèrent une salve. Le Commandant de Négapatam, qui était au bord de la mer, le salua, et au milieu des ornements, sur les toiles étendues, le conduisit jusqu'au Fort où on leur servit un repas splendide. On lui donna un écrit où l'on s'engageait à payer la rançon des navires dans la quinzaine et il leur accorda la permission de circuler sur la mer sans crainte.

« Cependant, pendant qu'on était à dîner (3), cinq navires anglais vinrent en vue ; dès que M. de Labourdonnais l'apprit, il s'empressa d'achever de dîner et prit congé du Commandant et des autres qui l'accompagnèrent en grande pompe jusqu'au rivage. Il monta dans sa chelingue et rejoignit son vaisseau. Jusqu'à ce qu'il fût embarqué, pendant qu'il allait du rivage au navire, on tira le canon. C'est à deux heures qu'il revint à son navire, où tous les préparatifs (de combat) étaient achevés. Il s'était écoulé deux heures depuis qu'il était sorti pour dîner jusqu'à son retour, et pendant tout ce temps, le bruit des canons ne cessa pas. On ne saurait dire le nombre des coups.

« Ceci, c'est ce qui s'est passé le cinq du mois courant.

« Le lendemain six, jeudi, à l'aurore, tous les vaisseaux étaient prêts pour le combat ; ils mirent à la voile et partirent (4). M. de Labourdonnais alla à la bataille, après avoir

(1) M. de Fontbrune, Lieutenant-Colonel, commandant l'infanterie ; M. de Rostaing, Capitaine d'artillerie ; et M. Desforges-Boucher, Ingénieur.
(2) Le lendemain, suivant le *Journal*.
(3) Le *Journal* dit : « Midi approchoit et on étoit près de se mettre à table ».
(4) Les Français avaient mis le drapeau hollandais ; mais l'escadre anglaise, dont les vaisseaux étaient meilleurs voiliers que ceux de Labourdonnais, se déroba dès qu'elle eut reconnu ses adversaires. Après avoir attendu deux jours en vue de Négapatam, la flotte française dut revenir à Pondichéry, lorsqu'elle apprit que Peyton avait fait voile pour Ceylan. L'escadre anglaise se compo-

écrit une lettre qu'il donna à un homme de *cattimaron* pour porter à Pondichéry; cette lettre arriva ici le vendredi sept ».

Voici ce que m'a dit le nommé M. Mathieu qui est le comptable de Monsieur. Et tout de suite après, Vâçudêvapandita arriva et dit : « Le bruit court en ville que M. de Labourdonnais a pris quatre navires anglais ».

Année Akchaya	1746
Mois d'Avani	Août
9 — dimanche	21

Aujourd'hui, à dix heures du matin, si l'on demande quelles nouvelles a-t-on apprises, le 4 de ce mois, mercredi, on avait aperçu des navires anglais et on s'était dit : « Nous nous battrons demain, au lever du jour », et les navires français avaient attendu; mais, le matin arrivé, on ne vit plus les navires anglais. En circulant dans la région, on les revit. Tels sont les mouvements qui se font. — Voilà la nouvelle qu'a reçue Monsieur, à ce que m'a dit M. Mathieu, comptable de Monsieur.

. . . .

Année Akchaya	1746
Mois d'Avani	Août
12 — mercredi	24

. . . .

Hier soir, les huit vaisseaux formant l'escadre sont arrivés droit dans la rade et ont mouillé; on a tiré quinze coups de canon, seulement sur le vaisseau commandant *l'Achille*. Alors, M. de Labourdonnais qui, à ce qu'on disait, avait la fièvre et la diarrhée (1), est descendu à terre en robe de

---

sait de six vaisseaux, savoir : le *Midway*, com. Peyton, 60 canons ; le *Preston*, cap. Northesk ; le *Harwich*, cap. Carteret ; le *Winchester*, cap. T. Bertil, la prise du *Midway*, cap. Griffith ; et le *Lively*, cap. Stevens.

(1) Le *Journal* dit : « M. de Labourdonnais, qui depuis huit jours étoit attaqué de la fièvre, en eut de si forts accès qu'il fut obligé de se faire mettre à terre ».

chambre et en bonnet. Il est monté en palanquin, s'y est renfermé, et s'est rendu chez Monsieur (1). Déjà, Monsieur avait fait sortir tous ceux qui étaient là, avait fait placer des fusiliers aux carrefours à l'est, au sud et à l'ouest de sa maison, et aux deux du nord, avec ordre à ces hommes d'empêcher les gens d'aller et de venir, et de les faire passer par d'autres chemins. Droit en face du dernier carrefour, près du Quartier, on mit un autre fusilier pour arrêter impitoyablement tous les gens qui voudraient aller du côté du bord de la mer. On mit aussi deux fusiliers à l'est de cet endroit, au carrefour par où on va au Fort et à la Douane, près du Quartier ; puis deux à l'ouest et au sud de la porte du Fort et deux au nord ; et ainsi, il était défendu de laisser passer les gens qui par curiosité auraient été au bord de la mer par la Douane.

A ce moment, le palanquin fermé de M. de Labourdonnais arrivait à la maison de Monsieur. Il descendit, et, soutenu par deux personnes, alla auprès de Monsieur. Celui-ci alla au devant de lui, l'embrassa et l'emmena dans sa chambre. Là, M. Paradis, Monsieur et M. de Labourdonnais se mirent à causer. M. de Labourdonnais raconta en détail son voyage : — le message que lui avaient envoyé les gens de Négapatam, à propos du navire de Manille appelé le *More* et du navire appelé le *Charles* que M. de la Villebague avait expédié de Manille en Amérique et que les Anglais, après les avoir capturés, avaient vendus aux Hollandais : ils ont offert d'en payer le prix et en ont donné un billet (2) ; — la venue des navires anglais et leur disparition quand on eut mis à la voile et qu'on se fût préparé au combat, etc. Il ajouta que sa santé n'était pas bonne, mais qu'il ne fallait pas laisser échapper cette occasion d'aller à Madras. Puis il remonta dans son palanquin fermé et alla dans son ancien logement,

---

(1) Labourdonnais dit qu'il put descendre à terre seulement le 24, mais qu'il écrivit à Dupleix dès le soir du 23.

(2) Labourdonnais dit qu'on lui remit deux obligations, l'une de deux mille pagodes à l'étoile (87,500 fr.) et l'autre de dix mille roupies (25,000 fr.).

chez M. Desjardins. Là, le chirurgien (de la ville) et celui du navire vinrent le saigner, à ce qu'on m'a dit. Au coucher du soleil, les chirurgiens et M. de Labourdonnais en robe de chambre sortirent en palanquin.

Jusqu'à deux heures du matin, la porte de Madras au nord, la porte marine qui est à l'est de celle-là, la porte de Villenour, la porte de Goudelour et la grande porte de Valdaour ont été fermées ; et, comme l'a dit hier soir le serviteur du Paléagar à Kramânipandita, on y a mis deux jeunes comptables chargés d'examiner tous ceux qui allaient et venaient. On prenait et on lisait les ôles que portaient ceux qu'on examinait ainsi ; on arrêtait les lettres qui venaient, car on avait l'ordre de saisir les lettres qui arriveraient en persan, mahratte, télinga et portugais, et de lire celles en tamoul. Cela dura jusqu'à minuit et demi. Alors on ouvrit les cinq ou six portes du Fort, toutes les portes (de la Ville) et la grande porte de Valdaour et on cessa les visites.

Si l'on demande quel en était le but, c'est pour savoir qui écrivait en tamoul aux Anglais, parce qu'on avait dit que ça se faisait et c'est sur ce rapport qu'on avait fait les recherches. En outre, on fit fouiller la maison de Candappa qui est auprès de Madame. On voulait savoir s'il écrivait et c'est pour cela qu'ayant fermé toutes les portes, on faisait surveiller surtout celle de Valdaour. Dieu sait ce qui se passait alors dans l'esprit de Monsieur !......

Année Akchaya	1746
Mois d'Avani	Août
13 — jeudi	25

....

Aujourd'hui, à dix heures, M. de la Villebague m'ayant fait venir, me dit d'écrire la liste de ce que j'avais acheté pour son frère, M. de Labourdonnais, et, l'ayant prise de ma main, il me donna dix mille roupies......

A dix heures, le Conseil s'est réuni. Si l'on demande quelle affaire on y a traitée, il paraît qu'on a résolu d'aller attaquer Madras.

....

Année Akchaya	1746
Mois d'Avani	Août
14 — vendredi	26

....

Aujourd'hui, le Conseil s'est réuni et a duré jusqu'à midi; les conseillers ont longuement discuté. Ils se sont encore réunis avant la fin du jour. Si l'on demande sur quoi ils ont délibéré, il n'y a pas d'autre affaire que la discussion sur la guerre à aller faire à Madras. Les choses n'iront pas bien, tant qu'on n'ira pas là. Mais quelle résolution a-t-on prise pour cela? Quand on a visité les navires, on y a embarqué secrètement des chevaux, des Gardes, des Musulmans de Mahé et des munitions. Pourquoi ralentir cet empressement?
+ C'est que M. de Labourdonnais n'est pas en bonne santé. Mais si l'on va à la bataille, pourquoi des chevaux et des gardes? C'est qu'on doit les débarquer à Méliapour qui est près de Madras. De là, M. d'Auteuil et vingt-quatre cavaliers à sa suite sur leurs chevaux, quelques cipayes de Mahé en file après eux et quelques soldats devraient s'avancer jusqu'auprès du Gouverneur de Madras et lui réclamer notre navire de Manille et le navire de France pris à Achem. S'il ne voulait pas répondre convenablement, alors on devrait se préparer à la bataille. C'est sur tout cela qu'ils ont discuté (au Conseil).

Madras a encore du bonheur; la cause du retard est la maladie de M. de Labourdonnais. Il n'a pas voulu consentir à ce qu'on envoie un autre commandant à sa place et il a retardé son départ. M. de Labourdonnais peut-il arriver avec vingt-quatre cavaliers? Peut-on dire que ce soit convenable pour lui? Monsieur avait prescrit de rendre à M. d'Auteuil, de Méliapour à Madras, les mêmes honneurs qu'à M. de

Labourdonnais, voulant par là humilier M. de Labourdonnais, mais sans en rien montrer au dehors. M. de Labourdonnais, ayant connu ce dessein et en ayant été très vexé, empêcha qu'on envoyât cette fois personne à Madras. Sachant que Monsieur voulait l'humilier, il retarda son voyage et ne voulut pas consentir à ce qu'on envoyât quelqu'un comme commandant à sa place. Les desseins de l'homme s'accomplissent si Dieu y consent; sinon, on n'en a jamais vu réussir. Puisqu'on a suspendu pour cette fois les projets sur Madras, qu'arrivera-t-il maintenant? L'idée de Dieu s'accomplira ; celles des hommes n'aboutissent jamais. M. Dupleix a donné l'ordre de faire débarquer demain les chevaux et les cipayes qu'on avait réunis pour cette expédition.

De plus, hier, on a écrit une lettre au Nabâb Anaverdikan. Si l'on demande ce qu'elle contient, Monsieur, M. Delarche et Madanândapandita, eux trois seuls, le savent, et ils ont décidé qu'on ne le communiquerait pas à une quatrième personne. Le résumé de cette lettre est : « Nous avons résolu d'aller attaquer Madras et nous vous en donnons avis. Lorsque vous êtes venu l'année dernière, vous nous avez dit que vous viendriez à notre aide. Nous y allons maintenant et il faut que vous veniez à notre aide avec trois mille chevaux ». Et on a terminé par les nombreux compliments d'usage. C'est ce que m'a appris aujourd'hui Madanândapandita.

Année Akchaya	1746
Mois d'Avani	Août
15 — samedi	27

Ce matin, suivant l'ordre de M. le Gouverneur, les cipayes de Mahé et deux Djémédars (1) ont débarqué et on a fait aussi débarquer tous les chevaux ainsi que les gardes qu'on avait

---

(1) Proprement *Djam'adâr*, second officier d'une troupe de soldats, lieutenant.

embarqués (1). M. d'Auteuil vint et dit de renvoyer par des hommes les chevaux à leurs propriétaires; mais au bout d'une heure, il revint et dit de ne pas les renvoyer et de les mettre dans l'écurie. Ceci paraît comme un contre-ordre. Si l'on demande pourquoi, c'est qu'aussitôt qu'il eut donné cet ordre, Monsieur dit de faire venir tous les conseillers et les réunit. Deux heures après, il envoya chercher M. de Labourdonnais qui répondit : « Je suis malade; je ne puis y aller ». Alors, trois des conseillers. M. d'Espréménil, M. Barthélemy, M. Bonneau, sortirent du Conseil et se rendirent chez M. de Labourdonnais auquel ils portèrent une lettre. Quand ils la lui eurent fait lire, rapportèrent-ils une réponse? revinrent-ils sans rien? on ne sait. Mais, lorsqu'ils l'eurent vu et lui eurent parlé, le Conseil se réunit de nouveau et la séance dura jusqu'à minuit. Les conseillers, ayant discuté, rentrèrent chez eux à une heure après minuit. On ne sait pas quel était l'objet de la réunion. On suppose qu'il s'agit de la guerre, mais il faudrait savoir quel détail fut traité. Pendant tout ce temps, je suis moi-même resté dans le magasin d'arec......

....

Cette après-midi, M. de Labourdonnais se trouvant attaqué de la fièvre, et ni le vent de mer ni l'eau ne pouvant lui convenir, il s'est établi au jardin de M. Paradis à Oulgaret, avec l'intention d'y demeurer jusqu'à ce qu'il soit complètement guéri. Et il s'y est installé après avoir dit de lui envoyer toutes les choses nécessaires.

Année Akchaya	1746
Mois d'Avani	Août
16 — dimanche	28

Ce matin, les huit navires de guerre ont mis à la voile et

---

(1) Labourdonnais dit que c'est dans un accès de mauvaise humeur que Dupleix fit débarquer ces deux cents hommes qui étaient à bord depuis le premier séjour de l'escadre à Pondichéry.

sont partis (1). Le projet de faire une expédition à Madras en est resté là. Si l'on demande pourquoi les navires sont partis, c'est pour aller et venir de Négapatam à Madras et faire bataille avec les navires anglais s'ils les rencontrent. S'ils ne les rencontrent pas, il paraît qu'ils attendront le changement de la mousson et repartiront pour Mascareigne avec la mousson du nord. — J'ai écrit ainsi les choses que j'ai apprises.

Année Akchaya	1746
Mois d'Avani	Août
17 — lundi	29

Ce matin, j'allais chez Monsieur avec l'intention de lui parler pour l'écriture à faire à propos de la réclamation de Suhasing, lorsque je rencontrais M. Desmarêts qui me dit : « Les gens du dehors ont demandé une horloge, qu'en est-il arrivé ? » Je répondis : « Ils sont partis pour Vêlour ; dès qu'ils reviendront, je vous le dirai ». Alors il me demanda : « Sais-tu s'il y a quelque chose de décidé pour l'expédition sur Madras ? » Je lui répondis : « Je ne le sais pas bien ». — « Mais je vais te le raconter ; écoute », et voici ce qu'il me raconta.

Suivant le projet qu'avait formé Monsieur, on avait décidé de s'emparer de tous les navires (du pays) le soir même où (l'escadre) serait arrivée, de préparer et d'y embarquer tout ce qui était nécessaire, de faire attaquer Madras de la mer par les navires, de faire faire en même temps la guerre par des soldats descendus à terre et de prendre ainsi Madras en l'attaquant des deux côtés. C'est là ce qu'on avait résolu, mais quand on dit à M. de Labourdonnais de faire mettre à la voile la nuit, il ne le fit pas et dit : « J'ai besoin de voir et de parler ; ma santé n'est pas bonne ». Puis il monta dans un palanquin

---

(1) Sous le commandement de M. de la Porte-Barré, pour croiser de Pondichéry à Madras.

fermé et vint chez Monsieur. Voici quelle conversation s'est alors engagée entre Monsieur et lui :

Monsieur lui dit : « Va à tes navires et prépare-toi pour faire la guerre à Madras ». — « Mais à moi », répondit M. de Labourdonnais, « l'ordre de la Compagnie et l'ordre des Ministres est de faire la guerre sur mer aux navires anglais et de les prendre ; ils ne m'ont point ordonné de faire la guerre sur terre. Toutefois, je le ferai si vous me le dites ; donnez-moi en mains une délibération écrite (dans ce sens) ». — « Mais », reprit Monsieur, « j'ai fait tous les préparatifs conformément aux lettres que tu m'avais écrites ; quelle raison y a-t-il pour que tu nous demandes comme garantie une délibération écrite ? » et, comme la discussion continuait entre eux là-dessus, il fit réunir les conseillers et leur communiqua cette conversation. Les conseillers dirent à M. de Labourdonnais : « Vous êtes-vous tout d'abord entendu avec nous ? Pourquoi aujourd'hui prendrions-nous les choses sur nous ? Nous n'y pouvons consentir ».

Ainsi, tous les frais faits pour cette expédition restent à la charge de Monsieur. Qu'arrivera-t-il maintenant ? Comme M. de Labourdonnais est malade, M. Dupleix avait proposé de donner le commandement à M. Paradis, mais M. de Labourdonnais n'y voulut pas consentir. En outre, qu'a dit Madame d'Auteuil à Madame de Labourdonnais et qu'a répondu Madame de Labourdonnais à Madame d'Auteuil ? on ne sait, mais Monsieur et M. de Labourdonnais se sont disputés en plein Conseil, se disant à haute voix des injures et allant jusqu'à se tutoyer. Pour la bonne fortune de Madras, Monsieur et M. de Labourdonnais se sont brouillés, et le projet d'expédition sur Madras en est resté là.

Je demandai à M. Desmarêts : « Est-ce que M. de Labourdonnais n'a pas l'ordre d'agir conformément aux avis du Conseil de Pondichéry ? » Il me répondit : « M. de Labourdonnais a l'ordre des Ministres d'arranger à son idée les choses de la guerre ; et si l'on demande quels sont les ordres des

Ministres à M. Dupleix, on lui a écrit de fournir à M. de Labourdonnais tout ce qu'il demanderait; aussi, M. Dupleix n'a point le droit de lui dire : « Marche comme ceci, marche comme cela »; c'est pourquoi, Monsieur ayant fait le projet de s'emparer de Madras, il a fait opposition au projet de M. Dupleix; mais les gens de Madras attaqueront et il ira leur livrer bataille. Outre l'affront de les battre, il fera à M. Dupleix celui de lui prendre son ancien projet de s'emparer de Madras et de l'exécuter, et il y aura haine entre eux. C'est pourquoi M. de Labourdonnais a envoyé les sept navires venus de France faire la guerre à Bombay.

Après m'avoir dit tout cela, M. Desmarêts s'en alla.

....

Année Akchaya	1746
Mois d'Avani	Septembre
20 — jeudi	1er

Ce matin, on a montré et lu à Monsieur une ôle écrite à Sinnamodély par Maduranâyakka, de l'Église Saint-Paul, qui est à Méliapour. Il y est dit que les huit navires de guerre qui sont partis d'ici sont allés à Madras, lundi à huit heures du matin, ont tiré une bordée contre un navire du pays et un navire d'Europe qui étaient en rade; ces deux navires et le Fort répondirent par une décharge et on continua à se battre jusqu'à dix heures. Alors les huit navires sont revenus à Méliapour et ont mouillé au milieu de la rade; puis ils s'en sont allés et on les a perdus de vue (1).

On a descendu à terre vingt-cinq morts des navires qui étaient en rade; là-dessus, on dit qu'il y a dix Anglais et quinze lascars. Sur les boulets qui ont été lancés des navires français, un boulet est tombé à Nariyankâḍu; un autre bou-

---

(1) Le *Journal* dit qu'on tenta de prendre un vaisseau qui était mouillé sous le canon de Madras, mais que le feu de la place ne permit pas d'en approcher.

let est tombé sur la maison d'un Anglais et a brisé les volets et les vitres qui étaient sur la terrasse. La femme de Mester Morse, le Gouverneur, était venue à Méliapour. On ajoute que l'eau est entrée dans le navire qui est en rade. Telles sont les nouvelles écrites (sur l'ôle).

Alors, M. Dupleix dit : « Pourquoi se sont-ils cachés sans attaquer de nouveau? » et, se mordant les lèvres, leva les yeux au ciel.

Telle est la nouvelle qui est arrivée hier, à ce qu'est venu me rapporter Sinnamodély; il m'a même mis l'ôle en mains et j'ai vu que c'était conforme à ce que j'ai écrit ci-dessus.

Alors, ce matin, M. Dupleix est allé à Oulgaret chez M. de Labourdonnais, je l'ai vu auprès du magasin d'arec et l'ai salué.....

Année Akchaya	1746
Mois d'Avani	Septembre
21 — vendredi	2

Comme j'étais dans le Fort, M. de Labourdonnais fit porter une lettre à M. de Fontbrune ; il y avait écrit : « Hier, les huit vaisseaux de notre escadre sont partis de Madras et sont venus droit à Covelong. En route, ils ont rencontré en face d'eux un navire anglais et un sloop qui revenaient de Bencoul et ils se sont emparés de ces deux bâtiments. Dans ces deux bâtiments, qui n'ont pas été encore bien visités, il y avait deux petits éléphants, trois chevaux d'Achem, du soufre, du cuivre, de l'argent, un peu d'or naturel et d'autres provisions. Vous n'avez pas encore vu d'éléphants ; vous verrez ces petits; vous verrez ces chevaux d'Achem ; vous verrez cet or naturel ». Cette lettre, montrée à M. Legou, à M. Dulart, à M. Miran, fut aussi vue par le petit Miran qui était avec eux; je la vis aussi, ainsi que M. Cornet, M. Duplan, M. d'Hoffelize, M. Panon, M. Plaisance (un capitaine des soldats) ; enfin on la montra à tous ceux qui se trouvaient dans la salle de visite des toiles..... On disait que le navire appartenait peut-être à Mester Morse (1).

M. le Gouverneur et M. Paradis, qui étaient allés à Oulgaret chez M. de Labourdonnais dans la voiture à six chevaux, revinrent à dix heures.

M. Miran a dit : « M. de Louche (2) s'est battu avec deux navires anglais qui allaient à Bombay et il en a pris un. Il a mis son second sur son sloop, s'est embarqué lui-même sur sa prise et s'est dit : « allons à Bengale ! » Les gens de Mahé lui ont dit d'aller avec les sept navires de France, de peur que, s'il allait seul, il trouvât les navires anglais qui croisent. Mais, pour sa mauvaise fortune, il n'a pas écouté leurs conseils et leur a répondu : « Me trouveront-ils ce navire? S'ils le trouvent, tant pis ! » et il est parti. Comme s'il s'était jeté dans la gueule du tigre, il fut rencontré par cinq vaisseaux anglais juste au moment où ils sortaient de Trinquemalé; ils prirent le navire et M. de Louche et l'emmenèrent à Madras. Ils trouvèrent avec lui vingt-quatre cafres de Mascareigne qu'ils emmenèrent aussi prisonniers à Madras. Ils y sont encore ».

C'est ce que Monsieur m'a dit en confidence, il y a deux ou trois jours, quand je me suis trouvé avec lui.

Année Akchaya	1746
Mois d'Avani	Septembre
22 — samedi	3

Aujourd'hui, il n'y a eu rien de remarquable.

Avant le jour, M. le Gouverneur est allé en voiture à Oulgaret chez M. de Labourdonnais; M. Paradis y est allé avec lui. Ils l'ont vu et lui ont parlé. Puis Monsieur est allé à Nelli-

---

(1) Le *Journal* dit que le 31 on captura deux petits vaisseaux estimés, avec leur cargaison, deux cent mille roupies (500,000 fr.). Labourdonnais les estime seulement deux cent mille livres.

(2) M. de Louche, commandant le brigantin *la Marie-Jeanne*, avait pris en effet, à la côte Malabar, un navire anglais de quatre à cinq cents tonneaux.

tope et de là à Ariancoupom, y a soupé le soir et est rentré en ville à dix heures.

....

  Année Akchaya   1746
  Mois d'Avani   Septembre
  23 — dimanche   4

....

Voici les détails de l'ôle écrite par le nommé Maduranâyagam, de Méliapour, pour dire ce qui s'est passé à Madras, de la part de Madame Barneval (1) :

« A propos de l'attaque de Madras, on dit que les Français, étant venus pour se battre, n'ont pas voulu attaquer parce qu'il y avait un navire en rade ; qu'ils sont venus voir et qu'ils sont partis n'ayant pas trouvé l'occasion favorable ; que les Français, en dehors du bruit qu'ils font en paroles, ne sont guère prompts à l'action ; qu'on ne comprend pas pourquoi ils sont venus avec huit navires faire cette démonstration ; qu'ils ne battraient même pas pendant un *çâmam* (2), qu'ils sont venus pensant surprendre les Anglais endormis, mais que, comme ils les ont trouvés éveillés, ils se sont sauvés en courant, ayant reçu des coups, ne pouvant répondre au seul navire qui était là ; que s'ils n'étaient pas partis, les Anglais auraient pris leurs huit navires ; qu'ils doivent avoir honte. Ceux qui parlent ainsi avaient peur avant la venue des Français, mais en venant ils ont eux-mêmes détruit cette peur. C'est ainsi que même les plus grands des Anglais, leurs femmes, les Américains, les Tamouls et bien d'autres personnes, se moquent des Français. Je ne puis l'entendre ! Après être venus, pourquoi sont-ils repartis sans agir en consé-

---

(1) Fille cadette de Madame Dupleix, Marie-Rose Vincens, mariée à Pondichéry le 17 novembre 1738 à François Coyle de Barneval, commerçant, qui s'établit à Madras.
(2) Une veille, c'est-à-dire trois heures.

quence? Écris cela à mon père. Voilà ce que m'a dit Madame Barneval ».

Puis il ajoute ce qu'il apprit de son côté et c'est ce qui suit : « Quand les femmes des Anglais et quelques commerçants sont allés à Paliacate, les Hollandais n'ont pas voulu les recevoir. D'autre part, le jour du bombardement de Madras par les Français, les Tamouls, les employés et autres gens de service, les domestiques mâles et femelles, étaient dans un désordre qu'on ne finirait pas d'écrire; les gens qui sont sortis alors, c'est-à-dire les gudjaratis, brahmes, musulmans, etc., qui habitaient en ville et qui étaient allés à Pûndamalli, Kôçambêdu, Nangampâkkam, Méliapour et autres faubourgs, sont revenus maintenant. Ils parlent entre eux, ainsi qu'il a été rapporté ci-dessus, et les Pères (1) qui sont à Méliapour, ne pouvant supporter ces paroles, m'ont dit de l'écrire à Monsieur. Tous les préparatifs qu'il faut faire pour la guerre, les Anglais se mettent en train de les faire. Telles sont les diverses choses qui se disent. Les trois navires, qui sont dans la rade, se promènent le long de la barre ».

Sinnatambimodély lut les choses ainsi écrites à Monsieur qui lui donna cet ordre : « Porte la lettre à Mathieu et dis-lui de venir pour écrire en France ». Et, comme il allait dans le cabinet où écrit Mathieu, Monsieur me fit venir......

Il me demanda : « Quelles nouvelles y a-t-il de Madras? » Je lui répondis avec réserve, réfléchissant qu'il n'était pas bon de se presser sans connaître l'idée du maître : « Avant que les Français fussent allés combattre, quand nous n'avions pas de vaisseaux, si vous alliez souper à Oulgaret ou si vous alliez vous promener à la chauderie de Môrttândi, les Anglais, à Madras, se demandaient si vous iriez à Madras ou à Dêvanâmpatnam ; croyant que vous viendriez les attaquer, ils fermaient les portes du Fort et des remparts, engageaient tous les habitants à chercher des lieux de refuge, et, sans pren-

(1) Les Jésuites.

dre de sommeil, nuit et jour, s'occupaient à mettre leurs canons en état ; ils disaient : « Qu'il en aille comme il ira de la Ville, nous ne défendrons que le Fort ! » Ils avaient peur, l'esprit perdu, ne prenant que le temps de boire du *kâdi*; les *chattis* et les *panelles* (1) se brisaient en s'entrechoquant. Aussi, envoyaient-ils une foule de gens à Dèvanâmpatnam et à Goudelour et ont-ils fait de Portenove une cité. Une telle alarme a eu lieu dix ou douze fois ».

Voilà ce que je dis, et aussitôt Monsieur me répondit : « Cette importance que nous avions, M. de Labourdonnais l'a détruite en envoyant les navires à Madras ! »

Ce que je lui dis, pensant : « Telle est son idée ; il faut lui parler en conséquence ! » et ce qu'il me répondit, je vais l'écrire en détail, mais aussi brièvement que possible :

« On dit que c'est une grande étourderie d'être allé faire la guerre à Madras. Les Français y sont allés pour se battre, puis, après avoir tiré sur le Fort et sur les navires, ne pouvant avoir la victoire, ils se sont enfuis. Si l'on cherche quelle est l'idée des Français, on voit que c'est celle de s'enfuir épouvantés comme devant une calamité. Alors, qu'est-ce que c'est que les vaincre ? Pourquoi les laisser s'en aller couverts de honte ? Si on restait sans les attaquer, ce serait une ordure. Désormais, nous ne nous contenterons pas de peu ; nous savons comment réduire Pondichéry. Désormais, Pondichéry sera toujours au moment de périr. Les Français font toujours ainsi des étourderies. Dans tous les ports et dans toutes les villes d'Arcate et du Maïssour, le Gouverneur de Pondichéry est célèbre comme un grand administrateur. Aux jours où les navires n'étaient pas encore arrivés, où il n'y avait pas d'argent, il avait une grande capacité pour faire toujours aller les choses, grandes et petites. Pour parer à la venue des vaisseaux des ennemis et pour les effrayer, il se procura de la poudre et des boulets, fit venir quelques soldats

---

(1) Eau de riz ou *cange* aigri. — Vases de cuisine en terre.

et des cipayes, fit ses préparatifs en secret et avec soin, sans parler à personne de son habileté à la guerre et de son courage. Personne ne le savait aussi bien que lui ; mais, se disant qu'il fallait attendre l'occasion de faire affront aux Anglais, il se conduisit ainsi et attendit. Mais, maintenant que les navires sont arrivés, qu'il y a de l'argent, laissera-t-on Madras et Dêvanâmpatnam sans les prendre ? Il faudra qu'il ne reste plus d'Anglais sur cette côte. Voilà ce qu'on disait. Or, les vaisseaux de M. de Labourdonnais ne sont pas restés tranquilles ; ils ont tiré quatre coups de canon et sont repartis. C'est comme s'ils étaient allés détruire le renom que les Français avaient auparavant. Cela n'a pas paru bien et c'est une honte pour le nom français. Voilà ce qu'on dit » Puis, j'ajoutai beaucoup d'autres réflexions pour vanter son administration.

Il me répondit : « Ah ! Rangappa ! Ne connais-tu pas mon courage et tous les actes de mon administration ? les paniques que j'ai causées à Dêvanâmpatnam et à Goudelour quand j'allais me promener à Oulgaret ? Madras en était tout bouleversé. Mais comme M. de Labourdonnais est un petit grand homme, il m'a dit, sans songer qu'ici il en résulterait un abaissement du nom français, qu'il avait l'ordre du Roi de combattre sur mer, mais qu'il n'avait aucun ordre pour combattre sur terre. Je lui ai lu et lui ai montré tout ce qui concerne les agissements des Anglais, et j'ai ajouté : « Le Roi a donné ces ordres sans savoir, conformément à ce qu'il croyait ; s'il sait la vérité, il se fâchera de ce que vous n'agissez pas de concert avec moi », et je lui ai donné bien d'autres raisons. Alors, il m'a répondu : « Si vous me donnez en mains une délibération du Conseil, j'irai ». — « Ai-je conduit toute cette affaire sans votre avis ? » lui ai-je demandé, avec beaucoup de raison. Mais, comme c'est un homme faux, lui qui m'avait dit de faire les préparatifs, il a laissé tous ces frais sur ma tête. Il m'a ainsi ruiné. Quand il est venu, il n'avait que l'habit de bure qu'il portait et pas autre chose.

Tu l'as bien vu, quand il est venu comme un pauvre. Il n'y a rien que tu ne saches. C'est une chose que tu as vue de tes yeux. Tu es intelligent. Le mal vient de ceux qui sont aujourd'hui près du Roi, en France ».

Là dessus, je dis : « Cela ne vient pas de ceux qui y étaient auparavant, mais de ceux qui entourent M. Orry, Contrôleur général ».

— « Non pas », reprit-il, « son frère cadet ».

— « C'est vrai », répliquai-je, « c'est à cause de M. de Fulvy que les choses sont ainsi. Il reçoit des pots de vin, puis il fait marcher les affaires en parlant à son frère le Contrôleur général ».

— « C'est vrai », dit-il ; puis se reprenant : « Il avait été », ajouta-t-il, « mandé en France pour les injustices qu'il avait faites à Mascareigne, et on allait lui mettre la corde au cou, mais il a sauvé sa vie en donnant beaucoup d'argent à M. de Fulvy ».

Je répondis : « Même maintenant, toutes les plaintes qu'adressent en France les habitants contre les injustices qu'il fait à ceux de Mascareigne et de Maurice sont repoussées à cause des présents qu'il fait à M. de Fulvy. Et c'est à cela qu'il doit aujourd'hui sa nomination de Commandant ».

— « C'est tout à fait exact », dit Monsieur ; « mais tu ne sais pas ce qui se passe en France, ce que j'ai fait et ce qu'a fait M. de Labourdonnais. Cela n'est rien. Mais comme ce n'est pas connu des gens qui sont dans cette ville ni des grands musulmans du dehors, il faut que tu fasses connaître aux uns et aux autres qu'il n'y a pas de ma faute si l'idée d'aller attaquer Madras est abandonnée ».

— « Il n'est pas besoin de le proclamer », répondis-je ; « au jour de l'arrivée des vaisseaux, la bravoure que vous aviez montrée, votre projet de prendre Madras et la certitude que vous y réussiriez, avaient répandu votre gloire à Arcate, au Maïssour, au nord de Combaconam, jusqu'à Golconde ; et tous la célèbrent par leurs chants ».

— « Qui m'a fait ainsi chanter? » demanda-t-il.

— « On vous chante spontanément », répondis-je.

— « Chante-t-on ces chants dans cette ville ? »

— « Tout le monde les chante ! »

Il sourit et reprit : « Quant à M. de Labourdonnais qui est venu faire baisser la tête aux Français, les Français sont des braves et des vaillants ; il ne fait pas bon de se frotter à eux, et si l'on s'y frotte, ils arrachent les Anglais entièrement, tous, jusqu'à la racine. Pendant que je pensais, moi, qu'on ne saurait réussir à leur faire du mal, qu'ils devraient étendre leur gloire jusqu'à Delhy, ce chien de Labourdonnais est venu y mettre obstacle ! »

Je répondis : « On ne savait pas que, de France, ayant reçu des présents, les Ministres, à ce qu'on dit, font sombrer le nom des Français à l'aide de M. de Labourdonnais ; et, au moment de l'arrivée de l'escadre, la réputation des Français s'étendait à Arcate et dans toute l'Inde, où l'on disait que le Gouverneur actuel (de Pondichéry) s'était mis dans une grande colère ; que les Anglais avaient agi de manière à exciter cette colère ; qu'ils ne conserveraient ni Madras, ni Dèvanâmpatnam, ni Goudelour. Aussi, si on laisse Madras sans le prendre, (la France) sera excessivement peu estimée. Ce n'est pas une chose que votre divinité ne connaisse ».

Je lui parlais avec adresse, ainsi qu'il convenait, à cause de sa colère, afin qu'il pût supporter ce que je disais même sans savoir. Il me répondit :

— « Ce que tu dis est la vérité même, Rangappa ; que puis-je faire ? Je verrai jusqu'où l'on peut voir dans ce que j'ai fait ».

Je dis alors : « On ne peut refuser à M. de Labourdonnais de lui donner une délibération du Conseil ».

— « Je lui ai dit », reprit-il, « qu'on lui donnerait une délibération du Conseil. Alors, il a dit qu'il était malade et qu'il irait quand il serait rétabli. Je lui ai dit : « Si tu es malade, il faut envoyer quelqu'un de convenable à ta place ! »

Il m'a répondu : « Si je n'y vais pas moi-même, c'est impossible ». Mais je n'ai pas renoncé à mon projet et je prendrai Madras d'une manière quelconque ».

— « Si vous ne le faites, cela empêchera votre gloire de s'étendre jusqu'à Delhy ! »

— « C'est vrai ce que tu dis là. Tu devrais faire répandre chez les Tamouls et parmi les Musulmans, adroitement, le bruit de ma résolution, de mon courage et de l'opposition que m'a fait quelques jours M. de Labourdonnais ».

— « Mais déjà tout le monde en parle : je vais faire répandre ces bruits de nouveau ».

— « Cela m'a causé beaucoup de mal. Tu sais comment il faut faire venir des compensations ! Dommages surtout pendant deux ans, commerce nul. Quant aux dépenses, elles sont allées en courant et en augmentant énormément d'un jour à l'autre. Comment arranger tout cela ? Applique-s-y tout ton esprit ! »

— « Vous le verrez dans les affaires que je dirige, moi, votre esclave ».

A ce moment, Mathieu vint rapporter, avec la traduction en français, l'ôle qu'avait reçue, de Méliapour, Sinnatambi-modély. Monsieur la lut, me la montra et dit :

« Comme tu l'as dit, à Madras et à Méliapour, les grands, les Musulmans, les Tamouls, les Blancs, tous se moquent de nous. L'as-tu vu ? Il aurait bien mieux valu que les vaisseaux n'y aillent pas que de revenir sans avoir pris même le seul navire qui était dans la rade de Madras. Il a fait cela pour nous perdre et faire rire de nous. Parce que les Ministres n'ont pas envoyé ce Labourdonnais avec ordre de suivre mes avis, ce chien de Labourdonnais a fait cette plaisanterie pour nous faire baisser la tête. On pourrait prendre Madras en une demi-heure. Il a agi comme un enfant qui s'amuse, sans prendre non seulement Madras, mais pas même le seul vaisseau qui y était, et a fait rire de nous ! »

— « Ainsi que je l'ai dit, il y a vraiment lieu de se moquer.

Si l'on ne prend pas Madras d'une façon quelconque, il est inutile de rester à Pondichéry et l'on ferait bien mieux de retourner en France ».

— « C'est très vrai. Pour la réputation que nous avons dans l'Inde, il vaudrait mieux faire ainsi que de ne pas prendre Madras ». Il s'arrêta alors, puis reprit : « Qu'importe à M. de Labourdonnais que notre réputation aille d'une façon ou d'une autre ! Il n'agit qu'en vue de l'argent. Il fait venir, caisses par caisses, *chittes* de Madras, *guindins* (1), etc., etc. J'y ai mis obstacle ».

Et il parla ainsi, à haute voix, profitant de l'occasion, pendant quatre heures. Je lui répondais comme il convenait à l'état de son esprit, voulant parler conformément à son idée fixe.

Là-dessus, M. d'Espréménil arriva ; Monsieur lui montra la lettre traduite et quand celui-ci l'eut lue, il la remit au Soubédar et l'envoya chez M. de Labourdonnais. Une demi-heure après, M. Paradis arriva, et lui, Monsieur et M. d'Espréménil allèrent chez M. de Labourdonnais.

De plus, des Musulmans, de grands personnages, qui sont arrivés de Madras, racontent que, quand on y vit les huit vaisseaux, Mester Morse, le Gouverneur, envoya sa femme et son argent à Paliacate. Tous ceux qui étaient dans la ville et tous ceux qui se trouvaient aux environs furent effrayés ; tous les blancs avaient les pieds et les mains paralysés. Si à ce moment, cinq cents hommes étaient descendus des navires, le Fort fut tombé entre leurs mains. Les Français se sont perdus pour n'avoir pas profité de l'occasion. Maintenant, les Anglais, faisant appel à leur courage, se tiennent un peu sur leurs gardes et il faudrait l'emporter de haute lutte. C'est ce qu'ont rapporté Açâfçâhib, Aidaçâhib et autres.

Sans raconter cela à Monsieur, je lui dis que Açâfçâhib,

---

(1) Diverses étoffes et toiles du pays.

Aidaçâhib et autres Musulmans avaient dit qu'on prendrait Madras en deux jours et qu'ils avaient ajouté qu'on avait pris un navire anglais et un sloop dans lequel on a trouvé un *lack* de pagodes. Il me répondit : « Il y a en or et en argent cinquante mille piastres, deux petits éléphants et trois chevaux ; quant au reste de la cargaison, ce n'est rien ».

— « Combien cela vaut-il ? » demandai-je.

— « Bah ! » répondit-il, « est-ce de quelque valeur en présence de nos dépenses antérieures ? » et il ajouta : « Le navire pris et ce qu'il contenait seront partagés ainsi : deux parts pour la Compagnie et une part qu'on distribuera aux matelots de guerre ; cette part devra être donnée en proportion des classes ».

Année Akchaya	1746
Mois d'Avani	Septembre
26 — mercredi	7

. . . .

Alors, Monsieur me dit : « M. de Labourdonnais t'a demandé le cheval que tu as ; ne le lui donne pas à bas prix ». Je répondis : « Monsieur, c'est un cheval du pays ; personne ne l'achèterait pour quatre cents roupies ; je le lui ai donné pour six cents »(1). Il reprit : « Il ne faut pas que tu fournisses à M. de Labourdonnais des provisions ». Je répondis : « J'ai reçu déjà de l'argent parce qu'il m'avait dit de m'en procurer et de lui en fournir ». Alors Monsieur dit : « Donne-lui seulement ce que tu t'es procuré (jusqu'à présent) et dorénavant ne lui fournis plus rien ». — « C'est bien », répondis-je, et je m'en fus.

. . . .

(1) Mille et quinze cents francs.

Année Akchaya　　　　　　　　　　1746
Mois d'Avani　　　　　　　　　　Septembre
27 — jeudi　　　　　　　　　　　　8

Aujourd'hui, il n'y a eu rien de remarquable chez Monsieur.

M. de la Villebague a pris la liste des provisions qu'il m'avait dit, le 25 août, de réunir et le reçu de dix mille roupies que je lui avais donné. Il me donna de nouveau dix mille roupies et me fit faire un reçu de vingt mille. Puis il me dit : « La liste ancienne ne vaut rien », et il m'en écrivit une autre.

Année Akchaya　　　　　　　　　　1746
Mois d'Avani　　　　　　　　　　Septembre
28 — vendredi　　　　　　　　　　9

Le très illustre M. Dupleix, Gouverneur, m'a fait venir et m'a donné l'ordre de faire préparer quinze chevaux pour aller faire la guerre à Madras. Puis M. d'Auteuil est venu vingt fois et m'a dit d'en faire préparer vingt. Ensuite M. Cornet est venu me dire que l'ordre de Monsieur était de donner six ou sept grands chaudrons pour faire cuire le *collu* (1) pour les chevaux.

....

Voici le sens de la lettre que Monsieur a reçue aujourd'hui du Nabâb : « Je vous avais dit qu'il fallait ne pas aller attaquer Madras, mais vous y êtes allé ; c'est pourquoi nous ne vous laisserons pas votre Pondichéry. Nous viendrons attaquer la ville de Pondichéry. Vous vous êtes mal conduits ». — « C'est bien », dit Monsieur après avoir lu, et il fit faire à cette insolente lettre une réponse pareille où il disait : « les capitaines de France se conduisent conformément aux ordres qu'ils ont reçus ».

(1) Sorte de lentille, *dolichos uniflorus,* qui sert à l'alimentation des chevaux dans l'Inde.

Année Akchaya   1746
Mois d'Avani   Septembre
29 — samedi   10

Aujourd'hui, conformément à l'ordre qu'on m'a donné de rechercher tous les chevaux qui se trouvent dans les écuries de cette ville, pour aller faire la guerre à Madras, nous avons réuni treize chevaux qui étaient chez des Tamouls et trois qui étaient chez des blancs, et nous les avons conduits aux écuries de M. d'Auteuil.

Aujourd'hui, Monsieur a envoyé une lettre au Nabâb Anaverdikan (1) et une annexe à la lettre écrite à Nizam-el-Moulouk, en ces termes : « Jusqu'à ce jour, les Anglais de Madras nous ont pris sans droit un navire. Parce qu'ils l'ont pris, ainsi qu'un vaisseau allant à Manille qui portait le nom de Mohammed-Sabâr-Châh avec son drapeau et sa cargaison, sans tenir compte du nom qu'il portait ; — comme il y a une immense amitié entre le roi de France et Mohammed-Sabâr-Châh ; — ayant appris que les Anglais avaient pris un navire portant le nom de notre ami et un navire portant le pavillon blanc, le roi de France s'est mis dans une très grande colère contre les Anglais, a ordonné de s'emparer de leur pavillon et de mettre à la place celui de la France ; il nous a envoyé des navires et nous a fait dire de nous emparer de Madras et d'y arborer le drapeau blanc. Nous allons faire ainsi. Vous, agissez comme vous en aurez l'idée ». On écrivit quatre lettres où ces choses étaient expliquées ainsi. On fit une copie pour Nizam-el-Moulouk, une copie pour Imâm-Çâhib, une copie pour Anaverdikan et une copie pour le vâkil Souppaya ; Monsieur ordonna de montrer une autre copie aux Musulmans et une autre encore aux grands personnages parmi les Télingas et les Tamouls. Après avoir fait écrire ainsi des lettres, il fit envoyer à Mazulipatam celles qui devaient être envoyées

(1) Proprement *Anwâr-ud-dîn-khân* (1744-1749).

de là à Nizam-el-Moulouk et Imâm-Çâhib ; celle pour le Nabâb Anaverdikan, il la donna à deux pions qui devaient la porter jusqu'à Arcate ; et il fit dire d'envoyer avec celle-là celle pour le vâkil Souppaya en lui faisant savoir tout ce qui se passait.

Monsieur fit aussi écrire à l'Avaldar (1) de Méliapour et à l'Avaldar de Pûndamalli en leur faisant part de son projet et en les invitant à fournir les provisions nécessaires aux Français qui allaient venir : « Si vous ne le faites pas », disait-il, « les arrivants vous châtieront et s'empareront de vos villes ; si vous fournissez les provisions et les hommes nécessaires, les arrivants vous paieront ». Monsieur remit ces deux lettres à M. d'Esprémenil.

Ce soir, on a embarqué sur les navires, pour aller faire la guerre à Madras, les cipayes de Mahé et les soldats. Monsieur le Gouverneur fit venir les pions de la Compagnie qui étaient dans la ville ; leur dit de mettre, chacun à côté d'eux, leurs commissions ; puis il donna l'ordre de réunir tous les pions qui étaient chez les conseillers, excepté un, Mouttou-Kichenanaïk, le pion du petit Monsieur ; un, le pion d'Anandarangappoullé ; quatre, les pions du comptable Latchoumananaïk ; quatre, les pions de la Douane ; deux, les pions de la Monnaie et quatre, les pions de l'Hôpital. Sur le nombre total, il prit cent pions et leurs chefs Pêraya et Anandappa, et les fit embarquer. Les autres, il les envoya monter la garde sur les remparts.

Année Akchaya	1746
Mois d'Avani	Septembre
30 — dimanche	11

Ce matin, à neuf heures, M. de Labourdonnais qui va faire la guerre à Madras, est venu chez Monsieur pour prendre congé de lui. Dès qu'il fut arrivé, Monsieur et lui restèrent

---

(1) Proprement *Amaldâr* « employé », percepteur et chef de village.

deux heures à causer; puis Monsieur l'accompagna jusqu'au bord de la mer. Quand ils passèrent près de la Douane, on tira vingt et un coups de canon. Quand M. de Labourdonnais fut monté dans la chelingue, on tira encore vingt et un coups de canon. Sur la chelingue où il montait, on arbora un double pavillon. Il alla ainsi à son vaisseau.

M. d'Espréménil, qui doit être Gouverneur de Madras dès qu'on y aura arboré le drapeau blanc (1); M. Paradis, qui doit être son second; puis, M. d'Auteuil et les capitaines qui doivent être les chefs des soldats blancs envoyés d'ici, des topas, des cipayes de Mahé et des pions du Carnatique, se sont embarqués aussi avec leurs gardes et leurs ordonnances. On fit embarquer en outre trente chevaux, y compris ceux de la Compagnie, les munitions qu'on avait préparées depuis deux ans pour attaquer Madras, les munitions préparées pour prendre le Fort, tout sans exception, de sorte qu'on n'ait pas une chose à chercher dans le Nord. En disant qu'on a embarqué des manches à balai, on verra qu'on avait pensé à tout. Après avoir fait ainsi tout embarquer, M. Dupleix s'en revint au Gouvernement.

Monsieur me dit : « Il faut envoyer à Madras ton frère cadet Tiruvêngaden pour y occuper le poste d'interprète et pour parler si, quand les nôtres iront à la guerre, il arrive des hommes du Nabâb Anaverdikan, des Musulmans de ceux qui sont dans les *qaçbahs* aux environs de Madras, des grands personnages musulmans, des cavaliers du Nabâb, le fils de la concubine du Nabâb Mohammed-Ghamal ; si quelqu'un venait de ceux qui sont arrivés avec quarante chevaux après Mohammed-Ghamal qui avait demandé trois cents chevaux de ceux du Nabâb pour venir en aide à celui qui était venu négocier à Madras, le fils de Vallimohammed, quand ceux de Madras avaient mis à l'amende Tiruppâçûr devant Madras ;

(1) Labourdonnais dit que, sur sa demande, Dupleix lui donna un second commissaire, qui était son gendre d'Espréménil, « pour veiller, conjointement avec le premier, aux intérêts de la Compagnie ».

ou si des *avaldars* de Méliapour ou de Pûndamalli viennent parler ». Je répondis : « C'est un ignorant ; il ne connaît pas les affaires de ce genre ; il aura peur quand on se battra ; aussi, moi, j'irais plutôt, envoyez-moi là-bas ». Monsieur reprit : « Ton frère est très intelligent ; il est fort, même comparativement à toi ; il faut envoyer un homme expérimenté. D'ailleurs, je ne peux pas t'y envoyer, car tu viendras avec moi quand j'irai là-bas, et maintenant il faut que tu restes près de moi ». Alors, comme il me parut qu'il se serait fâché si j'avais encore contesté, je consentis en disant : « C'est bien ; mais, pour l'accompagner, qui enverrai-je des employés de la Compagnie? ». A cette demande, il répondit : « Envoie ceux que tu voudras », et il donna les ordres nécessaires. Je dis ainsi à Kichenayen, à Sinnatambichetty, à Rangachetty, de se préparer à l'accompagner et je fis dire à Tiruvengaden de se préparer à partir par la route du bord de la mer.

Aujourd'hui, dès le matin, on a fermé quatre portes ; on n'a laissé ouverte, à l'ouest, que celle de Valdaour. On avait donné l'ordre de ne laisser sortir personne de la ville ; on ne laissait passer que les bœufs. Il n'y avait aucune difficulté pour ceux qui étaient dehors à entrer en ville.

Année Akchaya	1746
Mois d'Avani	Septembre
31 — lundi	12

Aujourd'hui, comme les vaisseaux ne pouvaient partir parce que des gouvernails avaient touché le fond, Monsieur se rendit au bord de la mer et leur envoya deux gouvernails qu'il avait fait faire. Il fit ensuite tirer un coup de canon comme signal pour dire : « Je n'ai plus rien à envoyer d'ici, j'ai tout expédié », et il s'en revint à sa maison.

Aujourd'hui, comme hier, on a tenu fermées toutes les portes, sauf celle de Valdaour, en ne laissant non plus sortir personne, mais on laissait entrer tout le monde.

A huit heures et demie du soir, pour faire dire à Monsieur :
« Nous nous mettons en route pour aller attaquer Madras »,
on a tiré un coup de canon des navires (1). Puis, les sept navires de l'escadre de M. de Labourdonnais, deux navires du pays, ainsi que tous les *donis* et toutes les chaloupes, ont mis à la voile et ont pris leur course.

Année Akchaya	1746
Mois Purattâçi	Septembre
1ᵉʳ — mardi	13

Ce matin, j'ai réuni mon frère Tirouvêngaden et ses auxiliaires Kichnayen, Sinnatambichetty et Rangappachetty, je leur ai adjoint vingt pions et leur ai recommandé de se diriger vers la chauderie de Mortândi et vers Tricajikunam pour aller à Covelong et de là à Madras, par le bord de la mer. Monsieur m'avait donné une lettre pour M. de Labourdonnais et deux autres pour MM. d'Esprémenil et Paradis ; suivant ses ordres j'ai remis ces lettres à mon frère. Monsieur m'avait dit de lui recommander de voir là-bas les marchands et autres personnes notables, de les engager à laisser leurs affaires et abandonner leurs propriétés de Madras pour venir s'établir à Pondichéry, et, s'ils demandaient un engagement par écrit, de le leur donner conformément à un modèle qu'il m'avait remis ; — de lui dire de nous écrire à l'instant même tout ce qui se passerait à Madras et d'écrire tout sur un registre jour par jour ; — de lui dire de communiquer au moment même à M. d'Esprémenil et aux autres ce qu'il apprendrait sur les instructions données par M. de Labourdonnais à son jeune frère qu'il a emmené avec lui ; — de regarder aux choses qui peuvent faire venir la joie à l'esprit de Monsieur. Je lui ai dit tout cela. Puis ayant rappelé Kichenayen et Rangappachetty, je les ai fait partir avec lui à neuf heures.

(1) Le *Journal* dit que l'escadre se mit en route à la nuit fermante ; Labourdonnais qu'il partit, dans la nuit du 12 au 13, avec neuf vaisseaux et deux galiottes à bombes.

Comme il part pour les affaires de la guerre, Dieu sait l'inquiétude que j'ai dans l'esprit! Au moment où il montait en palanquin, j'éternuai : ce signe fut entendu par M. Latouche, l'interprète, qui le dit à Arnassalachetty. Celui-ci, après avoir accompagné mon frère jusqu'à la porte de Valdaour, revint chez moi et me le dit ainsi que d'autres choses. Il me dit : « Ce n'est ni de bon ni de mauvais augure ». Je lui répondis : « Ce n'est pas un départ qu'on voit avec joie, si ce n'est pas un départ qu'on voit avec l'inquiétude dans l'esprit. Aussi cet éternuement est de bon augure; il veut dire : tu reviendras heureusement! » et je renvoyai Arnassalachetty.

Les deux jours précédents, on avait fermé toutes les portes et on empêchait tout le monde de sortir. Aujourd'hui, on les a toutes ouvertes et on laissait aller et venir tout le monde sans aucune difficulté.

Année Akchaya	1746
Mois de Purattâçi	Septembre
2 — mercredi	14

Ce matin, j'allai chez Monsieur. Comme il ne s'était rien passé de particulier, M. le Gouverneur resta à écrire. Je fus alors au magasin d'arec où je restai jusqu'à midi, puis je rentrai chez moi.

Vers cinq heures, Monsieur qui était venu voir la construction qu'on élève auprès de la porte de Valdaour, me fit chercher. Je vins et je le saluai. Il me demanda : « As-tu envoyé ton frère à Madras? » Je lui répondis : « Il est parti hier à neuf heures précises ». Alors Monsieur dit : « J'ai recommandé que ton frère traite par écrit avec les marchands conformément au modèle que j'ai fait. Pour cela, il n'est pas besoin de la signature de M. de Labourdonnais, de M. d'Espréménil, ni des autres. As-tu recommandé à ton frère d'agir suivant son idée, tout en s'entendant avec ces Messieurs? » Je lui répondis : « Je lui ai dit de traiter par écrit, comme vous l'avez ordonné, et, s'il y avait doute, de leur faire un serment ». — « Mais », demanda-t-il, « par cette affaire combien de richesse obtiendra-t-on ? » Je répondis : « Si les choses sont à mon idée, on devra donner pour les Anglais, le Gouverneur, le petit Monsieur, le commerce et les constructions, cinq lacks de pagodes ». — « Mais », reprit Monsieur, « on ne pourra pas en trouver autant; il faut voir à apprécier sans erreur », et, en parlant des dommages qu'il avait éprouvés pendant ces deux années, des frais qu'il avait faits, de la diminution quotidienne de sa fortune et d'autres choses analogues, il ajouta : « Je ferai aller les affaires de Madras selon ton idée; il faut que tu voies comment je pourrai en retirer du profit; écris cela à ton frère; dis-lui de nous écrire à partir d'aujourd'hui tout ce qui se passera et de rester dans les idées qui conviennent à mes projets ». Puis il dit : « Si Madras est pris, je serai bien heureux! » A cela je répondis : « J'ai donné des instructions conformes à vos ordres ». Alors, il me renvoya chez moi et rentra chez lui.

Revenu chez moi, j'écrivis à mon frère de m'envoyer par le courrier le détail journalier de ce qui se passerait; je lui dis de noter jour par jour tout ce qui arriverait et je lui envoyai par le courrier un registre à cet effet. Je lui envoyai aussi deux autres registres pour y copier ses lettres, ainsi qu'un bâton de cire rouge et dix plumes taillées.

Année Akchaya	1746
Mois de Purattâçi	Septembre
3 — jeudi	15

Aujourd'hui, Monsieur me fit venir et me demanda s'il était arrivé une nouvelle quelconque de Madras. Je lui répondis qu'il n'en était pas venu.....

Année Akchaya	1746
Mois de Purattâçi	Septembre
4 — vendredi	16

Aujourd'hui, Monsieur me fit venir et me demanda s'il

était arrivé une nouvelle quelconque de Madras. Je lui répondis que mon frère ne m'avait pas encore écrit. Il me dit alors : « M. Paradis m'a écrit une lettre où il dit : nous avons débarqué avec un millier de soldats, ainsi que les cipayes de Mahé et autres (1), à un endroit près de Tiruvâmour, dont le nom n'est pas écrit, et nous nous sommes rendus à Tiruvâmour. Ils seront aujourd'hui à Méliapour ».

....

Année Akchaya	1746
Mois de Purattâçi	Septembre
5 — samedi	17

Monsieur m'a fait venir et m'a demandé : « Ton frère t'a-t-il envoyé une lettre pour te donner une nouvelle quelconque de Madras ? » Je lui répondis : « Je n'ai rien reçu encore ; la lettre viendra sans doute demain ». Alors Monsieur me dit : « Les nôtres ont débarqué à Méliapour ; M. d'Esprémenil est allé chez l'avaldar et lui a remis la lettre que j'avais écrite pour lui. Il y était dit : nous ne venons pas vous faire la guerre ; nous sommes venus, sans vous faire du mal, pour battre les Anglais qui sont devenus nos ennemis et les vôtres, puisqu'ils ont pris un navire qui portait un de vos noms persans et votre drapeau ; nous sommes venus pour prendre leur citadelle. Lorsque M. d'Esprémenil eut remis cette lettre, à la vue de ces cafres et de ces soldats avec cet appareil de guerre, les gens qui étaient là prirent peur, leurs visages se flétrirent et toutes les têtes s'inclinèrent. Voyant la lettre écrite par moi, la pâleur de la mort vint au visage de l'avaldar. Il y avait écrit : tout cela arrive parce qu'ils ont pris le navire où était votre drapeau persan. L'avaldar dit alors : « Seigneurs, toutes les provisions dont vous aurez besoin,

---

(1) D'après le *Journal*, l'escadre doubla Covelong le 14 et, le même jour, dans l'après-midi, elle mit à terre « 400 soldats et 600 noirs, tant noirs de travail que Pions et Cipayes ». Labourdonnais dit qu'il mit à terre six cents hommes et deux petites pièces de canon.

nous vous les fournirons ». On lui répondit : « Il nous faut des coulis, des chelingues, et beaucoup d'autres choses ; vous allez nous les fournir tout de suite ». Il répondit avec beaucoup d'empressement : « Tout, tout ce dont vous aurez besoin, nous nous le procurerons et nous vous le fournirons ».

Et Monsieur ajouta : « As-tu vu ? Ces chiens de Musulmans n'ont pas la moindre conscience de leur force ; dès qu'ils ont aperçu nos troupes, ils ont eu peur ; aussi, lorsqu'on leur donna cette lettre où était écrite : « Il y a amitié entre vous et nous ; la prise de Madras par nous sera de bon augure pour vous ; nous ne venons point dans vos villes », ils prirent peur et vinrent s'humilier. Si l'on demande : qu'importe le port et le pays pour ces chiens de Musulmans ? on peut répondre que, puisqu'ils ont fait de l'Inde une Perse et qu'ils l'ont soumise à un seul gouvernement, si les affaires publiques ne marchent pas, elles n'iront jamais. L'Inde est partagée en plusieurs morceaux, comme d'autres royaumes, et les pays y sont différents. Même si c'est une Perse, les Européens la prendront très facilement ; ça ne durera pas ».

Voilà ce que dit Monsieur. A cela, je répondis : « Si l'on considère leurs forteresses, leurs armées, leur noblesse ; il sera facile de prendre les forts et les pays des Musulmans du côté de la Kichena, Arcate, Cadapa, Sîrappa, avec un millier de soldats, deux mortiers et cent bombes ». Monsieur me répondit : « Il n'y aura pas besoin de mille soldats ; il suffira de cinq cents avec deux mortiers ».

Année Akchaya	1746
Mois de Purattâçi	Septembre
6 — dimanche	18

Voici les détails donnés par une ôle envoyée aujourd'hui de Méliapour à Tânappamodély par Maduranaïk : « Ceux qui étaient descendus d'abord à Tiruvallitêvi et Telliapingapérumâlcôvil sont partis de là et sont descendus à Singattareipett où ils ont arboré le drapeau blanc. Ayant vu cela, les gens de Madras ont tiré sept coups de canon ; un boulet a envoyé la hampe du drapeau à un demi-*nâjigei*(1) de distance. Comme s'il était pris de folie, le Gouverneur de Madras Morse a été remplacé par le capitaine de Vizagapatam. On a mis des clous dans les lumières des canons qui sont sur les remparts autour de la ville et on a ouvert toutes les portes. On a mis en état de défense seulement la citadelle où sont les blancs. Peu de gens dans la ville ont eu un atome de courage et ont dit : « Nous irons combattre » ; beaucoup ont pris la fuite. M. Barneval est venu parler à M. de Labourdonnais (2) ».

Lorsque Tânappamodély eut lu l'ôle qui donnait ces nouvelles, il vint le dire à Monsieur, et Monsieur fit des plaisanteries et des railleries en les répétant aux Conseillers présents et aux autres personnes qui étaient là, en leur expliquant au fur et à mesure les nouvelles que contenait l'ôle : que le Gouverneur Morse était devenu fou, qu'on avait nommé Gouverneur à sa place le capitaine de Vizagapatam, que les nôtres sont arrivés à Sindâtripett, etc.

Puis, m'ayant fait venir, il me dit tout ce que je viens d'écrire et ajouta : « Voilà ! voilà comment vont nos affaires ! » A cela, je répondis : « Il n'y a pas à s'étonner beaucoup ; il suffit que vous alliez jusqu'à Oulgaret pour que Madras tremble et chancelle ».......

De plus, à midi, il est arrivé, en douze jours, une lettre des brames de Mahé. Il y était écrit que les sept navires qui sont partis de France cette année sont arrivés à Mahé et en sont repartis pour ici. A cette nouvelle, la joie de Monsieur fut infinie.....

---

(1) Skr. *Naḍikâ*, heure de 24 minutes, 60ᵉ partie du jour; par extension longueur de route qu'on peut parcourir en une heure indienne, soit environ deux kilomètres. Sept *nâjigei* font un *kâdam* ou lieue, longueur qu'on parcourt en une veille, *çâmam* (Skr. *yâma*), de trois heures.

(2) Labourdonnais dit que M. Barneval vint au camp le 15 au soir demander, de la part du gouverneur de Madras, la permission de laisser sortir les femmes de la ville. Labourdonnais ne l'accorda que pour Mme Morse et Mme Barneval qui d'ailleurs « ne jugèrent pas à propos d'en profiter ».

Année Akchaya	1746
Mois de Purattâçi	Septembre
7 — lundi	19

....

Comme j'allai chez Monsieur, Tânappamodély me dit : « On a apporté une lettre du Nabâb. Voici ce qui est dit dans cette lettre : « Naguère les Anglais ont voulu aller attaquer Pondichéry; nous y avons mis empêchement en disant qu'il ne fallait pas le faire. Je vous ai dit qu'il ne fallait pas maintenant que vous alliez, vous, faire la guerre aux Anglais et vous y êtes allés ! C'est très surprenant. Parmi les négociants de Mazulipatam, il y a des Gudjarates, des Patans et des gens d'autres castes analogues : il n'est pas juste de leur faire subir des vexations. Il est surprenant que vous ayez agi ainsi sans rien demander. Dorénavant, il ne faut plus agir ainsi ». En écoutant cela, Monsieur tournait sa langue; il a fait écrire une réponse du même style : « Il n'y a pas eu de dommage causé aux marchands de Mazulipatam. On corrigera, conformément aux ordres de France, nos capitaines qui auraient agi inconsidérément ». Monsieur a dit d'écrire ainsi et d'envoyer la lettre; nous l'avons écrite et envoyée ». C'est ce que me dit Tânappamodély.

Alors, Monsieur m'envoya chercher et me dit : « Hier soir, est arrivée une lettre de M. de Labourdonnais. Les nôtres sont descendus dans le jardin du Gouverneur de Madras (1). Les Anglais ont tiré seulement vingt ou trente coups de canon qui ont passé par-dessus les nôtres. Si M. Morse tombe malade, ils mettront sans doute à sa place un capitaine de navire, car il n'y a pas un des conseillers qui puisse faire

---

(1) C'est, en effet, dans ce jardin que fut établie la première batterie de siège; les Anglais n'osèrent pas tirer dessus de peur de démolir la maison « belle et magnifiquement meublée ». Toutes les *villas* des Anglais furent pillées par les assiégeants et « les caves » donnèrent « de grandes inquiétudes » aux chefs tant les soldats firent « un usage immodéré » du vin et des liqueurs qu'ils y trouvèrent en abondance.

l'office du Gouverneur. C'est ainsi que les Français sont venus faire baisser la tête aux Anglais qui se montrent bien faibles d'esprit ! »

....

Année Akchaya	1746
Mois de Purattâçi	Septembre
9 — mercredi	20

Aujourd'hui, à neuf heures du matin, sont arrivées des lettres de Madras par le courrier. Si on demande pour qui étaient ces lettres, c'était pour Monsieur et pour les Conseillers. De plus, mon frère m'a écrit ce qui suit :
(Le registre original est resté en blanc.)

Année Akchaya	1746
Mois de Purattâçi	Septembre
10 — jeudi	22

Aujourd'hui, après midi sonné, à trois heures, est venu de Madras par un courrier un papier pour M. le Gouverneur. A ce moment Monsieur était sorti et était allé au bord de la mer en palanquin ; un pion fut lui porter ce papier. Dès qu'il eut pris ce papier et qu'il l'eut regardé, il devint très joyeux et entra dans la douane. Comme il n'y avait là que Râmachandrarâyen, il l'appela et lui dit : « Voici que hier, à Madras, on a pris le Fort et on y a arboré le drapeau blanc », et il lui donna l'ordre de faire tirer le canon.

Comme c'était le moment où les blancs, les employés, les maîtres des canons et tous les autres sont partis chacun chez eux pour prendre leur repas ; comme par conséquent il n'y avait là personne que les sentinelles, les quelques blancs qui s'y trouvaient tirèrent vingt et un coups de canon. Cependant Monsieur fit envoyer des pions aux maisons de chacun des conseillers et des autres grands Messieurs pour leur annoncer la nouvelle et leur dire de venir ; il envoya aussi prévenir chez nous par un pion. Et aussitôt tous les Messieurs de qua-

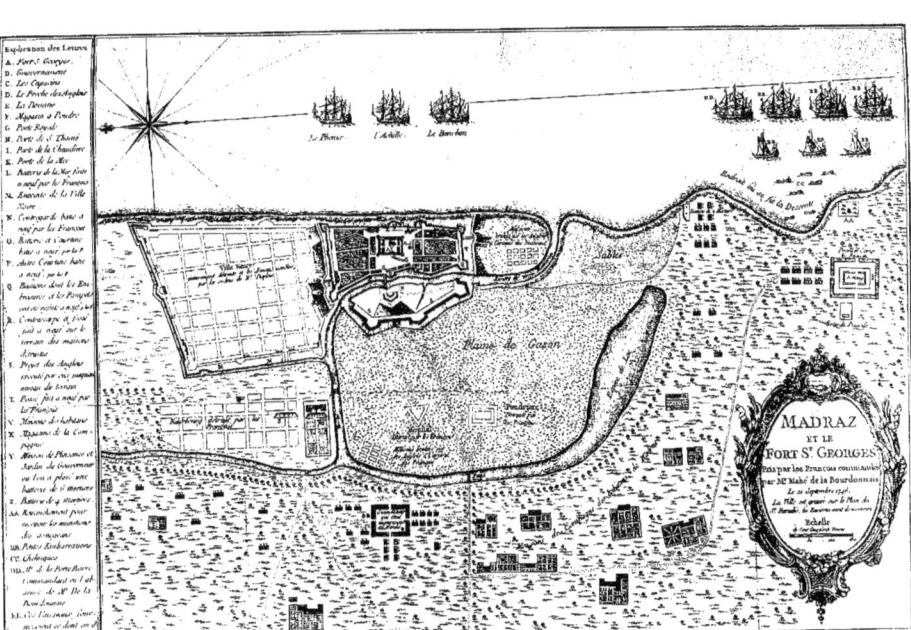

lité vinrent. Je vins aussi ayant pris..... J'obtins audience, et comme je lui faisais mon compliment, je n'étais pas à la moitié qu'il se mit à dire avec une grande explosion de joie : « Hier, mercredi 9 (1), à midi, on a hissé sur le fort de Madras le pavillon blanc; on a fait prisonniers les employés de la Compagnie et tous les autres Messieurs à commencer par le Gouverneur et son second ; tous les nôtres sont devenus les maîtres du Fort de Madras », puis, pendant que je lui faisais quelque petite réponse, ne pouvant contenir l'excès de sa joie, il alla dans le Fort avec les messieurs de qualité et s'assit à l'église pour entendre l'office (2).

Cependant, une rangée de canons tirait; la cloche du Fort, celles de l'église des Capucins, celles de l'église Saint-Paul, celles de l'église qui est en face de chez nous (3), sonnèrent toutes à la fois. Dès qu'il eut entendu l'office, Monsieur se mit debout, ôta son chapeau, le prit dans sa main, et cria : « Vive le roi ! » Là-dessus, les blancs qui étaient dans l'église et ceux qui étaient au dehors dans le Fort crièrent tous à la fois. Dans ce bruit joyeux, il sembla que le Fort et les magasins se soulevaient. Puis, une fois l'office entendu, une rangée de canons tira vingt et un coups. Alors, Monsieur sortit, revint chez lui, et pendant qu'il disait le nom de M. de Labourdonnais, tous burent du vin (4) et dansèrent de joie.

Cependant, dans le reste de la ville, les employés de la Compagnie, les blancs, les tamouls, les chettys, les négociants et tous les autres habitants vinrent demander audience pour lui faire chacun leur compliment. Dans cette réunion, ayant appelé Râmatchandrâyen, il lui donna un ordre pour dix

(1) Le 9 du mois indien. C'est, en effet, le 21 septembre, à deux heures après midi, que Labourdonnais prit possession du Fort Saint-Georges. A Karikal, on paraît n'avoir su la nouvelle que le 25 ; on y chanta un *Te Deum* et on tira le canon.
(2) Un *Te Deum* évidemment.
(3) L'église des Missionnaires.
(4) Dupleix fit servir du vin et des liqueurs et but à la santé de Labourdonnais ; il porta un *toast*, comme on dirait aujourd'hui.

bars (1) de sucre et lui prescrivit de les faire distribuer dans les maisons de tous ceux de la ville. Là-dessus, s'adressant à moi, il me donna l'ordre de faire décorer toute la ville et de faire mettre des lumières à toutes les maisons ; aussitôt, appelant le Naïnard (2), nous lui transmîmes l'ordre, en lui disant de faire mettre des lumières dans toute la ville.

Là-dessus, me regardant : « Et à toi, que te faut-il ? Demande et nous t'accorderons tout de bon cœur ». Alors je dis : « Il faudrait mettre en liberté les débiteurs, les batailleurs et toutes les autres personnes qui sont en prison » ; et à l'instant il dit de les mettre en liberté et de les renvoyer. Puis, comme il était arrivé à mon oreille qu'il se répandait le bruit parmi les pauvres et les misérables, de rue en rue et de coin en coin, que l'injustice régnait dans cette ville de la justice uniquement sur un point, que jusqu'aux petits enfants de la ville, beaucoup de gens insultaient et injuriaient toujours avec raison Vâçudêvapaṇḍita, en disant : « ce *tchaṇḍâla* (3), ce traître a réduit les portions et ne donne plus que sept feuilles de bétel et même cinq pour une cache et dix onces de tabac pour un fanon, au lieu que de tout temps on vendait neuf feuilles de bétel pour une cache et douze onces de tabac pour un fanon (4) », je pensai : « Il ne faut pas que cette infortune dure dans la ville », et regardant M. le Gouverneur, je lui demandai de donner l'ordre qu'on vendît comme de tout temps le bétel et le tabac. Au moment même, il fit appeler Vâçudêvapaṇḍita et lui intima l'ordre qu'à partir de ce jour on vendît, suivant l'ancienne coutume, neuf feuilles de

---

(1) Cinq mille livres.
(2) Chef de la police indienne.
(3) On sait que les *tchandâlas* (proprement « fils d'un Sûdra et d'une Brahmine ») sont regardés comme hors de castes, comme les plus vils et les derniers des hommes.
(4) On a encore l'habitude, dans tout le sud de l'Inde, d'évaluer le prix des objets de consommation par la quantité de ces objets que l'on reçoit pour une somme donnée. On avait à Karikal, en 1861, huit mesures de riz pour un fanon (30 cent.) ; on n'en a plus guère aujourd'hui que la moitié pour le même prix.

bétel pour une cache et douze onces et demie de tabac pour un fanon. Là-dessus, je dis encore : « Il faudrait, Monsieur, donner un emploi à Souprayen ; il y a beaucoup de jours qu'il souffre », et aussitôt Monsieur lui donna un emploi dans les magasins du Fort, comme de tout temps. Là-dessus je dis encore : « Il faudrait, Monsieur, donner un emploi à Tirouvengadappoullé, de Karikal », et de même il ordonna qu'on envoyât dire à Karikal de lui donner un emploi.

Après cela, les marchands de la Compagnie et les Mahânâṭṭârs (1), réunis en foule, vinrent lui demander audience et lui firent leur compliment pour la prise de Madras. Puis, ils lui demandèrent la permission de construire le mur de la pagode de *Védaburiçvara* (2). A cela, Monsieur demeura quelque temps à réfléchir, et dit : « Nous en parlerons plus tard ». Mais eux : « Il faudrait accorder cette permission, sinon comme ceci, du moins d'une manière quelconque ; vous avez donné des ordres de façon à faire abonder la joie dans les esprits en prescrivant diverses choses de nature à réjouir tout le monde ; aussi tous les gens de la ville comblent d'éloges votre divinité. Si, à ce moment, vous donnez seulement l'autorisation de construire ce mur, votre gloire s'étendra très loin », puis ils dirent d'autres paroles de sollicitation et de flatterie. Quand il les eut écoutés : « C'est bien, nous accordons l'autorisation », dit-il, et marchant, il les quitta pour entrer dans le bureau, où l'on écrit les comptes. Alors, les Mahânâṭṭârs et les marchands sortirent et s'en allèrent.

Là-dessus, tous les Messieurs se réunirent, se mirent à manger en cérémonie et demeurèrent avec beaucoup de joie.

---

(1) Les chefs de caste, proprement « les grands indigènes ».
(2) Une des formes ou manifestations de Çiva. La pagode fut démolie en 1748, dès les premiers jours du siège de Pondichéry par les Anglais, à l'instigation de M. Paradis, de Mᵐᵉ Dupleix et des Jésuites.

Année Akchaya 1746
Mois de Purattaçi Septembre
11 — vendredi 23

A sept heures du matin, M. le Gouverneur fut au Fort, fit mettre les hommes en rangs ; on arbora le drapeau et on tira trois feux de file. Puis les canons qui sont dans le Fort, ceux du bord de la mer et ceux des remparts qui entourent la ville, tirèrent tous ; ce jour entier fut un jour de fête. Puis, on vint chez lui, et à huit heures on déjeuna ; après quoi, on joua avec beaucoup de contentement. Le soir, toute la ville fut illuminée.

Année Akchaya 1746
Mois de Purattâçi Septembre
12 — samedi 24

A quatre heures de l'après-midi, M. Dulaurens s'est embarqué sur un navire pour aller à Madras faire la vérification des comptes. Pendant qu'il s'embarquait, on tira onze coups de canon dans le Fort et sept sur le navire. Si l'on demande pourquoi il y va, c'est que ce matin, à onze heures, le Conseil s'est réuni ; si l'on demande de quoi le Conseil s'est occupé, c'est que ce matin, à sept heures, nous sommes allés chez M. le Gouverneur. Dès que je fus arrivé, Monsieur me dit : « Nous avons reçu une lettre de Madras ; on y dit qu'à Madras même on ne sait point en détail les affaires de la Ville. As-tu là, près de toi, quelqu'un qui soit prêt à y aller ? » — « J'ai quelqu'un », répondis-je, et alors Monsieur reprit : « Il faut tout de suite le faire partir. Il faut que ce soit quelqu'un d'intelligent qui puisse faire savoir à M. d'Espréménil et à nos autres Messieurs ainsi qu'à ton frère, tout ce qui se passe dans la ville : un tel a de l'argent, un tel est homme d'affaires, quelle est la capacité ou quelle est la fortune d'un tel ou d'un tel, un tel est habile, quel commerce fait un tel, un tel est arrivé, un tel n'est pas arrivé et ainsi de suite ». A cela je répondis : « Il y a ici en ce moment un homme très intelligent, de ma famille, nommé Tandavarâyapoullé. Il sait tout. Je vais le faire partir ». — « Mais il faut qu'il parte vite, qu'il se mette en route tout de suite ! » — « C'est bien », dis-je et je sortis.

Monsieur donna l'ordre d'expédier à Madras, sur un navire, M. Dulaurens pour vérifier et arranger les comptes; M. Barthélemy pour le conseiller; M. Joannis, gendre de M. Elias, pour diriger les employés d'administration; M. Delarche, autre gendre de M. Elias, pour ce qui regarde les Persans ; et M. Bruel, le gendre de M. d'Auteuil, pour ce qui regarde les Anglais. On devait mettre à la voile à cinq heures.

Aussitôt, j'allai chez M. Dulaurens, je le vis et lui dis : « Puisque vous allez à Madras, mon frère est là. Il a été heureux jusqu'ici, et comme il n'a jamais éprouvé de malheur, veuillez avoir quelque faveur pour lui. Si par hasard il marchait de travers ou s'il allait trop vite, veuillez lui pardonner, le lui dire et lui faire comprendre la manière de bien marcher ». A cela, M. Dulaurens répondit : « Rangappa ! as-tu besoin de venir m'en dire tant? est-ce que je ne sais pas tout cela? pensons-nous différemment toi et moi? Ne t'inquiète donc pas ainsi. Dès que j'arriverai là-bas, je verrai ton frère, je lui parlerai et lui dirai de t'écrire ce qu'il conviendra de faire là-bas ». Après ces bonnes paroles, il partit. Avant de partir, il remit le service de la caisse à M. Miran.

Quant à moi, je revins à la maison et je fis préparer la départ de Tandavarâyen. Je lui donnai pour mon frère une lettre où j'expliquai tout. Tout fut prêt en une heure...

Le soir encore, dans toute la ville, on fit la fête et on mit des lumières à toutes les maisons.

Année Akchaya	1746
Mois de Purattâçi	Septembre
12 — dimanche	25

L'affaire d'aujourd'hui, c'est qu'après le lever du soleil, vers sept heures, je fus chez M. le Gouverneur. Je le vis et voici ce qu'il me dit : « Ton frère ne marche pas à Madras conformément aux ordres que j'ai envoyés ; il n'en fait qu'à sa tête. S'il en fait ainsi, je n'ai pas besoin de lui là-bas ; écris-lui de revenir » et, là-dessus, Monsieur s'en alla. Tout en sortant de la chambre, je réfléchissais quelle pouvait être la raison de ces paroles de Monsieur. Je fis venir Gôbâlasâmi et je lui en demandai la cause. Il consulta le soleil astrologiquement et me dit : « Ça n'ira pas plus loin qu'aujourd'hui ».

Cependant, voulant savoir comment mon frère avait conduit son affaire, je revins chez Monsieur et lui dit : « Il n'est pas convenable que mon frère ait agi contrairement à vos ordres ; comment les gens qui sont là-bas vous l'ont-il écrit ? je l'ignore et voudrais bien le savoir ». Alors, Monsieur tira une lettre que lui avait envoyée M. d'Espréménil et me la lut. Voici ce qui y était dit : « Le frère de Rangappoullé ne vient me faire aucun rapport. Lui et M. de Labourdonnais ne font plus qu'un et je ne connais plus même une seule affaire ». Après avoir lu cela et me l'avoir montré, Monsieur me dit : « Il ne faut plus que ton frère reste là-bas ; écris-lui de revenir immédiatement ici ». Je répondis : « Il n'est pas convenable que mon frère ait agi ainsi ; je vais lui écrire à l'instant comme il faut. Mais s'il revient maintenant, ce sera une grande honte ! » Monsieur me dit alors : « Mais écris-lui qu'il y a quelque affaire dans ta famille et fais le revenir sous ce prétexte » et, se levant, il s'en alla.

Ayant appris ainsi ce qu'avait écrit M. d'Espréménil sur la conduite pas bonne tenue par mon frère, je me dis : « J'aviserai quand je serai dehors ». Une fois sorti, je fis encore venir Gôbâlasâmi, j'allai dans le magasin d'arec et j'écrivis à mon frère, sur du papier, ce que m'avait dit Monsieur.

Pendant que j'écrivais, à neuf heures, M. Paradis arriva de Madras et vint chez Monsieur, en passant par le magasin d'arec. Dès que je le vis passer, j'allai à la porte et lui fis de grands compliments. Il me répondit avec beaucoup de satisfaction et entra chez Monsieur. Après cela, nous restâmes, Gôbâlasâmi et moi, à causer pendant une heure ; puis nous nous dîmes : « M. Paradis est venu ; il faudrait savoir ce qui se passe chez Monsieur », et nous y allâmes. Le Conseil était réuni avec Monsieur et M. Paradis et la délibération dura jusqu'à onze heures. Alors M. Paradis s'en retourna chez lui.

Tout de suite je sortis et allai le voir. Je lui dis : « Auparavant, vous étiez à Karikal, et, battant ceux de Tanjaour, vous avez remporté la victoire ; mais maintenant en un jour vous avez pris Madras ! Votre vaillance, votre bravoure et votre courage sont tels qu'il n'y a personne comme vous en ce monde ! » et je lui adressai beaucoup de louanges. A cela voici ce qu'il répondit : « Rangappa ! partout où je vais, il y a la victoire ; l'as-tu vu ? Mais ton frère est très capable. Quand nous sommes allés là-bas, il nous a procuré tout ce que nous lui avons demandé ; nous lui disions : il nous faut ceci dans telle ville, et il l'y faisait arriver avec beaucoup de fatigue ; et ces choses-là, il nous les donnait en se les procurant dans les autres villes. Il a été très prudent. Il n'y a personne plus capable que lui. Ton frère est très habile », et il parlait ainsi de mon frère avec beaucoup de satisfaction. Alors je lui dis : « Vous en parlez avec satisfaction, mais M. d'Espréménil a fait écrire à Monsieur du mal sur mon frère et Monsieur m'a fait venir ce matin et m'a ordonné d'écrire à mon frère de revenir ». M. Paradis me répondit : « Qu'est-ce que c'est que cela ? Je parlerai à Monsieur. Y a-t-il quelqu'un plus habile que ton frère ? M. de Labourdonnais envoie chercher ton frère et lui parle mille fois par heure ; M. d'Espréménil ne l'envoie pas chercher et ne lui parle pas. M. d'Esprémenil a écrit par jalousie de ce que ton frère parle trop à M. de Labourdonnais. Mais, quoi! je parlerai à Monsieur et j'écrirai à M. d'Esprémenil. En attendant, toi, écris à ton frère de ne pas aller chez M. de Labourdonnais, de rester à la disposition de M. d'Esprémenil et de lui rapporter toutes les nouvelles; si M. de Labourdonnais l'envoie chercher, qu'il le dise à M. d'Esprémenil, qu'il n'aille chez M. de Labourdonnais que conformément aux instructions de M. d'Esprémenil et qu'il rende compte à celui-ci de tout ce qui se sera passé chez M. de Labourdonnais, enfin qu'il reste aux ordres de M. d'Esprémenil », puis il me parla d'autre chose et me renvoya.

A midi, je revins chez moi; j'écrivis une nouvelle lettre à mon frère pour communiquer ce que m'avait dit M. Paradis; ensuite, je me baignai, je mangeai et je fis la sieste. Je me réveillai à cinq heures et j'allai au magasin d'indigo....

A sept heures, je revins chez moi. Comme je me promenais devant ma porte, Ajagapoullé-Arnassalachetty arriva. Si on demande ce qu'il me raconta, le voici : « M. le Gouverneur, les Conseillers et M. Paradis ont tenu une séance pendant huit heures, sans même se lever pour dîner. A quatre heures, il est arrivé une lettre de Madras; on ne sait ce qu'elle contient. En outre, comme M. de Labourdonnais, vers la fin du mois d'Ani (1), en venant à Pondichéry avec neuf navires, avait rencontré les Anglais au sud de Négapatam; pendant qu'il leur livrait bataille il avait fait partir pour le Bengale, à l'insu des Anglais, un navire de guerre (2); en route, ce navire avait rencontré un bâtiment que les Anglais expédiaient de Madras, l'avait pris, s'était emparé de ce qu'il portait : un lack de roupies, quelques perles, des pierres précieuses, etc., — et avait continué sa route. En entrant dans le Gange, ce navire a coulé: sur les six cents hommes qui le montaient trente à quarante se sont sauvés à la nage;

(1) Juin-juillet.
(2) *L'Insulaire.*

tous les autres, y compris le capitaine M. de la Baume, se sont noyés dans le Gange. C'est pour cela que M. le Gouverneur a réuni le Conseil et c'est de cela qu'ils se sont occupés ». Voilà ce que m'a raconté Ajagapoullé-Arnassalachetty.

Année Akchaya	1746
Mois de Purattâçi	Septembre
14 — lundi	26

Ce matin, à huit heures, nous allâmes à la maison de M. Paradis. Là, si on demande ce que me dit M. Paradis, le voici : « Hier soir même, j'ai écrit une lettre détaillée à M. d'Espréménil, mais je n'ai pas eu le temps de parler à Monsieur de ton frère ; je lui en parlerai de toute façon aujourd'hui ». — « C'est bien », lui dis-je. Ayant pris congé de lui, nous vînmes, vers huit heures, au magasin d'arec. Dès que j'arrivai là, on vint me dire : « La poste a apporté une lettre de ton frère », et on me la remit.

Si l'on demande ce qu'il y avait d'écrit dans cette lettre, le voici : les affaires de là-bas n'ont pas laissé à mon frère le temps de respirer ; le travail ne lui a permis ni de dormir ni de manger ; aussi a-t-il fallu s'occuper du principal et le temps a manqué pour écrire à Pondichéry ; les employés ne venant pas pour faire le travail, on éprouve beaucoup d'ennuis ; et il ajoute : « je suis indisposé ».

Après avoir lu cette lettre nous allâmes chez Monsieur. Il nous demanda : « Quelles nouvelles as-tu de ton frère ? » Nous lui répondîmes : « Il n'a point failli à vos ordres ! » — « C'est vrai, mais M. de Labourdonnais le fait venir et lui parle trop souvent. Je connais son habileté, mais il faut que tu écrives à l'instant à ton frère : si M. de Labourdonnais le fait appeler, il devra rapporter à M. d'Espréménil ce qui se sera passé chez M. de Labourdonnais ; il devra aussi dire à M. d'Espréménil ce qui se passe en ville. Écris cela à ton frère », et il nous parla avec satisfaction. Ayant pris congé de lui, nous revînmes au magasin d'arec, et là nous écrivîmes à notre frère, sur du papier, ce que nous avait dit Monsieur, lui disant qu'il verrait les affaires conformément à la disposition de son esprit. Nous cachetâmes la lettre et l'envoyâmes à la poste et nous revînmes chez nous pour une heure.

Aussitôt, Kôtteiçuppaya, qui m'avait fait dire qu'il partait pour Madras, arriva et je lui remis pour mon frère une lettre où je répétais ce que j'avais déjà écrit.

Ce même jour, à dix heures, M. de Labourdonnais a envoyé à Monsieur une lettre que lui avait adressée Mafouzkhan (1). Voici ce qu'il y a dans cette lettre : « Il ne faut pas que vous restiez à Madras. Remontez sur vos navires et allez-vous en. Si non, nous viendrons avec notre armée. Envoyez-nous une personne intelligente parmi vos hommes », et ainsi de suite. Ayant vu cela, Monsieur fit écrire en persan, au nom de M. de Labourdonnais (2), une réponse ainsi conçue : « Avant de nous renvoyer, vous savez que les Anglais ont pris nos navires et vous savez toutes les affaires qu'ils nous ont dites sur ces rivages. Vous leur avez écrit à ce sujet et ils n'ont eu aucun égard à vos lettres. Nous, pour recouvrer nos dépenses, nous avons pris leur ville, nous les embarquerons sur les navires et nous avons déployé notre pavillon à la place du leur. Si, puisqu'il en est ainsi, vous nous dites de nous réembarquer, l'habitude de notre caste est de nous conformer aux ordres de notre Roi et il ne nous est pas permis d'agir autrement, quoi que ce soit que qui que ce soit nous dise. Vous nous demandez de vous envoyer quelqu'un pour traiter de notre départ; nous n'avons personne. Vous dites que vous allez venir bientôt : venez », et ainsi de suite. La lettre écrite en persan fut envoyée.

....

(1) Mâfûzkhân, fils aîné d'Anwârud-dîn-Khân, auquel il ne succéda pas.
(2) Labourdonnais avait répondu lui-même à Mafouzkhan une lettre à peu près conforme à celle qu'envoya Dupleix.

Aujourd'hui, étant souffrant, Monsieur est resté jusqu'à midi en vêtements longs. Il a fait écrire, à l'occasion de la prise de Madras, des lettres de compliments au Nabâb d'Arcate, à Huçain-Çâhib, etc.; il a fait envoyé au mounchî (1) Gulâb-Singh vingt bouteilles de vin et cent roupies..............

Année Akchaya	1746
Mois de Purattâçi	Septembre
15 — mardi	27

Aujourd'hui, M. le Gouverneur n'allait pas mieux et il ne s'était pas habillé. Aussi je ne suis pas allé chez lui. Mais il m'envoya chercher. Il venait de s'habiller et causait avec l'ingénieur au sujet de la maison à construire pour Chandâ-Çâhib. On voyait bien qu'il avait mal à la tête.

Année Akchaya	1746
Moi de Purattâçi	Septembre
17 — jeudi	29

. . . .

A quatre heures de l'après-midi, M. Bruyères, capitaine de navire, est arrivé de Madras sur le bâtiment appelé *la Marie-Gertrude*. Lorsqu'il mouilla en rade, il tira de ce navire sept coups de canon; puis il descendit à terre; on ne débarqua pas les affaires qu'il avait à bord. A cinq heures, un navire hollandais arriva de Négapatam; en entrant dans la rade, il tira neuf coups de canon. Ce navire apporte du riz, du poivre et des lettres de Karikal.

Quant aux lettres arrivées par la poste ou apportées par M. Bruyères, Monsieur les lut et voici ce qu'elles disaient : « M. de Labourdonnais ne marche pas du tout selon les ordres de M. le Gouverneur. Il ne répond pas aux lettres que Monsieur lui envoie; il se conduit tout à fait à sa fantaisie. Si M. d'Espréménil, M. Dulaurens et M. Barthélemy lui disent :

---

(1) *Munchî*, employé, secrétaire.

« Pourquoi agissez-vous ainsi » ? il leur répond : « Qu'avez-vous à m'interroger ? ce n'est pas votre affaire ! Nous suivons les instructions de la Compagnie ; bornez-vous à faire les comptes ! » et il fait embarquer sur les navires le cuivre, les étoffes, les toiles, l'argent, les meubles, les gros canons et autres choses, qui sont dans le Fort et dans la ville. M. de Labourdonnais a résolu de rendre aux Anglais le Fort de Madras, les petits canons, un peu de poudre et des boulets ; de prendre, pour le prix de tout cela, un billet de onze lacks de pagodes (1) payable dans deux ans ; et, après avoir remis le Fort sous l'obéissance des Anglais, de repartir pour Mascareigne. MM. d'Espréménil, Dulaurens et Barthélemy ont beau lui représenter de mille façons qu'il n'est pas juste de faire ainsi, il ne les écoute point. Aussi ces Messieurs, fâchés, sont partis et se sont retirés à Méliapour d'où ils écrivent (2) ».

Voyant cela, Monsieur éprouve beaucoup d'ennui. Cependant est arrivée une lettre de M. de Labourdonnais à Monsieur, et voici ce qu'il lui écrit : « Je suis convenu avec les Anglais que nous enlèverons de Madras l'argent de la Compagnie, les étoffes, les toiles, etc. ; que, sur les fonds destinés au traitement des employés, nous leur donnerons la moitié et nous prendrons le reste ; que nous prendrons aussi la moitié des armes et munitions qui sont dans le Fort, poudre, boulets, canons, lances, piques, fusils, etc. ; que nous en remettrons aux Anglais l'autre moitié ; que nous leur remettrons aussi le Fort et qu'ils nous feront un billet de onze lacks de pagodes payable en deux ans, s'engageant en outre à ne plus faire la guerre aux Français ». Quand il lut cela, Monsieur prit une telle colère et une telle mauvaise humeur qu'on ne finirait pas de l'écrire. Voilà l'affaire d'aujourd'hui.

---

(1) Onze cent mille pagodes, soit environ neuf millions et demi de francs.
(2) Labourdonnais dit que MM. d'Espréménil et Bonneau abandonnèrent le commissariat dont ils étaient chargés.

Année Akchaya	1746
Mois de Purattâçi	Septembre
18 — Vendredi	30

Aujourd'hui, à sept heures du matin, je suis allé au magasin d'arec. Monsieur le Gouverneur, ayant écrit une lettre à Madras, me remit son cachet à la main, me recommanda de prendre des pions, d'aller à la poste, d'y faire cacheter ses lettres et de les expédier.

A huit heures, chez le petit Monsieur, se réunirent les conseillers, les comptables, les capitaines de terre et de mer, les pères, les sous-marchands, les détaillants, en un mot tous les blancs sans en excepter aucun, et voici ce que Monsieur leur exposa :

« A Madras, M. de Labourdonnais, manquant aux ordres de Monsieur et à la justice, rend la place aux Anglais et se conduit de travers. D'abord, il disait qu'il ne fallait pas faire la guerre dans l'Inde même aux Anglais qui, manquant évidemment à la justice, avaient pris sur l'eau beaucoup de navires. M. de Labourdonnais est arrivé à Pondichéry et dans les autres ports et a agi tout à fait isolément. Par cette conduite et aussi par les agissements des Anglais auprès de tous les gens de l'Inde depuis Arcate jusqu'au Nizam, ainsi que par leurs lettres où ils demandent : qu'est-ce que la vertu des Français ? les gens disent que les Anglais sont très puissants et que les Français ne sont pas de force. Ce M. de Labourdonnais, qui était parti de Mascareigne avec neuf navires, avec beaucoup de monde et tous les approvisionnements nécessaires, arrivant ici après beaucoup d'efforts et après avoir souffert beaucoup de peines, ne voulut pas combattre avec six navires anglais qui étaient venus d'Europe et qui s'étaient affaiblis et s'en emparer, et, s'échappant, il vint à Pondichéry.

« Dans cette situation, quant à Monsieur, comme depuis deux ans les Anglais prenaient les navires que l'on expédiait çà et là, comme il n'arrivait aucun navire de France, qu'il n'y avait plus d'argent à la Compagnie dans le Fort, que les agents qui se trouvaient aux quatre points cardinaux étaient isolés, les Anglais, manquant à toute justice, s'étaient emparés des affaires des Français. Ceux-ci n'avaient pas de force ; on ne pouvait pas leur donner confiance ; il n'y avait personne qui pût leur prêter même une cache. A cette époque désespérée de Pondichéry, Monsieur, comme il était le fils d'un maharajah de France, comme il avait beaucoup de courage et de talent, comme il avait l'esprit incapable de trouble, comme il importait de triompher à la fois et de cette situation effrayante et des Anglais ; Monsieur résolut de ne pas fléchir devant le mauvais sort et, sacrifiant, sa propre fortune, fit réparer et mettre en état les remparts du Fort, réunit, sans en laisser rien voir, beaucoup de pions musulmans et autres et leur procura des armes et des munitions, rassembla des provisions sans le dire à personne et donna, en les empêchant d'être troublés, la vie à tous les habitants de la ville. Pendant ce temps, Karikal se trouva menacé par une attaque des gens de Tanjaour ; alors, il les réduisit en poussière, empêcha Karikal d'être pris et le rendit plus fort, faisant dire à tous que, devant le nom des Français, les ennemis étaient confondus. Le concurrent du Nizam descendit à Trichenapalli avec soixante-dix mille chevaux, au moment où, pour défaut de justice, le Nizam avait envoyé le général en chef ; Monsieur résolut de ne pas souffrir que le concurrent du Nizam violât la justice ; il s'empara même de la litière du général ; il s'avança jusqu'aux portes du Goudelour et fit de telle sorte que ceux de Goudelour et de Madras se cachaient dans leurs maisons sans dormir ni jour ni nuit : il ne leur laissait pas lever la tête, battit tous les soldats et le concurrent dn soubadar d'Arcate. Anaverdikhan étant venu à Pondichéry et ayant reconnu sa valeur et ses qualités supérieures, s'entendit avec lui et dit qu'il lui fallait son amitié.

« Quand M. de Labourdonnais arriva, comme il avait aussi beaucoup de valeur, Monsieur mit sur ses navires beaucoup d'hommes et de provisions et l'envoya pour prendre les six navires anglais. Les gens de Négapatam, ayant appris la chose, offrirent un banquet à M. de Labourdonnais : pour le prix des navires qu'ils avaient achetés aux Anglais ils lui offrirent quinze mille pagodes et firent avec lui un accord pour pouvoir continuer à naviguer. Cependant, les cinq navires anglais, étant survenus et ayant appris le danger où ils se trouvaient et la convention conclue avec les Hollandais, mirent à la voile pendant la nuit et s'échappèrent. Alors, M. de Labourdonnais, sans vouloir rechercher et punir celui qui avait fait partir ces navires anglais, ni prendre ces navires eux-mêmes, revint à Pondichéry.

« Avant son retour, M. le Gouverneur avait fait embarquer sur les bateaux, radeaux, sloops, etc., qui étaient dans la rade, les soldats blancs, cafres, canaras, musulmans et autres ; il y avait mis en abondance des chevaux, des palanquins, des litières, de la poudre, des boulets, des grenades, des vivres, du vin, des moutons, des poules, des cochons, des fruits, de l'eau, du sel, des échelles, des bêches, des pioches, des pics, et autres fournitures de guerre de toute espèce, sans qu'il y manquât rien de ce qui était nécessaire ; il avait embarqué aussi des troncs d'arbre, des tentes, des cordes, des clous, des mèches, des fusées, des feux de Bengale, des lances, des fusils, des canons, des mortiers, etc. Dès qu'il vit tout cela, M. de Labourdonnais se dit en lui-même : « Il va me dire d'aller à Madras! » et, ayant peur, il prétendit avoir le corps dérangé et alla se coucher à Oulgaret. Ayant appris la chose, Monsieur en fut surpris et se dit : « A quoi bon les préparatifs que j'ai faits? Qu'y a-t-il là-dessous ? Est-il possible que maintenant il aille se coucher ainsi? » et il le lui fit dire dix fois pour une, par des personnes de confiance. Sans l'écouter, M. de Labourdonnais fit venir en promenade les gens des huit navires et les envoya faire un tour à Madras.

Ils livrèrent bataille aux navires anglais qui étaient dans la rade de Madras. Là-dessus, les Anglais qui étaient dans le Fort tirèrent sur eux des coups de canon. Alors, ils s'en revinrent et s'emparèrent de deux navires qu'ils trouvèrent sur leur route.

« De nouveau, Monsieur envoya chercher M. de Labourdonnais et convoqua les Conseillers et autres grands personnages ; puis il dit : « Les Anglais ont fait tout ce qu'il est possible de faire en fait d'injustice ; aussi, en Europe, le Grand Roi de France, dans le but de détrôner le roi d'Angleterre et d'en mettre un autre à sa place, en procurant de l'orgueil et de la gloire à tout ce qui s'appelle Français, a attaqué tous les pays des Anglais, a pris leurs Forts, a affaibli leur puissance, a effrayé leurs gens ; il a soumis à sa main en peu de jours ses ennemis et il est près de mettre à bas le roi anglais. Pendant ce temps, les Anglais qui se trouvaient sur les côtes de l'Inde montèrent sur quatre bâtiments corsaires qu'ils disaient être les navires du roi précédent, se sont promenés, se sont emparés de quatre ou cinq navires du pays et ont écrit à tous les grands personnages de l'Inde qu'ils étaient très forts. Aussi, la gloire de notre Grand Roi ne brille pas dans ce pays. C'est pourquoi, depuis deux ans, nous avons fait beaucoup de préparatifs. Sur ces rivages de l'Inde, parmi les villes des Anglais, il y a Madras qui leur appartient depuis cent six ans ; c'est une ville très forte qui est connue jusqu'à Delhi des Persans. Nous avons tout préparé pour qu'on puisse la prendre en une heure. Si nous la prenons et si nous y arborons notre drapeau français, nous aurons une gloire immense dans tous ces royaumes jusqu'à Delhi des Persans et l'insolence des Anglais tombera. Dans cette intention, nous avons fait étudier les forces qui sont à Madras, les lieux où nous devrons débarquer, les endroits où l'on pourra mettre les canons de siège, les chemins pour monter à l'assaut, etc. ; et pour cela, nous avons envoyé là des gens d'affaire et des hommes de conseil. Ainsi, il ne nous reste plus qu'à y aller comme commandant en chef; les gens que j'ai envoyés feront tout marcher ».

« A cela, M. de Labourdonnais répondit : « Quant à moi, je n'ai pas d'ordres pour livrer bataille à terre. Mais vous, comme il vous paraît qu'une grande et forte ville n'est pas plus qu'un moustique, vous avez fait depuis longtemps les préparatifs nécessaires pour l'écraser et vous me dites : allez-y seulement. Aurons-nous là la victoire? Aurons-nous là la défaite? Je l'ignore. Si c'est un insuccès, qui vous aura dit de préparer ainsi les choses? Quelle sentence rendra la Compagnie en voyant qu'on aura dépensé tant d'argent et fait mettre à mort tant d'hommes? Je l'ignore. Mais, si vous voulez me donner un papier où vous aurez écrit : qu'il arrive du bien ou du mal à la Compagnie, c'est moi qui l'ai voulu; j'y vais tout de suite ».

« Alors, Monsieur reprit : « Les Anglais ont fait affront aux gens qui se disaient Français, ont pris les navires que nous avions dans l'Inde. Pour le seul fait d'avoir tiré l'autre jour de leur Fort sur vos navires, on dira partout que les Français ont eu peur. Il faut faire en sorte qu'ils aient un affront à leur tour. Pour la gloire du Roi et l'honneur de la Compagnie, je ne pouvais demeurer tranquille sans faire le nécessaire pour que Madras soit pris et qu'ils soient nos prisonniers. Vous n'avez pas à vous en inquiéter; que les choses aillent là mal ou bien, vous n'aurez rien autre chose à dire, si ce n'est que c'est moi qui ai donné l'ordre », et Monsieur ayant écrit de sa main donna le papier à M. de Labourdonnais qui le prit et partit.

« Les dieux ont eu égard aux grands travaux supportés par le génie admirable de M. le Général Dupleix et aux préparatifs qu'il avait faits. Ainsi qu'il l'avait dit, M. de Labourdonnais alla à Madras et débarqua; sans même vouloir faire durer la lutte un jour entier, les Anglais ont livré le Fort. Sans l'admirable génie de Monsieur, qu'aurait fait M. de Labourdonnais? Cependant, M. de Labourdonnais dit qu'il donnera la place aux Anglais, qu'il leur rendra le Fort, qu'il les laissera auprès, qu'il en fera la restitution à leur compagnie, enfin qu'il emportera l'or, l'argent et les effets. Quel est le caprice qui lui vient ? »

Tous les blancs discutèrent là-dessus jusqu'à onze heures. A midi, ils vinrent tous chez Monsieur et lui dirent :

« Nous sommes, par la gloire du Roi de France, sous son pavillon. Les Anglais ont commis de très nombreuses actions tout à fait contraires à la justice. Aujourd'hui, vous les avez taillés en pièces, de façon que votre gloire s'étende jusqu'à Delhi des Persans. Vous avez pris Madras ; ceci est le résultat de votre prévoyance et de votre génie admirable : personne ne saurait le contester. Mais nous apprenons que M. de Labourdonnais se propose de rendre aux Anglais Madras et le Fort. Si on le rend ainsi, nous ne pouvons plus demeurer dans ce pays musulman la tête haute ; nous serons courbés sous le poids de la honte. Pourquoi rendre une ville dont la prise nous a coûté tant de peine ? Aussi venons-nous vous déclarer qu'en ceci nous sommes tous d'accord avec vous » (1).

Monsieur leur répondit : « Il ne faut point qu'on agisse d'une façon non conforme à votre idée ; aussi allons-nous immédiatement écrire dans ce sens à M. de Labourdonnais » ; et, les rassurant, il les congédia.

Il retint six personnes : M. Miran, M. Gaillard, le petit Monsieur, M. Maire, M. Bruyères et M. Paradis ; et il envoya chercher ces trois autres : le petit Miran, M. Auger et M. de Bury. Il écrivit alors à M. de Labourdonnais précisément comme il fallait écrire, Puis, à quatre heures, M. Paradis, M. de Bury, M. Desmarêts qui fait le service de greffier, et M. Bruyères se sont embarqués et ont mis à la voile.

Voilà l'affaire.

---

(1) Labourdonnais qualifie ce document de libelle et dit que Dupleix l'avait composé et l'avait envoyé signer de maison en maison, à Pondichéry.

Année Akchaya 1746
Mois de Purattâçi Octobre
19 — samedi 1ᵉʳ

Si l'on demande quelle est l'affaire d'aujourd'hui, il n'y a rien eu de remarquable de la part de Monsieur. Monsieur ne pense qu'à l'affaire de Madras et ne se préoccupe que de cela. Comme M. de Labourdonnais agit suivant ses propres idées, voulant rendre la place aux Anglais et disant aux hommes d'affaires envoyés par Monsieur, — M. d'Espréménil, M. Dulaurens, M. Barthélemy et autres : « Vous n'avez rien à faire ici ; si vous restez, ne vous mêlez de rien, sinon, allez-vous en » ; comme il rejette les ordres du Conseil de Pondichéry, Monsieur ne s'occupe de rien que de la lettre qu'on a écrite après la dernière réunion du Conseil. Il ne nous a pas dit un mot quand Tânappamodély et moi nous sommes allés le saluer. Nous avons attendu une heure, puis je suis venu au magasin d'arec et ensuite je suis rentré chez moi.

Année Akchaya 1746
Mois de Purattâçi Octobre
20 — dimanche 2

Aujourd'hui, étant allé aux renseignements, je n'ai rien appris de nouveau. En dehors de ceci que tous les blancs parlent de l'affaire de Madras et que Monsieur ne fait qu'y penser, il n'y a rien de nouveau. On rapporte que M. de Labourdonnais a dit : « Nous donnerons la réponse à Madras même » et qu'il n'a aucun égard pour le Conseil de Pondichéry et pour la Compagnie ; que, par suite, on a envoyé là-bas l'ordre à tous d'obéir à M. d'Espréménil que d'ici on a fait le chef, et qu'on a ordonné de mettre en prison M. de Labourdonnais s'il ne marche pas bien. Mais M. de Labourdonnais marchera-t-il suivant cet ordre ? non certes ; et, comme il est le plus fort, mettra-t-il dehors ceux qui le contrarient ? C'est là-dessus qu'on discute.

. . . .

Année Akchaya   1746
Mois de Purattâçi   Octobre
22 — mardi   4

Aujourd'hui, je suis allé chez M. Dubois. Il s'est mis à me parler et voici ce qu'il m'a dit : « M. de Labourdonnais ne peut pas faire de convention avec les Anglais sans la parole de M. Dupleix, Gouverneur de Pondichéry; il ne peut pas vendre la ville même pour onze lacks de pagodes; il ne peut pas renvoyer les Conseillers que Monsieur a envoyés d'ici; il ne peut pas dire : « il est inutile qu'ils entrent dans le Fort, il ne saurait y avoir d'autre autorité que la mienne; j'exécute les ordres de la Compagnie; peu importe aux gens de Pondichéry ». Comme il est venu des ordres du Roi et des Ministres portant qu'on doit exécuter les ordres de M. le Gouverneur de Pondichéry dans tous les ports de l'Inde tombés sous le pavillon français, M. de Labourdonnais ne peut pas les mépriser. A la manière dont il a agi jusqu'à présent, il a eu tort. Qu'arrivera-t-il maintenant ? Aujourd'hui, viendra la nouvelle de ce qui se sera passé depuis le départ d'ici de MM. de Bury, Paradis, etc., et quand la nouvelle sera arrivée, on saura tout bien ».

Après cela, je suis allé chez Monsieur. Il lui était arrivé une ôle du roi Valamârtan (1) de Travancore et une lettre des Pères français de là...

Puis, Monsieur me dit : « As-tu vu ce qu'a fait M. de Labourdonnais à Madras ? Il a vendu Madras pour onze lacks de pagodes. Il a reçu de ses prisonniers une lettre de change payable en Europe, en Angleterre; mais les prisonniers donnant une telle lettre, ça n'est jamais valable. Il le sait et il l'a prise tout de même. As-tu vu, Rangappa, le pillage auquel il s'est livré et toute sa conduite ? » — « C'est vrai, Monsieur; comme c'est un mauvais travail, et agissant ainsi et en faisant par là du tort, M. de Labourdonnais montre

(1) Mârtâṇḍavarmá (1728-1758).

qu'il a l'esprit dérangé! » Je lui répondis cela conformément à la tournure de ses idées. Il reprit : « Ton frère n'a pas dû approuver une seule fois ce qu'il a fait ; il a dû t'écrire souvent contre M. de Labourdonnais ». — « Oui, certes ; il m'a écrit », répondis-je, « en désapprouvant beaucoup ce qu'il faisait ». Monsieur me dit encore : « M. de Fulvy et le contrôleur général, M. Orry, ne l'approuveront pas ; la puissance de M. de Labourdonnais en sera diminuée » — « Oui, certes » répondis-je.

Ce matin, à sept heures, étaient arrivés M. Mainville et M. Fouche (?), beau-frère de M. Desfrennes. M. Mainville est reparti seul à dix heures. On avait réuni le Conseil et on lui avait donné une lettre à porter vite ; on a envoyé dix-huit hommes avec lui. Moi aussi, je lui ai donné une lettre en le priant de la remettre à mon frère.

Ce soir, au coucher du soleil, on a reçu de Madras des lettres de MM. d'Espréménil, Dulaurens et autres. Voici ce que disent ces lettres : « M. Paradis, M. de Bury et les autres qui étaient partis d'ici le vendredi 18, sont descendus à Méliapour le samedi 19. Ils y ont vu M. d'Espréménil et les autres qui s'étaient fâchés avec M. de Labourdonnais et leur ont parlé. Le 20, dimanche (1), ils sont allés de là à Madras et se sont présentés chez M. de Labourdonnais. Ils lui ont demandé : « Pourquoi veux-tu revendre Madras aux Anglais ? » Il leur répondit : « Puisque le Conseil de Pondichéry m'a donné une lettre pour agir suivant mon idée, je l'ai vendue suivant mon idée ». Ils reprirent : « Mais l'ordre du Conseil de Pondichéry concernait seulement les guerres que tu pouvais faire à ton idée ! T'avions-nous donné par écrit le droit de traiter les affaires du Fort et de la Ville ? » A cette demande de MM. d'Espréménil, Dulaurens, et autres, il répliqua : « Comme je n'avais pas la permission du Roi de faire la guerre sur terre, nous avons fait cela tout ensemble ; j'ai fait ce

---

(1) Dates indiennes correspondant aux 30 septembre, 1ᵉʳ et 2 octobre.

que j'ai fait parce que nous avons enlevé tout l'argent qui se trouvait dans le Fort et parce qu'il y avait à recevoir onze lacks de pagodes pour la rançon du Fort ». Là dessus, ils lui dirent : « Voici l'ordre d'aujourd'hui du Conseil de Pondichéry : tous les gens sans exception devront désormais aller à M. d'Espréménil et tes ordres ne seront pas exécutés ». Là-dessus, il tira son épée et appela tous les marins. Alors eux lurent l'ordre du Conseil de Pondichéry qui prescrivait aux officiers des navires, aux capitaines de troupes, et à tous, au nom du Roi, de marcher suivant les ordres de M. d'Espréménil ; et ils dirent à M. de Labourdonnais : « Si, laissant ton épée, tu te conformes à cet ordre, c'est fini ; sinon, nous avons l'ordre de te faire prisonnier et nous le ferons ». A ces mots, les officiers et les capitaines restèrent tranquilles. Alors, M. d'Espréménil prit les clefs du Fort et donna les ordres nécessaires. Il fit venir Mester Morse, qui est le chef des Anglais, et les autres et leur dit : « Vous êtes prisonniers ; on ne vous rendra pas le Fort » (1).

Cette chose a été écrite à M. le Gouverneur de Pondichéry et m'a été dite par M. Robert, M. Lhostis et M. Dubois. La lettre est arrivée à quatre heures. Le Conseil s'est réuni et a délibéré jusqu'à cinq heures. On a écrit une réponse qu'on a

---

(1) Ce récit ne parait exact qu'en partie. Labourdonnais ne remit pas et ne pouvait pas remettre le commandement à M. d'Espréménil. Il raconte que le 2 octobre, sur les huit heures du matin, les députés de Pondichéry se présentèrent devant lui dans la salle publique du Gouvernement de Madras, lui notifièrent la décision du Conseil de Pondichéry cassant le traité de rançon, nommant M. de Bury major-général, etc. Sur quoi, le Conseil anglais fit sommation à Labourdonnais d'exécuter les conventions conclues avec M. Morse. Un conseil de guerre réuni immédiatement fut d'avis que M. de Labourdonnais devait tenir sa parole. Alors, les envoyés de Dupleix se retirèrent sans bruit. — A propos de cet avis du Conseil de guerre, M. de Rostaing dit qu'il n'avait point approuvé la capitulation mais que, une fois donnée, la parole d'honneur d'un guerrier, quelles qu'en puissent être les conséquences, doit être observée même au prix de la mort ; et il ajoute : « cette décision conforme aux lois de l'honneur et de l'équité, ne fût pas du goût de M. Dupleix ; il la condamna sans autres formalités. Quelles que puissent être ses raisons, je suis tranquille sur ce point, etc. ».

envoyée par un courrier et par un *cattimaron*. Je ne sais ce que contient cette réponse et c'est ce qui me reste à apprendre.

Année Akchaya	1746
Mois de Purattâçi	Octobre
24 — jeudi	6

....

Aujourd'hui le Conseil s'est réuni dans la maison de Monsieur et, depuis huit heures du matin, a siégé, sans se lever, jusqu'à midi; à onze heures, on a écrit et envoyé par un courrier une lettre à Madras. Le Conseil s'est de nouveau réuni après dîner jusqu'à six heures du soir et on a envoyé à Madras une autre lettre par un autre courrier. Puis, après la délibération du Conseil, Monsieur est resté seul dans son cabinet où il a écrit jusqu'à l'heure du souper. Toute cette agitation est causée par les tracasseries que fait à Madras M. de Labourdonnais. C'est pourquoi le Conseil, réuni ce matin, a tenu jusqu'à ce soir une séance fatigante.

Aujourd'hui, au coucher du soleil, Madame a fait envoyer sur le chemin de l'est six pions et sur le chemin de Madras six autres pions avec la consigne d'arrêter et d'amener ici quiconque arriverait ou partirait avec des lettres.

On a envoyé à Madras le major M. Bocage avec quatre-vingts musulmans de Mahé.

Année Akchaya	1746
Mois de Purattâçi	Octobre
25 — vendredi	7

Aujourd'hui, à huit heures du soir, M. Bonneau, Conseiller de Mascareigne, qui s'était avancé jusqu'ici et qui était allé à Madras, en est revenu. M. de Labourdonnais l'avait emprisonné. On l'avait mis en liberté dès que M. d'Esprémenil avait pris le commandement (1) et, la veille, sans rien dire, il

---

(1) Labourdonnais dit que M. Bonneau, mis aux arrêts par lui, força ses arrêts et se rendit à Pondichéry.

était parti, le soir, pour Méliapour. Arrivé ici, à huit heures du matin, il alla chez Monsieur. Le Conseil fut aussitôt réuni. Au même moment, il arriva, par un courrier, pour Monsieur, une lettre de Madras. Le Conseil se sépara à midi, après avoir écrit et expédié, par un courrier, une lettre à Madras.

Comme je cherchais à savoir ce qu'avait fait le Conseil dans sa réunion d'hier, depuis le matin jusqu'au soir, ce qu'il avait fait dans sa réunion d'aujourd'hui, depuis le matin jusqu'à midi, et pourquoi Monsieur se tourmente tant, voici ce que me raconta M. Latouche :

Le 21 et le 22, comme c'était la fête de M. de Labourdonnais (1), il a fait tirer le canon à Madras et il a invité à dîner, à midi, sur la terrasse du Fort, M. d'Espréménil, M. Dulaurens, M. de Bury, M. Paradis, M. Barthélemy, et autres grands Messieurs. Comme ils étaient tous réunis à manger, M. de Labourdonnais leur dit : « On rapporte que la flotte anglaise arrive ; aussi est-il nécessaire d'embarquer sur les vaisseaux tous les soldats venus de Pondichéry (2) ». A cela, M. de Bury, M. Paradis et les autres répondirent qu'il n'était pas possible de les embarquer ainsi. A ces mots, M. de Labourdonnais se mit en colère contre eux, appela près de lui ses gens, vingt-quatre soldats avec les épées tirées, fit arrêter ces quatre (*sic*) personnes : M. de Bury, M. Paradis, M. Latour, renversa l'autorité de M. d'Espréménil et mit la sienne à la place (3), et ordonna de faire porter à bord des vaisseaux toutes les marchandises qui étaient dans la ville et dans le Fort, et de faire embarquer tous les soldats. Il paraît ainsi que M. de

---

(1) Le 21 et le 22 purattâçi correspondent aux 3 et 4 octobre. Le 4 octobre est la fête de Saint-François d'Assise.

(2) Labourdonnais ne parle point de ce banquet ; mais il raconte qu'il prit le prétexte de l'apparition de vaisseaux près de Paliacate pour faire embarquer les troupes détachées de la garnison de Pondichéry sur lesquelles auraient pu agir les envoyés de Dupleix.

(3) Ce récit est encore inexact en partie. Labourdonnais n'avait pas à reprendre un commandement qu'il n'avait pas abandonné. Il raconte qu'il mit aux arrêts le 4 octobre M. de Bury qui était venu pour l'arrêter lui-même et M. Paradis qui lui demandait raison de sa conduite. Le soir même, il les fit sortir avec défense de quitter Madras sans sa permission.

Labourdonnais, ayant désobéi aux ordres, s'étant révolté précipitamment, ayant fait embarquer toutes les marchandises, s'arrange pour rendre le Fort aux Anglais et va lui-même partir pour la France. Mais comment va-t-il faire? on l'ignore. L'ennui causé à Monsieur par cela est incommensurable : voilà deux ans qu'il fait des préparatifs pour prendre Madras ; et, comme M. de Labourdonnais disait qu'il n'avait d'ordres ni du Roi ni des Ministres, il lui avait donné un écrit où il y avait : « Nous prenons la responsabilité devant le Roi et les Ministres » ; enfin, Madras fut pris, le pavillon y fut arboré, et voilà qu'il enlève les fonds qu'il y avait dans le Fort et qu'il rend le Fort aux Anglais ! Sans ordres, sans profit, il a fait arrêter les gens que Monsieur a envoyés. Peut-il y avoir pour Monsieur le plus grand chagrin? Il serait impossible d'écrire la limite de ses chagrins. C'est un grand affaissement pour sa gloire manifestée.

Année Akchaya	1746
Mois de Purattâçi	Octobre
26 — samedi	8

Ce matin, au lever du soleil, sur les sept navires qui étaient partis de France en février dernier (correspondant au mois de *mâçi* de l'année *krôdhana* (1) et qui étaient venus à Mascareigne, quatre étaient restés au nord ; les trois autres étaient venus à Mahé, avaient quitté cet endroit et en étaient partis le 12 septembre et le 1er de ce mois. Ce matin, au moment de l'apparition du soleil, ils sont venus mouiller en rade de Pondichéry. On a tiré onze coups de canon sur *le Centaure* où était le commendant M. Dordelin. Les autres navires n'ont pas tiré parce que c'est sur le navire monté par le Commandant et non sur les autres qu'on doit tirer. Les deux autres navires s'appellent *Brillant* et *Mars*. Les capitaines s'appellent (les noms sont restés en blanc). Il est venu avec eux des

---

(1) C'est-à-dire 1745-1746 ; donc février 1746.

caisses d'argent, des étoffes, des toiles de Moka, etc., etc. (1).

Lorsque ces vaisseaux ont quitté l'Europe, le roi de France était partout victorieux; le roi d'Angleterre était très abaissé : on lui avait pris tous ses États, il ne lui restait que Londres avec un peu de pays et tout le reste était aux mains du Roi de France. Il paraissait que le fils du roi d'Angleterre allait être établi à la place de son père par le roi de France. Comme il faisait de la pluie et du brouillard, la guerre ne devait recommencer qu'au mois de *çittirei*(2). Tous les royaumes de l'Europe célébrèrent la gloire et les talents du roi de France. M. Dumas, en très bonne santé, continuait à être Directeur de la Compagnie. Voilà ce qu'ils ont dit.

Ce soir, M. le Gouverneur Dupleix a dit à sa femme : « Je vais faire un voyage à Madras, à cause des injustices qui s'y font et à cause de la manière dont y marchent les affaires. J'ai un mot à dire à M. de Labourdonnais ». Comme sa femme disait : « J'irai avec vous ! », il répliqua : « Il ne faut pas que tu viennes; j'irai par mer, je lui parlerai pendant une heure au plus et je reviendrai. »

....

Ce soir, un officier des vaisseaux arrivés ce matin, M. Avisse (?), commandant de troupes, est parti pour Madras afin de porter à de M. Labourdonnais les lettres arrivées pour lui de France et celles expédiées de Mascareigne. On a déposé l'ancien Contrôleur-Général et on a donné sa place à M. Machaut d'Arnouville. On a déposé aussi son frère, M. de Fulvy, et donné sa place à M. Roulier. Telle est la nouvelle qui est arrivée par ces navires.

Année Akchaya	1746
Mois de Purattâçi	Octobre
27 — dimanche	9

Aujourd'hui, après midi, M. d'Auteuil est arrivé de Madras.

---

(1) Il y avait sur ces trois vaisseaux 1,360 hommes et 180 canons.
(2) Skr. *tchâitra*, avril-mai.

Année Akchaya 1746
Mois de Purattâçi Octobre
28 — lundi 10

Dans une lettre de mon frère arrivée ce matin, il est écrit que M. de Labourdonnais a dit qu'il n'avait pas à s'occuper de la garde des portes et qu'il fallait prendre les instructions de Mester Morse, le Gouverneur Anglais ; que lorsque les marchands venaient s'informer pour leurs marchandises, il leur disait que, puisqu'ils devaient agir désormais suivant les ordres de Mester Morse, c'est à celui-ci qu'ils devaient remettre les clefs de leurs magasins, et il ajoutait : « Nous avons remis Mester Morse en fonctions ; adressez-vous à lui ; nous avons rendu Madras aux Anglais et désormais c'est eux que ça regarde et non plus nous ; nous allons vite embarquer les marchandises sur nos navires ». Il paraît qu'il y avait deux mille ballots de toiles et six cents ballots d'étoffes ; il les a fait embarquer sur le *Neptune.* Il y avait du salpêtre en abondance ; il a fait tout embarquer. Il y avait 33,700 pataques(1), 187,000 et quelques roupies (2) et 500 muhurs (3), mais M. de Labourdonnais n'a pris que les 500 muhurs et a laissé dans la caisse les pataques et les roupies. Dans les lettres qu'il m'a écrites depuis le 22 (4), il dit qu'il m'a donné tous les détails exactement.

. . . .

Année Akchaya 1746
Mois de Purattaçi Octobre
28 — mardi 10

Aujourd'hui, à huit heures du matin, le Conseil s'est réuni et ils ont délibéré jusqu'à dix heures et demie. Ce qu'on a décidé ne s'est pas répandu au dehors...

(1) *Pataques,* c'est-à-dire piastres sévillanes ; environ 170,000 francs.
(2) Près de 500,000 francs.
(3) 18,750 francs.
(4) C'est-à-dire le 4 octobre.

Ce soir, Dakkaçâhib est allé chez le Gouverneur M. Dupleix. Tânappamodély et Madanapândita ont dit à Monsieur les compliments que lui écrit Mahmoudkhan sur la prise de Madras; aussitôt Monsieur dit : « Ne me parlez plus des affaires de Madras ; je ne m'en occupe pas », et, très ennuyé, les congédia.

En ce moment, la pensée de Monsieur est ceci : comment empêcher qu'il rende Madras aux Anglais? quels sont les arrangements qu'il a pris? même si on les connaissait, faudrait-il s'assurer de tous les moyens propres à cela, sans que M. de Labourdonnais retire ses avances? Il a fait embarquer tous les soldats et officiers qui étaient là, pour que les Anglais n'entrent pas dans le Fort, et il a mis dans le Fort les soldats de marine, ceux de Mascareigne et les Cafres qui sont sous son commandement; il ne laisse venir auprès de lui aucun blanc de Pondichéry et si quelque blanc de Pondichéry vient, pour lui parler, il brandit son épée, le fait examiner et laisser sans aucune arme; puis il s'en vient lui demander ce qu'il est venu faire et il l'expulse à l'instant du Fort. Si on dit : « Le Gouverneur m'a donné une commission à faire à Madras », il répond : « Ce n'est pas votre affaire; allez-vous en ! » Si le Gouverneur lui écrit quelque chose relativement aux affaires de Madras, il ne répond pas et lui parle d'autre chose, et, ce faisant, il dit : « Nous donnerons aux Anglais le Fort et une partie de ce qu'il y avait dedans ». On ajoute que M. de Labourdonnais, ayant fait déchirer tous les comptes précédents de la Compagnie, les a fait réécrire exactement suivant ses indications afin de montrer désormais ces comptes comme preuves à la Compagnie, au Roi et aux Ministres ; en faisant cela, les blancs disent qu'il prend quinze à vingt lacks de pagodes ou même soixante à quatre-vingts (1); qu'il prend en outre plus encore d'or, de rubis et de diamants : c'est ce que racontent les blancs et les Tamouls. Combien a-t-il volé? Dieu

---

(1) De un à six millions de francs.

le sait! Dans ce pays des Indes, Madras est la ville par excellence; on l'appelle la ville d'or, la ville de Kuvéra (1), et tous ceux qui regardent à cela disent que, puisqu'il a pris cette ville à sa discrétion, il n'est pas exagéré de dire qu'il a pu prendre même un *crore* (2)...

Le prix de la vente de Madras aux Anglais est de onze lacks de pagodes. Comment est le billet, on ne l'a pas bien connu. Je l'écrirai plus tard quand je le saurai. On dit que M. d'Esprémenil, M. Dulaurens et les autres arriveront dans quatre ou cinq jours.

Année Akchaya	1746
Mois de Purattâçi	Octobre
29 — Mercredi	11

Aujourd'hui, ce matin, est arrivé de Madras M. Labougie (?); il est venu voir Monsieur et lui a parlé. Aussitôt, Monsieur a réuni le Conseil. Moi, sans chercher à voir Monsieur et à lui parler, j'ai attendu dans le magasin d'arec, puis je suis rentré chez moi ainsi que je le fais depuis six à sept jours.

....

Année Akchaya	1746
Mois de Purattâçi	Octobre
30 — jeudi	12

Aujourd'hui, M. Melville est arrivé de Madras. Les nouvelles de là sont d'abord la reddition du Fort aux Anglais, puis la mise en liberté des personnes que M. de Labourdonnais avait fait emprisonner, après avoir rejeté les ordres du Conseil de Pondichéry. Il dit que MM. Dulaurens, d'Esprémenil, de Bury, Barthélemy, etc., ainsi que mon frère Tiruvêngaden, partis ensemble, sont arrivés à Méliapour et qu'ils ne tarderont pas à être ici. Il dit de plus que M. de Labourdon-

---

(1) Dieu des richesses.
(2) Proprement *kôṭi*, dix millions.

nais a fait embarquer sur les vaisseaux toutes les armes, les marchandises, les vivres, etc., et qu'il se dispose à partir. Dans la lettre que m'écrit mon frère il est dit aussi : « Je suis arrivé à Méliapour, faisant le voyage de Pondichéry avec MM. d'Espréménil et les autres blancs ; nous en repartirons demain ; je ne suis pas bien »......

Je ne finirais pas si j'indiquais les lettres que Monsieur a écrites en France par les navires ni si je décrivais l'affliction que l'on voit sur son visage.

Par un courrier qui est arrivé aujourd'hui à dix heures, nous avons appris que les Anglais avaient enterré sous le mât de pavillon une somme montant jusqu'à deux *lacks* de pagodes (1) et que cela a été révélé à M. de Labourdonnais. Là-dessus, M. de Labourdonnais s'est adressé aux Anglais et à leur Gouverneur M. Morse en ces termes : « Tu t'es moqué de moi ; affirmant que vous aviez été sincères, je me suis brouillé avec le Gouverneur de Pondichéry ; ayant renvoyé tous ses gens, j'allais vous rendre le Fort et la Ville, vous signer un traité et m'embarquer pour partir dans deux ou trois jours ; mais, puisque vous m'avez ainsi trompé, quelle tromperie ne ferez-vous pas encore ? » Alors, il déchira devant eux la lettre et le traité qu'il avait écrits ; il fit mettre en prison M. Morse et les autres, fit rembarquer les Anglais qu'on avait fait descendre à terre, fit débarquer les soldats de Pondichéry qui étaient sur les vaisseaux et mit à toutes les portes des soldats français. Puis, M. de Labourdonnais écrivit au Gouverneur de Pondichéry une lettre disant que, comme les Anglais s'étaient moqués de lui, il s'était moqué d'eux à son tour, qu'il avait déchiré le traité fait avec eux, qu'il avait mis tous les Anglais en prison et qu'il le priait d'envoyer M. d'Espréménil et les autres pour prendre possession du Fort. C'est ce qu'on dit qu'il a écrit (2). Aussitôt,

(1) 1,700,000 francs.
(2) Labourdonnais ne dit rien de cette histoire qui paraît être purement imaginaire. Il expose seulement qu'un de ses officiers lui suggéra l'expédient

tout le chagrin qu'avait Monsieur se dissipa et il devint content ; il réunit le Conseil et écrivit une lettre pour prévenir M. d'Espréménil et les autres de repartir pour Madras, quel que soit l'endroit où la lettre leur parviendrait.

Telle est la nouvelle que j'ai apprise de M. Latouche et des autres. En réalité, que s'est-il passé là-bas ? Ce n'est pas encore très clair. Je le rechercherai et l'écrirai plus tard.

Au coucher du soleil, M. Latour, M. Bruyères, M. Kerjean, sont arrivés de Madras. M. le Gouverneur les a renvoyés à Madras ce soir même, à huit heures. Il a envoyé trois lettres à Madras par des courriers.

C'était aujourd'hui la fête des Cattiaux (1).

Année Akchaya	1746
Mois de Purattâçi	Octobre
31 — jeudi	13

Ce matin il est arrivé des lettres par un courrier. J'en ai reçu une de mon frère. Il m'y dit ce qui suit :

Nous sommes tous arrivés à Sadras, avec MM. d'Espréménil, Dulaurens, Paradis, Barthélemy, etc. Là, nous arriva la lettre de Pondichéry. A l'instant même où il l'eut vue, M. d'Espréménil repartit de Sadras pour Madras. A ce moment, mon frère fut lui demander s'il devait repartir avec lui. Il lui répondit de rester avec MM. Dulaurens, Paradis et les autres, et de suivre leurs instructions. Mon frère ajoute : s'ils viennent à Pondichéry, je viendrais avec eux ; mais s'ils retournent à Madras, comme je ne suis pas bien, je ne pourrais y rester ; et il me dit d'envoyer quelqu'un à sa place.

J'avais à peine lu cette lettre qu'arrivèrent MM. Paradis,

---

de maintenir la capitulation mais d'ajourner au mois de janvier la restitution de la place, sous prétexte de vérifications, d'inventaires, etc. Il chargea Paradis d'en entretenir Dupleix qui s'empressa d'approuver la combinaison.

(1) Altération du nom tamoul *Kârtigei* (sk. *Kârttika*). Cette fête rappelle la victoire de Subrahmanya, sous le nom de *Kârttikêya* (nourri par les *karttikâs* « pléiades ») sur le géant *Gadjamukhâsura*. La caractéristique de cette fête, c'est qu'on allume des torches, qu'on tire des feux d'artifice, etc.

Barthélemy, Bonneau et les autres, avec quelques officiers. Monsieur se mit très en colère contre eux et leur demanda pourquoi ils n'étaient pas retournés en arrière. Ils lui répondirent : « la lettre n'avait pas de cachet ; nous l'avons montrée à tous ceux qui revenaient avec nous. La lettre où vous nous disiez de retourner à Madras nous est arrivée à Marakkânattukkaji ; M. de Bury seul est reparti et nous, nous sommes venus ici pour vous voir et pour parler avec vous ». Là-dessus, le capitaine du *Phénix*, M. Benoît, est arrivé. Alors, on a convoqué de nouveau tous les Conseillers et ils ont délibéré jusqu'à deux heures. Alors, on a pris le repas du milieu du jour.

On a retardé le départ de MM. Barthélemy, Paradis, etc. MM. Latour et Kerjean, qui étaient arrivés hier, sont partis ce matin de très bonne heure pour Madras. M. Dulaurens n'est arrivé que ce soir. Comme j'avais dit à mon frère de s'arrêter à notre *agrahâra* (1), il est resté là, sans venir jusqu'ici.

Comme c'est l'époque du changement de la mousson, il a fait cette nuit, après le coucher du soleil, un grand vent du nord, avec des éclairs et de la pluie.

Année Akchaya	1746
Mois d'Aïppiçi	Octobre
1er — vendredi	14

Ce matin, comme il faisait de la pluie et du vent, je ne suis pas sorti pour aller chez Monsieur. On est venu me rapporter la nouvelle qu'il était un peu malade parce qu'il lui était venu deux clous à la nuque. Il resta couché jusqu'à huit heures, puisqu'il faisait de la pluie et du vent ; et alors, dans le vêtement à longs pans qu'il portait, en chemise, en gilet et en bonnet, il monta dans le panier qui sert aux prome-

---

(1) Proprement « village, quartier de Brahmes » ; ici, évidemment, maison de campagne.

nades de Madame Dupleix et il alla au bord de la mer. Voyant les navires fortement battus des lames et la mer démontée, il s'informa auprès des pêcheurs si quelque accident ne pourrait pas arriver aux navires, mais ils lui dirent qu'il n'y avait pas de danger parce que le vent soufflait du sud-est au sud-ouest. Comme il y avait du vent, de la pluie et de gros nuages, Monsieur s'en vint chez lui.

Mon frère, qui était resté à l'*agrahâra*, arriva à deux heures. Comme à ce moment je dormais et comme il se trouvait mal à l'aise, il resta là sans manger et sans se déshabiller, parce qu'il pensait qu'il faudrait aller voir Monsieur. Lorsque je me levai, à quatre heures, Gôbalasâmi vint m'annoncer la nouvelle de l'arrivée de mon frère et me dit qu'il m'attendait pour aller voir Monsieur. Là-dessus, je me lavai la figure et je fus dans la maison à côté de la mienne, au sud, où était mon frère. Voyant qu'il avait la figure fatiguée et qu'il n'avait pas mangé, je lui dis de manger. Il me répondit qu'il était mal à son aise. Je lui dis : « Il faut aller chez Monsieur », et je l'y envoyai. Je me rendis moi-même au magasin de vin, puis à celui d'arec. Comme je descendais de palanquin et allais m'asseoir, Monsieur et M. Legou s'en allaient à pied du côté du bord de la mer. J'attendis là leur retour. A six heures, Monsieur le Gouverneur rentra chez lui. Aussitôt, j'appelai mon frère et nous allâmes voir Monsieur.

Monsieur fumait, assis, la tête baissée et entouré de sept à huit blancs. Dès que je lui eus fait *salam*, il me demanda : « pourquoi viens-tu ? » Voyant alors mon frère, il se leva et lui dit : « Pourquoi es-tu revenu ici ? » Mon frère lui répondit : « M. d'Espréménil m'a donné l'ordre de faire comme me diraient M. Dulaurens et les autres ; ils ont décidé de venir à Pondichéry et j'y suis venu aussi ». Alors Monsieur demanda : « La conduite de M. de Labourdonnais a-t-elle été bien droite ? » Ne comprenant pas l'insinuation, mon frère dit : « J'ai marché comme il me l'a ordonné », mais voyant que cette réponse ne s'accordait pas avec la pensée de Monsieur, il reprit, sans lui laisser le temps de rien dire : « La conduite qu'il a menée a été approuvée par tous ». Alors, m'appelant, Monsieur alla près du balcon qui est du côté du sud et j'y allai avec lui; aussitôt à l'écart, Monsieur me demanda : « Pourquoi M. de Labourdonnais a-t-il fait arrêter les Conseillers ? » —« C'est dans quelque but », répondis-je. Monsieur me demanda alors : « De combien est la trouvaille (1) de M. de Labourdonnais ? ». Je répondis : « Il paraît qu'elle est d'environ dix lacks de pagodes ! » Me regardant en face, Monsieur reprit : « Qu'est-ce que tu dis là ? Il n'y a que pour trois lacks de pagodes ». Je répliquai : « Il y a même insuffisance dans les dix lacks de pagodes que j'ai dites ». Monsieur répondit : « C'est trop pour prendre et partager; il n'y arriverait pas; il n'y en a pas tant; il dit qu'il les a en mains ». Monsieur avait l'air fâché; je lui dis : « Pardonnez-moi; pourquoi vous étonnez-vous, après avoir dit : la trouvaille de M. de la Villebague est de deux lacks de pagodes ? Il y en a pour quatre-vingt mille (2) au jeune mulâtre André qui est auprès de lui », puis je lui racontai les rumeurs de Madras et il ajouta : « Tu exagères ce que tu dis être la trouvaille du mulâtre André; je l'ai pourtant entendu dire aussi ». Alors, je repris : « S'il en est ainsi du petit domestique qui est près de lui, que ne pourra-t-on dire du maître ? » — « Ce que tu dis est vrai », répondit-il, « va-t-en ». Et là dessus, mon frère et moi nous revînmes à la maison.

Ce soir, il a fait un très grand vent du sud-ouest

Cette nuit, à huit heures, il est arrivé de Madras une lettre de M. de Labourdonnais et une lettre de M. d'Espréménil. Dans ces lettres, il était dit que Madras ne pouvait plus être remis sous l'autorité du Gouverneur de Pondichéry, que M. de Labourdonnais mettrait à Madras un Gouverneur pour l'avoir sous son autorité et qu'il ne le rendrait point aux Anglais. A

---

(1) *Sic.* Le texte porte *agappāḍu* « ce qui est trouvé, rencontré ».
(2) On sait que *lack* veut dire « cent mille » et qu'une pagode vaut trois roupies et demie ou 8 fr. 50 environ.

l'instant, le Conseil fut réuni et dura jusqu'à dix heures et demie. On y prépara des lettres que Monsieur envoya à la poste à onze heures, en ordonnant de les faire partir pour qu'elles soient à Madras le lendemain à deux heures de l'après-midi, en ajoutant que si elles n'étaient pas exactement remises à Madras à l'heure, on donnerait à chacun des pions de la poste quatre-vingt coups de rotin. Puis, Monsieur soupa. A ce moment, M. Avisse, major des soldats des trois navires de France, qui était allé à Madras porter à M. de Labourdonnais ses lettres et qui les lui avait remises, revint avec une lettre de M. de Labourdonnais qu'il remit à Monsieur. Il raconta à Monsieur ce qui se passait là-bas et rentra chez lui à minuit.

Ce que disait la lettre que M. Avisse a portée et ce qui s'est passé au Conseil, on l'ignore.

Si l'on n'avait pas pris Madras, il n'y aurait pas grand mal. On ne finirait pas d'écrire le détail des discussions entre Monsieur et M. de Labourdonnais et les ennuis de Monsieur..

Année Akchaya	1746
Mois d'Aıppiçi	Octobre
3 — samedi	15

La chose qui s'est passée aujourd'hui, c'est que le commandant des soldats arrivés par les trois navires, M. Avisse, qui avait été expédié à Madras auprès de M. de Labourdonnais, est revenu de là hier soir, à minuit, avec une lettre qu'il a remise à Monsieur. Il lui a raconté les affaires. Qu'est-il venu dire ? On ne sait, mais là-dessus le Conseil s'est réuni et il n'avait pas fini de délibérer à midi.....

Dans la lettre qu'il écrivait à Monsieur le 30 *purattâçi* dernier, M. de Labourdonnais disait d'envoyer les officiers et les Conseillers, et qu'il leur remettrait le Fort de Madras, ajoutant : « Nous avons déchiré la convention pour la restitution aux Anglais ». Là dessus, on avait fait retourner M. d'Espréménil et les autres. Cependant, le lendemain,

M. de Labourdonnais écrivit : « J'ai remis (la place aux Anglais) » ; alors le Conseil se réunit de nouveau et lui écrivit : « Qu'avez-vous à agir ainsi? Vous avez fait mal ! » et on lui adressa des représentations sur la justice et l'injustice. Avant que cette lettre lui fût parvenue, le lendemain encore, M. de Labourdonnais écrivait : « Je n'ai pas remis la place aux Anglais; je ne la remettrai pas aux Conseillers de Pondichéry; je ne sais que faire; je ne sais comment tout ceci finira ». Aussi, à onze heures du soir, envoyat-on aux hommes de la poste l'ordre de retenir la lettre que le Conseil avait écrite dans sa séance qui avait duré jusqu'à dix heures.

On n'en finirait pas d'écrire les difficultés que fait M. de Labourdonnais à Monsieur et aux Conseillers. Mais si on voulait les écrire en détail, ce ne serait pas clair; c'est pourquoi j'écris seulement le résumé. Les gens intelligents comprendront.

Année Akchaya	1746
Mois d'Aïppici	Octobre
3 — dimanche	16

Les affaires vues et entendues ce matin sont que, comme M. de Labourdonnais est le chef des trois navires récemment arrivés sous le commandement de M. Dordelin, il leur a écrit de marcher conformément à ses ordres. Ce qu'il a écrit à M. Dordelin et à tous les autres capitaines, c'est ceci : « Il ne faut pas qu'aucun de vous reste dans la rade de Pondichéry au-delà des délais suivants, soit le 21, soit le 25 octobre » ; et il leur prescrit de mettre à la voile à ces dates et de venir le rejoindre. Il a écrit de nouveau le lendemain aux capitaines des navires que, conformément aux ordres du Roi, il ne fallait pas rester au-delà du délai qu'il avait primitivement fixé. Là-dessus, M. Dordelin et les autres capitaines de navires, prenant les ordres qu'ils avaient reçus de la Compagnie et ceux que vient de leur donner M. de Labourdonnais, les ont montrés à M. Dupleix. Celui-ci a dit aux capitaines d'aller faire écrire au greffe la déclaration des ordres que vient de leur envoyer de Madras M. de Labourdonnais. En conséquence, ce matin, ils sont allés au greffe faire leur déclaration, l'ont signée, puis sont venus chez Monsieur. Monsieur dit aussitôt de convoquer le Conseil, puis, une demi-heure après, il dit qu'il ne fallait pas le faire, et, retenant M. Dordelin et les autres, ils discutèrent longuement. On ne sait ce dont ils ont parlé, mais ça se manifestera.

On ne peut comprendre pour quel motif M. de Labourdonnais écrit au Conseil de Pondichéry, aujourd'hui d'une façon et demain d'une autre. Tous les blancs sont avec raison d'accord là dessus. Il écrit tantôt : « J'ai rendu Madras » et tantôt : « Je ne l'ai pas rendu » ; cette incertitude sur ses décisions produit chez les Européens une grande agitation. Les Musulmans et les Tamouls sont du même avis, et jusqu'ici je n'ai entendu dire partout que la même chose. Le fait d'écrire de deux façons différentes, à une demi-heure d'intervalle, est inexplicable ; dire une fois : « Je vais restituer aux Anglais », puis : « Il n'y a pas de traité », rend ses desseins incompréhensibles.

On dit : « Si en France on sait cela, on mettra la corde au cou de M. de Labourdonnais » ; c'est ce que disent à présent tous les blancs. Deux ou trois seulement, qui ont de l'indulgence pour lui, disent qu'arrivé en France, il s'en tirera avec une dépense de quelque argent. Des blancs disent qu'il a tout conduit en raison de l'argent. Mais, comme l'ancien Contrôleur Général, M. Orry, et son frère, M. de Fulvy, qui était à la tête de la Compagnie, ont quitté leurs emplois ; comme le Contrôleur actuel, M. Machault d'Arnouville, et le Directeur actuel de la Compagnie, M. Roulier, ne sont pas hommes à recevoir ainsi de l'argent, M. de Labourdonnais aura du désagrément. On parle ainsi de diverses façons, mais de quelque manière qu'on voie les choses, il y aura de l'ennui pour M. de Labourdonnais, et il ne peut pas ne pas y en avoir à ce qu'il semble. Du reste, on ne peut savoir quelle est la volonté de Dieu.....

Année Akchaya	1746
Mois d'Aïppiçi	Octobre
4 — lundi	17

Ce matin, à huit heures, le Gouverneur ayant convoqué les membres du Conseil, le Conseil s'est réuni à huit heures et demie. A la réunion assistaient M. Dordelin, M. Benoît et tous les autres capitaines des navires d'Europe. Ces capitaines ont déclaré par écrit que, dans quelque rade qu'ils se trouvent, ils obéissent aux ordres du Conseil de ce pays-là et que, puisqu'ils étaient dans la rade de Pondichéry, ils se conformeraient aux ordres du Conseil de Pondichéry (1). De plus, on a nommé M. Paradis commandant de l'expédition à faire à Tellichéry et Anjouan (?). C'est, dit-on, ce qu'a fait le Conseil d'aujourd'hui. Le visage très préoccupé de Monsieur s'est éclairci. Pourquoi? Je ne sais.

A quatre heures de l'après-midi, j'ai reçu des lettres de Candâlaguruvappachetty, de Madras, datées des 30 et 31 purattâçi et du 1er aïppiçi (2). Voici ce qui est raconté dans ces lettres :

Le 30 purattâçi, un sloop anglais est arrivé en courant à Madras. Le Fort et tous les navires qui étaient en rade ont arboré le drapeau anglais, mais dès que le sloop eut mouillé son ancre et filé sa chaîne, ils ont tous mis le drapeau français. Alors, le capitaine du sloop songea à s'échapper, mais on tira sur lui à boulets des navires et le Fort a lancé sur lui un boulet coupant. Puis, des marins sont allés dans deux lances, sont montés sur le sloop et s'en sont emparés. Son

(1) Labourdonnais dit que Dupleix invoquait une prétendue lettre de la Compagnie du 6 octobre 1745 prescrivant aux commandants d'escadre d'exécuter les délibérations des Conseils locaux de gouvernement auxquelles ils auront dû prendre part. Il affirme que M. Orry lui écrivait le 25 novembre 1745 une lettre confirmant au contraire les ordres précédents.

(2) 12, 13 et 14 octobre.

chargement consistait en chanvre, benjoin et soufre, et il n'y en avait que pour trois mille pagodes (1). On dit qu'il était allé porter des vivres aux navires de guerre et qu'il a pris ce chargement à Malacca et à Achem.

En outre, la nuit du jeudi 30 et le matin jusqu'à midi du vendredi 31 (2), il a fait à Madras une violente tempête de vent et de pluie, par suite de laquelle un sloop et le navire *la Marie-Gertrude* sont allés s'échouer à Côvelong ; un navire hollandais, qui était dans la rade de Madras, est allé s'échouer à Méliapour. Quant aux navires de l'escadre de M. de Labourdonnais, on ne sait ni où ils sont allés ni où ils sont passés. On dit que ce qu'on sait, c'est que tous les mâts de pavillon ont été brisés par le milieu en deux et trois morceaux.

Avant cette tempête, on avait embarqué sur les navires quelques objets mobiliers.

On bat le tambour pour M. d'Espréménil comme pour le petit Monsieur et pour M. de Labourdonnais comme pour le grand Monsieur. Après que M. d'Espréménil a été de retour à Madras, M. de Labourdonnais et M. d'Espréménil sont allés ensemble sur la terrasse. Le lendemain, pour quelque affaire, M. d'Espréménil, qui était venu à la maison Gôçabetrés (?), allait et venait chez M. de Labourdonnais dans le Fort, et, aussitôt qu'il avait donné des ordres à Nainiappamodély, on allait visiter tous les magasins des marchands et on enlevait tout. S'ils se plaignaient, M. de Labourdonnais disait : « Nous avons rendu à M. Morse ; allez lui redemander vos affaires (3)». C'est là ce qu'on m'écrit. Avec ces lettres, il en est arrivé pour Monsieur de la part de M. d'Espréménil et de M. de Labourdonnais relativement aux dommages éprouvés par les navires durant la tempête. Mais je ne sais ce qu'elles disent.

(1) Environ 26,000 francs.
(2) Du 12 au 13 octobre.
(3) Labourdonnais voulait, en effet, que les Anglais pussent continuer leurs affaires.

Les trois navires arrivés d'Europe ont porté la nouvelle que la guerre est déclarée avec la Hollande. On a appris de Négapatam que le Gouverneur y a fait battre le tam-tam dans la ville, en disant : « Il y a guerre entre les Français et nous ; tous ceux qui sont dans la ville devront prendre leur argent, leurs meubles et toutes leurs affaires et les mettre dans les endroits qui ont été désignés à l'avance ». En conséquence de cet ordre, tous cachent leurs affaires et l'on fait dans le Fort tous les préparatifs de guerre. C'est ce qu'on écrit de là-bas.

Année Akchaya	1746
Mois d'Aïppiçi	Octobre
5 — mardi	18

Ce matin, j'avais l'intention d'aller au Fort et d'y parler à M. Cornet ; mais, comme je sortais, j'appris que M. le Gouverneur Dupleix avait convoqué les membres du Conseil et les capitaines des navires et je me dirigeai vers le magasin d'arec, avec l'idée d'aller chez Monsieur. Là vinrent Latchoumananaïk, Egambaraayer et d'autres. Monsieur, ayant bu son café, réunit le Conseil. Les capitaines des navires étaient restés dehors. On les fit entrer dans le Conseil qui a délibéré jusqu'à dix heures et demie. Ils ont pris les résolutions suivantes. Il faut, pendant ces temps de pluie et de vent, que les navires aillent hiverner quelque part. Comme le vent n'est pas convenable pour aller dans les parages à l'ouest d'Achem, et comme au Malayâla, à la côte de Malabar, c'est la saison d'été où le vent et la pluie sont finis, on peut aller là. Comme pour y aller, le vent du Nord est favorable, on pourra aller mouiller à Mahé et de là faire les combinaisons pour prendre Anjouan et Tellichéry. Et on a résolu qu'il n'était pas bon d'envoyer des navires en Europe. Demain ou après demain, quand j'aurai bien éclairci la chose, je l'écrirai en détail et c'est pour cela que je laisse de la place.

Ce matin, à dix heures et demie, Monsieur a reçu de Madras, de MM. de Labourdonnais et d'Espréménil, des lettres par la poste. Avec ces lettres, j'en ai reçu aussi une, datée du 2 aïppiçi, de Candâlaguruvappachetty. Il m'y écrit : « Parmi les navires de France, *le Bourbon* est allé se briser à la troisième vague de la barre à Côvelong et s'en va planche par planche. Les quelques chargements qu'il y avait à bord ont été tous enlevés par les gens de Côvelong et, pour ce motif, M. de Labourdonnais a envoyé à Côvelong M. de Sartines et cent soldats. Je vous ai annoncé, dans une lettre précédente, l'échouement à Côvelong de *la Marie-Gertrude* et d'un sloop. On dit qu'il y avait aussi du chargement. C'est pourquoi M. de Labourdonnais a quitté l'assurance qu'il avait auparavant et on ne finirait pas d'écrire son inquiétude. Aucun des autres navires n'est encore revenu en rade. Je vous écrirai ce qui arrivera »…..

Ici, on dit que M. de Labourdonnais s'est beaucoup humilié et qu'il a écrit avec respect au Gouverneur ; qu'il a dit qu'il ferait marcher les choses suivant ses intentions et qu'il fallait que ça aille comme celui-ci avait écrit. C'est ce qu'a dit M. Miran. Mais il me semble que Dieu a voulu réfréner l'orgueil de M. de Labourdonnais ; il a suscité cette tempête et a causé des dommages aux navires pour faire comparaître et perdre, en France et ici, les coupables. Tout le monde du reste dit de même que Dieu lui donnera encore bien des tourments pour sa perfidie et sa trahison…….

Année Akchaya	1746
Mois d'Aïppiçi	Octobre
6 — mercredi	19

Voici ce qui s'est passé de remarquable aujourd'hui. Le Conseil s'est réuni à huit heures et a répondu à la lettre de M. de Labourdonnais arrivée hier soir à onze heures. Quelle est cette affaire ? Je n'en sais rien ; je l'écrirais quand je le saurai.

J'ai reçu aujourd'hui à midi une lettre de Candâlaguruvappachetty envoyée avant hier 4. Voici ce qu'il m'y raconte :

Avant la tempête, il y avait dans la rade de Madras les bâtiments suivants : *le Bourbon, l'Achille, le Neptune, le Phénix, le duc d'Orléans*, puis *la Marie-Gertrude,* puis le navire *la Princesse-Marie* pris au mouillage de Madras, soit en tout sept navires; il y avait en outre le sloop anglais qu'on avait pris quatre jours auparavant, un sloop du pays et quelques *donis* et *champans* (1), six à sept. Après qu'ils eurent quitté la rade à cause de cette tempête, le navire *le Neptune* est revenu dans la rade, hier, dans l'après-midi. Puis sont rentrés *le Bourbon, le Neptune, l'Achille, la Princesse-Marie* et deux donis, soit en tout cinq à six bâtiments. Les navires rentrés ont leurs mâts et leurs gouvernails brisés; ils ont jeté à la mer beaucoup de canons et toutes leurs munitions et sont revenus (rasés) comme des crânes. Il n'y a pas eu de dommages dans leur chargement. Il n'y avait pas de chargement dans les navires brisés qui étaient vides. Les marchandises qui étaient sur *le Neptune* et sur le navire anglais *la Princesse-Marie* n'ont pas eu de mal. Les noms des navires brisés sont : *le duc d'Orléans, le Phénix, la Marie-Gertrude,* le sloop du pays, le sloop pris des mains des Anglais il y a quatre jours, soit cinq en tout. M. de Labourdonnais va envoyer les navires restant à Goa, mais à la fin du mois de Tai (2) il partira avec eux pour l'Europe. Dans l'échouage des trois navires, depuis Côvelong jusqu'à Méliapour, la perte en hommes s'est élevée, dit-on, à deux mille. C'est ce qu'a rapporté un homme arrivé du lieu même de l'accident. La perte est également considérable sur les navires du pays (3).

(1) Proprement *çampân,* petit navire du pays.
(2) Janvier-février.
(3) M. Labourdonnais raconte qu'il avait fait très beau le 13 octobre, mais que, dans la nuit suivante, il s'éleva un ouragan terrible qui dispersa et fracassa tous les vaisseaux de l'escadre. *L'Achille* était à une lieue de terre entièrement démâté ; *le Bourbon* était en plus grand danger ; *le Phénix* avait disparu ; *la Marie-Gertrude* était échouée et il ne s'en était sauvé que quatorze hommes ; *le Duc d'Orléans* avait entièrement péri corps et biens, à six lieues au large; *la Princesse Marie* et *le Neptune* étaient démâtés. De plus, deux

Année Akchaya	1746
Mois d'Aıppiçi	Octobre
7 — jeudi	20

Je voulais écrire aujourd'hui ce qui est relatif à la lettre de M. de Labourdonnais arrivée cette nuit à onze heures et ce qui s'est passé au Conseil d'hier. M. Panon est venu au magasin d'arec et m'a dit ce qui suit : « dans la lettre qu'il a écrite, M. de Labourdonnais dit qu'il va remettre le Fort de Madras à M. d'Esprémenil et aux autres et il dit d'envoyer les gens propres pour faire le service ; il ajoute qu'il faudra rendre le Fort aux Anglais à la fin du mois de Mâçi (1) et qu'il faut y faire tout ce qui est nécessaire. Aussi, pour toutes ces affaires, le Conseil nous a désigné hier M. Barthélemy, M. Bruyère, M. Gosse, M. Laselle, M. Panon, M. Desfrennes et d'autres, et on nous a dit de partir aujourd'hui. » Je lui ai demandé : « M. le Gouverneur a-t-il consenti à ce qu'on rende le Fort aux Anglais à la fin de Mâci ? — On le dit, pour le moment ; mais je ne sais comment iront les choses désormais »....

J'allai chez Monsieur, mais on me dit qu'il était au Conseil et que ça durerait quatre heures, et je vins m'asseoir dans le magasin d'arec. Il me sembla que ce Conseil s'occupait des lettres à écrire en France, des comptes à envoyer, des navires à expédier à Mascareigne après-demain, des marchandises à embarquer, etc., etc.....

Aujourd'hui, à quatre heures de l'après-midi, le Conseil s'est réuni et a décidé le départ de MM. Bruyère, Barthélemy, Desfrennes, Gosse, le Conseiller nouvellement arrivé, et leur a assigné à chacun leur emploi. Ils sont partis à cinq heures et demie. M. de Labourdonnais remettra le Fort à M. d'Espré-

---

bots, un brigantin anglais pris le 12 octobre, un navire hollandais, deux navires anglais qui avaient passés au large et vingt à vingt à vingt-cinq embarcations étaient « péris à la côte, corps et biens ».

(1) Février-mars.

ménil dans cinq à six jours et se prépare à aller avec les navires hiverner à Goa, à ce que m'a dit M. Miran. Comme je lui demandai : « de quelle nature est la convention avec les Anglais? » Il me dit : « C'est une vente, c'est une vente! On doit leur remettre la place au bout de six mois, s'ils paient onze lacks de pagodes; sinon, ce sera fini. On ôtera toutes les commodités qui sont dans le Fort ». — « Mais », repris-je, « puisqu'on ne peut donner, n'est-ce pas, que de l'argent arrivé d'Europe, si vos navires voient arriver les leurs et les prennent, adieu l'argent! ainsi, ils ne pourront ni recevoir ni envoyer aucun argent, et vous n'aurez aucune raison pour leur rendre le Fort! » — Il me répondit : « Les Anglais ont ainsi opéré en Europe l'an dernier; aussi il n'y a pas grand mal à avoir ce traité ». Voilà ce que m'a dit M. Miran et il a ajouté que Monsieur a retenu seulement M. Panon.

J'ai reçu ce soir une lettre que m'a écrite le 7 Candâlaguruvappachetty. Il m'y rapporte que M. d'Espréménil a dit à son dobachi Candappa que M. de Labourdonnais allait partir pour Goa dans cinq à six jours et qu'il lui remettrait le Fort; en conséquence, il lui a ordonné de préparer toutes ses affaires de table.....

Aujourd'hui, un navire est parti pour Madras. On dit qu'il y va chercher les objets qu'on a tirés des navires brisés.....

Année Akchaya	1746
Mois d'Aıppiçi	Octobre
8 — vendredi	21

Aujourd'hui, je suis demeuré dans le magasin d'arec sans aller chez Monsieur. Si l'on demande pourquoi, c'est parce que le Gouverneur, après avoir dormi jusqu'à huit heures et demie, a réuni alors le Conseil, puis s'est retiré dans sa chambre où il s'est mis à écrire des lettres. Aussi, suis-je resté dans le magasin d'arec. Pendant que j'étais là, arrriva le nommé Naïniappa (1), dobachi (2) porte-parasol, qui était chez MM. de Labourdonnais et de la Villebague, à Madras. Après lui avoir dit : « Quand êtes-vous venu ? » je lui demandai : « Comment vont MM. de Labourdonnais et de la Villebague ? » Alors, il me raconta la tempête arrivée à Madras, les dommages qui en avaient été la conséquence, ainsi que je l'ai écrit auparavant ; puis il me dit la résolution prise au sujet de Madras et ajouta : « On m'envoie pour prendre et emballer les affaires que vous avez préparées pour M. de Labourdonnais ». — « C'est bien » lui dis-je.....

Année Akchaya	1746
Mois d'Aïppici	Octobre
9 — samedi	22

Ce matin, comme j'étais allé chez M. Dubois, il me dit : « M. de la Villebague m'a écrit pour me faire son procureur et il a chargé Naïniappa d'emballer ici ses meubles, ses effets, son argent, etc. », et il ajouta : « Voici pour toi une lettre qui te demande de me remettre tout ce qui t'a été commandé »..... Il me dit aussi : « Il faut donner à M. de Rostaing des toiles bleues ».....

Comme je revenais au magasin d'arec à neuf heures et demie, le Gouverneur réunissait le Conseil pour revoir les lettres qu'il écrivait en France, les signer, revoir et signer tous les comptes qu'on voulait expédier le lendemain ; puis, le Conseil terminé, tous s'en revinrent chez eux.

Comme c'est aujourd'hui la nouvelle lune ; que, dès que le grand vent et la pluie avaient commencé le 1er aïppici, le vent du sud-est a repris et a duré jusqu'à ce jour et qu'il a tourné au nord ; que les gros nuages s'amoncellent et que

(1) Ce Naïniappa avait quitté Pondichéry pendant le siège de 1748. Dupleix lui fit confisquer sa maison et le fit prendre ensuite par des soldats dans les terres et ramener en ville, puis il fut tenu en prison, comme témoin dans l'affaire de la Villebague et Desjardins.

(2) Homme de confiance, intendant ; proprement « interprète, homme qui sait deux langues », *dô-báchî*.

le vent prend de la force, à midi le Gouverneur fait dire aux capitaines des navires de monter à bord et il les y fit aller à l'instant même.

Dans le Conseil de ce matin, comme je l'ai écrit, on s'est occupé des lettres et des comptes à envoyer en Europe et à Mascareigne ; mais on a ordonné aussi aux trois navires arrivés avec *le Centaure*, commandé par M. Dordelin, d'aller hiverner à Achem, de réclamer du roi d'Achem l'argent et les marchandises dues aux Français, de lui demander réparation pour les prises faites dans son port par les escadres de MM. Barrett et Peyton, et de lui faire la guerre s'il refuse (1). En voyant les nuages s'amonceler et le vent se renforcer, tous les capitaines se sont embarqués et les trois navires vont partir demain pour Achem. C'est ce que me disait M. de Bury. Je lui demandai : « Vous n'allez pas à Mascareigne? » Il me répondit : « L'un des navires de l'escadre de M. de Labourdonnais, *la Renommée*, va à Mascareigne ».....

Aujourd'hui, dès que le soleil fut couché, il m'est arrivé de Madras deux lettres de Candâlaguruvappachetty, où il me dit : « Comme il y avait entre les mains de M. Morse, Gouverneur, cinq ballots de soie de mille *maṇangu* (2) ; que là-dessus Lâlcibettei et Andichettysinnapachetty ont acheté trois cents *maṇangu* pour le prix de trente et une pagodes ; qu'on a fixé un terme de six mois ; que le petit capitaine, M. Manson (?), en a vendu aussi cinquante pour le même terme et au même prix ; ils ont attendu. Le délai se passant, ils sont allés demander à M. Morse ; il leur a répondu qu'il leur enverrait ayant pris les ordres de M. de Labourdonnais.

---

(1) Labourdonnais dit qu'on avait commencé par retirer 400 hommes des navires, puis qu'on les expédia avec des ordres cachetés que les capitaines ne devaient ouvrir qu'en pleine mer. Ces ordres étaient bien ceux rapportés par Ananda. Les capitaines envoyèrent des représentations au Conseil de Pondichéry qui persista ; alors ils résolurent d'aller trouver Labourdonnais, mais ils le rencontrèrent en mer le 26 octobre.

(2) Un *maṇangu* pèse, à Madras, 11 k. 325 gr.

L'affaire a été ainsi manquée, car il semble que M. de Labourdonnais va partir en la laissant de côté.....

Année Akchaya	1746
Mois d'Aïppici	Octobre
10 — dimanche	23

Comme c'est dimanche, Monsieur est allé à l'église et est revenu chez lui à huit heures. Je n'ai appris rien autre chose de remarquable. Je suis resté au magasin d'arec jusqu'à midi, puis je suis rentré chez moi. Après avoir dormi, je suis allé l'après-midi au magasin et j'ai fait des paquets pour M. de Labourdonnais et pour M. d'Espréménil.....

Dans une lettre que j'ai reçue de Guruvappachetty, il me dit que les marchands de Madras sont inquiets sur leurs affaires, M. Morse les renvoyant à M. de Labourdonnais.....

M. de Labourdonnais s'embarquera dans trois ou quatre jours, et, en s'embarquant, il remettra le commandement à M. d'Espréménil.....

Les nuages et le vent qu'il y avait hier ont cessé et le soleil est ardent; ce soir, il y a eu des éclairs, des nuages, du tonnerre, mais il n'y a pas apparence de pluie, parce que le vent du nord ne tient pas et tourne à l'ouest.

Année Akckaya	1746
Mois d'Aïppici	Octobre
11 — lundi	24

Ce matin, comme le temps était couvert, Monsieur est resté en bonnet, en robe de chambre et avec les longs caleçons qu'il met pour se coucher. Il est monté en palanquin et s'est fait conduire à la petite porte qui est au bout de la rue des chettys à bord de la mer et de là est allé aux chelingues qui se rendent à bord des navires. Il les a pressées vivement. Puis il est venu à la douane et a choisi des mâts et des vergues, notamment pour *le Bourbon* qui avait eu les siens brisés par la tempête à Madras. Puis, il est revenu chez lui.

Pendant ce temps, j'étais au magasin d'arec. On vient m'y chercher de la part de M. Dubois et de M. de Rostaing qui étaient venus à mon magasin de toiles...

Aujourd'hui, à midi, il m'est arrivé de Madras une lettre écrite le 8 par Candâlaguruvappachetty. Voici ce qu'il me dit : « Si l'on demande quel événement s'est passé à Madras le 8 au soir, c'est ce qui suit : M. Morse et les Conseillers de Madras sont venus chez M. de Labourdonnais ; ils ont signé et lui ont remis tous les billets, traites, etc., pour l'argent qu'ils devront payer ; après cela, M. de Labourdonnais a signé un engagement pour le prix de la vente du Fort qu'il leur faisait ; il a signé toutes les conventions dont on parlait et les leur a remises. Quand ils ont eu signé tout cela, ils ont fait l'échange de leurs papiers de la main à la main et on a tiré vingt et un coups de canon en signe de joie. Pendant qu'on rédigeait ces conventions, on n'avait point fait venir M. d'Espréménil. Si on l'avait appelé, il ne serait pas venu (1)... Il faudrait savoir l'intention qu'a Monsieur sur cette affaire après le départ de M. de Labourdonnais ».

Année Akchaya	1746
Mois d'Aïppiçi	Octobre
12 — mardi	25

Aujourd'hui, à neuf heures du matin, il est venu pour Monsieur par un courrier une lettre de Madras. Avec cela, il en est arrivé trois que m'écrit Guruvapachetty, une du 9 et deux du 10. Voici ce que disent ces lettres :

Il y a eu un repas pour M. de Labourdonnais et pour les Anglais ; puis M. de Labourdonnais a dîné avec M. d'Espréménil ; et, à quatre heures du soir, heure du pays, il a mon-

(1) Labourdonnais avait obtenu du Conseil de Pondichéry une sorte d'engagement de mettre à exécution « plus tard » le traité de rançon. Les Anglais avaient accepté les modifications ainsi apportées au traité primitif.

tré à M. d'Espréménil les lettres et le traité conclu avec les Anglais. Le lendemain matin, dimanche 10 (1), il a remis le Fort à M. d'Espréménil ; on a tiré vingt et un coups de canon : depuis cette après-midi, M. d'Espréménil exerce l'autorité et déjà deux fois les Anglais lui ont offert des repas.

Guruvappa m'a écrit encore d'autres choses et, comme ces lettres sont en télinga, je les écris ci-après.

(La page est restée en blanc).

....

Le navire *le Bourbon* est venu mouiller en rade et il a tiré onze coups de canon. Dans le Fort aussi, on a tiré onze coups. On dit que *le Neptune* le suit de près.....

On a débarqué vingt-cinq soldats anglais qui étaient sur *le Bourbon* et on les a conduits à l'hôpital, à ce qu'on m'a dit.

Des soldats anglais arrivaient de Madras par la route du rivage. Des soldats de notre ville sont allés les faire prisonniers ; ils ont dit qu'ils avaient des passeports de M. de Labourdonnais ; on leur a répondu, à ce qui m'a été rapporté, de s'en torcher le c.. .....

Année Akchaya   1745
Mois d'Aippiçi   Octobre
13 — mercredi   26

Ce matin le Conseil s'est réuni.

Monsieur m'a fait venir et m'a dit que le fils du Nabâb Anaverdikhân d'Arcate, Mâfouzkhân, avait envoyé, pour affirmer ses prétentions sur Madras, quelques cavaliers qui sont descendus à Méliapour et aux environs.....

Nous restâmes ainsi deux heures à causer sur les nouvelles d'Arcate, sur la conduite de M. de Labourdonnais à Madras et sur l'argent qu'il y avait enlevé (2).....

---

(1) Correspondant au 23 octobre. Labourdonnais partit le même jour pour Pondichéry « par un temps affreux ».
(2) Le ms. ne donne aucun détail.

Aujourd'hui, à la nuit, on a expédié pour Mascareigne, en lui donnant les lettres pour la France, le navire *Sumatra* pris aux Anglais comme il venait de Bengale.

Année Akchaya	1746
Mois d'Aıppici	Octobre
14 — jeudi	27

. . . .

La nouvelle qui est arrivée ce soir, c'est que les cinq navires qui avaient mis à la voile soi-disant pour aller à Achem ont rencontré M. de Labourdonnais qui venait de Madras. Et lui, ayant fait la revue des deux navires qui venaient derrière lui et de ces cinq-là, tous les cinq sont venus mouiller droit en face de Vîrampatnam. C'est ce que m'a rapporté un pion de Monsieur.

Année Akchaya	1746
Mois d'Aıppici	Octobre
15 — vendredi	28

Ce matin, quand je suis allé chez le Gouverneur, il était arrivé un courrier de Madras. Les Musulmans se sont établis à Vaṇṇanturei et ont battu celui qui occupait l'endroit. La lettre parlait de plus des vexations exercées par les cavaliers qui étaient arrivés. En outre, à cause de l'idée de M. de Labourdonnais d'empêcher les navires d'aller à Achem, comme l'avait prescrit le Conseil de Pondichéry et à cause d'une lettre de M. Dordelin et des autres capitaines qui rapportaient que M. de Labourdonnais leur avait ordonné de le suivre, le Conseil s'est réuni. Quand le Conseil eut été terminé, Monsieur est allé à l'église, puis il a pris du café et a de nouveau réuni le Conseil jusqu'à midi. Après cette réunion, on a envoyé des lettres à Madras et aux navires.....

Aujourd'hui, sur *l'Achille*, vaisseau de M. de Labourdonnais, on a tiré quinze coups de canon. M. de Labourdonnais n'est point descendu à terre, mais il a fait embarquer par des cafres ses meubles et ses affaires (1) et tout ce qui appartenait aux marins.

Année Akchaya	1746
Mois d'Aippici	Octobre
16 — samedi	29

Ce matin, à cinq heures, sur une barque sont arrivés M. d'Espréménil qui était commandant à Madras et M. Gottler (?) qui était à Kaḍeikkarei. Comme je me demandais pour quelle affaire ils venaient, est arrivé Candappa, le dobachi de M. d'Espréménil. Je lui demandai : « Pour quelle raison M. d'Espréménil est-il revenu? « Il me répondit : « M. le Gouverneur Dupleix lui a écrit de Pondichéry de venir; cette lettre est arrivée à dix heures du soir; aussitôt, il a fait préparer un *dôni*, y est monté et nous sommes arrivés ici avant le jour; en partant nous avons remis le Fort à M. Barthélemy »........

Ce matin, M. d'Espréménil, qui arrive de Madras, a vu Monsieur, lui a parlé, puis est allé chez lui. Alors on a réuni le Conseil. On a délibéré sur les projets des Musulmans sur Madras et sur les ordres donnés par M. de Labourdonnais aux trois navires venus ici avec celui de M. Dordelin; il a empêché *le Lys* et *le Saint-Louis* d'aller à Achem et leur a dit de venir avec lui à Goa. Ils ont répondu : « Nous devons suivre les ordres du Conseil de Pondichéry ». Il a répliqué : « Vou-

---

(1) Labourdonnais dit qu'on les lui avait envoyées de Madras, dans deux chelingues. On remarquera qu'Ananda ne parle pas du départ de Labourdonnais qui eut lieu le 29 octobre. Il ne descendit pas à terre, mais échangea une correspondance assez vive avec le Conseil de Pondichéry. Il finit par céder à la combinaison adoptée par le Conseil et fit route pour Achem avec *le Centaure, le Mars, le Saint-Louis, le Brillant, l'Achille, le Sumatra* et *le Lys*. Ces trois derniers, en mauvais état, ne purent suivre les autres et durent se retirer « aux îles » (Bourbon et l'Ile de France) où Labourdonnais arriva le 10 décembre. Les quatre autres navires, après avoir passé quelque temps à Achem, revinrent à la côte de Coromandel où ils ne purent être utilisés pour la guerre. *Le Saint-Louis* fut forcé de s'échouer; *le Neptune* fut brûlé sous le canon de Madras.

lez-vous marcher conformément aux instructions des Ministres qui mettent sous mes ordres tous les navires de la Compagnie? » et il a fait venir et réuni en conseil sur son navire tous les capitaines. Ils ont dit alors : « Conformément aux ordres des Ministres, nous exécuterons vos commandements ». Il a écrit ensuite au Conseil de Pondichéry qu'il allait à Goa. Le Conseil a répondu : « Faites comme vous voulez; nous allons écrire en France ». Et ils ont écrit.....

Année Akchaya	1746
Mois d'Aıppiçi	Octobre
17 — dimanche	30

Ce matin, au point du jour, entre cinq et six heures, est parti pour Madras M. Paradis qu'on en a fait le commandant. Avec lui sont partis trois cents blancs et deux cents topas et cipayes de Mahé, avec dix chevaux, dont trois à la Compagnie et sept achetés à des Tamouls. Sont partis aussi Krirâcipandita pour parler avec les Musulmans à l'occasion et un *kâyath* (1) pour écrire au besoin des lettres en persan.....

Année Akchaya	1746
Mois d'Aïppiçi	Novembre
19 — mardi	1er

Ce matin, comme j'allai chez Monsieur, il était arrivé des lettres de l'Avaldar de Méliapour et de Pîrçâdâdastriçâhib. Voici ce qu'il y avait d'écrit dans la lettre de l'Avaldar : « Auparavant, Méliapour était sous mon commandement; mais, il y a quelques jours, est arrivé un Djémédâr, appelé Mîrzâ Adi-açibey, avec deux cents chevaux. Depuis dix à douze jours, il fait beaucoup de mouvements. Il a fait prendre votre homme. Mafouzkhan arrive avec une forte armée. Dans ces circonstances, que dois-je faire? Il n'y a aucune faute de

---

(1) Comptable musulman, écrivain calligraphe

ma part ». Dans la lettre de Dastagiriçâhib était écrit : « J'ai quitté ce monde et me suis retiré dans un coin; je ne connaîtrai rien à ces embarras ». Je lus ces lettres et allai le dire à Monsieur; il fut troublé de ce qu'on annonçait l'arrivée de Mafouzkhan avec une grande armée. Là-dessus, il me dit : « Le pion de la poste rapporte qu'il vient de Dêvanâmpatnam quatre mille hommes qui marchent sur Madras : il y aurait parmi eux quelques topas, quelques blancs, quelques pions tamouls et d'autres de diverses espèces; mais cette nouvelle est fausse » et, se mettant en colère, il ordonna de couper les oreilles et de donner cent coups (de rotin) au pion de la poste. « S'il passe deux ou trois cents hommes dans la rue, on dit qu'il y en a quatre mille ! » ajouta Monsieur.......

Puis, Monsieur me fit appeler et me dit d'écrire une lettre à Mafouzkhan. Si on demande ce que contenait cette lettre, le voici : « Vous nous avez offensé en donnant l'ordre de battre nos hommes et en disant que vous prendriez ceux que vous trouveriez. Ceci n'est pas bien. Comme je suis votre frère, je dis que vous n'êtes pas coupable de cela. Il y a, à Pondichéry et à Madras, beaucoup de gens de votre famille. Si l'on fait là-bas quelque chose à nos trois hommes, il arrivera du dommage à nos milliers de Musulmans. Il faut que vous empêchiez d'une façon quelconque que le sang coule. Vous allez prendre et envoyer à Madras le djémédar qui a pris ces trois hommes; si en même temps vous envoyez près de moi des hommes avec explications convenables, ça sera bien »......

Année Akchaya	1746
Mois d'Aïppiçi	Novembre
20 — mercredi	2

Ce matin est arrivé Vengadaçalaaya. Son beau-frère est arrivé de Kândjipuram. Il rapporte que mercredi, dans l'après-midi, l'armée de Mafouzkhan, composée de quatre cents cavaliers, un millier de fantassins, quatre ou cinq canons, et sept, huit ou dix éléphants, est arrivée au-delà de Kândjipuram. En outre, il est descendu à la chauderie des chettys et a envoyé l'ordre aux paléagars et aux gilédars (1) de réunir leurs hommes et de se porter sur Méliapour. Il dit que demain, quittant cet endroit, il descendra sur Madras......

Année Akchaya	1746
Mois d'Aıppiçi	Novembre
22 — vendredi	4

. . . .

Aujourd'hui, à cinq heures, on m'apporta bien arrangés dans deux plateaux, les présents de la femme de Dostralikhan pour Monsieur : deux colliers avec le joyau du milieu qui était vert pour l'un et rouge pour l'autre, deux colliers de perles enfilées dans un fil d'or, un *ôḍali*, un *attalân*, deux *palâppandi*, un *mugarichabâgei*, un bijou long pour suspendre au collier de perles. Tout cela valait environ mille roupies ; peut-être une cinquantaine de roupies en plus ou en moins (2). Je donnai l'ordre au Naïnard de réunir les bayadèreset les instruments pour porter cela chez Monsieur ; il le fit et nous apportâmes à la maison de Monsieur les bijoux et les étoffes dans les deux plateaux qui avaient servi auparavant pour la fille de Chandâçahib, en grande pompe : les plateaux étaient dans le palanquin de Monsieur et autour il y avait les Soubédars, les drapeaux, les pions de la Compagnie et un commandant. Monsieur vint au-devant et les reçut. Comme on les mettait devant lui, on tira vingt et un coups de canon. Monsieur adressa des paroles de compliments à Râguvapandita qui était venu avec ces objets, lui fit don-

---

(1) Les paléagars sont proprement les petits chefs locaux, feudataires du souverain (Tamoul, *pâleiyakkâra* « homme du camp, du district »). Les *gilédars* (pers. *zilahdâr*), sont les chefs des districts nommés directement par le souverain.

(2) 125 à 150 francs.

ner de l'arec, du bétel, des eaux de senteur; puis montant à cheval, il alla se promener au bord de la mer.

Au moment où il venait de partir à cheval, arriva de Madras, sur un *cattimaram*, une lettre de M. Barthélemy. Voici ce qui y était dit :

Mafouzkhan a mis sa tente au bord de la mer à Nangambâkkam; son armée a abattu le jardin du capitaine. Afin de voir ce que faisaient les soldats musulmans qui avaient été envoyés pour abattre le banc de sable de la rivière (1), nous envoyâmes des cipayes de Mahé, avec ordre de ne tirer qu'à poudre, sans mettre de balles dans les fusils, et de les chasser ainsi (2). En même temps, pour empêcher que les Musulmans qui étaient dans le jardin du capitaine ne vinssent par ici, on fit descendre M. de La Tour avec deux cents soldats et cinquante cipayes de Mahé, pour les arrêter. Ces dispositions prises, les cipayes de Mahé qui étaient parvenus jusqu'au banc de sable tirèrent à poudre, sans mettre de balles dans leurs fusils, sur les Musulmans qui était à détruire le barrage et ceux-ci prirent la fuite. Mais s'étant aperçus que les fusils n'étaient pas chargés à balle, ils revinrent et reprirent leur travail. On tira de nouveau sur eux, toujours à poudre, mais ils ne se retirèrent pas. On vint rapporter cette nouvelle à M. Barthélemy; il pensa : « Nous ne pouvons les combattre, s'ils ne nous attaquent », et il les laissa détruire le barrage (3); mais, de grand matin, à cinq heures, l'armée musulmane s'approcha du Fort et quelques hommes parurent à l'angle. Quand on les vit, on tira deux coups de canon à poudre. M. de La Tour, qui était sorti avec deux cents soldats et cin-

---

(1) Ce banc de sable, barrant le *Muttâru* (petit cours d'eau qui alimentait les fossés de la place), était très utile à la défense.

(2) Labourdonnais dit que, réduites à leurs seules forces, les garnisons de Pondichéry et de Madras n'auraient compris que 586 français ; mais qu'elles s'élevèrent à plus de 3,000 parce qu'on avait débarqué beaucoup d'hommes des vaisseaux et parce qu'il avait dû laisser a terre 900 soldats européens et 300 cafres « devenus excellents soldats ».

(3) Ce qui fit baisser de moitié le niveau de l'eau des fossés.

quante cipayes de Mahé (1), pensa que c'était un signal qu'on lui faisait d'attaquer et tomba sur les troupes qui occupaient le jardin du capitaine et le territoire à l'ouest du jardin. Le matin d'avant-hier mercredi, ils leur tirèrent des coups de fusil et leur lancèrent des grenades. Comprenant que l'action était engagée, les hommes du Fort tirèrent une volée de canons les uns à poudre, les autres chargés à boulets. A peine eurent-ils tiré que des gens qui étaient descendus dans le jardin du capitaine et dans la pagode qui est derrière, les uns furent blessés au pied, d'autres à la tête, d'autres sautèrent sur des chevaux sans selle, d'autres se retirèrent tranquillement; des chevaux furent tués ; en un mot, l'armée des Musulmans fut battue de toute façon et prit la fuite. Alors, Mafouzkhan monta sur un éléphant et s'en alla dans les bois auprès de son camp. Pendant que les Musulmans fuyaient, les Français les poursuivirent jusqu'à cinq milles de distance. Les Français ont ramassé les meubles, effets, etc. qu'il y avait dans le camp des musulmans ainsi que ce qu'ils avaient déposé dans une pagode d'Içvara (2) et ils y ont mis le feu.

Monsieur m'envoya chercher, comme j'arrivai chez moi après six heures, et me raconta tout cela avec joie. Je lui dis : « Votre habileté est néfaste pour les ennemis qui surviennent ! »........

Année Akchaya	1746
Mois d'Aïppici	Novembre
24 — dimanche	6

Ce matin, lorsque Monsieur eut été à l'église et en fut revenu, il réunit le Conseil avec les principaux des blancs. Il y convoqua aussi trois Pères de l'Église... Si l'on demande

---

(1) Dans une lettre à son frère, conforme en général au récit d'Ananda, Mahé de la Villebague dit « 400 hommes et deux pièces de campagne ».
(2) Çiva.

dans quel but a été réuni ce Conseil, c'est parce que les affaires conduites par M. de Labourdonnais à Madras étaient contraires à la justice, qu'il y avait même un peu de trahison ; si l'on considère, en effet, les faveurs qu'il a faites aux ennemis, c'est-à-dire aux Anglais, c'est une chose fâcheuse pour la supériorité et pour la gloire des Français dans ces royaumes musulmans. Aussi les chefs des blancs ont fait une pétition pour faire annuler les arrangements pris par M. de Labourdonnais avec les Anglais à Madras et c'est pour examiner cette affaire que le Conseil a été réuni. Les blancs disent qu'on a décidé, conformément à cette pétition, qu'on ne tiendraitpas compte des arrangements pris par M. de Labourdonnais (1).

....

Année Akchaya	1746
Mois d'Aïppiçi	Novembre
25 — lundi	7

....

Comme je venais de manger et me lavais les mains, un pion de Monsieur vint me chercher. « Est-il venu des lettres de Madras? » demandai-je. « Oui », me répondit-il. J'arrivai chez Monsieur à deux heures. Dès que je fus entré, il me dit :

« Il est arrivé une bonne nouvelle de Madras. Avant que M. Paradis, suivant la rivière, fût arrivé à Méliapour, tout près de là, Mafouzkhan avait disposé son armée autour du Bangalow (2) qui est sur le rivage de la mer ; il l'avait partagée en quatre corps dans cet ordre : fusiliers, soldats à l'arme

---

(1) La délibération qui déclare nul le traité de rançon est datée du 7 novembre ; elle est signée : « Dupleix, d'Espréménil, Dulaurens, Miran, Guillard, Le Maire, Bonneau ». Elle fut lue publiquement à Madras et notifiée aux Anglais le 10 novembre 1745.

(2) *Hind. Bangalá* ou *Banglá*, proprement « maison à l'usage des Européens » et par extension hôtellerie gratuite où les voyageurs ne trouvent que le logement.

blanche, canonniers. M. Paradis s'approcha d'eux en se dissimulant derrière les palmiers et partagea aussi les soldats et les cipayes de Mahé qu'il conduisait en quatre troupes auxquelles il donna l'ordre d'attaquer les quatre corps de l'armée ennemie et il s'élança lui-même sur le plus rapproché. A ce moment, de l'armée musulmane trois rangs de fusiliers et quatre canons tirèrent, mais cette décharge, sans atteindre les Français, tomba dans la rivière et dans la mer. Alors, les blancs firent une décharge de leurs fusils qui fit tomber morts beaucoup de gens. Alors, jetant leurs armes en désordre et tournant la tête, beaucoup s'enfuirent, et il y en a qui tombèrent morts en fuyant. Éprouvant ainsi du dommage, Mafouzkhan se mit aussi à courir à pied et, montant sur son éléphant, arriva avec ses hommes à Kandattûr. D'autres se précipitèrent en masse à Méliapour comme des mouches, des corbeaux ou des oiseaux. M. Paradis, après être resté là un moment, ordonna aux soldats blancs et aux cipayes de Mahé d'aller prendre toute la bande. Ils y allèrent et se dirigèrent ensuite sur Madras. En chemin, ils rencontrèrent, près de Tiruvallikêni, M. de La Tour, avec trois cents soldats et cents cipayes de Mahé (1), et, les ramenant avec eux, ils arrivèrent tous à Madras. Leurs prises se montent, à ce qu'ils disent, à trente chameaux, soixante ou soixante-dix buffles et quarante à cinquante chevaux. Dans les paquets que portaient les chameaux, il y avait des toiles, des vivres, des objets mobiliers, une petite quantité de pagodes et de roupies ». Puis Monsieur reprit en colère : « Ce qui est bien conduit aboutit au succès. Ils sont venus de Madras rejoindre l'armée. S'ils n'étaient pas venus à quatre milles en avant, il aurait pu y avoir de la perte ! » Alors je dis : « C'est assez jusqu'à présent, désormais (les Musulmans) ne feront plus ce qui leur passera par la tête. C'est déjà trop ; il ne le faut plus. Mais vous avez dit que

---

(1) M. de la Tour avait été envoyé par M. Barthélemy au devant de M. Paradis. Mahé de la Villebague dit qu'il resta à Méliapour et que ses soldats pillèrent la ville.

deux cipayes de Mahé ont été blessés parmi les nôtres et qu'aucun autre homme n'a reçu même une piqure d'épine. N'est-ce pas par suite de votre bonté que, tandis que deux ou trois cents des ennemis sont tués, aucun des nôtres ne meurt? Dieu vous comble de sa faveur et de ses grâces. La gloire d'avoir mis en fuite le Nabâb vous a été réservée par Dieu même ; car si la victoire remportée à Madras est l'œuvre de votre esprit, celle-ci n'avait pas été prévue par vous et vient de Dieu seul », et je continuai à lui prodiguer des louanges.

Madame Dupleix, qui était là, me dit en tamoul : « C'est bien surprenant que, dans une telle bataille, pas un pion ne soit mort! Dieu était là! » — « Y a-t-il le moindre doute à cet égard? » répliquai-je; « il n'y a rien de surprenant à ce que personne ne soit mort dans cette bataille contre les Musulmans. A Madras, il y avait une grande forteresse, mille soldats européens, tous les ustensiles de guerres : canons, poudre, boulets, grenades, fusils, etc.; cent fois plus qu'il n'y en avait à Pondichéry. L'Anglais se renfermait dans son Fort ; par l'ordre de Monsieur, les nôtres sont allés l'attaquer et ont pris le Fort en trois jours sans perdre un seul homme. N'est-ce pas une chose admirable? C'est ce qui paraît à mon esprit », et je continuai à célébrer pendant deux heures son esprit, son courage, son habileté. Je dis encore : « N'ai-je pas dit l'an dernier, au mois de Mârgaji (1), que Madras serait pris et que cette année serait heureuse? J'avais dit aussi et redit que la gloire de vaincre le Nabab viendrait à Monsieur! » Madame me répondit : « C'est bien vrai. » — « Dieu a envoyé une tempête à M. de Labourdonnais pour avoir offensé Monsieur; de plus, on lui mettra la corde au cou! » repris-je. La femme de Monsieur répondit : « C'est bien vrai; rien de ce que tu as dit jusqu'à présent n'a manqué; ce que tu annonces pour l'avenir s'accomplira; c'est ce que disent tous les

---

(1) Décembre 1745-janvier 1746.

blancs ». Monsieur, qui était à se promener, s'arrêta et demanda de quoi il s'agissait. Madame lui expliqua tout ce que j'avais dit et il répondit : « C'est vrai ; tout ce qu'il a dit s'est accompli »..........

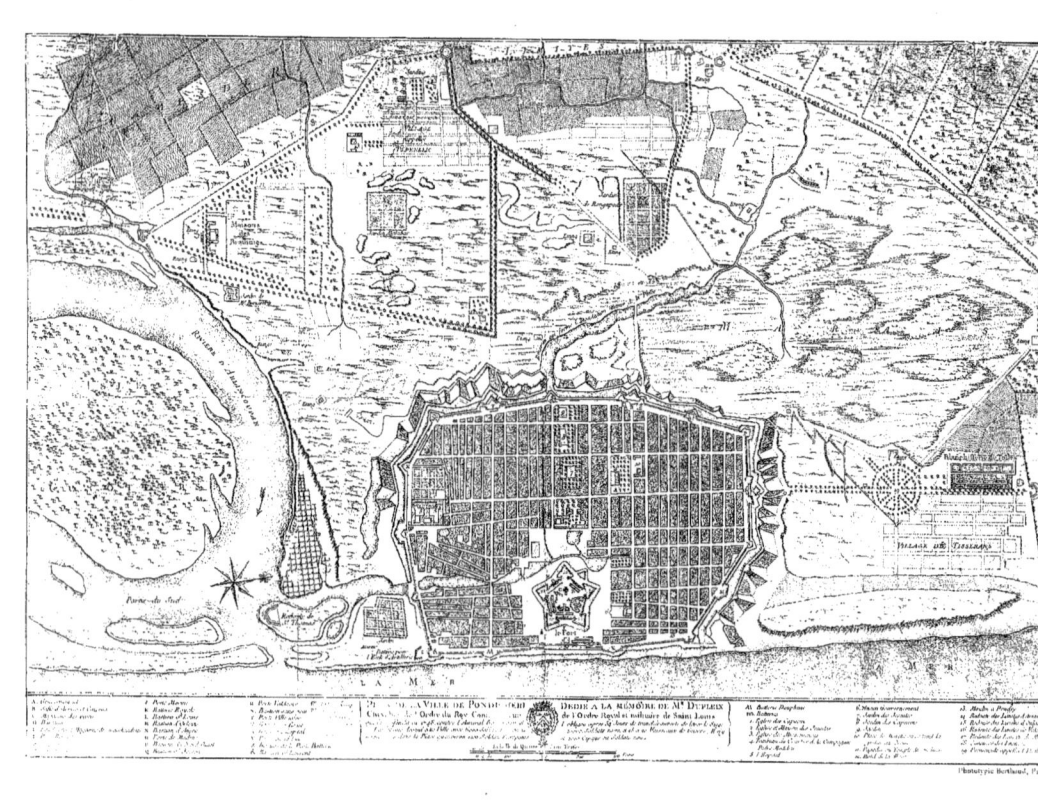

LE SIÈGE DE PONDICHÉRY
(1748)

Année Vibhava   1748
Mois d'Adi   Août
24 — dimanche   4

La nouvelle apprise aujourd'hui a été qu'un certain contre-amiral, appelé Mester Boscawen est arrivé à Dêvanâmpatnam avec dix navires royaux (1) ; il a le commandement de l'escadre. Il est arrivé et est descendu à Dêvanâmpatnam. On ajoute que sur les cinquante navires, cinq à six sont arrivés et que les autres arriveront aujourd'hui ou demain. Telle est la nouvelle qu'on a reçue.

Mais ce grade de contre-amiral est le troisième ; le premier est celui d'amiral, le deuxième celui de vice amiral, le troisième celui de contre-amiral. *Commodore* correspond au français *Commandeur*, et c'est aussi le titre du contre-amiral. Je ne sais pas très exactement le nom du contre-amiral qui vient d'arriver. Mais j'éclaircirai la chose et l'écrirai. On dit qu'il vient encore d'autres navires. Ce sont les navires partis lorsqu'on a appris que les Français avaient pris Madras.......
....

, (1) Le 4 août, Boscawen, d'après les mémoires du temps, arriva au Fort Saint-David avec deux vaisseaux seulement. Peu de jours après arrivèrent les vingt et un autres vaisseaux de l'escadre. L'amiral Griffin, qui l'y attendait, lui laissa en outre quatre vaisseaux et 400 hommes de troupes régulières.

Année Vibhava	1748
Mois d'Adi	Août
25 — lundi	5

Aujourd'hui, dans l'après-midi, je suis allé chez Monsieur... Il me dit : « M. de Labourdonnais n'avait-il pas embarqué quelque chose sur un sloop ou sur un navire hollandais qui était à Méliapour et ce bateau ne s'est-il pas brisé?(1)» Je répondis : « C'est vrai ; je l'ai entendu dire à cette époque ». Monsieur reprit : « Il faudrait trouver quelqu'un, qui que ce soit, de ceux qui savaient que M. de Labourdonnais avait embarqué sur ce sloop des marchandises, de l'argent, de l'or, des pierres précieuses, des perles, etc. ; il faudrait trouver quelqu'un qui en témoignât, soit de Madras, soit de Méliapour». Je répondis : « C'est bien, je chercherai ». Aussitôt, il répartit : « Ton frère était là à cette époque, il saura tout cela ! » Je répliquai : « Mon frère était de ceux qui étaient avec M. d'Esprémenil et les autres : que saura-t-il? C'est ceux qui étaient auprès de M. de Labourdonnais et qui ont pris part à ces actes qui le savent. D'ailleurs, M. d'Esprémenil avait recommandé à mon frère de ne pas aller chez M. de Labourdonnais. Ensuite, lorsque, fâché, vous leur avez dit de revenir ici et que M. de Labourdonnais les a fait revenir à Madras, M. d'Esprémenil seul y est retourné; M. Dulaurens et les autres sont arrivés ici et mon frère avec eux. Il n'est pas reparti. Que saurait-il donc? Il ne sait que ce que j'ai entendu dire. Quand il arriva, il fut malade et ne sortit pas ». Monsieur me dit alors : « L'œil est-il resté sans voir? n'eut-il rien entendu de ses oreilles? S'il le faut, il le dira ». Je repris : « Je suis sûr de la véracité de mon frère. Si un palmier tombe à une distance d'un *kâdam* de la ville; il me le fera savoir ».

√ Si l'on fait attention à ces rumeurs, comme Monsieur avait écrit en France que M. de Labourdonnais avait volé beau-

---

(1) Il y avait en effet à Madras un navire hollandais, « prêt à partir pour Batavia », qui se perdit dans le cyclone du 13 octobre.

coup de richesses qu'on évalue à un *crore* (1) et que MM. de la Villebague et Desjardins avaient volé aussi, on avait envoyé l'ordre de les arrêter et de bien vérifier l'affaire. Pour trouver une preuve, on avait pris et examiné les papiers de MM. de la Villebague et Desjardins, et on n'avait pas trouvé (la preuve du vol d') une cache sur soixante-quatre (2). Comme M. Desjardins était garde magasin (à Madras) du temps de M. Labourdonnais, n'avait-il pas remis les livres qu'il tenait à M. Barthélemy alors commandant qui en avait donné reçu? J'ai entendu dire que ce reçu était entre les mains de M. Desjardins, mais qu'on n'avait pas trouvé le livre à Madras. On a recherché tout cela pour trouver des preuves pour accuser son adversaire et Monsieur maintenant pense à cette accusation........

A dix heures du soir, je rentrai chez moi. Mais, auprès, je vis qu'il y avait beaucoup de soldats et d'ouvriers. On leur avait prescrit de relever les terres à la porte de Villenour, et ils les relevaient. Si l'on fait si vite les travaux des fortifications, c'est à cause de la nouvelle de l'arrivée d'Europe aux Anglais des navires et des soldats.

Année Vibhava	1748
Mois d'Adi	Août
31 — lundi	12

Ce matin, j'allais chez Monsieur, il avait mandé les uns et les autres pour les préparatifs de la guerre et avait dit de faire tous les préparatifs.

Hier, les Pères de l'église Saint-Paul ont démonté et apporté ici les portes et les fenêtres des églises d'Oulgaret et d'Ariancoupan et ont aussi enlevé les statues et tous les objets qui étaient dedans. Quand Monsieur apprit cela, il fit venir Cœurdoux, le supérieur des Pères, et lui dit : « Pourquoi

---

(1) C'est-à-dire *kôti*, dix millions.
(2) Une cache vaut exactement un liard.

avez-vous enlevé les statues, les objets mobiliers, les portes et les fenêtres de l'église d'Ariancoupan et de même à Oulgaret ? » Il répondit : « On dit que la femme et les enfants d'Anandarangappa sont tous partis ; on dit aussi que, dans la maison Arambâdattei, les enfants et les femmes sont partis. Comme nous avons entendu dire que tout le monde partait ainsi, nous avons dit aux nôtres de tout enlever et de venir ».

Là-dessus, Monsieur m'envoya chercher et me demanda : « Tous ceux qui étaient en ville sont-ils partis? » Je répondis : « Il y a des pauvres et des brahmes qui sont partis ; en outre, des femmes nées ici, mais habitant les villages du voisinage, partiront sans doute pour rentrer chez elle. En dehors de cela, et outre les allées et venues ordinaires, il n'est parti personne ». Alors Monsieur me demanda : « Les femmes qui sont chez toi sont-elles parties? » Je répondis : « Aucune des femmes et aucun des enfants qui sont chez moi n'est parti ; envoyez des hommes à l'instant même pour y voir ». Alors Monsieur, regardant le père Cœurdoux, lui dit : « Qu'est-ce que vous disiez donc? » Il répondit : « On était venu nous le dire ». Alors Monsieur me demanda : « Les femmes de la maison Arambâdattei sont-elles parties? » Je répondis : « Voici : les femmes de la maison, les femmes de Vinâyagappoullé sont allées, hier, dimanche, à l'église de Villenour. Comme ils y ont une chauderie, les femmes et les enfants vont et viennent d'ici là continuellement ». Alors Monsieur dit au père Cœurdoux : « Quand on vous demande pourquoi vous avez fait une bévue, vous avez l'habitude de rejeter la faute sur un autre. En arrachant ainsi la garniture de vos fenêtres sous prétexte que les Anglais viennent, vous êtes cause que les Tamouls qui ne savaient rien prennent la fuite ; vous troublez toute la ville » ; il lui dit encore je ne sais combien de paroles de ce genre et il le renvoya.

Alors, il envoya chercher Parassourâmapoullé. Dès qu'il fut arrivé, il me fit appeler aussi. Puis il lui demanda : « As-tu renvoyé ta femme, tes enfants et toutes les personnes qui sont chez toi? » Il répondit : « Je n'ai renvoyé personne; faites voir chez moi par des hommes! ». A cette réponse de Parassourâma, Monsieur reprit aussitôt : « Si tu faisais cela, je te retirerai ta canne (1) ». Parassourâma dit : « Si je le faisais, coupez-moi la tête ». Monsieur dit : « Je savais bien que vos enfants et vos femmes n'étaient pas partis; mais, comme j'avais appris que les Pères de l'église Saint-Paul avaient emporté les croix, les portes et les fenêtres des églises d'Ariancoupan et d'Oulgaret, je me suis bien fâché et les ai fait venir; ils m'ont donné cette excuse. Il y a des gens qui parlent toujours de leur fausseté ou de leur véracité : voilà de quoi les reconnaître! » A cela je répondis : « Parmi les calomnies qui ont été dites jusqu'ici sur mon compte, combien en ont-ils dit! Ils ne peuvent pas rester sans en dire! Partout où il est question de l'origine d'un mensonge, on peut affirmer qu'il vient des Pères de l'église de Saint-Paul. C'est ce que disent jusqu'aux petits enfants de France. En voici une preuve nouvelle. Ils n'ont pas rendu, même une seule fois, service aux gens de cette ville; mais, s'il s'agit de se faire donner quoi que ce soit, c'est le contraire! Tel est le cri universel ». A cela Monsieur répondit : « C'est vrai, ce que tu dis; à part ces prêtres, tout va bien dans la ville; cela me fait plaisir ». Je repris : « Il fallait que vous l'entendiez vous-même! » Il répondit : « Cherche donc un moyen de t'en assurer ». Puis il alla dans la chambre de Madame. Parassourâma et moi, nous nous en revînmes........

Monsieur me demanda : « Est-il arrivé du riz au bazar? » Je lui dis : « C'était hier dimanche; il n'en est pas venu ». A ces mots, il me demanda si la litière qu'il avait dit de préparer était prête. Je lui répondis qu'elle l'était. Alors, comme je lui montrai cinq à six des cinquante fusils canaras, il me demanda : « Y a-t-il des balles propres à cela? » — « Veuil-

---

(1) On donnait aux Indiens, comme insigne honorifique, le droit de porter une canne à pomme d'or.

lez-en faire donner ». Il écrivit sur un papier un bon pour vingt charges de poudre pour chaque fusil et pour des balles, et me le donna. Je remis le bon à Tiruvengaden et lui recommandai de prendre la poudre et les balles et de les répartir entre les cinquante pions canaras.....

Année Vibhava	1748
Mois d'Avani	Août
2 — mardi	7

Ce matin, j'allai chez Monsieur et il me demanda s'il était arrivé du *nelly* (1) au bazar. Je lui répondis qu'il n'en était pas arrivé ; que, pour la Compagnie, j'en avais acheté pour une somme de deux mille pagodes, au prix de quatre galons et dix marécals (par pagode (2) et que j'enverrai l'argent demain.

Il me dit alors : « Les Anglais ont écrit une lettre au Nabab Anaverdikhan ; il leur a répondu : « Mon royaume est tout tout troublé et en révolte ; les habitants et les soldats sont malades. Il ne m'est donc pas possible de venir à votre aide. Arrangez-vous comme vous le pourrez. Que c'en soit fait de vous ou des Français, en quoi cela m'importe-t-il ? Ce n'est pas mon affaire ». Telles sont les nouvelles que l'on raconte à Dêvanâmpatnam. A ces mots je pensai : « Ce sont des nouvelles que lui a dites sa femme ; il les tient pour vraies ; cependant, quelque bête que soit Anaverdikhan, écrirait-il ainsi ? Même si cela ne l'intéressait en rien, il se serait dit qu'il pourrait en profiter pour obtenir quelque chose ; et, outre qu'il aurait écrit avec arrogance, il n'aurait pas écrit une lettre aussi misérable. Pour écrire ainsi, dans quelle détresse serait-il tombé ? Même dans la détresse, même

---

(1) Proprement, *nel*, *nellu*, riz en grains, non décortiqué.

(2) A Pondichéry, une *gance* vaut 5,543 litres environ et comprend 135 galons de 41 litres et demi chacun. Un galon se subdivise en *marécals* valant chachacun 4 litres et demi ; un *marécal* en *vellons* et un *vellon* en mesures qui valent 866 décilitres chacune. — On sait qu'une *pagode* correspond à 3 roupies et demie, 8 fr. 50 environ.

s'il perdait son arrogance, il est encore le roi de ce pays. Sans songer à cela, Monsieur croit que c'est vrai. Des gens de Dêvanâmpatnam l'ont fait savoir à sa femme; mais comment l'ont-il appris? Si cela vient de là-bas, comment les Anglais ont-ils laissé se répandre une pareille lettre? Comment, en plus ou moins de dix jours, serait-elle ainsi devenue publique? On n'a jamais vu ni entendu dans le monde un homme plus crédule que Monsieur. Comme il croit cette chose vraie, il n'écoute plus rien et ne remarque plus rien. Dans toute la ville, ce n'est qu'un cri à propos des injustices de sa femme; tous les habitants tremblent nuit et jour.......

Je parlai conformément à son idée......

De quelque manière qu'il agisse, le temps n'est pas bon pour les Anglais et il est bon pour les Français. Ceux-ci auront la victoire et ceux-là la défaite. C'est ce que je pense; aussi parlai-je en conséquence...

Monsieur alla trouver M. Guillard dans son cabinet et alors M. Paradis survint; je me retirai et me rendis au magasin d'arec; puis je revins chez moi à midi.

Beaucoup des habitants de la ville sont partis. Comparativement à l'inquiétude des Français, les Tamouls paraissent très courageux; cela se voit à leur mine défaite. Mais si les navires des nôtres arrivaient, les Anglais ne viendraient pas nous attaquer; que Dieu nous sauve! C'est ce que beaucoup de gens disent. Dieu nous sauvera ainsi, il n'y a aucun doute à ce sujet. Il semble que les Anglais veuillent montrer ici quelques voiles pour aller à Madras. Autrement, ils n'iraient et ne viendraient pas comme cela, s'ils voulaient vraiment attaquer la ville. C'est de l'habileté.

Année Vibhava	1748
Mois d'Avani	Août
2 — mercredi	14

Ce matin, Monsieur m'a fait appeler.....

Je lui dis : « Comme le camp est à Kilindjicoupam, vous

aviez ordonné de détruire les paillottes qui y existaient, de couper les dix ou quinze arbres qui y étaient et de les prendre pour la Compagnie; j'y suis allé, j'ai parlé aux habitants, ils ont consenti. On a démoli les paillottes et demain j'enverrai des hommes couper les arbres. En outre, on s'occupe d'arrêter les constructions de maisons à Ariancoupam et de faire détruire les jardins » . . . . .

Année Vibhava	1748
Mois d'Avani	Août
3 — jeudi	15

Ce matin, quand M. le Gouverneur, qui était allé à l'église et y avait entendu l'office, fut revenu chez lui, j'y allai et il me demanda ce qu'il y avait de nouveau. Je lui répondis que je n'avais entendu parler de rien : « Mon *vâkil* (1) Soupprayen », lui dis-je, « m'a écrit hier 2 qu'Anaverdikhan est à Pattêpetti, près de Genjy, que Mafouzkhan et Hairattikhan sont aux environs du bois de Vêdalavattei; qu'on entend des coups de fusil, qu'ils coupent les arbres, etc. » Monsieur me dit : « Les porteurs de nouvelles de Dêvanâmpatnam disent que, à la lettre des Anglais, le Nabab a répondu : « Nous verrons dans deux ou trois mois; mon royaume est tout troublé et je ne puis venir maintenant à votre aide » . . . .

Je me retirai au magasin d'arec.

A midi, comme je m'en revenais chez moi, on vint m'apporter la nouvelle que trois navires anglais, venus le long de la côte, avaient mouillé, il y avait une heure environ, en face de Vîrampatnam. Lorsqu'on vint annoncer cette nouvelle à Monsieur, qui dînait chez M. d'Auteuil, parce que c'était la fête du nom de Madame d'Auteuil (2), il cessa de manger, ordonna qu'on lui apportât sa longue-vue, monta sur la terrasse et regarda ces navires. Aussitôt, il fit venir les ma-

---

(1) Représentant, envoyé, ambassadeur.
(2) Le 15 août, est on le sait, la sainte Marie. M. d'Auteuil était le beau-frère de Labourdonnais.

jors et leur donna l'ordre de faire ranger tous les blancs et de préparer tous les canons du rivage. Puis il fit appeler Cheick-Ibrahim, le chef des surveillants des routes, et lui défendit de laisser sortir personne, qui que ce fût, de la ville. Cheick-Ibrahim lui dit : « C'est bien, je ne laisserai sortir personne sans votre ordre, mais que faire pour ceux qui seraient porteurs d'un permis délivré par Rangapoullé ? » Il répondit : « Même avec un permis, il ne faut pas les laisser sortir »... Cheick-Ibrahim me le fit dire... et moi je fis venir Lingappen qui délivrait ces permis et lui dis de ne plus en donner.

Année Vibhava	1748
Mois d'Avani	Août
4 — vendredi	16

Ce matin, comme j'allai au magasin d'arec, Averçâhib, *gomasta* (1) d'Imamçâhib, vint me demander pourquoi on empêchait de sortir les gens qui allaient aux provisions. Je lui répondis que c'était à cause des navires anglais qui étaient arrivés et pour empêcher les gens de sortir et d'aller donner l'alarme. Il m'objecta qu'en empêchant les gens d'aller chercher de l'herbe ou du bois, du nelly ou des menus grains, etc., on ferait beaucoup de tort aux pauvres gens qui seraient exposés à mourir de faim, à moins qu'on ne recherche combien il y a de provisions dans les maisons pour en faire profiter tout le monde. « Monsieur est très capable ; il ne songe qu'aux moyens de vaincre les ennemis. Quand M. de Labourdonnais est venu et est reparti, après avoir pris Madras qu'il ne voulait pas prendre, Monsieur a acquis de la gloire ; puis, il a essayé de prendre Dêvanâmpatnam, n'a pas réussi et a eu de la honte. C'est par le fait de sa femme ; celle-ci est un vrai diable qui terrorise toute la ville. .. Averçâhib me parla ainsi du caractère faible de Monsieur et du mauvais état des affaires de la Compagnie.

(1) Écrivain, agent, représentant Pers. *Gumâchtah*

Là-dessus, comme huit heures et demie sonnaient, j'allai chez Monsieur. Dès qu'il me vit, il me demanda s'il était arrivé du *nelly* au bazar. Je lui répondis qu'il en était arrivé seulement vingt charges de bœuf. « Quel prix le vend-on? » demanda-t-il. Je répondis : « Le prix qu'il vous a plu de fixer; c'est pour cela que, depuis six jours, il n'est arrivé que vingt charges ». — A quel prix faut-il donc dire de le vendre? » — « A Valdaour, on vend six mesures (au fanon); pour venir jusqu'ici, il y a des frais; on doit donc vendre en en tenant compte ». Alors, il envoya chercher M. Delarche..... M. Delarche dit comme moi. Alors, il donna l'ordre de vendre au prix de cinq petites mesures (au fanon)..... Puis il ordonna de distribuer aux *coulis* les vingt ou trente charges arrivées ces jours-ci..... A ce moment, M. Bruel est arrivé et ils se sont mis à causer tous trois.

De Dêvanâmpatnam, on a apporté à Madras la nouvelle que les hommes arrivés aux Anglais par les navires ne suffiront pas à la flotte, qu'ils ont vu Maurice en passant, qu'il y avait vingt-deux navires français, etc., etc.....

A quatre heures de l'après midi, Monsieur m'envoya chercher. Quand j'arrivai chez lui, on me dit qu'il était allé se promener en palanquin, comme pour voir les gens du bazar, mais qu'il passerait par la porte de Madras. Je m'y rendis et il arriva. « Pourquoi viens-tu? » me demanda-t-il. — « Parce que vous m'avez fait appeler », répondis-je. Il me dit que non. Alors arriva à pied M. Law qui dit qu'il n'y avait pas cinq cent dix cipayes, que ce n'était pas sa faute, mais qu'on ferait les cinq cent dix avec les quatre cent dix cipayes, les cinquante pions de Vîranayakka et les cinquante arquebusiers canaras.....

A ce que j'ai appris, des voyageurs rapportent qu'aujourd'hui, parmi les navires arrivés aux Anglais, quelques-uns ont mis à la voile et sont partis; qu'on a réembarqué les quelques hommes qu'on avait débarqués, puis qu'on avait de nouveau mis à terre un millier d'hommes; qu'ils doivent se mettre en route tout de suite et arriver ici demain ou lundi...

Année Vibhava	1748
Mois d'Avani	Août
6 — dimanche	18

Ce matin, Monsieur est allé à l'église. Voici ce qui s'est passé à son retour chez lui. Le fermier est venu rapporter que trois bateaux sont venus des navires anglais (1) droit devant Vîrampatnam ; là ils ont mis à l'eau une planche aux deux bouts de laquelle ils avaient attaché de grosses pierres ; ils y avaient fait un trou où était planté un drapeau rouge ; puis ils sont repartis. Là-dessus, Monsieur, M. Paradis et toutes les autres personnes qui étaient là sont montés sur la terrasse et ont regardé. Pourquoi ont-ils mis cela? Monsieur a dit que c'était pour marquer un mouillage de navire ; qu'il y avait là douze brasses, qu'au milieu de la distance de là au rivage il y avait six brasses, qu'on pourrait y mettre des sloops, etc. ; puis il donna à M. Auger l'ordre d'envoyer des *macouas* enlever ce drapeau et son bâton. M. Auger répondit : « On ne peut pas envoyer maintenant des pêcheurs, des coulis, des hommes sur des *cattimaram,* parce que les bateaux anglais croisent par là ; mais je leur dirai d'aller l'arracher ce soir et de le rapporter. » — « C'est bien, faites ainsi » répondit Monsieur.

Puis, m'ayant fait appeler, il me demanda s'il était arrivé des charges de *nelly* au bazar ; je lui répondis qu'il était arrivé dix charges de *nelly* et onze charges de riz. En outre, les gens pauvres de la ville sont allés acheter dehors du *nelly* pour quatre ou six fanons, bien que les marchands en offrent en ville à des prix modérés........

Comme on avait donné récemment des vêtements aux quatre compagnies (de cipayes?), Monsieur les fit ranger sur un seul rang pour voir comment tout cela était et il alla passer la revue à la porte de Villenour, sur la route d'Arian-

---

(1) Il y avait trois vaisseaux, un brigantin et un *champan.*

coupam, près du jardin de M. Bausset. Les couleurs de ces compagnies étaient différentes; c'était une belle manifestation. Les cavaliers blancs avaient des redingottes vertes, des parements rouges et les boutonnières rouges sur la poitrine. J'allai moi aussi voir cette revue et revins au magasin d'arec à six heures.

Là, vint du bord de la mer Râdjendrayen qui me dit : « Monsieur avait ordonné ce matin d'enlever le pavillon de marque que les Anglais avaient mis dans la mer; nous venons de l'enlever ». Je le pris et allai le montrer à Monsieur qui me dit de donner neuf pagodes à ceux qui l'avaient enlevé. Il demanda : « A combien de brasses d'eau était-il? » Ils lui répondirent : « A six brasses, juste au milieu de la distance entre le rivage et les navires ».

Comme je descendais, Madame me vit sur le chemin, elle m'appela et me dit : « Qu'est-ce? qu'est-ce que ce bâton de pavillon? » Je lui racontai ce qui s'était passé. Alors elle me dit de le faire attacher au-dessous de notre pavillon sur le rempart. Puis elle ajouta : « Il se fait des chants où l'on dit que je vous insulte, que je livre toute la ville à mon mari, que je lui bande les yeux et que je le fais aller à ma fantaisie! J'ai fait connaître maintenant même tous ces chants à mon mari! Je fais comme ceci, je fais comme cela ». Je répondis : « Rangappa n'est pas bon pour se mal conduire. » Elle reprit : « Tout cela est inconvenant! » Je pensai : « Cette dame est à la fois le père, le seigneur et la mère! » Je lui dis : « De quelque manière que vous vous conduisiez, nous serons contents ». Voilà ce qui s'est passé.....

Année Vibhava	1748
Mois d'Avani	Août
8 — mardi	20

Ce matin, je suis allé chez Monsieur et lui ai dit : « Comme le Nabab Mafouzkhan vous a écrit de lui envoyer cent *manangu* (1) de poudre, cinquante *manangu* de plomb et quelques canons; vous aviez dit que vous les enverriez aujourd'hui. Je m'y suis préparé ». Là-dessus, il appela M. Burel, le bombardier..., et lui dit de préparer et de livrer seulement cent boîtes. Puis j'allai au magasin d'arec.

Là, il me vint un voyageur qui dit qu'il était arrivé une lettre pour Monsieur à Mahé par un navire; que, comme il faisait là-bas de la pluie et du vent et qu'on ne pouvait débarquer, le navire avait tiré le canon; qu'un *cattimaram* était allé chercher la lettre; qu'ils ont vu un seul navire, mais qu'il y en avait deux, à ce qu'on disait, et qu'on ignore si cela est vrai ou faux.

A ce moment, un pion vint me dire : « Monsieur vous demande ». J'allai près de lui et il me dit : « Rangapoullé, as-tu su que, pendant que les navires anglais venaient ici, ils se sont battus avec les nôtres à Maurice et que les nôtres en ont pris cinq des leurs; qu'ils se sont alors enfui très vite sans s'arrêter; que les nôtres ont été retardés, mais arriveront bientôt et qu'ils en ont envoyé la nouvelle à Mahé par un navire? Fais en sorte que tout cela se sache en ville et se répande parmi les marchands et les autres ». — « C'est bien », lui dis-je et je revins dans le magasin d'arec d'où je fis savoir ces nouvelles à Chandâçâhib, Mîrgulamhuçain, etc. A onze heures, Monsieur m'envoya encore chercher et me dit : « Les Anglais ont dû écrire de Tellichéry, à propos de notre navire arrivé par là; il faudrait intercepter ces lettres; fais envoyer des pions dans ce but. Je leur donnerai cent pagodes ». Je lui répondis : « C'est bien! » et m'occupai de le satisfaire.....

Cette après-midi, les cipayes et les pions, dont le chef est Maléappen, qui sont près d'Archiwack, ont envoyé dire ce qui suit : « Les troupes anglaises sont arrivées à la chauderie de

---

(1) Le *manangu* de Madras pèse 11 k. 325 gr., mais celui de Pondichéry vaut 12 kilog.

Pareyenchâvadi qui est de ce côté-ci de Kichenabouram. Vingt à trente cavaliers anglais se sont avancés jusqu'à Archiwack. Les pions de Maléappen tirèrent quelques coups de fusil et ces cavaliers prirent la fuite ». Cette nouvelle arriva à Madame. Elle vint aussitôt le dire à Monsieur qui fit partir à l'instant tous les cavaliers blancs et musulmans et donna l'ordre aux trois cents cipayes qui sont sous le commandement d'Abd-oul-rahman de se diriger sur Ariancoupam et Archiwack. Il se transporta lui-même à Ariancoupam, à cheval. à trois heures de l'après-midi, et n'en revint qu'à six heures. C'est ce qui s'est passé de plus important aujourd'hui (1).

A huit heures du soir, Monsieur me fit appeler et me demanda si les *dhoulis* (2) qu'il m'avait chargé de faire faire, avec les palanquins légers qui servent aux courriers pour Madras, étaient prêts. Je lui répondis que oui. Alors, il alla à la porte et s'assit. Il n'y eut rien autre chose remarquable et je revins chez moi. Cependant, vers cinq heures, sur le rempart du bord de la mer, au sud-est du Fort, on avait mis des boulets dans les canons qui avaient été déjà chargés. Pour essayer les vieilles poudres, on a mis le feu même à des canons chargés à boulets; c'était aussi pour voir à quelle distance allaient les boulets. Entendant ce bruit, tous les gens de la ville accoururent au bord de la mer; après avoir vu ce que c'était, ils revinrent chez eux.

---

(1) Les mémoires du temps disent que le 20, vers trois heures de l'après-midi, on apprit que 3,000 Anglais étaient partis de Goudelour avec 10,000 cipayes pour venir camper près d'Archiwack. Dupleix envoya contre eux la compagnie de dragons de M. d'Auteuil, les cipayes commandés par Cheick-Haçan, 300 cipayes à pied, 150 grenadiers sous les ordres de M. de la Tour, les volontaires de Bussy, une compagnie d'infanterie et la compagnie d'artillerie avec quatre pièces de campagne.

(2) Sorte de palanquin rudimentaire, de litière suspendue à un bambou, qui sert ordinairement aux ambulances militaires dans l'Inde.

Année Vibhava	1748
Mois d'Avani	Août
9 — mercredi	21

Ce matin, un cipaye à cheval, de ceux qui sont campés à Ariancoupam, a apporté les nouvelles suivantes : « Toutes les troupes anglaises qui sont arrivées sont des fantassins canaras ; avec eux sont environ deux cents cavaliers anglais. Il y a eu entre nous et les fantassins un petit engagement. Ils se condensent de ce côté-ci »…

Monsieur me fit appeler et me parla de ces nouvelles, puis M. Paradis arriva et ils se mirent à causer. Ensuite, Monsieur alla dans la chambre de sa femme et j'allai m'asseoir dans la première salle. Là, un topa, garçon d'un Monsieur qui s'occupe de chercher des chevaux, arriva d'Ariancoupam et remit un billet à Monsieur ; aussitôt après l'avoir lu, il me fit appeler et me dit : « Ils sont venu jusqu'à Singarakôvil et y ont arboré leur drapeau. Où est-ce ? » Je répondis : « C'est près d'Archiwack ; vous l'avez vu en passant ». Alors sa femme vint et dit : « Ne connais-tu pas Singarakôvil ? » M. Paradis, qui était de mon côté, prit la parole et dit : « J'en viens ! » et, se tournant vers moi, il me dit : « Sa femme le reprend et le tracasse ! » — « Je n'en sais rien », répondis-je.

A midi, on reçut la nouvelle que tous les nôtres s'étaient repliés de ce côté-ci du Chounâmbâr, après avoir appris que les Anglais se concentraient fortement. Alors Monsieur me dit d'aller manger vite et de revenir promptement. J'y fus et, dès que je revins, il me fit appeler et me dit de faire envoyer des hommes à Ariancoupam pour y organiser un *bazar* (1) de riz. Je lui répondis qu'il fallait leur donner à chacun une provision de deux cents roupies (2). Il me dit de le faire et je donnai des ordres en conséquence.

(1) Marché.
(2) Cinq cents francs.

On vint me dire qu'un navire et un sloop accouraient à toutes voiles de Dêvanâmpatnam. Monsieur et M. Paradis montèrent sur la terrasse pour les voir. Je restai jusqu'alors au magasin d'arec et m'en revins chez moi au moment où une heure sonnait.

A deux heures de l'après-midi, Monsieur me fit appeler et me dit qu'il venait d'arriver une lettre du *vâkil* Soupprayen qui est dans l'armée de Mafouzkhan, laquelle est campée à Vettavalam de Gingy. Voici ce qui est écrit dans cette lettre : « Le Gouverneur de Dêvanâmpatnam a écrit au *vâkil* anglais, un nommé Cheik — pour Anaverdikhan ce qui suit : « Il « nous est arrivé vingt-six navires et nous en attendons pro- « chainement douze autres ; nous nous disposons à aller atta- « quer Pondichéry vers le 7 de ce mois ; après avoir pris Pon- « dichéry, nous irons prendre Madras ; il nous est arrivé « douze mille soldats ; il faut que vous nous donniez votre « assistance, ainsi que vous en avez reçu l'ordre dans un « paravana de Nasir-jang (1) ». Le nabab Anaverdikhan n'a pas fait cas de cette lettre et a répondu : « Ce n'est pas le mo- « ment ». Cela s'est fait par l'intermédiaire de Huçain-çâhib et Mafouzkhan l'ignore. On ajoute que les Mahrattes d'une part et Chandâçâhib de l'autre arrivent ». J'allai dire ces nouvelles à Monsieur. Il me répondit : « J'avais déjà entendu dire toutes ces choses ! » Je pensai : « Madanândapandita a dû le dire à Madame afin qu'elle le sache avant moi. Il a un esprit disposé à ces tripotages ; et si on demandait : « Quel est l'homme du monde capable de violer la mère qui l'a engendré ? », le cri public répondrait : « Madanânda-pandita ! »

Puis des lettres furent écrites à Mafouzkhan, aux gens de

---

(1) Nâsir-Jang, nizâm d'Haïderabad, second fils et successeur de Nizâm-ul-muluk, régna de 1748 à 1750. Tué par le Nabâb de Kadapa, il fut remplacé par Muzaffar-Jang, fils d'une fille de Nizâm-ul-Muluk, appuyé et intronisé par Dupleix ; assassiné à son tour, Muzaffar ne régna que du 5 décembre 1750 au 30 janvier 1751.

Covelong, à Tennasserim, etc.; et je les expédiai cachetées. La nuit arriva ainsi.

Alors Monsieur me fit venir et me dit : « Ne va nulle part ; j'aurai peut-être besoin de te demander quelque chose ». — « C'est bien », dis-je et je m'assis.

Il vint me retrouver et me demanda : « Ne conviendrait-il pas de faire écrire aux Anglais par la femme de Chandâçâhib? (1) » Je lui dis : « On peut le faire ; mais comment faut-il écrire ? » Il me répondit : « En ces termes :

« Comment pouvez-vous venir attaquer cette ville pen-
« dant que j'y réside? Ignorez-vous que mon mari arrive avec
« une armée de Mahrattes? Si vous venez malgré cela, sachez
« que mon mari vous arrangera bien. Calculez de loin ce qui
« arrivera », et ainsi de suite.

« Il me semble que si la femme de Chandâçâhib écrivait ainsi, l'Anglais aurait peur ; dis-lui donc d'écrire ainsi ».

Pendant qu'il parlait, je me disais : « Si vous remportez la victoire, c'est par votre talent ; mais, pour accorder les idées aux affaires, il convient d'avoir l'ambroisie de la sagesse qui est une divinité supérieure à l'intelligence et à l'habileté ». Et je répondis : « Ce n'est pas le moment de le faire ; il faut attendre encore ». Alors, il resta sans rien dire. Je lui développai mes raisons que je ne puis détailler ici et il abandonna cette idée.

Puis, il revint de nouveau à moi et me dit : « Envoie dix pions déguisés pour mettre le feu, à l'insu de tout le monde, dans les villages musulmans où les Anglais sont descendus ». Je lui répondis : « Je vais donner cet ordre ; mais c'en sera fait des pauvres gens ; il faudrait leur donner une indemnité ». — « Donne », me répondit-il. Alors, je fis venir les pions de Maléappen et je leur dis que, quels que soient les villages où les Anglais auraient mis les pieds, il faudrait les traiter d'une seule et même façon et y mettre le feu, notam-

---

(1) Qui était alors à Pondichéry avec son fils Badéçâhib.

ment à Singarakôvil, Kijanjipett, Bahour, Karkkilampâkkam, Kirmampâkkam et autres aldées voisines ; à chacun de ceux qui auront mis le feu, on donnera dix roupies.....

Alors, Monsieur rentra dans sa chambre et je m'assis en attendant. M. Cornet arriva et Monsieur, étant ressorti, me demanda combien il y avait en ville de barres de coton disponibles. Les marchands m'avaient dit : vingt-trois ; mais, comme j'étais persuadé qu'ils avaient dit moins qu'il n'y en avait, je répondis à Monsieur : « Il y en a environ vingt-cinq ». Il dit alors : « Mets tout ce qu'il y a à la disposition de M. Cornet ». — « C'est bien », répondis-je, et il reprit : « N'a-t-on pas mis à la disposition de M. Cornet toutes les marchandises de la Compagnie? Il faudrait les classer par catégories et en faire des ballots qu'on lui remettrait. A-t-on coupé les troncs d'arbres ? » — « Dans le Fort, aussitôt que M. Cornet les donnait, on les coupait et on les mettait en paquets ». Monsieur dit ensuite : « Il nous vient du riz ; dis de le faire arriver par le nord ». — « Je le ferai ». — « S'il en vient trop, qu'on l'envoie à d'autres endroits ». — « J'avais fait dire ainsi avant midi ».

Là dessus, Monsieur rentra chez lui.

Puis il ressortit et me dit : « Que font donc les Anglais ? » Je lui répondis : « Vous l'avez dit vous-même ; s'ils ne livrent pas bataille tant qu'ils n'en auront pas reçu l'ordre d'Europe, on les remplacera. De plus, comme M. Griffin et les autres étaient restés tranquilles sans se battre, huit navires sont venus devant Pondichéry, y sont restés douze heures et sont repartis sans avoir rien fait, Vous avez dit : il viendra un temps grave. Et alors, celui qui est arrivé maintenant vous attaque. Il sait bien que le succès n'est pas possible ; après ces ordres contradictoires, après ces allées et venues, il partira pour le Bengale si vos navires arrivent ». A cela, Monsieur répondit : « Ce que tu dis est vrai ; il en arrivera ainsi. Mais voici ce que tu devras faire dire à Chandâçâhib, à Mirghulamhuçain (1), etc., qui sont ici dans le quartier des négociants : « Vous avez peur des boulets ; s'il en vient, « nous avons des endroits à l'épreuve des boulets où l'on « pourra demeurer ». — « Je le leur dirai ».

Monsieur revint encore et me demanda : « Le Nabâb portera-t-il secours aux Anglais ? » Je répondis : « Nous connaissons les intentions de Mafouzkhan ; il tient notre parti. Quant à Mahmoud-alikhan (2), qui tenait le parti des Anglais, il est à Trichenapally (occupé à se dépêtrer des embarras que lui causent les paléagars (3). Nous avons la confiance que nous nous sauverons, quelles que soient les idées et les conseillers du Maître. Pourquoi ? parce que votre fortune s'est manifestée constante et qu'il y a eu de l'égoïsme chez vos ennemis et des divisions parmi leurs chefs. D'ailleurs, quelque habiles, quelque puissants, quelque nombreux que soient vos ennemis, comme c'est le moment de la défaite pour eux et de la victoire pour vous, quelque intelligents qu'ils soient, ils n'auront point le succès en mains. Vous le savez bien. En outre, quels combats a livrés M. de Labourdonnais ? Chez les Anglais, il y a eu deux morts ; chez les nôtres, pas un. A-t-il triomphé par manque de vivres, après une lutte de quinze à vingt jours ? Il a tiré en un jour dix bombes et leur a fait une impérieuse sommation qui les a rendus fous de peur. En livrant le Fort, M. Morse a été coupable ; pleurant et tremblant, il a dit à sa femme de se lier d'amitié avec le vainqueur, mais on a répondu : « Il n'est plus temps », et on s'est moqué de lui. Votre divinité sait tout cela. Qu'ai-je besoin de le lui redire ? » A cela, Monsieur répondit : « Comme tu le dis, à Madras, on a abandonné la ville sans livrer bataille ; mais

---

(1) Divân, courtier, premier ministre du Nabâb d'Arcate Dost-alikhân (1732-1740), il avait épousé une fille de Chandâçâhib. Celui-ci, parent éloigné du Nabâb, avait épousé une fille de Dost-alikhân ; il était devenu le premier ministre de la Nabâbie.

(2) Second fils d'Anwar-ud-dîn et frère cadet de Mafouzkhan, il succéda à son père et régna de 1749 à 1795.

(3) Chefs militaires locaux, chefs de districts.

c'est parce qu'il y avait un accord secret entre M. de Labourdonnais et le Gouverneur Morse. Autrement, eut-ce été un jeu de prendre Madras ? Les munitions de guerre, les provisions, les vivres qu'il y avait auraient pu suffire pour dix ans ! »

Là dessus, M. Paradis arriva et, causant avec lui, Monsieur rentra dans sa chambre. Puis, il fit amener son palanquin, et, au moment où il sortait pour y monter, il me dit : « Fais dire sur toutes les routes qu'on ne laisse demain passer personne, ni hommes, ni bœufs, sortant de la ville, excepté les bœufs de somme allant chercher des charges de *nelly* », et Monsieur partit. Alors, je revins au magasin d'arec et je fis dire à toutes les portes de faire ce que Monsieur m'avait commandé.....

A cinq heures, une chaloupe anglaise est venue prendre des mesures dans la rade. Quand on l'a vue, on lui a tiré un coup de canon dessus, mais elle s'est échappée.

Année Vibhava	1748
Mois d'Avani	Août
10 — jeudi	22

Ce matin, Monsieur me fit appeler et me dit : « Je vais conduire ma femme et mes enfants à l'église des Pères (1) qui est en face de chez toi », et il m'ordonna d'y faire transporter les vingt-cinq barres de coton dont nous avions parlé hier. Pour cela, il a fait venir M. Cornet et lui a dit : « On a acheté pour la Compagnie vingt-cinq barres de coton à raison de vingt-six roupies (2) l'une ; donnez des reçus en conséquence ». J'ai dit à M. Cornet : « Envoyez des hommes pour prendre ces barres ». M. Cornet en a référé à Monsieur qui a dit : « Ce n'est pas nécessaire ; donnez seulement les reçus à Rangappa ». Puis, s'adressant à moi, il demanda : « Combien

---

(1) Missionnaires.
(2) Soixante-cinq francs.

voit-on (en outre) de ballots ? » Je répondis : « Les marchands ont dit qu'il y avait cent trois paquets, soit de Surate, soit d'ici ». Alors M. Cornet m'a donné des reçus, où, suivant l'ordre de M. Dupleix, il n'avait écrit que le prix des vingt-cinq barres de coton; j'ai pris ces reçus et, les ayant remis à Râmakichenachetty, j'ai fait prendre le coton et j'ai dit de le porter à l'église des Missionnaires. J'ai envoyé pour cela deux pions de la Compagnie. J'avais pensé aussi à y faire transporter les cent trois ballots ; mais les pions sont venus me dire qu'ils y avaient été portés et qu'on les y avait entassés.

Puis Monsieur m'a dit de faire publier, au son du tambour, l'ordre formel aux habitants d'avoir toujours, dans chaque maison, trente à quarante vases pleins d'eau, sinon qu'on paierait des amendes; il m'a dit aussi de recommander au Naïnard de redoubler de surveillance dans la ville. J'ai en conséquence fait venir l'homme au tamtam et je lui ai dit de publier que Monsieur avait donné l'ordre qu'il y eût toujours dans chaque maison au moins quarante ou cinquante vases pleins d'eau, que s'il y en avait plus ce serait excellent, que si on ne le faisait pas on recevrait cinquante coups de rotin, on aurait les oreilles coupées et on paierait de fortes amendes. Le tamtam fut ainsi battu. Puis, je fis venir le grand Naïnard et Vîranâik, et je leur dis : « Monsieur a dit que si vous ne mettez pas une centaine de pions pour surveiller attentivement toute la ville, il vous révoquera ». Ils me répondirent : « Il faut donner un traitement fixe aux pions! » — « C'est bien », leur dis-je, « la Compagnie y a déjà pourvu; je vais en parler à Monsieur, mais vous, dès à présent, veillez à ce que la surveillance soit organisée et s'exerce activement ». — « Nous ferons ainsi », dirent-ils et ils s'en allèrent.

Comme j'étais sur le point d'aller au magasin d'arec, Monsieur survint et me dit : « Où vas-tu? Reste ici. Tu feras venir ici les gens et tu leur donneras des ordres », et il rentra chez lui. Puis il revint et me dit : « Il n'est pas commode, dans les circonstances actuelles, que je reste ici, que j'y fasse venir des gens à l'improviste et que je leur donne ici des ordres ; je vais aller demeurer dans le Fort et il faut que toi aussi, tu sois, jour et nuit, auprès de moi dans le Fort ». Je lui dis : « C'est bien, j'y demeurerai ».

Alors, tout à coup, arriva la nouvelle que tous les navires (anglais) accouraient voiles déployées. Monsieur fit appeler M. Paradis et tous deux allèrent à l'extrémité du rempart du bord de la mer et regardèrent de là les navires. Puis ils s'en revinrent et Monsieur fit aussitôt arranger tous les meubles de sa maison et fit transporter à l'église des Pères les lits, les oreillers, et tous les meubles nécessaires pour que sa femme et ses enfants puissent aller y demeurer..........

M. Dulaurens m'a envoyé dire par le fils de Coumaramodély et par Sinnayachetty qu'il avait besoin pour lui de vingt à trente ballots de coton. Je lui ai fait répondre que Monsieur venait de faire prendre tout ce qu'on avait pu trouver, qu'on l'avait porté à l'église des Missionnaires et que les Cafres l'y avaient entassé dessus ; et que, par conséquent, s'il n'y en a pas chez les marchands de coton, il n'y en a plus chez les négociants de la Compagnie.

Après cela, Monsieur vint me demander : « As-tu, conformément aux instructions que je t'ai données hier, recommandé au fils de Chandâçâhib d'écrire au Gouverneur de Dêvanâmpatnam ? » Je lui répondis : « Je vous ai fait observer hier que le moment de le faire n'était pas encore arrivé et vous m'avez dit : c'est bien ; aussi je n'ai rien fait. Il faudra voir maintenant quand les circonstances le permettront ». — « Ce n'est pas cela », reprit Monsieur, « il faut qu'il écrive tout de suite ». Je réfléchis : « Pourquoi résister ? Il ne faut pas le mettre en colère » et, sur le champ, à onze heures et demie, j'ai fait venir dans le magasin d'arec Râjapandita, intendant de la maison de Chandâçâhib, et je lui dis : « Il est nécessaire que le fils de Chandâçâhib, votre maître, adresse une lettre au Gouverneur de Dêvanâmpatnam ». — « Comment faut-il écrire ? » me demanda-t-il. Je lui répondis qu'il fallait écrire en ces termes : « Vous n'ignorez pas que moi et ma famille, et celle de la fille du Nabâb Dost-alikhan, au nombre d'une cinquantaine de personnes, nous sommes dans cette ville. Nous apprenons que, quoique vous sachiez cela, vous arrivez pour attaquer cette ville. Si vous vous arrêtez, c'est fini. Si au contraire, vous continuez votre marche, vous devez avoir entendu dire que mon père Chandâçâhib arrive avec une armée de quatre-vingt mille cavaliers ; vous recevrez le fruit de votre conduite. Il ne faut pas venir. Et ainsi de suite ». Comme je disais cela, Râjapandita se mit à rire et me répondit : « Si l'on nous répond : « Les Français ont pris « Madras pendant que le fils de Dost-alikhan s'y trouvait ; que « leur avez-vous fait? C'est la même chose pour nous », que pourrons-nous dire ? Si l'on ne nous écrit pas cela et qu'on nous dise : « Faites à votre possibilité comme nous » ou « Si « vous avez peur, sortez », que pourrons-nous dire? S'il ne paraît pas au Gouverneur de Dêvanâmpatnam qu'on écrit par peur, il ne pensera pas autre chose. En disant cela, je suis moi-même pris de peur. Comme nos maîtresses et nos femmes ne sauraient paraître devant les hommes, on a fait une habitation spéciale pour elles. Mais si un boulet vient tomber là, comment les empêcherons-nous de sortir lorsqu'elles entendront que nous sortirons dans la rue? Votre Monsieur, par peur pour sa femme, n'est-ce pas, a fait préparer l'église qui est près de chez vous, y a fait de plus entasser dessus vingt-cinq barres de coton mouillé. Pour nous, où y a-t-il une maison prête, où y a-t-il du coton et des ballots? Si sur mille parts, il n'a qu'une part de compassion, quelles personnes pourront être sauvées? » A cela je répondis par tous les arguments convenables et Râjapandita partit en me disant qu'il communiquerait cette affaire à son maître et à sa maîtresse et qu'il leur ferait écrire une lettre au Gouverneur de Dêvanâmpatnam.

Entre midi et une heure, treize ou quatorze navires anglais

sont venus jeter l'ancre juste en face de Vîrampatnam. Le chef des navires arrivés hier a salué de neuf coups de canon le vaisseau amiral qui arrivait. Jusqu'à présent, il est arrivé ici vingt-deux navires, petits et grands.

Alors, (on a appris que) les Anglais qui étaient arrivés hier à Singarakôvil et y avaient arboré leur pavillon, l'avaient retiré, puis étaient venus le remettre. Quand aux nôtres qui étaient descendus à Mouttiriçapoulléchâvadi, il ne restait plus dans le campement que deux cents cipayes; tous les autres sont venus à Ariancoupam. Contre le campement de ces deux cents cipayes, l'armée anglaise est venue ce matin faire une première attaque : il y avait deux à trois mille fusiliers et huit canons. Ils se sont retirés ; ensuite, depuis deux heures jusqu'à cinq heures et demie, ils sont revenus livrer une vraie bataille pendant laquelle ils ont pénétré trois fois dans le camp ; mais, les trois fois, les ennemis ont été repoussés par les fusils et les grenades des cipayes. Les blancs et les cipayes qui étaient à Ariancoupam sont venus au secours de nos cipayes. Mais, comme on a pensé que les gens de Dêvanâmpatnam renforceraient leur armée, comme on ne pourrait avoir de vivres ni de provisions pour les cipayes du campement et pour ceux d'Ariancoupam, ils se résolurent à se retirer à Ariancoupam. Comme ils s'en revenaient, pendant qu'ils traversaient la rivière, l'armée des Anglais qui avait été repoussée et qui avait pris la fuite se reforma tout entière, au nombre de trois à quatre mille soldats, et lança une pluie de balles sur ceux des nôtres qui étaient en train de passer l'eau, et alors nous eûmes quinze hommes blessés et trois tués. Dans leurs trois attaques contre le camp, on dit que les Anglais ont eu beaucoup de blessés et beaucoup de morts ; comme ils étaient nombreux et pressés, j'estime qu'ils ont eu cent morts et deux cents blessés; on a parlé de cinq à six cents morts et de mille blessés, mais cela me paraît exagéré. L'armée anglaise occupe le camp de Mouttiriçapoulléchâvadi et l'armée française, la nôtre, est à Ariancoupam.

A cinq heures et demie de l'après-midi, on a arboré à Ariancoupam un drapeau blanc et noir. Comme c'est le signe de ralliement, tous ceux qui étaient au-delà d'Ariancoupam s'y sont repliés. Quelques-uns de ceux qui étaient à Ariancoupam sont allés dans les broussailles et ont occupé le Fort (1).

Ce soir, Monsieur et M. Paradis sont allés à cheval jusqu'aux remparts et m'ont fait appeler. Je suis allé auprès d'eux. Il y avait là Monsieur, M. Paradis, M. Duquesne, M. Guilliard, M. Desfrennes et d'autres personnes ; alors Abd-oul-Rahman est arrivé. Il a raconté le combat qui a eu lieu à Mouttiriçapoulléchâvadi et il a ajouté : « Si l'on mettait à ma disposition cinq cents cipayes. je ferais reculer

(1) On lit dans la *Relation du siège de Pondichéry*, publiée à Bruxelles en 1766, ce qui suit :

« Le Fort d'Ariancoupam est une espèce de pâté à cinq faces non flanquées, construit autrefois pour garantir des incursions des Mores une Aldée ou village qui porte son nom. Il est entouré d'un fossé avec une berme, à laquelle on avoit joint depuis peu un chemin couvert, avec son glacis ; il a au Nord une rivière qui porte son nom à une portée de carabine, à l'est le village touchant au glacis, au sud la rivière de Chounambard à mille toises de distance, et à l'ouest une campagne assez découverte. M. le Prévôt de la Touche, capitaine, commandoit dans ce Fortin, et avoit sous lui MM. Law et la Borderie, avec 40 soldats européens et quelques sipays. Il y avoit onze pièces de canon de fer de 8 et 6 livres de balles, et quelques mortiers à grenades.

« Ce fut donc sous le canon de ce Fort, que nos troupes se retirèrent le 22 à l'entrée de la nuit. Peu après y être arrivées, elles reçurent ordre de repasser la rivière d'Ariancoupan, qui n'est guéable qu'en trois endroits depuis le Fort jusqu'à la mer. M. Dupleix jugea, par la manœuvre du général Anglois, qu'il avoit dessein de commencer ses opérations par la prise de ce Fortin, qui cependant ne pouvoit ni retarder ni avancer la prise de Pondichéry. On prit aussitôt le parti de le défendre jusqu'à l'extrémité, et de lui faire acheter bien cher ce poste, dont il ne pouvoit tirer grand avantage. Pour cet effet, M. de la Tour reçut ordre du Gouverneur de s'établir sur les bords de la rivière dans deux petites redoutes de terre, qu'il avoit fait construire peu auparavant à droite et à gauche du principal gué : il y envoya en même temps quatre pièces de campagne, sous les ordres de M. Daucy, capitaine d'artillerie, avec un renfort de troupes considérable. Les troupes ainsi disposées d'un côté, et le Fort de l'autre, pouvoient s'entre-soutenir mutuellement et empêcher le passage de cette rivière, qu'on avoit véritablement dessein de disputer à l'ennemi · dans cette position, on l'attendit de pied ferme. Il se contenta le 22 d'occuper le camp qu'on lui avait abandonné ».

l'armée anglaise jusqu'à Dêvanâmpatnam ». Il a dit que tous les cipayes étaient à Ariancoupam.....

Le Soubédar Abd-oul-Rahman avait apporté un boulet lancé par les Anglais et qu'il avait ramassé. Tous ces Messieurs l'écoutèrent jusqu'au bout; ils rirent même, mais il me parut qu'en dedans ils avaient grandement peur : cela se voyait à leur parole et au changement de leurs visages.

M. Paradis discutait avec Monsieur un ordre que se proposait de faire donner celui-ci. Pendant ce temps, M. Bruel m'appela et me dit : « Ne pourrais-tu parler à Monsieur ? Les pauvres, les femmes et les enfants qui sont dans la ville sont une charge; s'ils partaient, il y aurait plus de provisions et la défense de la place serait plus facile. Monsieur ne voit pas cela. Tu devrais le lui dire ». Je répondis : « C'est à vous, Messieurs les Conseillers, qu'il convient de dire ces choses. Pourquoi le lui dirais-je, moi ? C'est votre devoir », et je lui fis tous les compliments nécessaires. Il me répondit : « Ce n'est pas du tout notre affaire, c'est la tienne; puisque tu es le chef des Malabars, c'est ton office de le lui dire ». Je répliquai : « Est-ce donc là seulement mon office et rien autre ? » Au moment où je disais cela, il reprit : « Tout cela, c'est ce que dit Madame Dupleix; n'en a-t-il pas toujours été ainsi ? » Je répartis : « Quelque travail que Monsieur me donne, je ne connais rien au delà ». A ce moment, M. Paradis arriva et parla avec M. Bruel de la même affaire : serait-il bon de faire sortir ces gens-là ?

Puis Monsieur m'appela, me raconta le combat des cipayes et me dit : « Il est arrivé ce que j'avais annoncé », et il ajouta : « Va dire qu'on envoie des hommes aux villages des Musulmans mettre le feu aux paillotes » (1), et descendant, il rentra chez lui.

Moi, je revins au magasin d'arec où je fis venir les négo-

---

(1) Les mémoires du temps disent que les Anglais brûlèrent Archiwack et les villages environnants.

ciants (pour leur ordonner de mettre à la disposition de M. Cornet les marchandises de la Compagnie)..... Ils me demandèrent d'obtenir du Gouverneur la permission d'envoyer hors de la ville leurs femmes et leurs enfants. Je leur fis connaître que je lui en avais parlé bien souvent, mais qu'il ne donnait aucun ordre à ce sujet. Aussitôt que je leur eus dit cela, ils furent d'avis qu'il n'y avait pas de chance pour cette ville et dirent qu'on allait y mourir de peur : « Si des boulets tombent (dans nos maisons), tous nos petits enfants seront épouvantés. De même que Madras a été pris tout de suite, de même cette ville le sera. Comme elle sera attaquée de deux côtés, la perte est certaine ». Je n'en finirai pas d'écrire leurs lamentations. Il ne m'est pas possible d'exprimer la terreur des pauvres gens de la ville et des blancs ignorants, puisque celle des négociants indiens et des blancs instruits est si grande. Dieu seul en connaît l'étendue ; elle est incompréhensible pour les hommes.

On pense que cette nuit les navires anglais lanceront des boulets et des bombes ; aussi toutes les femmes des blancs ont quitté leurs maisons et sont venues dans l'église qui est en face de ma maison et dans les maisons indiennes environnantes........

Année Vibhava	1748
Mois d'Avani	Août
11 — vendredi	23

Ce matin, à six heures, Monsieur m'a fait appeler et m'a dit de faire venir en ville le *nelly,* la paille et toutes les provisions, tant qu'il peut y en avoir, qui existent à Oulgaret et dans les aldées à l'entour, de les brûler si c'est impossible, de faire venir de même le *nelly* et la paille des villages musulmans et d'y faire mettre le feu si les propriétaires refusent de les livrer. J'ai transmis ces ordres au Grand Nainard et à quinze pions en les invitant à aller les exécuter à Oulgaret et dans les villages des environs. J'ai aussi envoyé des hommes s'informer du *nelly* et de la paille qu'il peut y avoir à Villenour, Perimbé, etc.

Hier les Anglais ont occupé le camp qui est près de Mouttiriçapoulléchâvadi. Ils s'y sont installés avec tous leurs hommes et y ont apporté toutes leurs munitions et provisions. Dans l'intention de prendre Ariancoupam, puis d'attaquer Pondichéry, ils se fortifient à Mouttiriçapoulléchâvadi (1). Ils se proposent de débarquer quelques appareils des navires et d'apporter les autres de Mouttiriçapoulléchâvadi. Demain, ils viendront attaquer Ariancoupam. Telles sont les nouvelles que j'ai entendu dire. A Ariancoupam, les nôtres ont fait passer les canons, les cipayes et les soldats de ce côté-ci de la rivière et se tiennent prêts.

Année Vibhava	1746
Mois d'Avani	Août
12 — samedi	24

Ce matin, à cinq heures, l'armée des Anglais est sortie tout le long du bord de la mer à Ariancoupam et est venue à l'église des Pères pour s'en emparer; telle se manifeste une inondation de fourmis, telle venait l'armée des Anglais. Les nôtres, droit en face de l'église des Pères, de ce côté-ci de la rivière, ayant disposé leurs troupes de façon à couvrir tout le rivage, dressèrent des canons sur les deux batteries construites en terre et lancèrent, à l'aide de ces canons, ainsi qu'avec des fusils et des mousquets qui tiraient au dessous, une pluie de balles et de boulets sur l'armée des Anglais. Ceux-ci, se disant : « Meure qui mourra! » occupèrent malgré cela l'Église. M. de la Tour écrit à Monsieur qu'ils ont eu là cent cinquante hommes tant tués que blessés; cette évaluation me paraît exacte. Le commandant des batteries d'Ariancoupam a adressé le rapport suivant : « Pendant que les Anglais

(1) La *Relation du siege* dit : « Le 23, l'ennemi reposa tranquillement, et la nuit suivante il vint établir son camp à l'est de la rivière d'Ariancoupam et au-dela du village, derrière l'église des Pères Jésuites ».

marchaient du bord de la mer à l'église, beaucoup d'entre eux ont été tués par nos canons. Pendant qu'ils s'en emparaient et pendant qu'ils occupaient le jardin de Canagarâyamodély qui est derrière, notre tir ne les atteignait pas, mais se perdait dans les arbres et sur l'église ». Un moment après cette lettre, en est arrivée une autre de M. de la Tour qui disait : « Les Anglais ont quitté l'Église. Alikhan et les hommes qui étaient dans le Fort ont repoussé ceux qui venaient l'attaquer et alors ceux-ci, joints à ceux qui avaient occupé l'église, sont allés s'emparer du pagotin d'Ayénarcovil. Nous avons fait prisonnier sept Anglais dont l'un est blessé » (1).

(1) La *Relation du siège* rapporte que, le 24, au point du jour, douze à treize cents soldats anglais s'avancèrent « intrépidement jusqu'aux deux tiers de la portée du canon, droit au Fort. Ayant fait halte en cet endroit, quatre compagnies de grenadiers se détachèrent aussitôt de la troupe, et chacune d'elles prit une route différente, pour s'emparer des angles du Fort, et gagner le chemin couvert. Ils n'avoient apporté avec eux ni échelles, ni grenades; aussi furent-ils reçus comme le méritoit leur présomption. A peine ces intrépides grenadiers eurent-ils avancé quelques pas sur les glacis, qu'on les salua d'une décharge de mousqueterie, qui éclaircit d'abord leurs rangs. Le canon de la place, qui tira ensuite chargé à mitraille, acheva d'ébranler le reste. On le pointa aussitôt sur le corps de troupes posté pour soutenir ces braves, qui vouloient donner l'assaut. Foudroyés en face par les canons du fort, tandis que nos quatre pièces de campagne d'en deçà la rivière les battoient en flanc avec vivacité, ils ne trouvèrent leur salut que dans une prompte fuite, qu'ils ne purent exécuter qu'en perdant toujours du monde, jusqu'à ce qu'ils fussent hors de la portée du canon. Cependant une petite troupe de 60 grenadiers tenoit bon, et malgré le feu du canon à mitraille et de la mousqueterie, sauta hardiment dans le chemin couvert, arracha les palissades, et se retrancha derrière un petit ravelin, qui étoit sur la gauche du pont-levis. Cette hardiesse un peu téméraire ne servit qu'à ranimer le courage de la garnison : son feu fut des plus vifs, et quoiqu'un canon eût crevé, et un autre brisé son affût, l'activité de M. de la Touche et de ses officiers suppléa d'abord à cet accident, et ne laissa point ralentir son feu. Dans ce moment, 200 sipays, sans attendre aucun ordre, ayant passé la rivière à l'opposite de l'attaque, et venant à se montrer tout à coup, achevèrent par une vive décharge d'ébranler cette petite troupe, qui ne voyant plus de secours à espérer, fut forcée de quitter ce retranchement, et se sauva dans la plaine avec un désordre extrême, et beaucoup de perte. Il en resta plusieurs sur le champ de bataille : le capitaine des grenadiers entre autres, jeune homme d'une très belle figure, fut emporté d'un boulet dans la plaine à la tête de sa troupe, et son lieutenant qui avoit pris sa place tué roide au pied des palissades ».

M. de la Tour nous a envoyé ce blessé, ainsi qu'un officier qu'on a pris sans aucune blessure. Dès qu'ils furent arrivés, Madame fit venir ces deux prisonniers et, pensant que, par son habileté, elle leur ferait révéler les secrets des Anglais, alla trouver son mari et lui dit qu'il fallait demander ceci et cela à ces Anglais. Lui, convaincu de l'intelligence de sa femme et mené par elle comme un taureau calmé qu'on conduit à l'étable et qu'on y attache, lui dit : « Interroge-les toi-même ». Tout le monde regardait attentivement. Alors elle alla les interroger et l'un d'eux dit qu'ils étaient arrivés avec vingt-cinq navires, qu'ils venaient de débarquer six mille soldats, qu'il restait dans chaque navire quatre-vingt soldats, qu'après avoir pris Ariancoupam on en rembarquerait d'autres et qu'on continuerait l'expédition par mer et par terre : c'est une résolution bien arrêtée. En venant leur flotte avait rencontré, près de Mascareigne, des navires français « avec lesquels », dit-il, « nous nous sommes battus » ; dans ce combat, ils n'ont éprouvé aucun dommage. L'Anglais a ajouté qu'un chef canonnier, déserteur de Pondichéry, leur a assuré qu'en deux heures de temps il leur ferait prendre Ariancoupam et qu'il leur a fourni les indications nécessaires pour cela, qu'il leur a donné des détails sur la rade et des renseignements secrets pour faire prendre Pondichéry (1). Alors Monsieur vint, en jurant, nous retrouver là où j'étais, avec MM. Bolet (?), Bury, Guilliard et une quinzaine d'autres blancs.

A ce moment, il arriva des lettres d'Ariancoupam et de la batterie de ce côté-ci de la rivière qu'occupe M. de la Tour. On y disait : « Les Anglais ont repris possession de l'église ; de là ils tirent le canon et leurs boulets tombent vers Mourou-

---

(1) Il s'agit sans doute ici de Roussel dont on reparlera plus loin ; mais la *Relation* dit : « Le rapport d'un soldat déserté du Fort pendant la nuit, qui les avoit assurés qu'on n'attendoit, pour le leur remettre, que de les voir s'y présenter, les avoit engagés à former cette brusque attaque qui n'eut pas le succès qu'ils en avoient espéré ».

gapâcom, près de Contésalé, à côté du jardin de Kêsavarâyen. Un cipaye a eu le pied emporté, un autre a eu la cuisse fracassée, un jeune topa a la poitrine enfoncée, un cafre a le ventre ouvert, enfin un cipaye a eu la tête brisée. Les Anglais s'approchent de la batterie d'Ariancoupam et ils ont fait cesser le feu de ceux qui tiraient le canon de là ». Monsieur, qui avait gardé une figure joyeuse, changeait de visage à mesure qu'arrivaient ces nouvelles ; il était tout triste et comme frappé de langueur. Sa parole était capricieuse. Persuadé que la perte de la ville est certaine, comme poussé par une inspiration diabolique, il disait de faire n'importe quoi, que n'importe qui lui proposait. On voyait bien qu'il parlait et qu'il agissait sans s'en rendre compte.

Cependant, on traita avec beaucoup d'égards les prisonniers anglais ; on leur donna du pain, du vin, du thé et des confitures. Puis on recommença à interroger l'un d'eux ; mais je n'ai pas su ce qu'il avait dit. M. Mariel (?) l'emmena ensuite là où sont les topas, du côté de la cuisine de Monsieur. Quant à celui qui était blessé, on lui donna aussi du pain, du vin, du thé, et on l'interrogea ; mais je ne sais pas ce qu'il a dit. Il a reçu une balle dans l'omoplate ; cette blessure saignait et on l'a conduit à l'hôpital.

Des boulets que lancent les Anglais, on a ramassé et apporté seulement cinq ou six. Tous ces boulets sont du même modèle, en fonte, et pesant cinq livres et quart. On est venu dire cela à Monsieur.

Plus tard, un nouveau rapport est arrivé portant que les Anglais se sont approchés du Fort d'Ariancoupam et l'entourent des quatre côtés ; on ajoutait que ceux qui étaient dans le village étaient aussi entourés des quatre côtés. Cette nouvelle a mis la consternation partout ; sans rien dire de ce qu'il pensait, Monsieur avait des larmes dans les yeux et je le voyais trembler et faire des gestes de douleur. Comment pourrais-je écrire sur le papier cette agitation enragée ? Se décourager quand on devrait espérer un retour de fortune et s'efforcer d'arracher ce diable qui nous a saisis? Mais laissons cela. Les Anglais, voyant qu'ils ne pouvaient réussir du premier coup, s'étaient retirés, puis étaient revenus avec des échelles pour monter sur le rempart. Ceux qui étaient sur le rempart et en bas, la compagnie d'Alikhan et celle de Cheick-Huçain, leur ont vigoureusement résisté et, perdant beaucoup de monde, ils se sont retirés dans le pagotin d'Ayénar. M. Law et un officier nommé de la Touche écrivirent à Monsieur que les obus lancés par les Anglais tombaient et éclataient dans le Fort d'Ariancoupam, que quelques personnes en étaient blessées et qu'il leur était impossible d'y tenir plus longtemps. Monsieur leur écrivit de se retirer sans bruit (1).....

De même que Monsieur était très préoccupé de tout cela, toute la ville s'en inquiétait. En entendant le bruit des canons et des fusils, les femmes et les enfants coururent du côté de Contésalé. Ils disaient : « Si on ne nous laisse pas partir,

---

(1) La *Relation du siège* dit : « M. de la Tour, voyant que les Anglois abandonnoient l'entreprise du Fort, pensa que leur dessein étoit de tenter le passage de la rivière, pour nous chasser de nos postes. Dans cette idée, il quitta le sien pour aller se mettre en bataille vis-à-vis du passage : de là, faisant un feu continuel sur eux, quoiqu'on ne les vît qu'à peine entre les arbres, il les étonna si fort par cette fière contenance, et par la vivacité avec laquelle M. Daucy fit servir les pièces de campagne, qu'il les força de prendre le parti de se cacher à l'abri des maisons, dont ils firent percer les murs, pour placer leur canon, et tirer sur les François avec moins de risque. Leur feu fut violent : outre qu'il étoit supérieur au nôtre par le nombre des pièces et par leur calibre, nous paroissions à découvert. Cependant, par une protection spéciale du Seigneur, nous ne perdîmes que deux hommes et un cheval, après une canonnade de deux heures de part et d'autre. M. de la Tour, pour faire reposer et rafraîchir ses troupes, ordonna la retraite, qui se fit en bon ordre jusqu'aux limites à une petite distance de la rivière. M. Dupleix avait fait fortifier avec des palissades et des épines ces lignes ou limites, afin de disputer le terrain à l'ennemi pied à pied. On retourna peu après sur les bords de la rivière occuper les anciens postes. L'ennemi, qui n'avoit pas osé profiter de notre absence, sitôt qu'il nous les vit reprendre, recommença à nous canonner d'un bord de la rivière à l'autre, mais inutilement. Se voyant hors d'état d'en tenter le passage, et moins encore d'emporter le fort d'Ariancoupam qui tiroit continuellement sur lui et l'incommodoit beaucoup, il décampa, au grand étonnement des nôtres, sur les trois heures après midi. Toutes les tentes furent pliées et emportées sur le bord de la mer, où on les vit camper dans les Dunes ».

nous sommes morts. Il faut nous sauver ». Comme on avait donné l'ordre à Cheick-Ibrahim de ne laisser passer personne sur les routes, Cheick-Ibrahim, craignant une panique désespérée si ces gens affolés se répandaient en ville, vint le dire à Monsieur, et Monsieur lui dit de laisser partir les femmes et les enfants. Sur sa demande s'il pouvait laisser passer les femmes des grandes maisons, il lui dit que oui ; mais il ordonna de lui amener celles qui emporteraient de l'argent. Cheick-Ibrahim vint me le dire ; au même moment, Monsieur m'envoya chercher : « Est-il vrai », me demanda-t-il, « que, prises de peur, toutes les femmes s'enfuient de la ville ? » — « C'est vrai », lui répondis-je. Il reprit : « Quant aux hommes, j'ai donné l'ordre de ne laisser sortir que les brahmes, mais en recommandant de ne plus les laisser rentrer ». Je lui dis qu'en agissant ainsi, on faisait une bonne affaire, ces femmes *sûdra* (1) et ces brahmes devant être un embarras dans la ville. Il reconnut que j'avais raison......

Il est arrivé à la maison de Chandâçâhib deux pions porteurs seulement de cinquante à soixante lettres à l'adresse de Monsieur, du fils de Chandâçâhib et d'autres personnes. Ils ont rapporté que Chandâçâhib a quitté Savanom-Rangabouram avec douze mille cavaliers et qu'il sera ici dans vingt jours. Je rapportai cela à Monsieur qui me dit d'écrire et de faire écrire tout de suite à Chandâçâhib que les Anglais se préparaient à prendre Pondichéry et qu'il vienne à notre secours......

Toutes ces paroles et ces affaires troublaient mon esprit et je me disais, en revenant au magasin d'arec, que la ruine arrivait. Je pensais : « Il y a chez moi trente ou quarante personnes, femmes, serviteurs et jeunes garçons ; je vais les faire partir et ne garderai que ma femme, mon frère, la femme de mon frère et trois serviteurs », et je fis dire chez moi, par Vîranaïk et Ileitchiappa, de faire partir les autres...

(1) Des dernières castes, manœuvres, ouvriers, boutiquiers, etc.

(Mais je songeai à l'ordre donné de ne laisser sortir ni argent ni effets, et je me dis : « Madame a là l'occasion de gagner beaucoup d'argent, quelques milliers de roupies)......

(J'allai à la maison de Chandâçâhib porter les compliments de Monsieur et chercher les lettres..... Monsieur alla au bastion Saint-Laurent et de là à l'Hôpital).

Les nouvelles d'Ariancoupam, de ce soir, sont que les Anglais, après s'être retirés, s'étaient dits qu'ils ne devaient pas reculer sans prendre Ariancoupam d'une façon quelconque et que leur armée s'est rapprochée du rempart. Pendant ce mouvement, la batterie élevée de ce côté-ci de la rivière tira sur eux. Les boulets atteignirent un chef qui tomba et, comme il tombait, l'armée assaillante recula. Alors Cheick-Huçain et Alikhan s'élancèrent sur l'armée anglaise qui eut huit chevaux tués. Les hommes du petit Gémédar Cheick-Huçain s'emparèrent de trois chevaux, dont deux sont de peu de valeur; l'autre vaut de mille à douze cents roupies. On rapporte que les Anglais ont évacué leur campement et se sont retirés, les uns à Mouttiriçapoulléchâvadi et les autres à l'endroit du bord de la mer où ils avaient débarqué. J'allai au bastion Saint-Laurent pour dire ces nouvelles à Monsieur; comme il était à l'Hôpital, je m'y rendis. Le pion qui avait apporté ces nouvelles retourna à Ariancoupam.....

D'après ce qu'on rapporte, les pertes des Anglais seraient énormes aujourd'hui, mais il me paraît qu'en comptant ensemble les blancs et les indiens, il doit y avoir environ cent cinquante morts et deux ou trois cents blessés. Les nôtres, combattant de derrière des remparts, n'ont eu que cinq tués et vingt blessés.

Dans la soirée, le capitaine des Anglais a écrit à M. de la Tour, en lui demandant de les autoriser à rechercher et enlever les morts et les blessés. M. de la Tour y consentit. Alors un Anglais, s'avançant, arbora un drapeau blanc : ils parcoururent le terrain, enterrèrent les morts et emportèrent les blessés. Ils firent dire à M. de la Tour que des cadavres étaient tombés au pied du rempart, qu'ils ne pouvaient les enlever faute de *coulis* et qu'ils le priaient de les faire enterrer. Les nôtres allèrent voir et trouvèrent, en bas du mur, vingt-cinq cadavres qu'ils enterrèrent. Au milieu d'eux, gisait vivant un officier supérieur, un commandant de quatre cents hommes, qui avait les deux jambes emportées. M. de la Tour le fit mettre dans un palanquin et l'envoya chez Monsieur qui le fit conduire à l'hôpital (1).

J'ai écrit les nouvelles au fur et à mesure que Monsieur me les disait ou qu'on me les écrivait.....

Année Vibhava	1748
Mois d'Avani	Août
13 — dimanche	25

Ce matin, à sept heures et demie, Monsieur est allé à l'église du Fort, avec les conseillers, les employés et tous les autres grands personnages, et ils ont entendu l'office. Comme les soldats européens sont aux batteries d'Ariancoupam, au bord de la rivière, on a passé en revue les cipayes seulement. Ils ont tiré trois salves de coups de fusil et on a tiré trois fois vingt et un coups de canon des canons qui tirent d'ordinaire dans ce cas. On cria : « Vive le Roi ! » Comme c'est la fête du Roi, tous les blancs firent des compliments à Monsieur. Ils allèrent chez lui et, aussitôt qu'ils eurent bu le café, on tira encore vingt et un coups de canon en l'honneur du Roi. Puis chacun revint chez soi ou alla à ses affaires.

Moi, j'allai chez Monsieur et lui lus la traduction de la lettre de Chandâçâhib (qui contenait des protestations d'amitié,

(1) La *Relation* dit : « Cette action meurtrière pour les ennemis leur coûta plus de 80 hommes, quantité de blessés et huit prisonniers, que la garnison du Fort ramassa au pied des glacis, et parmi lesquels se rencontra un officier de marine, blessé dangereusement à la jambe gauche : il fut mis dans un palanquin ; on mit les sept autres, presque aussi tous blessés, sur des civières, et on les transporta à l'Hôpital, où l'on prit d'eux un soin particulier ».

de dévouement et de reconnaissance, et annonçait son arrivée prochaine dans son ancienne soubabie d'Arcate. Monsieur me dit de lui répondre de se hâter. Puis Monsieur lut les lettres arrivées de Mahé).

La nouvelle arriva que l'armée anglaise, qui avait été repoussée loin et qui s'était retirée à la chauderie de Mouttiriçapoullé, se tenait au bord de la mer. Ils n'ont tiré que cinq à six coups de canon à poudre comme signal d'allées et de venues de quelqu'un. Hier, aucun des nôtres n'est allé à Ariancoupam ni n'en est revenu. Aujourd'hui, on y a envoyé des pioches, des haches et d'autres instruments, avec l'ordre de couper tous les arbres qui sont à proximité de l'église des Pères d'Ariancoupam, de jeter bas les murs d'enceinte de l'église et d'établir dans l'église même quatre cents cipayes. M. Paradis y est allé pour faire construire deux nouvelles batteries sur les bords de la rivière. C'est tout ce que j'ai appris jusqu'à midi (1).

A deux heures de l'après-midi, Monsieur me fit venir (et me fit part de son dessein de faire venir ici secrètement tous les blancs qui sont à Mahé. Il me dit d'écrire aussi par deux brahmes qu'il expédiait. Il me fit dire de leur compter deux cents pagodes d'or. Comme il n'y avait pas de pagodes, on leur a compté trois cent quarante-sept roupies en vieilles roupies de Pondichéry, de Négapatam et de Portenove, parce qu'on ne trouvait pas de nouvelles roupies de Pondichéry ni de roupies à l'étoile).

Au surplus, les Anglais restent comme inertes et il ne s'est rien passé de nouveau. Comme Monsieur a donné l'ordre d'abattre tous les arbres des jardins de Canagarâyamodély, des Pères, d'Appamodély, de M. Auger, etc., tout a été coupé. Je n'ai pas entendu parler d'autres choses intéressantes.

(1) La *Relation* dit : « Le 25, à la pointe du jour, toutes nos troupes se replièrent dans nos batteries. Les ennemis ne parurent point de toute la journée, non plus que le jour suivant ; ils employèrent ce temps à faire descendre de leurs vaisseaux de la grosse artillerie, 1800 hommes de marine et des munitions ».

Année Vibhava	1748
Mois d'Avani	Août
14 — lundi	26

Ce matin, Monsieur m'a fait appeler et m'a demandé s'il n'arrivait pas du dehors des grains pour l'approvisionnement des habitants. J'ai répondu qu'il n'en arrivait pas ; que, hier, j'avais fait venir les marchands de *nelly* et que je leur avais demandé pourquoi ils n'en faisaient pas venir ; que l'occasion était excellente, qu'elle ne se représenterait plus et qu'ils pourraient faire de grands bénéfices. (Après une longue discussion, où nous avons parlé du siège imminent de la ville, je leur ai donné des conseils, et j'ai ajouté que, s'ils restaient ainsi sans faire venir du *nelly,* on leur infligerait une amende de douze cents pagodes, on leur couperait les oreilles, on les frapperait de cent coups (de rotin) et on les chasserait de la ville. Après leur avoir adressé ces menaces, je leur ai fait prendre par écrit des engagements formels. — « Tu as fait une bonne chose », m'a dit Monsieur, « car il faut agir de façon à ce qu'on ne puisse pas dire qu'on a négligé un moyen quelconque pour se procurer du riz et des grains en abondance. Ce n'est pas le moment de regarder aux dépenses, à l'argent de la Compagnie ; il faut se procurer ce qu'on n'a pas ; il faut faire venir des provisions à n'importe quel prix. Il est nécessaire de le faire savoir aux marchands du dehors qui en apporteront beaucoup dès qu'ils le sauront ; il faudrait envoyer quelqu'un avec de l'argent, appartenant à la Compagnie.....

Puis il me dit : « As-tu vu, Rangappoullé, comment hier, à une heure après minuit, nos soldats, qui étaient de ronde, passèrent contre notre batterie du bord de la mer? Ceux qui étaient dans la batterie, sans savoir qui ils étaient, ont crié et ont tiré dessus ; cinq, six ou dix soldats seuls ont tiré. Ceux qui étaient en bas ont tiré alors et ils ont ainsi tiré les uns sur les autres ; il y a eu plusieurs blessés. Dès que j'ai appris cela, je suis allé à Ariancoupam ; j'ai raisonné nos hommes et je les ai fait rentrer dans la bonne voie ; je suis resté toute la nuit sans dormir ».

Puis, il me dit que, s'il n'arrivait pas du grain du dehors, on ne pourrait pas nourrir les *coulis;* qu'il fallait leur réserver un quart des provisions; que je devrais leur en donner de chez moi, parce qu'ensuite les habitants, à mon exemple, se prêteraient aux réquisitions. Tout en pensant : « Comment ferais-je ensuite ? » je lui répondis : « Je ferai ainsi ». Il reprit encore : « Quelle est la quantité de *nelly* de la Compagnie qui est à ta disposition ? » — « Il y en a plus de trois et moins de quatre garces », lui répondis-je (1). — « Donne-les leur », me dit-il, « et s'il en faut d'autres ensuite, on réquisitionnera chez les habitants »....

Après cela, il me demanda ce que disaient, à propos de l'arrivée des Anglais, les gens du dehors et les habitants de la ville. Je lui répondis que, parmi les gens de la ville ou du dehors, il en était peu qui eussent le discernement suffisant; que, parmi les autres, on disait, d'après ce qui s'est passé jusqu'à présent, les Anglais n'ayant pu même s'emparer du fortin d'Ariancoupam, que ce n'est pas leur heure de fortune et qu'ils n'auront que des ennuis. Alors il reprit : « Et toi qu'en penses-tu ? » Je répondis : « D'après les astrologues tamouls, à partir du 1ᵉʳ puraṭṭâçi (2), le temps sera propice pour la ville ; ils disent que Dieu vous donnera alors toutes les joies. Notre ville aura de l'ennui, mais il passera; notre flotte arrivera, les Anglais seront perdus et vous serez couvert de gloire. Voilà mon avis ; c'est le résultat de mes réflexions. Ce que je vous avais dit pour Madras et les autres affaires s'est réalisé, vous le savez bien. Ce mois-ci vous donne des inquiétudes ; même si le mois prochain les navires n'arrivent pas, vous aurez un triomphe complet : c'est la

---

(1) La garce s'évalue par 94 sacs de 75 kilos chacun. Il y avait donc environ 25,000 kilos de riz non décortiqué.

(2) 13 septembre.

volonté de Dieu. Si l'on considère les combinaisons humaines, la force de cette ville et de nos hommes, il faudrait que les ennemis perdissent une vingtaine de mille hommes ; il faudrait de plus que, montant sur les cadavres, ils en perdissent encore dix à quinze mille et, en haut, en ville, deux à trois mille. Alors le Fort pourrait être à eux. C'est ce que je pense et je vous dis ma vraie pensée tout entière ». Monsieur me répondit : « S'il mourait sept à huit mille blancs, combien n'y en aurait-il pas de blessés? S'il mourait tant de monde, le Fort serait certainement pris ». Je continuai : « Y compris ceux qui sont sur les navires, ils ne sont pas plus de cinq mille ! » — « C'est vrai », me dit-il.

Cet après-midi, Monsieur, ayant fait venir M. Serpeau, lui dit de faire couper les levées. Aussitôt qu'on les eût coupées, l'eau de la rivière coula à la mer. M. Paradis écrivit que, si l'eau de la rivière baissait, cela donnerait un passage aux ennemis. Monsieur fit refaire les levées. On ne pourrait écrire sur le papier la scène que fit Monsieur à M. Serpeau. On a donc rétabli les digues. C'est tout ce que j'ai appris jusqu'à présent (1).

Année Vibhava	1748
Mois d'Avani	Août
15 — mardi	27

Ce matin, Monsieur m'a fait venir et m'a dit d'écrire à Mirzàçâhib, fils du Grand Mogol Ahmadçâhib (pour lui exposer la situation et lui dire d'envoyer à notre secours, ne serait-ce que cent cipayes.....). J'ai écrit les lettres et les ai expédiées par un pion.... Je revins chez moi à midi.

(1) On lit dans la *Relation*, à la date du 26 : « Le 26 au soir, on s'aperçut que les Anglois avoient élevé des retranchements environ à 700 toises à l'est du Fort et à 500 toises de nos postes, à la gauche du passage, et qu'ils y avoient même commencé une batterie en sacs de terre. On tira quelques coups de canon sur les travailleurs, et, pour être en état de leur répondre, M. Paradis fit aussitôt élever un petit cavalier capable de porter une pièce de 6 et qui découvroit le pied de leurs retranchements ; trois heures après il fut en état, et l'on put s'en servir ».

Les Anglais ont dressé une centaine de tentes près de Vîrampatnam, à l'endroit où ils ont débarqué, et ont construit là deux redoutes où ils ont mis des canons. Ils s'y sont installés fortement et y ont réuni toutes leurs forces. Le gémédar Abd-ul-rahman m'ayant dit qu'il venait apporter cette nouvelle à Monsieur, je lui dis de venir avec moi à la maison. Il alla ensuite chez Monsieur.

(Il est arrivé des nouvelles du Nabâb. Ne trouvant pas son armée assez forte, il cherche à l'augmenter. D'autre part, Anaverdikhan paraît vouloir venir aider les Anglais. Ils ont répandu de l'argent.) Qui se fie à ces musulmans, comment pourrait-il être sauvé ?

Cet après-midi, les marins anglais ont amené et mouillé juste en face de la porte du Fort le navire qui était mouillé à l'angle S. E. ; il ont mouillé à l'angle N. E. un *sloop* à deux mâts et à l'angle S. E. un autre sloop. Quel est leur dessein ? On l'ignore.

Ce soir, dès que Monsieur revint de sa promenade, il m'envoya chercher par un pion. J'y allai. MM. Bury, Duplan, Guilliard, étaient là. Monsieur me dit : « Est-il vrai que l'on ait pris de l'argent à deux individus qui sortaient de la ville ? » — « C'est vrai », répondis-je, « sept ou huit pions ont pris à deux brahmes, près de Kâdapâcom, l'argent qu'ils avaient sur eux ; de plus, ils se sont mis à vingt ou trente pour battre deux femmes ». M. Bury dit : « Est-ce possible ? ». Là-dessus, Monsieur dit : « Rangapoullé, dans le village de Kuttagei un *retty* a dit que les Anglais ont pris Pondichéry. Il faut aller lui prendre trois ou quatre mille mesures de *nelly*, tout ce qu'il a, et le battre ainsi que son homme ». — « Qui est-ce ? », demanda M. Guilliard ». — « Le *nâṭṭâr* de Tindivânom, un nommé Mallâretty », dit Monsieur, et il ajouta : « C'est un mauvais moment pour lui ; il ne gardera pas l'argent qu'il a ». Là-dessus, M. Guilliard reprit : Il faut traiter ces chiens comme ils le méritent pour leur apprendre à penser ». A ce moment, M. d'Auteuil arriva de la batterie qui est au bord de la rivière, à Ariancoupam, et, causant avec lui, Monsieur entra dans son cabinet. J'allai au magasin d'arec.

Ce soir, à sept heures, trois brahmes ont apporté des lettres de Mahé. Ils ont dit que, le jour de leur départ, il était arrivé un navire d'Europe. Ils apportaient des lettres annonçant la prochaine arrivée de l'escadre.....

Hier 14, lundi, à onze heures du matin, Monsieur fit venir Cheick-huçain, le petit gémédar et Alikhan. Il m'avait fait dire d'apporter deux serpeaux qui étaient en ma possession et qui valaient cinquante roupies et il leur en fit présent. Il leur donna de plus deux habits de drap, trois poignards, deux fusils à deux coups et deux paires de babouches. C'était la récompense de leur conduite aux batailles de jeudi et de samedi. Leur aurait-on donné à chacun mille pagodes, ce n'aurait pas été une récompense (suffisante). Il fallait donner au moins mille roupies. Ce qu'on leur a donné maintenant n'est pas du tout une récompense pour la lutte qu'ils ont soutenue. On m'a rapporté qu'après avoir reçu ces présents, ils se disaient l'un à l'autre : « C'est bien peu ! »

Année Vibhava	1742
Mois d'Avani	Août
16 — mercredi	

Ce matin, Monsieur m'a fait appeler et m'a dit : « Fais préparer et envoie deux *dhoulis* à M. Paradis ». J'ai fait dire au chef des *Boys* (1) de les préparer et de les envoyer, avec les hommes nécessaires, là où est M. Paradis.

On a répondu à la lettre de Chandâçâhib......

On a fermé les deux grandes portes de la maison de Monsieur et on a ouvert la porte de la cuisine qui est du même côté ; il faut maintenant que tout le monde passe par là......

On a pensé à combiner une ruse pour aller, avec des catti-

---

(1) Hind. *Bhôî* ou *bhûî*, porteur de litière, de palanquin, etc.

marons, mettre le feu aux navires (anglais) ; Monsieur, ayant fait venir les auteurs de ce projet, l'a examiné avec eux.

Cependant, les Anglais, qui, depuis dimanche, s'occupent tous les jours à construire des batteries à Vîrampatnam, ont cherché jusqu'à hier un endroit convenable, s'y sont fortifiés, y ont fait venir toute leur armée et y ont installés des canons qui lancent des boulets de dix-huit et de douze livres : ils tirent sur l'armée qui est de ce côté-ci de la rivière et sur le fortin d'Ariancoupam. Parmi les cavaliers blancs qui sont descendus à Mourounjapâcom, un a été atteint et est mort ; deux femmes qui portaient du *canji* (1) à des parias ont été aussi tuées. Les boulets ont frappé également quatre cafres qui étaient au bord de la rivière et deux ou trois cipayes. Il y a eu ainsi cinq morts et dix blessés. Il est très dangereux de passer par Mayirâmandalam et Mourounjapâcom. Telles sont les nouvelles qui sont arrivées vers cinq à six heures ce matin.

Monsieur était avec un Portugais, maître d'artillerie, à examiner une invention pour mettre le feu aux navires anglais. C'est un appareil, de la forme d'un petit navire, qu'on doit mettre la nuit sur un *cattimaron*, pour pouvoir s'approcher des navires anglais et y mettre le feu. Ils ont donné toutes les instructions et fait toutes les combinaisons nécessaires.

On a apporté les blessés à l'infirmerie et on a enterré les morts sur place.

Un topa, attaché à M. Paradis, qui était venu pour donner la nouvelle des morts et des blessés, a raconté que, pendant que M. Paradis allait et venait au bord de la rivière, des boulets passaient au-dessus de sa tête. Il a ajouté que les boulets des Anglais portent juste et que ceux des nôtres, établis de ce côté-ci de la rivière, ne portent pas. C'est parce que nos canons sont seulement de six livres, qu'ils sont trop petits, qu'eux ils tirent d'en haut et que nous tirons d'en bas. Nos coups n'arrivent qu'à moitié chemin. Il a dit aussi que nos cavaliers,

---

(1) Eau de riz.

commandés par M. d'Auteuil, de peur des boulets et après avoir pris les ordres de M. Paradis, se sont repliés sur Contésalé. Là dessus, M. Paradis est venu lui-même parler à Monsieur. Après qu'il fût reparti, on transporta à la limite deux des canons de vingt-quatre livres qui sont à la porte de Madras et un des canons de dix-huit livres du Fort. On a pu ainsi armer convenablement le Fort d'Ariancoupam et les deux redoutes construites de ce côté-ci de la rivière. Nos boulets atteignent-ils ou non maintenant les Anglais ? Dieu le sait. J'ai écrit les nouvelles qui nous sont arrivées jusqu'à midi du camp des nôtres, ainsi que le nombre des morts et des blessés (1)......

Dans l'après-midi, nous avons appris qu'un baril, qui contenait seulement deux cents grenades, était en plein air dans le fortin d'Ariancoupam ; un boulet lancé par les Anglais

(1) La *Relation du siège* dit : « Dans la nuit du 27 au 28 les Anglois perfectionnèrent leurs ouvrages, finirent leurs batteries, et y placèrent quatre pièces de canon dont deux étoient tournées contre le Fort, et les deux autres contre nos postes, sur lesquels ils firent grand feu. Le Fort ne fut presque point endommagé de cette canonade, à cause de sa trop grande distance ; mais il n'en fut pas de même de nos batteries, qui, sans compter la proximité, n'avoient que des pièces de 2 et de 6 avec lesquelles il n'étoit pas possible de tenir contre leur feu qui tiroit du 12 et du 18. M. Paradis voulant suivre les ordres du Gouverneur qui n'avoit rien tant à cœur que d'arrêter l'ennemi sur cette rivière et de reculer la perte du Fort, se hâta de dresser une nouvelle batterie de quatre pièces de 12 à la gauche de l'ancienne de l'est, et fit pratiquer un boyau de communication de l'une à l'autre.

« L'ardeur avec laquelle on travailla toute la nuit, fit que ces ouvrages se trouvèrent achevés au jour ; et dès lors notre feu devenu supérieur, fit taire celui des ennemis qui ne tirèrent que foiblement jusqu'au soir.

« Pendant cette canonade, qui nous tua environ trois hommes et qui nous blessa quelques caffres, il se passa parmi ces derniers un trait de fermeté et de force peu communes, et qui n'appartient qu'à un caffre. Un boulet de 8 des ennemis ayant frappé cet homme au haut de la cuisse par derrière, lui mit les chairs en lambeaux et resta comme incrusté dans sa playe. Lui ayant été ordonné de retourner à Pondichéry pour se faire panser, il saisit d'une main le boulet dont la pesanteur l'empêchoit de marcher, et sans l'ôter de ses chairs, fit quelque trois quarts de lieue à pied sans vouloir permettre que personne l'aidât ni le touchât. Ce ne fut que près d'être rendu à l'hôpital, que la douleur du boulet se faisant trop sentir, il souffrit enfin qu'on le lui ôtât, fit le reste du chemin sans l'assistance de personne, et mourut deux jours après ».

est tombé dessus ; on l'a attrapé et on a tout de suite jeté le baril dans l'eau, de sorte que personne n'a été atteint. Dieu a ainsi sauvé les nôtres! Du reste, on ignore combien les Anglais ont eu de morts.

Monsieur le Gouverneur me fit appeler. Je me rendis chez lui et le trouvai sur sa terrasse, en compagnie de MM. Bruel, Robert, Guilliard, Solminihac, Serre, Duquesne, Bury et Cauterel. Il me demanda quel était aujourd'hui le nombre de nos morts et de nos blessés. Je lui répondis qu'on m'avait rapporté qu'il y avait eu cinq morts et quinze blessés, mais qu'on comptait chez les Anglais cent cinquante morts et blessés. « On raconte », ajoutai-je, « que, venus de dix mille lieues, très en colère par suite de la prise de Madras, ils se trouvent fort découragés par cette résistance, qu'ils ne savent plus que faire et qu'ils songent à se retirer ». Monsieur me répondit : « Ce que tu dis est vrai ; mais quand se retireront-ils ? » — « Ils essaieront », repris-je, « pendant quatre jours encore, leur attaque par terre ; puis, ils changeront de tactique et viendront un jour ou deux faire un bombardement par mer ; mais, si nos navires arrivent, ils leur feront un peu de mal et nos ennemis s'en iront ». — « Ce que tu dis est vrai ; il en sera ainsi », dit Monsieur, et tous les blancs qui étaient là furent de cet avis. M. Bruel dit : « Tout ce que dit Rangappoullé est dit avec vaillance ; c'est un vrai Français ». Monsieur répondit : « Dès le jour qu'il est venu à nous dans notre ville, nous avons connu son esprit : il sait toutes nos affaires et les connaît mieux que bien des Français », et il continua à me donner des éloges. Ce n'est pas ma faute s'ils parlaient ainsi, et encore je n'écris pas tout. Monsieur me dit ensuite : « Madame Rangappoullé se porte-t-elle bien (1) ? » — « Elle fait des vœux pour votre santé », répondis-je. — « Votre petit enfant (2), comment

---

(1) Le texte est du français transcrit en tamoul : *Madâm Rangappoullé portévubiyén.*

(2) Texte : *wotter péttit lâmpâm.*

va-t-il ? » — « Il fait des vœux pour votre santé ». Monsieur continua : « J'ai fait préparer là des retraites pour votre famille et la mienne ; il y a une petite chambre pour vous, avec du coton par dessus. J'ai dit au père Martin, de l'église des Missionnaires, que c'est pour vous ». Je le remerciai comme il convient de cette attention......

Ce matin, M. Paradis a fait construire une nouvelle batterie, y a fait mettre le canon de dix-huit et celui de vingt-quatre livres, et a fait ouvrir le feu à la fois de cette batterie, du fort d'Ariancoupam et des trois batteries qui existaient déjà au bord de la rivière. Une batterie ennemie ayant été démolie, un grand nombre d'Anglais ont été tués ou blessés ; ne pouvant y tenir, ils l'ont évacuée ; on ne sait combien ils ont perdu de monde. Un boulet est tombé sur un baril de poudre et l'a fait sauter : les tentes ont pris feu. On a entendu dans le camp une grande clameur ; beaucoup de gens s'enfuyaient en désordre. C'est là ce qui s'est passé jusqu'à midi. De ces fuyards, trois blancs et un topa sont venus à nous. Jusqu'à présent, nous avons la victoire et les Anglais la défaite.

Comme Monsieur a permis qu'on ramasse les arbres qu'il a fait couper dans le jardin de Canagarâyamodély, dans le jardin des Pères, etc., les petits enfants vont les chercher hardiment.

Il n'y a rien autre à signaler.

M. d'Auteuil, étant souffrant, n'est pas allé au camp ; il est resté à la maison.

Année Vibhava	1748
Mois d'Avani	Août
18 — vendredi	30

J'ai appris ce matin les nouvelles suivantes : comme on avait dit au poste de cipayes qui occupait l'église d'Ariancoupam, de l'abandonner, les Anglais en ont pris possession cette nuit, y ont mis des soldats et ont élevé en avant un mur arrondi en forme de redoute où ils ont placé sept canons.

Dès le point du jour, ils ouvrirent de là le feu sur notre armée qui est de ce côté-ci de la rivière et sur nos batteries. Comme les nôtres en souffraient beaucoup, on a réuni la compagnie de cinquante à soixante Hollandais, les cavaliers blancs, les cipayes à pied et cinquante à soixante Cafres; ils se sont jetés sur la redoute anglaise et l'ont renversée. Nos cavaliers ont tiré des coups de fusil sur ceux qui étaient là. Un millier d'Anglais sont arrivés; les Hollandais ont alors reculé, puis nos cipayes; les cavaliers musulmans ont tenu bon. Dans cette affaire, les ennemis ont eu cinquante à soixante morts et blessés. On a fait prisonnier un capitaine d'infanterie et le major de Dêvanâmpatnam, ainsi que cinq à six blancs. Comme nos cavaliers soutenaient seuls la lutte, M. Paradis a fait tirer de toutes les batteries sans exception et l'armée anglaise a fini par se retirer. M. Caussinet, blessé de deux balles et d'un coup de baïonnette, est resté entre leurs mains; parmi nos cavaliers appelés dragons, il y en a eu cinq tués, cinq blessés, trois chevaux morts, neuf chevaux blessés (1).

1. Voici ce que dit la *Relation* :

« La nuit suivante du 29 au 30, les ennemis réparèrent dans l'obscurité le mal que nous leur avions fait pendant le jour : ils rapprochèrent leur batterie, de façon qu'elle se trouvoit à 200 toises de nos postes et à 500 du Fort qui s'en trouva fort incommodé, ainsi que notre batterie nouvelle du jour précédent, qui étoit vue de revers et qui devint par là tout à fait inutile. Pour déconcerter cette manœuvre de l'ennemi qui nous devenoit si nuisible, M. Paradis forma le dessein de faire insulter leurs batteries et en prépara l'exécution pour le lendemain 30. Comme il avoit reconnu qu'ils avoient ouvert un boyau de tranchée qui commençoit à leur batterie et se dirigeoit vers le Fort, il ne douta pas qu'il n'y eût là un corps de troupes pour la garde de la batterie; mais il le jugea plus foible qu'il n'étoit, attendu qu'étant séparé de nous par la rivière, il pourroit être difficilement attaqué. Sur ce plan, M. Paradis crut pouvoir tenter cette entreprise avec 500 Sipays et 100 Caffres, soutenus des deux compagnies de dragons et des volontaires qui furent commandés.

« Les Sipays avoient ordre de remonter la rivière environ à un quart de lieue de largeur à l'abri du Fort qui les cacheroit à l'ennemi, et, se couvrant toujours du village, de gagner le derrière de l'église des Jésuites d'où les retranchements étoient peu éloignés, pour de là tomber sur les ennemis, lorsqu'ils s'y attendroient le moins.

« Ce détachement passa, en effet, la rivière dans l'endroit marqué et les Sipays suivirent exactement le chemin que leur avoit indiqué M. Paradis. Mais soit

Rentrés au camp, les nôtres ont conduit à Monsieur le major de Dêvanâmpatnam et le capitaine anglais, un homme grand, ainsi que les cinq à six soldats. Monsieur fit mettre ceux-ci dans la prison, avec les autres qui y étaient déjà. Il emmena avec lui le major de Dêvanâmpatnam et le capitaine et alla chez M. d'Auteuil. Celui-ci écrivit de sa main le compte des soldats qui étaient là, puis les Anglais lui racontèrent les secrets de là-bas. Alors, on leur témoigna toutes sortes d'égards ; on leur donna des habits, deux bagues ornées de diamants, et on connut d'eux les desseins des ennemis. On les autorisa à garder leurs épées et à porter une canne.

A dix heures et demie, des boulets lancés par les Anglais tombèrent sur une caisse de poudre qui était près du rem-

qu'ils ne se pressassent pas beaucoup d'avancer ou que le grand circuit qu'ils furent obligés de faire eût impatienté les dragons et les volontaires qui les croyoient déjà arrivés au rendez-vous, ceux-ci se trouvèrent tout à coup les premiers à la tête du village et en face des ennemis, qui les ayant aperçus firent sur eux une vive décharge qui heureusement ne leur fit aucun mal, les balles leur passant par dessus la tête.

« Alors les officiers de ces deux compagnies voyant l'affaire trop engagée, et ne consultant que leur courage, prirent sur le champ la résolution de foncer ; et sans donner le temps aux ennemis de recharger, les dragons quittant leurs mousquetons, mettent le pistolet et le sabre à la main, piquent des deux, et prenant le retranchement à revers, tombent au milieu des Anglais déjà à demi vaincus par la terreur que leur inspiroit une action si hardie, renversent tout ce qui se présente devant eux, et sabrent impitoyablement tout ce qui ose leur résister. Les volontaires ne pouvoient pas aller si vite : quinze à vingt des plus alertes à la course et quelques Caffres arrivèrent un moment après, et donnant sur le revers du boyau de la tranchée, achevèrent le désordre que les dragons avoient si heureusement commencé de mettre dans cette troupe. Tous ensemble en font un massacre horrible, et en moins d'un clin d'œil dispersent et chassent les ennemis de leurs retranchements. Quelques-uns de leurs officiers se firent tuer bravement en voulant les rallier : le Major de Goudelour, qui commandoit alors dans ce poste, fut fait prisonnier avec un capitaine de la marine du Roi et six soldats. On n'avoit pas le tems d'en faire davantage, parce que les Anglois qui étoient déjà au nombre de 500 hommes des meilleures troupes de l'armée, honteux de s'être vus ainsi menés par 70 hommes dont les trois quarts étoient à cheval, se formoient à 200 pas de là, pour venir laver leur affront. Mais les nôtres s'apercevant de leurs mouvements et du secours qui leur venoit de l'armée, satisfaits d'ailleurs de ce coup de main et emportant avec eux des marques non équivoques de leur victoire, reprirent le chemin du village et se rendirent en bon ordre aux batteries par le même chemin qu'ils avoient pris une heure auparavant ».

part de la batterie commandée par M. Paradis. Quatre caisses de poudre sautèrent à la fois et le bruit de l'explosion fit trembler jusqu'à la maison de Monsieur. Par cet accident, il y eut quatre-vingt soldats brûlés par la poudre, morts ou blessés, et quarante-deux cipayes. Comme les Anglais lançaient un déluge de boulets qui presque tous atteignaient notre armée de ce côté-ci de la rivière et le Fort d'Ariancoupam, ceux qui étaient de ce côté-ci firent signe à ceux du Fort de l'évacuer. M. Law et M. de la Tour, qui étaient là firent descendre les soldats et les cipayes, firent réunir en tas la poudre, les boulets, les obus et les planches, y firent mettre le feu et vinrent se réunir à ceux des nôtres qui étaient de ce côté-ci de la rivière. Cela se passait, à en juger par le bruit, vers une heure et demie ou deux heures. Dans cette affaire, les pertes des Anglais se sont élevées à cent cinquante morts et blessés ; les nôtres ont été aussi de cent cinquante, à cause de l'explosion des caisses de poudre. Là dessus, les Anglais ont entouré tout Ariancoupam et en ont pris possession tout d'un coup. Ils y ont arboré deux de leurs drapeaux et ils en ont mis un sur le Fort (1).

(1) La *Relation* rapporte ce qui suit :
« Nous avions dans nos batteries des chariots remplis de gargousses de poudre auxquelles le boulet étoit attaché (usage inventé depuis un an par un officier d'artillerie, pour la facilité et la promptitude à charger les pièces, mais qui nous a été plus funeste qu'utile en cette occasion). Un boulet des ennemis frappant contre un de ces charriots y mit le feu, qui s'étant communiqué à deux autres qui étoient proches, tous trois sautèrent en l'air avec un fracas épouvantable.
« Dans l'instant ce qui se trouva aux environs, hommes, animaux, vivres et armes, tout fut consumé par le feu et fracassé par les boulets et les éclats des chariots. Ceux qui échappèrent à la mort faisoient horreur : rôtis comme des troncs d'arbres brûlés, ils ne paraissoient plus être des hommes que par leurs cris et leurs gémissements. Plus de cinquante y perdirent la vie sur le champ du nombre desquels étoit le fils de M. Passy, jeune officier de grande espérance; celui des brûlés se monta à presqu'autant, non compris environ trente noirs qui eurent aussi le même sort. Il est plus facile d'imaginer que de décrire la terrible impression que ce malheur fit sur nos troupes : le désordre se mit aussitôt parmi elles, chacun couroit se sauver sans savoir où, et portoit l'allarme dans les postes voisins. M. de Puimorin, lieutenant de grenadiers, que jamais un accident n'a troublé ni déconcerté, se trouvoit à

En apprenant cette nouvelle, les gens de peu de cœur et les femmes qui sont dans la ville sont partis. La femme de Chandâçâhib et les autres se préparent à partir. Rajapan-

ce poste, et il fit son possible pour empêcher les progrès du désordre, arrêter la confusion et engager les soldats échappés au danger à tenir bon ; il y réussit en partie et accourut à une batterie voisine pour rassurer et demander du secours. Cependant le bruit de cet accident se répandoit dans tous les différens postes : les premiers qui en portèrent la nouvelle à M. Paradis, furent les brûlés qui faisaient tous leurs efforts pour se traîner a la ville. Ce triste aspect lui faisant croire l'accident bien plus grand qu'il n'étoit en effet, et voyant en bataille l'armée anglaise qui étoit venue au secours de ses retranchemens forcés une heure auparavant, il jugea avec assez de vraisemblance que l'ennemi profiteroit de ce désordre. Ainsi la prise de nos canons et la défaite de nos troupes lui paroissant comme prochaine il prit sur le champ la résolution d'abandonner les bords de la rivière et de se replier avec le corps d'armée dans les limites. Comme dans l'effroi général où il voyoit toutes les troupes, il doutoit de pouvoir trouver du monde pour enlever les canons, il donna ordre de les enclouer ; mais MM. de Puimorin, Astruc et Keringal s'y opposèrent et offrirent généreusement de les ramener.

« Le dernier, officier d'artillerie, commandoit à une batterie voisine de celle où l'accident étoit arrivé ; il redoubla son feu de vivacité au moment qu'il vit le désordre, et par cette manœuvre il en imposa à l'ennemi. D'un autre côté MM. de Puimorin et Astruc travaillèrent en diligence à faire enterrer les morts et porter les blessés dans la ville ; ensuite ces trois officiers ayant rassemblé deux pelotons de grenadiers, quelques soldats d'artillerie et une douzaine de volontaires qui se présentèrent de bonne grâce, ils enlevèrent heureusement toutes les pièces et les ramenèrent aux limites où toutes nos troupent s'assembloient de tous côtés. Pendant tout ce tems-là, M. de la Touche et sa garnison tenoient bon dans le Fort d'Ariancoupam, malgré le feu du canon et les bombes des ennemis, quoiqu'il n'y eût aucun endroit pour s'en mettre à couvert. Comme en abandonnant les bords de la rivière, c'étoit livrer au pouvoir des ennemis cette garnison, pour ne pas multiplier tant de malheurs dans un seul jour, M. Paradis envoya ordre au plus vite à M. de la Touche de se retirer avec tout son monde à la ville, après avoir encloué ses canons et mis le feu à la poudrière. Cette entreprise, quoique depuis longtemps prévue et méditée, avoit bien des difficultés ; mais cet officier trouvant dans la présence d'esprit et dans son courage une prompte ressource, étant d'ailleurs parfaitement secondé, le tout fut si bien ménagé, qu'avant que de se retirer, on encloua les canons sans que l'ennemi s'en apperçût. Le dernier soldat qui resta dans le Fort mit le feu au dernier canon, l'encloua et se retira. Tout ce qui n'avoit pu raisonnablement s'emporter fut destiné au feu : le chirurgien sauva cependant jusqu'à ses appareils, et le berger son troupeau. Après que tout le monde se fût un peu éloigné du Fort on mit le feu à une fusée qu'on avait ménagée : elle fit sauter la poudrière et la caserne où étoient bien des ustenciles qu'on ne vouloit pas laisser au pouvoir de l'ennemi. Après cela cette petite troupe se retira en bon ordre et passa la rivière, sans que l'ennemi l'apperçût, ou plutôt sans qu'il osât l'inquiéter dans sa retraite ».

dita est venu m'en parler. Je lui ai dit que le moment n'était pas bon pour parler à Monsieur. On m'a fait dire ensuite qu'ils parlent d'une façon désordonnée ; ils disent : « Nous sommes malades ; si l'on a besoin de nous, nous reviendrons aussitôt la guerre finie. Nous voulons partir. Si l'on nous arrête aux portes, nous nous couperons le cou ». Telle est la résolution qu'ont prise Badéçâhib, Mirghulamhuçain et les autres.

Aujourd'hui, les nôtres, qui étaient au bord de la rivière, se sont retirés à Contesalé. Je pense que Dieu va faire venir nos vaisseaux de guerre contre les navires anglais et les fera détruire ; mais, pendant tant de jours, il n'y a pas eu le trouble qu'il y a aujourd'hui. Ce soir, on a fait battre le *tam-tam* pour dire que si l'on vendait du vin, il serait confisqué. On a abaissé le mât du pavillon du Fort.

La femme de Tandavarâyamodély, celle de son frère Tânappamodély et tous leurs enfants, les femmes et les enfants de la maison d'Arambâtteippoullé, tous les employés du Fort et tous les autres, sauf chez nous, ont caché leurs meubles, leurs effets, leurs bijoux, leur argent. Sans laisser plus de deux personnes par maison, par exemple les vieilles, tous ceux qui devaient partir sont partis.

Année Vibhava	1748
Mois d'Avani	Août
19 — samedi	31

Les événements extraordinaires arrivés hier, les morts qu'a causées l'explosion de la poudrière, la prise de possession par les Anglais à la suite de cet accident du Fort et de l'église d'Ariancoupam, la retraite de nos troupes depuis la rivière jusqu'à Contésalé, ont mis toute la ville dans la confusion et le Maître (1) a été tout troublé, ce qui paraît à l'altération de son visage.

(1) *Prabhu* « seigneur, maître », M. Dupleix.

Açâdçâhib, fils de Chandàçâhib, est venu trouver Monsieur et lui a dit que dans ce désordre les femmes avaient peur des boulets et qu'ils allaient se retirer à Valdaour. (Monsieur lui dit qu'ils avaient tort, qu'ils allaient s'exposer aux représailles d'Anaverdikhan ; mais après une discussion assez longue, il accorda l'autorisation demandée.).....

Cependant, aujourd'hui, l'Anglais, après avoir arboré son pavillon sur le Fort d'Ariancoupam et sur l'église, a tiré, en signe de possession, un coup de chaque canon. Il a publié une proclamation disant aux habitants d'Ariancoupam et des autres villages : « Venez faire vos récoltes et restez dans vos maisons ; si nous avons besoin de *coulis* et d'hommes, à ceux qui se présenteront volontairement, nous donnerons un fanon par jour et la nourriture ; si les blancs vous font du mal, nous les corrigerons, et nous les pendrons s'ils font des choses graves ». Voilà ce qu'il a fait proclamer. De plus, il a dit que tous ceux qui, du dehors, viendront apporter à son camp du riz, du nelly, du lait, du lait caillé, du petit lait, de la mantèque, des fruits, et d'autres provisions, on les paiera au plus juste prix ; que s'il se commet quelques injustices, on les réprimera sévèrement ; en outre, qu'on traiterait bien tous les gens qui seraient venus de Pondichéry. Aussi tous les gens du pays vont leur vendre des provisions. On dit que Mister Boscawen, le contre-amiral qui vient d'arriver, est un très grand homme, qu'il est extrêmement juste, qu'il agit très équitablement ; et on fait savoir cela à tout le monde Comme il était midi, je suis revenu chez moi.

A six heures du soir, Monsieur me fit appeler. Il était sur sa terrasse en conversation avec les deux prisonniers, le capitaine d'infanterie et le major. Ràjapandita était là à attendre son autorisation de départ. Comme je sortais, Monsieur se leva, vint à moi et me dit : « J'ai entendu dire que, toi aussi, tu avais peur et que tu songeais à partir ; est-ce vrai ?» Je répondis que c'était faux, qu'il fallait sévir contre ceux qui disaient ces choses..... « Serais-je seul », ajoutai-je, « je demeurerais avec vous et donnerais pour vous ma vie ». Alors, sans continuer la conversation, Monsieur s'assit et me dit : « Je vais écrire l'ordre de route pour Râjapandita ». Mais Cheick-Ibrahim vint dire à Monsieur qu'il faudrait deux cents buffles. Me rappelant, Monsieur dit : « Ce n'est pas le moment de diminuer le nombre des buffles qui sont en ville ; emportez vos affaires comme vous voudrez, je ne m'y oppose pas, mais je ne puis vous donner tant de buffles ». Et là-dessus Monsieur écrivit un bon pour cinq buffles, cinquante coulis, cent pions, cinq chevaux, cinq charrettes (?) et cinq voitures ; puis il signa, mit son cachet et donna le bon à Râjapandita qui le prit et retourna chez lui pendant que je revenais au magasin d'arec. J'ai écrit tout ce que j'ai entendu dire et ce qui s'est passé (en ma présence).

Monsieur a fait écrire par les prisonniers une lettre au Gouverneur de Dêvanâmpatnam et l'ayant remise à son Soubédar l'a fait envoyer à Dêvanâmpatnam.

Tout ce qui suit regarde la femme de M. Dupleix. Sur les cent pions qu'elle a sous ses ordres, elle en a mis environ dix ou quinze sur la route de Contésalé et leur a dit de prendre aux gens qui iraient et viendraient sur la route, hommes et femmes, l'argent, la monnaie, les bijoux qu'ils auraient à la main, aux oreilles et sur les autres parties du corps. Puis, elle mande ces pions dans un endroit secret et elle ramasse le tout. C'est ainsi qu'elle se met à dépouiller les gens. Il n'y a personne à qui se plaindre : les cipayes, les blancs, Cheick-Ibrahim, qui sont sur les routes, intercepteraient les plaintes. Même si on le savait, Madame dirait : « C'est du parti pris ». Quoi qu'elle fasse, on tremble de peur de ses calomnies. Il y quatre mois que M. Dupleix a perdu l'autorité et que Madame l'a prise. Blancs, Tamouls, Musulmans, tous, hommes et femmes, sont d'accord pour dire qu'il n'y a pas de remède et qu'il faut laisser aller les choses même au détriment de la ville. Dieu sauverait-il tous les gens en rabaissant la témérité de cette femme de M. Dupleix? Je l'ignore.

Les habitants de la ville meurent de peur, jour et nuit, et tremblent comme l'eau dans les cruches. Quand cette peur cessera-t-elle ? Je l'ignore, mais j'ai confiance qu'elle cessera, En attendant, on ne finirait pas d'écrire leurs lamentations.

Année Vibhava	1748
Mois d'Avani	Septembre
20 — dimanche	1er

N'étant pas partis hier soir, la femme de Chandâçâhib, celle de Dost-ali-khan, celle de Haçan-ali-khan, et leurs gens se sont préparés à partir ce matin, à sept heures et demie ou huit heures. Les marchands et les négociants de la ville, apprenant qu'ils partaient, se dirent : « Nous avons deux mille ballots à expédier, nous allons les faire sortir en même temps », et ils portèrent ces ballots un à un, depuis la porte du nord jusqu'à la maison de Chandâçâhib. Comme le papier de Chandâçâhib portait qu'il y avait cinq buffles et cinquante coulis, le sergent de la porte dit à Râjaçâhib : « Je compterai et ne laisserai pas passer un paquet de plus » ; alors Râjaçâhib descendit de cheval. Touchant les paquets, un à un, de sa main, il disait : « Celui-ci est à nous », et il ajouta : « S'il y en a d'autres, ils ne sont pas à nous ». Comme il disait cela, le poste tira en son honneur un coup de fusil et on tira ainsi des coups de fusil pour dix personnes seulement. Sans laisser rien sortir, deux individus prirent les paquets en excédant et les portèrent dans une maison. On laissa passer de l'autre côté du rempart les affaires de Chandâçâhib, sa femme et ses enfants..... On vint dire à Monsieur que, dehors, on les avait empêchés d'aller plus loin et il fit dire au sergent de la porte de Valdaour de les laisser partir...

Les Anglais fortifient Ariancoupam et y restent. Les nôtres, qui sont descendus à Contésalé, y sont encore aussi. On ne s'est pas battu.

Aujourd'hui, Monsieur a envoyé dire à M. Paradis de ne

laisser personne monter sur les remparts, ni hommes, ni femmes, ni moutons, ni bœufs.

  Année Vibhava   1748
  Mois d'Avani   Septembre
  22 — mardi   3

Ce matin, j'allai au magasin d'arec pour parler à Monsieur d'une nouvelle arrivée hier par une lettre. J'y trouvai Madanândapaṇḍita qui me dit que la femme de Monsieur avait fait arrêter le brahme qui apportait la lettre du vâkil Souppraya, lui avait pris la lettre et l'avait fait lire par le nommé Daïrian, fils de la sœur de Tânappamodély... Je l'empêchai de se plaindre à Monsieur.

  Année Vibhava   1748
  Mois d'Avani   Septembre
  25 — vendredi   6

Ce matin, comme j'allai chez Monsieur, il me parla de Haçançâhib, Chandâçâhib, Badéçâhib, etc..... et me dit que tous les brahmes qui étaient sortis de la ville s'étaient réunis aux Anglais et leur avaient raconté toutes les affaires de la ville.... Je lui répondis : « J'ignore qui vous a dit cela ; mais, si l'on vérifiait, on trouverait que c'est faux ». Il me dit : « Il faut faire rentrer tous ceux qui sortent ». Je lui répliquai : « Si l'on cherche leur pensée, c'est qu'ils ont peur ». Il reprit : « On n'agit pas ainsi ! » ; je répondis : « Que ferez-vous si vous ne parvenez pas à les faire rentrer ? » Il demanda : « Mais pourquoi tous ces gens-là ont-ils peur et prennent-ils la fuite ? » Je lui dis alors : « Les Tamouls ne connaissent pas la guerre ; ils ne sont pas bien savants ; ils ne comprennent pas les affaires de pays à pays. S'ils fuient épouvantés, c'est qu'ils ne se rendent pas compte de ce qui peut arriver. Les femmes, du reste, ne savent pas raisonner comme des hommes ; et voyant leur frayeur, les hommes sont troublés à leur tour. Sans cela, les Tamouls ont du courage ». Il me répondit : « C'est vrai », et me donna raison.....

(Il me dit que les femmes chrétiennes ne partaient pas et qu'il en avait vu plusieurs aller à l'église. Je lui dis que c'était parce qu'elles croyaient y être en sûreté. J'ajoutai que la sortie des gens de la ville n'était pas une mauvaise chose, parce que cela ménagerait les vivres.)

Voici les manigances de la femme de Monsieur aujourd'hui : elle fait rester sans cesse près de Monsieur soit Barlam, soit le petit garçon de Tôppeimagan, et si quelqu'un vient lui parler, ils doivent aller aussitôt en rendre compte à Madame. Ils écoutèrent ce que je disais et allèrent le lui rapporter. Ce Barlam et ce petit Tôppan guettent ceux que le soubédar va chercher, les ouvrages qu'on donne à faire, etc. Que fera-t-elle faire encore? On ne sait. Dès que Monsieur entre dans une chambre, Madame y entre aussi. Quand il me parle et que je lui réponds, elle est là et écoute chaque parole.

Monsieur me demanda s'il était vrai que tous les Anglais s'en allaient, que le Gouverneur de Dêvanâmpatnam rappelait tous les hommes qu'il avait envoyés, qu'il y avait eu des discussions entre le Gouverneur de Dêvanâmpatnam, M. Bellairs (?), et le Contre-Amiral M. Boscawen : « Pour prendre une batterie à Ariancoupam, vous avez fait tant de pertes; vous avez dû chasser les Français de maison en maison, vous n'avez pas su gagner la bataille », et que là-dessus les soldats venus de Dêvanâmpatnam y étaient retournés.

Tout cela, ce sont des bruits que recueille et lui rapporte sa femme; c'est quelquefois vrai, mais c'est faux le plus souvent.

Cependant, on a reçu la nouvelle que l'armée anglaise s'est répandue dans les bois et les collines jusqu'à Oulgaret et autres lieux adjacents, en passant par la chauderie de Péroumalnaïk. Alors, il y a eu une bataille entre eux et les nôtres qui étaient descendus à Contésalé. On entendait (d'ici) le bruit des fusils et des canons. Quand Monsieur apprit cette nouvelle, il monta dans le panier et alla à la porte de Goudelour. Lorsque l'ennemi vient et met le pied sur la nuque de celui qui commande, il faut qu'il cherche une ruse pour le vaincre au moyen des canons de la ville, qu'il fasse un effort terrible, qu'il réunisse et mette en campagne des hommes convenables pour cela. Mais s'il ne s'en occupe pas, il fait dire par la ville : « Il dort ». Si sa femme parle, il doit vérifier ce qu'elle dit. Ceux qui vont et viennent pensent que celui qui est dominé par sa femme sera perdu.....

Ce soir, l'armée anglaise s'est avancée et s'est emparée de Contésalé (1). Les nôtres, ne pouvant y tenir par suite des

(1) Voici ce que dit la *Relation du Siège* :

« Le 6 septembre on s'apperçut que l'armée passoit la rivière avec un train d'artillerie de dix pièces de campagne et quelques mortiers. Après avoir traversé la rivière qui est au Sud de la ville, ils tournèrent autour de nos limites, observant toujours de se tenir hors de la portée du canon et après six heures de marche ils arrivèrent à un coteau situé dans le Nord-Ouest. De là on vit, un moment après, deux à trois pelotons se détacher du gros de l'armée avec du canon et quelques mortiers : ils firent mine de vouloir forcer la barrière qui leur étoit opposée, par une décharge de toutes leurs pièces qu'ils firent sur cet endroit, qui n'étoit défendu que par la seule compagnie des volontaires et par deux petites pièces de campagne. M. le Gouverneur qui s'étoit rendu avec quelques principaux officiers à la porte de Villenour, examinoit du haut d'un bastion les différens mouvemens des ennemis et en donnoit à chaque instant avis à M. Paradis qui régloit ses démarches sur les leurs. Tandis qu'il sembloit suivre au dedans des limites la même manœuvre que les Anglois faisoient dans le dehors, et vouloir opposer la plus grande partie de nos troupes à leur corps d'armée, il faisoit secretement retirer le canon des batteries qu'il laissoit derrière lui ; et par sa contenance qui marquoit un dessein formé de leur en défendre l'entrée, il les tenoit comme en échec et donnoit le tems à nos trinqueballes de traîner les canons jusque dans la ville.

« Pendant ce tems M. de Bussy avec sa compagnie de volontaires, essuyoit à la barrière de Nord-Ouest quelques coups de canons et de grenades royales ; mais étant canoné de trop loin, et l'ennemi n'osant ou ne voulant pas s'approcher pour forcer le passage, il y resta jusqu'à la nuit fermante. Pour lors tous nos corps de troupes dispersés dans les limites eurent ordre de se replier chacun sous la porte dont il étoit le plus près, en mettant le feu à tous les arbres et aux paillottes qui se trouveroient sur leur chemin.

« Cette retraite se fit en très bon ordre : tout rentra dans la place, sans la moindre confusion et chacun se rendit à son poste avec une joie et un air de tranquillité, qui étoient un heureux prognostic pour l'événement du siège; il nous arriva ce jour un renfort de Madras, composé de cent soldats et de trente Caffres, commandés par MM. de Goupil et Lamotte, lieutenans ».

coups de canons qu'on tirait sur eux, se sont retirés en courant. En fuyant, ils ont mis le feu à tout Contésalé. Alors, Monsieur a envoyé des hommes à Cousapaléom qui est près de notre jardin et aux maisons qui sont près de Sârom, et partout depuis la parcherie qui est à côté de la chauderie de Dêvanaïkchetty, en leur disant d'y mettre le feu. A ce moment, Madame dit à Monsieur qu'elle avait fait venir du sud des voleurs du *Marava*, qu'elle leur avait assuré en moyenne six roupies de traitement, qu'ils étaient allés à Cousapaléom, Sârom, et autres villages et qu'ils en avaient enlevé tous les vêtements de femmes qu'ils y avaient trouvés. Dois-je écrire qu'ils ont pris aussi l'argent et les effets qu'il y avait là? Il faut faire attention. Mais que vais-je écrire des excès commis sous le gouvernement de M. Dupleix? Dieu nous en préserve, car on n'a pas encore vu les gens arriver au bonheur par les moyens humains.

Cependant, les nôtres sont restés tranquilles jusqu'à présent. Les Anglais sont descendus jusqu'à Contésalé, Oulgaret, etc.

Année Vibhava	1748
Mois d'Avani	Septembre
26 — samedi	7

Ce matin, en allant chez Monsieur, j'ai appris ce qui s'est passé hier. Les Anglais ont occupé le pays en passant par la chauderie de Péroumalnaïk. Les nôtres ont quitté Contésalé et y ont mis le feu; ils ont aussi incendié la parcherie de Cousapaléom et tous les autres endroits adjacents. Puis tous, blancs et cipayes, sont revenus aux portes des remparts qui entourent toute la ville. Les hommes des Anglais sont venus et ont occupé notre grand jardin ainsi que tout Contésalé. Ce matin, on a mis des tentes auprès de l'Église Saint-Paul et dedans, et on y a installé deux cents soldats blancs et cent cipayes. Alors Monsieur, M. Paradis et autres sont allés à l'église Saint-Paul et ont demandé à y mettre des mortiers à bombes. Les Pères ont dit qu'il fallait démolir la pagode d'Içvara. Cela ne plaisait pas à Monsieur, mais, voyant qu'on était en temps de guerre et qu'il pourrait, par le moyen de sa femme, tirer d'eux quelque aide pour les affaires de France, il réunit le Conseil là-même ; puis il dit aux Pères de l'église Saint-Paul : « Nous démolirons la pagode d'Içvara », et s'en revint chez lui.

Il est venu ainsi à Monsieur du déshonneur, dont les causes sont multiples. D'abord, il écoute les paroles de Madame et, par son intermédiaire, laissant faire des vexations aux gens, il ignorait la valeur de l'ennemi, jusqu'à ce que celui-ci soit venu se battre avec nos cipayes, près de la chauderie de Mouttirissapoullé : voilà pour un. En second lieu, il a mis ici cent individus nommés « pions de Madame » qui ne font que battre et voler ceux qui vont et viennent : voilà pour deux. Troisièmement, par les vexations de Madame, la ville a pris l'apparence d'un hameau où l'on vend des concombres ; comme Anaverdikhan l'usurpateur menaçait, les habitants de la ville, les chefs des villages, les cultivateurs, les marchands, etc., étaient arrêtés ; on leur mettait la chaîne au cou et on les forçait à transporter de la terre : voilà pour trois. Au sujet des affaires de Madras, sans tenir compte de l'intérêt de la Compagnie, sans profit pour lui-même, il a écouté la parole de sa femme (et a fait tomber la gloire qu'on avait acquise du temps de M. Dumas quand les Mahrattes étaient venus) : et de quatre. Enfin, il y a plus de cinquante ans que les Pères de l'église Saint-Paul demandent la démolition de la pagode de Vedabouri-Içvara ; tous les Gouverneurs qui ont précédé Monsieur disaient : « Ceci est un pays tamoul ; si on détruit cette pagode, ce sera honteux », et ils ont même rejeté un ordre venu, écrit et signé du Roi de France, pour démolir cette pagode et avaient ainsi acquis une gloire égale à la lumière du soleil ; croyant lui donner un nouvel éclat, il l'a obscurcie en écoutant sa femme et en donnant l'ordre de démolir cette pagode. Il y aurait encore bien d'autres raisons à donner; je les écrirais si j'avais le temps. Comment le Seigneur nous sauvera-t-il de tout cela? Je l'ignore.

M. Cornet est venu se plaindre : « Rangappoullé n'a pas fait venir du *nelly* du dehors ». Monsieur répondit : « C'est moi qui l'en ai empêché, parce que les hommes des Anglais se répandent partout », et, me faisant venir, il me demanda : « Quelle quantité de *nelly* y a-t-il seulement à ta disposition? » Je lui répondis : « Il y en a environ six garces ». Il me dit alors : « Désormais tu en donneras seulement aux coulis qui travailleront ». — « C'est bien », répondis-je. Il reprit : « Tu porteras dans le Fort, et tu remettras à M. Cornet tout le vin que tu as à ta disposition, et tu en recevras le prix. Désormais, les soldats n'iront plus à la cantine; c'est M. Cornet qui leur donnera du vin », et il continua : « Tu feras battre le *tam-tam* pour dire que les Blancs, les Topas, les Tamouls, les Musulmans, devront également remettre le vin qu'ils ont chez eux à M. Cornet; s'ils ne le font pas, je les ferai pendre ». — « C'est bien, mais les soldats blancs et les cipayes entrent dans les maisons de la ville et y prennent le vin et les effets qu'ils y trouvent ». Monsieur me répondit : « Si les soldats blancs et les cipayes entrent ainsi dans les maisons des Tamouls pour piller, je les ferai pendre; fais-le annoncer au son du *tam-tam* ». J'ai fait dire de battre le *tam-tam* et le crieur l'a battu.

Précisément, comme on battait le *tam-tam* pour que personne ne l'ignorât, on vint dire qu'un cafre était entré à l'instant dans une maison et y avait pris du riz, et que si on appliquait l'ordre à celui-là les autres auraient peur, mais Monsieur se fâcha contre celui qui était venu le dire. Ce cafre, étant vertueux, n'avait pris que du riz et avait laissé le *chetty* (1) tranquille. Mais, ensuite, n'importe qui entrera dans la maison, battra le marchand et emportera tout. Tels sont

---

(1) Marchand, négociant.

les pillages qui se font dans la ville. Les pions entrent dans les maisons en disant : « C'est l'ordre de Madame », et prennent le riz que les habitants ont amassé pour leur nourriture ; si quelqu'un veut s'y opposer, ils le battent à mort. Ces injustices, les Blancs, les Blanches, les Tamouls, tout le monde les connaît ; le petit Monsieur le sait aussi et personne ne dit rien. Que ne fera-t-on pas désormais? Je l'ignore.

Cependant, ce soir, ayant écrit des lettres pour France, Monsieur les remit à des hommes de Surate et les expédia par des cattimarons. Monsieur me dit de faire battre le *tam-tam* pour annoncer que les *coulis*, les habitants et tous ceux qui voudraient faire le travail des *coulis*, s'ils se présentaient demain matin, recevraient le salaire habituel et une petite mesure de riz. Je l'ai fait ainsi publier (1).....

---

(1) On lit dans la *Relation* :

« Cette même nuit, où il sembloit que nous eussions abandonné la campagne à nos ennemis, on fit une sortie considérable commandée par M. d'Auteuil, pour aller brûler tous les rats et enlever les munitions que l'on croyoit être sur le bord de la mer dans l'endroit où les Anglois avoient fait la descente de leurs matelots et de leur artillerie. Malheureusement, dès l'entrée de la nuit, tout avoit été transporté à Ariancoupam ; les bateaux s'étoient rendus à bord des vaisseaux, et nos gens ne trouvèrent rien de ce qu'ils étoient allés chercher.

« Le lendemain, M. Dupleix fit régler les postes que chaque capitaine devoit occuper, avec un nombre suffisant d'officiers subalternes. M. de Plaisance eut le commandement de la porte de Villenour ; M. Dargis, celui de la porte de Madras ; M. de Mainville fut chargé de la porte de Goudelour, et M. de la Touche de la porte de Valdaour. Le corps de réserve formant près de six cens hommes et composé des deux compagnies de grenadiers commandées par MM. de la Tour et Goupil, ainsi que de celles des dragons et volontaires, reçut ordre de camper dans l'enclos de l'église et du jardin des RR. PP. Jésuites. M. Daucy, qui commandoit l'artillerie, attendit, pour prendre son poste, que l'ennemi se fût décidé pour l'endroit où il formeroit les attaques, et les troupes de marine occupèrent de leur côté tous les postes attenans au bord de la mer. Avec ces dispositions on ne craignoit guères dans Pondichéry, et tout étoit prêt pour une vigoureuse défense. Les vaisseaux anglois qui étoient mouillés dans le Sud, vis-à-vis d'Ariancoupam, passèrent au Nord à l'exception de trois et vinrent se mettre par le travers du coteau où leurs troupes étoient campées ».

Année Vibhava	1748
Mois d'Avani	Septembre
20 — dimanche	8

Ce qui s'est passé ce matin d'extraordinaire, c'est que M. Serpeau l'ingénieur, les Pères, deux cents journaliers terrassiers et forgerons, deux cents coulis porteurs de pioches, de pinces et d'autres instruments, accompagnés par les deux cents soldats campés à l'église Saint-Paul, par soixante-sept cavaliers et par deux cents cipayes, sont venus, — conformément aux desseins formés depuis longtemps et arrêtés hier dans le Conseil tenu à l'église Saint-Paul, — après avoir tout préparé, hommes et instruments, pour démolir la pagode de Védabourîçvara ; ils ont commencé par les murs du sud et par les bâtiments de service. Aussitôt que la démolition fut ainsi commencée, les pénitents et les brahmes de la pagode vinrent me le dire.... Je leur dis : « Sortez vite les statues, les objets, les chars »... et ils s'en allèrent.

Je mangeai du riz cuit de la veille et je vins, à sept heures, au magasin d'arec. Alors (les principaux des Vellâjas (1) vinrent me trouver là, ainsi que les officiants de la pagode. Je leur dis d'aller tout de suite chez Monsieur lui demander la permission d'enlever les objets (du culte); qu'autrement les Pères y mettront les cafres, les parias, etc., qui détruiront et abîmeront tout. A ce moment, on vint me porter la nouvelle que le Grand Père de l'église Saint-Paul, celui qui s'appelle Cœurdoux, était venu, avait frappé du pied le pagotin où était le Dieu, avait dit aux Cafres d'arracher des portes, avait lancé des malédictions chrétiennes et qu'on était en train de faire briser les chars : « Vous voyez », dis-je aux Vellâjas, « ce que j'avais prévu s'accomplit; allez vite », et j'allai chez Monsieur. Je pensais : « Il va me dire ceci et cela » ; mais,

---

(1) Principaux propriétaires agricoles du pays.

sans me parler, il monta dans le panier de Madame pour aller à l'église Saint-Paul. Je ressortis en me disant : « Qu'est-ce que ceci ? Ne pas me parler et s'en aller sans discuter cette affaire avec moi, c'est fort ! Je vais retourner au magasin d'arec », et je me dirigeai vers la rade.

Là-dessus, Aroumégamodély, Nellachetty, Tillouappamodély et autres Mahânâṭṭârs (1), ainsi que d'autres personnes, allèrent vers l'étang à laver qui est au-dessus de la maison de Monsieur. Il était là et ils lui firent le *salam*. Il demanda : « Pourquoi viennent-ils ? » Barlam répondit, quoiqu'en traduisant mal : « On démolit leur pagode ; ils viennent demander à enlever leurs affaires ». Comme il était à ce moment de bonne humeur, il leur dit : « Allez enlever vos affaires ! » Puis il dit aux pions : « Chassez et battez tout ce monde ! »

Cependant accourut le Gémédâr Abd-ul-rahman, parce qu'on disait que Monsieur et Madame avaient ordonné de démolir, en même temps que la pagode de Védabourîçvara, la mosquée qui existe depuis longtemps derrière la maison de M. Cordy (?), à droite de l'église des Capucins. Il salua Monsieur et lui dit : « Vous avez donné l'ordre de détruire notre Mosquée ! Si on la démolit, il ne restera pas ici un seul cipaye ; au moment où on commencera à la démolir, ils tomberont sur les démolisseurs et les tueront ». Comme il importe en ce moment de ménager les cipayes, Monsieur répondit : « Il n'est pas question de démolir la mosquée ! » et il le renvoya ; puis il s'en alla à l'église Saint-Paul. Pour qu'on ne le fît pas, il avait suffi de l'entendre dire. S'il y avait chez les Tamouls des gens courageux, on n'aurait sans doute pas touché à cette pagode.

Cependant, Abd-ul-rahman, ayant reçu l'assurance qu'on ne démolirait pas la mosquée, prit congé et vint au magasin d'arec me parler des affaires de la guerre : comment nos

(1) Chefs de castes.

troupes ont reculé d'Ariancoupam à Contésalé, comment l'ennemi s'est avancé en disant : «Je prendrai la ville » (1), et comment Monsieur s'occupe en ce moment de la prospérité des affaires religieuses..... Il écoute trop les paroles de sa femme.... Ayant fait sans justice de la ville une chrétienté, par l'influence de Madame on fait prendre dans les maisons l'argent qui aura été mis de côté pour payer un billet ou une dette. Les pions dits de Madame ont pillé dans les maisons de n'importe qui. Ce n'était pas encore assez ; on fait trembler toute la ville en démolissant la pagode. Quand cela finira-t-il ? On ne sait. Par les injustices de Madame, Dieu a mis ce fardeau sur la ville. La femme a rendu le mari déconsidéré et est devenu bien orgueilleuse. Comment n'y a-t-il pas un seul Conseiller pour lui dire : « Sont-ce les affaires de la Compagnie ou les tiennes ? La Compagnie a-t-elle donné le commandement à ta femme ou à toi ? Vois quelles sont les injustices commises par ta femme ! » Il a fermé toutes les bouches.....

Cependant, lorsque les Mahânâṭṭârs arrivèrent à la pagode avec leurs hommes pour emporter leurs affaires, les Pères de l'église Saint-Paul excitèrent les cafres, les soldats et les parias à les battre ; et, sans les laisser entrer dans la pagode, ces Pères, ayant pris des bâtons, leur donnèrent à chacun une vingtaine de coups. On a pu seulement sauver la statue de Procession et le Pilleiyâr (2). Comme on emportait les grands

---

(1) On lit dans la *Relation* : « Le 8, on s'aperçut à la pointe du jour que l'armée angloise descendoit le coteau, pour se camper dans la plaine à quelques troises de nos limites. On fit transporter au plus vite un mortier de douze pouces à la porte de Valdaour, devant laquelle ils étoient en face, d'où MM. Daucy et Kerengal dirigèrent leurs bombes avec tant de justesse qu'ils brûlèrent des tentes, leur tuèrent quelques soldats, et les forcèrent à se retirer pendant la nuit pour se mettre hors de portée et à asseoir enfin leur camp sur le haut du coteau, pour tout le reste du siège. Nos dragons suivis de nos cipayes, quoique sortis à leur vue et en plein midi, ayant poussé jusqu'aux limites, ne purent jamais engager quelques pelotons d'infanterie à en venir aux mains : les Anglois se retirèrent sur le rideau de la montagne, d'où ils se contentèrent de leur tirer du canon ».

(2) Statue de Ganéça.

ornements, arriva le Père de Karikal nommé Cœurdoux qui frappa du pied sur le grand *lingam* (1), puis le brisa en morceaux à coups d'un gros marteau qu'il tenait à la main ; ensuite, excitant les cafres et les blancs, il leur fit briser la statue de Vichnou (2) et les autres. Alors, arriva Monsieur qui dit aux Pères : « Tout ce qu'il vous plaira de détruire là, détruisez-le ». Ils lui répondirent : « Tu as fait ce qu'on n'avait pu faire depuis cinquante ans, et c'est par tes efforts persévérants que l'on y est arrivé. Tu es quelqu'un parmi les hommes. Nous l'écrirons dans notre livre et nous te rendrons célèbre dans le monde entier ! » Alors, Barlam, de ses pieds chaussés de sandales, frappa huit ou dix fois sur le grand *lingam* et cracha dessus.... On n'en finirait pas d'écrire sur le papier ou de raconter verbalement les infamies qui ont été faites dans cette pagode. Quelle récompense auront ceux qui les ont fait commettre ? Je l'ignore. Mais aujourd'hui, pour un Tamoul, tout cela c'est l'abomination du monde ; pour les Pères et pour les Chrétiens tamouls, pour Monsieur et pour Madame, c'était une joie comme on n'en a jamais vue...

(Depuis cinquante ans, on n'avait jamais pu le faire. Aucun des Gouverneurs précédents n'y avait consenti. Le Roi avait donné trois fois des ordres. M. Lenoir avait répondu qu'il ne pouvait les exécuter dans l'intérêt de la ville, puisque ceci est un royaume indien. Les Pères avaient écrit contre lui. Si, comme pour l'église Saint Paul, on avait eu besoin de se servir de la pagode pour la guerre, d'y mettre des canons ou même de la démolir pour faire de la place, on n'avait qu'à dire : « Emportez vos affaires », et, si on ne les avait pas emportées, il aurait été juste de passer outre. Mais aujourd'hui on est venu tout démolir et tout briser brutalement.)

√Aujourd'hui, après-midi, comme l'armée anglaise allait et venait par pelotons, on a tiré de tous les canons qui sont sur

---

(1) On sait que c'est un emblème de la virilité et qu'il joue un rôle très important dans le culte Çivaïste.

(2) Vichnou, seconde personne de la trinité hindoue.

les remparts, depuis la porte de Valdaour jusqu'à l'angle de la rue des Huiliers. On a mis un mortier près de la porte de Valdaour, on l'a chargé de grenades et on l'a déchargé sur la troupe anglaise. On a rapporté que ces projectiles allaient tomber sur des tentes dressées sur la colline d'Oulgaret et faisaient fuir les soldats qui s'y trouvaient. Je suis allé moi-même à la porte de Valdaour et j'ai vu tirer ce mortier. Monsieur y est venu aussi. En voyant ces bombes qui pesaient cent trente-six livres s'élever jusqu'au ciel en se balançant, et aller de là retomber avec fracas et en vomissant des flammes sur le campement établi sur la colline qui est au nord d'Oulgaret, nous croyions voir les étoiles de feu dont il est parlé dans les *Râmâyaṇas* (1); nous disions que c'était comme le tonnerre créé par Dieu et nous l'entendions dire tout autour de nous : je songeais que les hommes avaient aussi fabriqué leur tonnerre. Cela fait du bruit trois fois, en partant, en tombant et ensuite en éclatant. Ce sont des blancs qui ont inventé cela ; on ne l'aurait pu chez aucune autre race et dans aucun autre pays. On lança des bombes de ce mortier et on tira des coups de canon des remparts jusqu'à six heures du soir. Monsieur fit alors arrêter le tir. Il revint chez lui avec M. Paradis.

Quittant la porte de Valdaour, je vins au magasin d'arec. Monsieur me fit venir et me dit de donner à chacun des hommes qui avaient servi de *couli* une mesure de riz mesurée à la grande mesure ; il me dit que M. Serpeau en avait établi la liste. — « C'est bien », répondis-je, « je les leur donnerai », et j'envoyai l'ordre au magasin de ville de donner ainsi, après avoir mesuré, lorsque se présenteraient les hommes de M. Serpeau. Je rentrai ensuite chez moi. On m'a dit que chaque coup de mortier employait un *manangu* (2) de poudre.

(1) Le texte porte le pluriel. On sait que le *Râmâyana* est une des deux grandes épopées hindoues et qu'il raconte en détails la légende de Râma, septième incarnation de Vichnou, ainsi que la longue guerre qu'il soutint contre Râvana, roi de Ceylan, qui lui avait enlevé sa femme.
(2) Environ douze kilogrammes.

(La démolition de la pagode doit être attribuée aux instigations de deux personnes, Madame et M. Paradis. M. Paradis lui disait : « Pourquoi hésitez-vous à démolir cette pagode? Les Tamouls feront peu de chose. Dans le royaume de Tanjaour, qui est en plein pays hindou, sous l'autorité du Roi, n'en ai-je pas fait démolir une? Je parle par expérience. Les gens sont restés tranquilles.... A Négapatam, les Hollandais en ont démoli une au milieu de la ville. A Karikal, on a broyé une statue d'une pagode pour la mettre dans le mur du Fort, etc. » Tous ces arguments, M. Paradis les employait pour encourager Monsieur. Mais on n'a jamais vu de grands personnages démolir une pagode sans regrets et aussi inutilement qu'on l'a fait aujourd'hui (1).

Année Vibhava	1748
Mois d'Avani	Septembre
28 — dimanche	9

Aujourd'hui, les Anglais ont mouillé, avant le jour, un sloop à deux mâts qui a lancé huit à dix obus sur la ville ; une bombe est tombée sur le magasin de M. Sircou (?) qui est au carrefour, à côté de la maison de Monsieur ; une autre sur le seuil de la porte du mur Est de la maison du maître des canons, M. Bruel (?) ; elle a brisé le chambranle de la porte mais n'a pas éclaté ; une autre est tombée sur le bord du côté Est de la maison de Monsieur, là où est le bureau de M. Bertrand ; le mur s'est fendu et un morceau est tombé. Un boulet a frappé à la porte Est du Fort et deux obus ont éclaté au Nord. Une bombe est arrivée à l'entrée de la maison de Pâppouchetty de Vânour et s'est enfoncée à terre à moitié de sa

---

(1) La *Relation* parle ainsi de la démolition de la Pagode : « Pour n'avoir rien dans le circuit de la citadelle qui fut capable de nous causer de l'embarras en cas d'attaque, M Dupleix ce même jour donna ordre de démolir divers bâtiments, et entr'autres le temple d'idoles qui étoit près des Jésuites. Cela fut exécuté avec l'applaudissement général de toute la colonie qui gemissoit depuis longtemps de voir le culte du Démon si près de l'autel de Jésus-Christ, lui insulter et remplir la ville du bruit et du tumulte de ses fêtes impies ».

grandeur; une autre est tombée dans la maison des coraillers de la rue où est la maison de Canagarâyamodély. Lorsque ces dix bombes seulement furent ainsi tombées un peu partout, les femmes qui habitaient les rues des Blancs devaient aller du côté Ouest de notre maison et dans l'église Saint-Paul qui est en face, pour y demeurer la nuit et retourner le jour dans leurs maisons. Mme d'Auteuil et Mme Dupleix seules avaient fait porter dans l'église toutes les affaires des maisons et y avaient fait porter des meubles avec l'intention de s'y réfugier quand les Anglais lanceraient des bombes ou des boulets. Quand ces bombes arrivèrent, prises de peur, toutes ces dames, pendant cinq heures environ, tremblèrent et dirent : « Portez nos affaires à l'église », et Mme Dupleix et les autres s'y réfugièrent.

Quant à Monsieur, il y a deux petites chambres sous le pigeonnier qui est à l'angle Nord-Ouest du Fort. Il s'installa dans l'une, et dans l'autre il fit disposer des emplacements pour mettre seulement des lits pour MM. Guilliard, Paradis, le petit Monsieur et autres, et on installa tout autour des murs élevés faits de bois de teck et de cocotiers tout entiers.

Pendant qu'on était à faire ces préparatifs, les canons de vingt-quatre livres et les obusiers qui étaient aux angles, à la porte de Valdaour, au bastion de la rue des Huiliers, au rempart du milieu, au bastion qui est près de la porte de Madras, tiraient sans interruption. Sur mille coups qui furent tirés à boulets, il n'y eut, à ce qu'on m'a dit, aucun dommage causé aux Anglais (parce qu'ils voient les boulets, qu'ils entendent le bruit et qu'ils peuvent se garer).

La nouvelle que j'ai apprise ce soir, c'est que quatre pièces d'artillerie sont déjà hors de service : deux obusiers du bord de la mer, le mortier de la porte de Valdaour dont les affûts se sont réduits en poussière et qu'on ne peut charger de nouveau avant de les avoir refaits, et enfin un canon de vingt-quatre du bord de la mer.

Les Anglais se sont tenus tranquilles et n'avaient pas encore tiré ce soir (1).

Je suis allé voir la bombe qui est tombée ce matin sur la porte de la maison de Monsieur et qui n'a pas éclaté. Sur l'ordre de Monsieur, le maître des canons a envoyé des hommes et des coulis qui l'ont emportée. On a de même porté au Fort et remis au maître des canons les bombes tombées çà et là et qui n'ont pas éclaté. Je me dis qu'il ne serait pas facile de venir au Fort pendant que les boulets tomberaient et je revins tout droit chez moi. Je fermai la porte d'entrée et je rangeai mes coffres à bijoux, mes étoffes, mes affaires à écrire et autres objets analogues ; puis je donnai l'ordre qu'on les emportât par la porte de la rue de Vélâyudam. Je me mis ensuite à tirer et à mettre en ordre mes lettres, mes reçus et autres papiers. Quand à mes lettres, elles étaient bien rangées dans l'armoire ; celles des Blancs sont dans un autre compartiment ; mais comme la femme de Monsieur habite maintenant en face de chez moi ; comme des dragons et des cipayes se tiennent nuit et jour sur les galeries de ma porte ; comme Madame m'en veut un peu en ce moment, je les rangeai à leur place avec beaucoup de précautions. J'envoyai les petits enfants dans ma maison de Péroumâlpillei, dans la rue au Nord de la pagode de Péroumâl, et j'allai moi-

---

(1) On lit dans la *Relation* : « La galiote à bombes vint dans la nuit se joindre aux quatre vaisseaux qui occupoient presque le milieu de notre rade ; comme elle s'approchoit beaucoup, toutes nos batteries du bord de la mer firent un feu terrible sur elle, et l'obligèrent de se mettre en place hors de la portée de nos pièces. Vers les trois heures du matin, elle fit l'essai de ses deux mortiers, l'un de treize pouces et l'autre de dix. Ces premières bombes effrayèrent un peu, principalement les femmes, mais les bourgeois qui gardoient la citadelle, où les coups paraissoient se diriger, s'étant mis à couvert sous de bons blindages, dont M. Dupleix qui y logeoit avoit eu soin de faire garnir tous les bâtiments, et de leur côté les femmes étant allé se loger dans de bonnes casemates, aux extrémités de la ville nord et sud, on ne s'inquiéta plus des effets de ce bombardement qui n'eut d'autres suites que celles d'endommager quelques maisons de particuliers. Une de ces premières bombes tomba à quinze pas de M. Dupleix qui se trouvoit pour lors au bord la mer ; mais les éclats ayant heureusement remonté en l'air, ne causèrent d'autre mal que la peur ».

même m'installer dans la maison de Vandappa, à l'Est de cette même rue de Râmatchandraya. Vâçudêvapandita et autres brahmes, Sankaraya et autres, s'en sont allés à la maison de Latchumananaïk près de la porte de Madras; Ajagappa et les autres sont allés à la maison de Vîranaïk. Lorsqu'ils se furent ainsi retirés tous dans des maisons qui avoisinent la porte de Madras, le soir arriva. Le sloop lança, pendant la nuit, trente à trente-cinq bombes sur la ville : j'écrirai où elles sont tombées et les dégâts qu'elles ont causé.

Ce soir, comme il était juste six heures, je sortis pour aller au magasin d'arec ; je rencontrai Annapûrnaya, Vîranaïk et d'autres, cinq ou six personnes en tout, et nous restâmes à causer dans la rue. Tout d'un coup, il arriva une bombe. Nous nous précipitâmes dans le magasin d'arec en nous bousculant les uns les autres et, dans ce désordre, mon *angui* (1) fut déchirée. A ce moment passaient des marchandes de sucreries et des topasines (2) traînant des enfants ; elles se mirent à crier et à pleurer. On n'en finirait pas d'écrire cette confusion. La bombe tomba dans le jardin du petit Monsieur qui est en face du magasin d'arec. Tout de suite une autre tomba au même endroit. Je me dis qu'il n'était pas bon de rester là et je m'en revins chez moi.

Cependant, une bombe tomba à côté du magasin de tabac et éclata. Une autre tomba dans le jardin de l'église des Missionnaires. A Mîrapalli, dix ou douze bombes tombèrent dans les rues avoisinant la maison de Mîrghulam-Huçain ; une ou deux près de la rue des Tisserands et de la rue des Tisserands de laine. Il en tomba ainsi par toute la ville. On aurait dit que ceux qui les lançaient faisaient exprès de les jeter partout. Quelques-unes éclatent au milieu de l'air et retombent en huit morceaux ; quelques-unes s'enfoncent dans la terre jusqu'au milieu de leur grosseur ou jusqu'au cou. A Mîra-

---

(1) Belle robe de dessus, longue et flottante, en mousseline.
(2) Femme de *topas,* gens à chapeaux, mulâtres.

palli, deux à quatre sont tombées sur des maisons et y ont fait des dommages. Quelques-unes sont tombées contre l'église qui est dans le Fort et les éclats ont démoli le mur du côté. Une est tombée juste en face de la porte Est du Fort. Elles tombent ainsi partout.

Une bombe est tombée du côté Est de la rue où est la maison de Canagarâyamodély, sur la maison de Çadeyappamodely dans laquelle habite Badéçâhib. Elle est tombée à l'Ouest de l'appartement séparé qui regarde le Sud, et a tout brisé, tuiles et poutres. Elle a brisé aussi, en faisant *çak ! çak !*, les coffres qui étaient dans cette partie de la maison et y a causé un désordre extrême, réduisant tout en poussière. Le fils de Badéçâhib, Strîharapilleiqâderalikhan, était couché là. Des morceaux de tuile l'ont frappé à la tête et au cou et ont fait couler un peu de sang. Son bonnet, son vêtement, son lit, ont été tachés de sang. Comme Madame était dans l'église, les femmes de la maison de Badéçâhib, les pions et les serviteurs, au nombre de dix à quinze, sortirent dans la rue, se tenant la tête entre les mains, pleurant et criant : « Une bombe est tombée sur la maison, le fils de Badéçâhib est mort ! » Ils frappèrent à la porte de l'église des Missionnaires à coups redoublés. Madame, les entendant, fit ouvrir la porte, les fit entrer et les interrogea. Elle se fâcha alors contre eux et dit : « Ah ! comment dis-tu que *Badéçâhib* est mort ? Nous avons cru qu'il était arrivé malheur à mon mari (1) et vous nous avez toutes troublées. Peut-on venir crier ainsi ? Peut-on agir de la sorte ? » et elle continua : « Parce qu'une tuile brisée a fait couler un peu de sang, tu viens crier, au milieu de la nuit, comme si le monde s'effondrait. Comment pouvez-vous dire que Badéçâhib est mort ? ».... et elle les renvoya en colère....

Une bombe était tombée près de la maison de Chandâçâhib ;

---

(1) Confusion entre le nom du fils de Chandâçâhib et le titre hindou *Barâ çâhib* « grand Monsieur » qu'on donnait à Dupleix sans doute ; voyez p. 216.

les gens qui y étaient en sortirent, vinrent chez Mouttiapoullé et là aussi, ayant eu peur, passèrent la nuit à rôder dans les rues. Quant aux marchands de la Compagnie, qui ont renvoyé leurs enfants et leurs objets mobiliers, et qui demeurent tout seuls, ils couraient aussi par les rues, regardant les bombes voler en l'air. On n'en finirait pas d'écrire cette confusion ni la désolation des gens de la ville : ils se plaignaient que Monsieur n'avait pas voulu les laisser sortir.

Les bombes lancées montent environ à quarante ; les gens en ont été fortement effrayés. Ces bombes pesaient deux cent cinquante, deux cent quinze ou deux cent dix livres. On entendait d'abord l'explosion du départ, puis on les voyait courir en se balançant, tomber et éclater ensuite. Un si grand nombre de bombes n'ont, en effet, ni tué ni blessé personne. Jusqu'à présent, personne ne savait comment marchent ces bombes et on ne connaissait pas le bruit qu'elles font. Maintenant les femmes et les enfants même le savent un peu ; aussi la peur que l'on avait est à moitié diminuée. On entend un grand bruit lorsqu'elles partent, puis elles montent pareilles à des soleils brillants et elles viennent en faisant beaucoup de bruit et se mouvant lentement : c'est ainsi que marcherait difficilement un individu ayant un gros ventre. Comme on les voit venir, on peut se sauver ; aussi tous les gens reprennent confiance ; lorsqu'on parle de bombes, ils disent seulement : « Partent-elles ? Viennent-elles ? ».

J'ai écrit très vite tout ce que j'ai vu et tout ce j'ai entendu ; mais si l'on s'occupe de ceux qui ont peur, on peut dire que les Tamouls ont cent fois plus de courage que les Blancs et les Blanches.

Année Vibhava	1748
Mois d'Avani	Septembre
29 — mardi	10

Ce matin, à sept heures et demie, Monsieur était en train de visiter les remparts du bord de la mer, lorsqu'une bombe est tombée près de lui. Monsieur s'est baissé et s'est couché sur le sol. Les deux ou trois personnes qui se trouvaient là se sont couchées aussi, mais, par la grâce de Dieu, la bombe n'a pas éclaté et s'est enfoncée dans la terre. Aussitôt, Monsieur est revenu dans le Fort; puis il est allé tout examiner à la porte de Valdaour et à la porte de Madras. Il s'est ensuite rendu à l'endroit où logent les femmes (Blanches), dans l'église des Missionnaires.....

Comme j'arrivai dans le Fort, Monsieur revint de l'église des Missionnaires. Je pensais que je ne lui avais pas parlé de toute la journée d'hier et j'allai dans la casemate où il habite. Il y avait là M. Bussy, M. de la Tour, M. Cornet. En entrant, je lui fis mon compliment; il me répondit : « Bonjour, Monsieur Rangappoullé » et il ajouta : « Il y a pour toi et ta famille un compartiment réservé dans l'église des Missionnaires. Tu peux aller y demeurer tant que durera le bombardement. Mais en ce moment, cette église est remplie par les femmes des Messieurs (1) et elles n'y ont pas assez de place, on y est mal à l'aise. Il y a sous les murs à l'Ouest de la porte de Goudelour, une casemate très forte qui s'étend loin et contient beaucoup plus de place que l'église. S'il y avait déjà quelqu'un, des Blanches, je les ferais sortir; tu peux t'y installer avec ta famille ». — « Monsieur, c'est très bien; je ferai ainsi », et je le remerciai. Alors il me dit : « Une bombe est tombée sur la maison de Badéçâhib ; une pierre a atteint son fils à la tête; il a un peu saigné; à deux heures du matin, une centaine de personnes sont allées frapper à la porte de ma femme en criant : « Badéçâhib est mort! » Ma femme, en entendant dire : « Badéçâhib est mort » crut que c'était moi qui étais mort, parce qu'en portugais *senhor grande* est le correspondant de *badéçahib* dans la langue des Musulmans (2), et se mit à

---

(1) Le texte porte *çiniyor* (portugais *senhor*).
(2) Voyez ci-dessus, p. 214.

pleurer. Puis, s'étant renseignée, elle apprit que c'était pour une petite blessure reçue par le fils de Badéçâhib, frère cadet de Chandâçâhib (qu'on avait ainsi crié). Ils dirent alors que, si on leur donnait l'autorisation de sortir, ce serait fini ; sinon, que mère et fils se couperaient le cou ici même. Ma femme les renvoya en leur disant : « Si vous vous coupez la gorge, on vous portera à l'hôpital pour vous guérir ». Je lui répondis : « Comment ont-ils pu jamais gouverner? Je n'ai vu personne plus peureux qu'eux dans ce monde sublunaire! Quant au fils de Chandâçâhib, dès qu'il a appris qu'une bombe était tombée sur la maison de Badéçâhib, on ne finirait pas de dire l'inquiétude où il a été toute la nuit. On dirait qu'ils vont mourir de peur ». A cela, Monsieur ne répondit rien; je continuai : « Que dirais-je de la désolation des marchands de la Compagnie? Quand les bombes partaient, ils couraient d'un coin à un autre et se disaient les uns aux autres : « Ça vient! » Que dire de leur peur? et de celle de certains grands personnages, des servantes, des femmes européennes? Si Monsieur s'en informe, il verra qu'on peut les comparer à celle des Musulmans ». — « Rangappoullé », dit Monsieur, « il tombe des bombes ; va mettre en sûreté ta femme et tes enfants sous le rempart ». Il me le dit trois fois et il ajouta : « Va ». Je me dis : « Mes paroles ne lui ont pas plu, puisqu'il me renvoie », et je revins chez moi.

Je dis à Sidambaramodély d'apporter au Fort des guindins, chittes et guinées (1), d'en avertir M. Cornet et de les serrer dans les magasins. Je leur recommandai de faire attention. Je revins à mon logement provisoire, dans la maison de Peroumâlpoullé, et je mangeai.

Cinq des navires mouillés à Virampâtnam y sont restés ; quant aux autres, Mester Boscawen, le contre-amiral, leur a donné l'ordre de mettre à la voile, et lui-même ayant mis à

---

(1) Diverses toiles du pays.

la voile, ils sont venus se ranger droit devant Cottécoupam, du côté nord du Fort et ils y ont jeté l'ancre (1).

  Année Vibhava   1748
   Mois d'Avani   Septembre
  30 — mercredi   11

Ce matin, le sloop anglais est venu mouiller droit devant le Fort et a lancé des bombes sur le Fort même. Une d'elles est tombée sur la poudrière du Fort ; elle s'est posée sur les poutres et les cocotiers qui la revêtent et a éclaté là : ces poutres et ces cocotiers ont pris feu ; on y a jeté de l'eau on a mis dessus de la terre et de la sciure de bois. Une autre bombe est tombée sur la salle de la vérification des toiles, a fait un grand trou dans le plafond, est tombée en bas et a éclaté. Une autre est tombée sur le pigeonnier et y a éclaté. On m'a rapporté que d'autres bombes sont tombées sur les remparts du Fort, sur le seuil de la chapelle, sur le bureau de l'Ingénieur, et sur la maison du petit Monsieur, en face de la maison de M. Duplan : je m'aperçus hier aussi que des boulets allaient par là.

On vint me dire que les Anglais s'étaient emparés de la parcherie (2) et y construisaient une batterie, après s'être installés dans les jardins de cannes à sucre et dans les jardins à bétels de Paccamodéanpett. Dans l'intention de monter sur les remparts pour voir cela, j'allai au bastion qui est au bout de la rue des Huiliers et qui est commandé par M. Vincens ; il se trouvait là avec M. Kerjean, chef du bastion le plus vaste du côté du sud.

(1) On lit dans la *Relation* : « Le 10 cette galiotte continua son bombardement avec aussi peu d'effet que la veille. Sur les huit heures du matin, on fit sortir Abdelraman, colonel des sipayes, et Chekassen, son frère, commandant de la cavalerie noire, qui ayant rassemblé leurs troupes, tombèrent sur quelques corps de sipays de Paluigars anglois répandus dans l'intérieur de nos limites, les poussèrent vivement assez loin, et ramassèrent dans la place, sous les yeux des ennemis, une pièce de douze que nous avions été forcés d'enclouer le jour qu'on se replia dans la place, faute de trinqueballe pour la traîner ».

(2) Tam. *par'atchéri* « village de parias ».

Le boiteux Savérimouttou, ce vaurien de caste *pally* (1), ce chef des cent pions qui sont les espions de Madame Dupleix, commande maintenant les pions de la Compagnie et on l'a mis sur les remparts. On fait beaucoup d'honneur à ces espions de Madame : sous les ordres de ce boiteux, ils n'auront jamais peur dans la guerre, ils apporteront des nouvelles, ils conduiront les chevaux, ils transporteront les blessés comme il faut, ils rempliront en un mot tous les offices des *callers* (2). Ils ont été formés de quelques *pallys* qu'on s'est procurés pour cent ou deux cents pagodes, de quelques pallys de cette ville et de pallys de Méliapour ; on en a fait comme une famille. Madame a dit à Monsieur qu'elle les a fait venir du sud pour les envoyer enlever les pions des Anglais ; on leur donne six roupies par mois et une mesure de riz par jour à chacun.

Un de ces *callers* qui pillent toute la ville vint dire qu'il savait ceci : que, dans cette parcherie, on construisait une batterie, qu'il y avait là deux cents manœuvres et cent soldats blancs et cipayes qui y travaillaient. Il criait du dehors qu'on devrait tirer des coups de canon sur eux. Entendant cela, le boiteux alla le dire à M. Vincens et M. Vincens me dit : « Nos cipayes, au nombre de deux cents seulement, se sont avancés dans les jardins à bétel voisins de cette parcherie ; ils dépensent inutilement de la poudre en tirant de là sur les ennemis qui sont trop loin. Il y a un demi-*nâji* (3) de distance entre eux et les ennemis. On ne sait pas même si ceux-ci sont ou non dans la parcherie. Après avoir tiré ainsi à un demi-*nâji* de distance, après avoir gaspillé inutilement de la poudre et des balles, ils viendront se vanter auprès du Gouverneur d'avoir tiré comme ceci et comme cela, d'avoir abattu vingt ou trente personnes, et ils recevront des présents d'honneur ». Et il ajouta : « Dites, pour

---

(1) Caste inférieure, peu considérée.
(2) Voleurs.
(3) Environ un kilomètre.

les faire revenir, qu'on déploie le pavillon blanc ». Je m'adressai à un pion et lui dis de faire ainsi déployer le pavillon blanc.

M. de la Touche a le commandement des batteries qui s'étendent depuis la porte de Valdaour jusqu'à la rue des Huiliers. M. Vincens lui envoya dire que des espions rapportaient qu'il y avait ainsi des hommes dans la parcherie et lui fit demander s'il pouvait tirer sur eux des coups de canon. M. de la Touche envoya un ordre conforme à cette demande.

Au même moment, un autre espion arriva et cria du dehors qu'il y avait quatre cents personnes dans la parcherie. M. Vincens interpella le boiteux : « Qu'est-ce ceci ? chaque espion vient dire une chose différente, tantôt qu'il y a un millier de personnes, tantôt qu'il n'y en a pas un seul ». — « Qu'importe qu'il y en ait peu ou beaucoup. Ils jugent au mouvement qu'ils voient ».

Alors, les canons tirèrent tous à la fois, depuis le bastion de Valdaour jusqu'à celui qui est à l'Est de la porte de Madras. A cette canonnade, les deux cents cipayes qui étaient dans les jardins à bétels rentrèrent en ville. Le nommé Alikhan a dit qu'il était allé jusqu'à la chauderie de Naïniapoullé et qu'il rentrait avec les deux cents cipayes après avoir été de la chauderie de Mînakchiammal à Moutalpett. Tous les commandants des bastions dont j'ai écrit les noms ci-dessus faisaient tirer sans relâche sur la parcherie.

Monsieur est venu et a suivi tous les remparts jusqu'à la porte de Madras, puis est allé chez sa femme dans l'église des Missionnaires. Là, Madame fit des cadeaux à Abd-ul-rahman et à Cheick-Huçain, parce que ce matin quelques-uns des cipayes sont allés à Mouroungapacom; on y avait laissé des canons qu'on n'avait pu faire rentrer en ville et ils sont allés les chercher. Il y a eu un engagement entre eux et les Anglais. Ils ont réussi à ramener les canons, mais nous avons eu deux cavaliers tués. Bien que les Anglais soient restés assez loin, il y a eu parmi eux plusieurs blessés ;

alors ils se sont retirés. Monsieur étant auprès de sa femme, a fait venir là (les commandants des cipayes). Il avait l'idée d'aller attaquer les Anglais dans l'après-midi; aussi a-t-il voulu donner à ces cipayes des récompenses, d'abord pour le fait d'avoir ramené les canons, puis pour les encourager à repousser les Anglais au-delà de Contésalé, à renverser leurs batteries et à leur faire beaucoup de mal, en leur disant que, dans ce cas, ils obtiendraient de (grandes) récompenses. Abd-ul-Rahman et son frère cadet Cheick-Huçain reçurent un *camedaka* (1) et six aunes d'étoffes de deux couleurs. On a donné de plus aux cavaliers 100 roupies et aux fantassins 220, soit en tout 320. Après leur avoir distribué ces récompenses, Mme Dupleix leur a dit ce qui suit : « Les Anglais, au nombre de cent, avec cent cipayes et deux cents coulis, sont en train de construire une batterie auprès de la parcherie de Paccamodéanpett. Il est possible d'aller les y envelopper, de leur faire beaucoup de mal et d'en ramener beaucoup prisonniers. L'occasion est bonne; ils ont laissé en arrière le gros des troupes et sont venus construire cette batterie à deux *nâjis* (2) de leur camp; si on va les y envelopper subitement, on pourra les faire tous prisonniers, car, pour venir là du camp, il y a deux *nâjis* de distance et une lieue ou une demi-heure, temps du pays, de chemin ».

Aussitôt après ces paroles de Mme Dupleix, Monsieur s'adressant à M. Paradis, lui demanda : « Vous semble-t-il qu'on puisse faire ainsi que dit Madame ? » M. Paradis répondit qu'il approuvait ce projet. Alors, Monsieur envoya dire de réunir les soldats et les cipayes et de leur donner rendez-vous à une heure, après avoir tout préparé pour la bataille, à la porte de Madras ; on fit dire aussi à Abd-ul-Rahman et à Cheick-Huçain toutes les paroles possibles d'encouragement, avec invitation de le faire dire aux Cipayes. Après cela, à neuf heures, chacun s'en revint chez soi.

(1) Mot corrompu ; probablement une veste (*Kamar* hind., reins, ceinture).
(2) Quatre kilomètres environ.

Vers midi, Monsieur me fit venir et me dit de faire faire une caisse pour envoyer cinquante mille roupies à Madras. Je lui répondis que le fabricant était allé à Villenour et qu'il était passé de là à Alamparvé à cause de la situation troublée d'ici. Là dessus, Monsieur me dit : « Le fils de Chandâçâhib a reçu aujourd'hui une lettre de son père ; y a-t-il dans cette lettre une nouvelle quelconque de l'arrivée de Chandâçâhib ? » A cette demande, je répondis : « La lettre arrivée aujourd'hui n'est pas d'auprès de Chandâçâhib, mais de chez sa mère qui est à Valdaour ». Monsieur reprit : « S'il arrive ainsi quelque nouvelle de la venue de Chandâçâhib, viens vite me le dire ». — « C'est bien », dis-je, et je revins chez moi. Il était alors une heure de l'après-midi.

Deux domestiques du jardinier de Vîranaïk ayant su que tout le monde allait dans les jardins à bétels pour en arracher, y allèrent aussi ; mais les pions de Mme Dupleix les arrêtèrent et leur prirent les bétels qu'ils avaient arrachés. Voyant ces deux individus, ils leur demandèrent : « D'où venez-vous ? » Ils répondirent : « On nous a dit que des *partchi* (1), des parias, des topas, vont dans ces jardins pour y chercher des bétels et nous y sommes allés aussi ». — « C'est bien ; donnez-nous les bétels que vous avez arrachés ». — « Nous les avons arrachés comme vous l'auriez fait vous-même ; pourquoi nous remettrions-vous ce que nous avons? » Là dessus, les pions leur prirent tout le bétel qu'ils avaient entre les mains. — « C'est bien ! » s'écrièrent-ils, « nous irons le dire à Virappanaïk ». A ces mots, les pions leur attachèrent les mains derrière le dos et les conduisirent chez Mme Dupleix. Ils lui dirent: « Ces deux individus sont allés voler du bétel dans le jardin de Vîranaïk ». Madame Dupleix répondit : « Ne dites pas cela ; il faut dire que ce sont des espions qui viennent de chez les Anglais », et elle fit conduire ces deux individus à la prison de la chauderie et dit de les mettre aux

---

(1) Femmes parias.

fers. On les mit ainsi en prison et aux fers. Comment Dieu peut-il permettre que de telles injustices s'accomplissent dans la ville ? Je ne le comprends pas.

A trois heures de l'après-midi, M. Paradis, qui est le commandant de l'armée, réunit les cavaliers, les blancs, les musulmans, les cipayes, en tout huit cents à mille personnes qui étaient prêtes pour la bataille, emmena deux canons et alla prendre les ordres de Monsieur qui était près de la porte de Madras. Il alla ensuite attaquer les Anglais qui élevaient une batterie près de la parcherie de Paccamodéanpett. Il se proposait d'empêcher la construction de la batterie, de la détruire, de mettre en fuite la plupart de ceux qui y travaillaient et de faire les autres prisonniers. Monsieur, dans l'intention d'assister à la bataille, s'en alla sur le bastion qui est au bout de la rue des Huiliers.

Alors, comme M. Paradis marchait en tête des troupes, l'espion de Mme Dupleix, le *pally* boiteux Savérimouttou, vint dire à M. Paradis qu'il y avait dans la parcherie et dans l'endroit voisin où l'on construisait la batterie deux cents soldats blancs, que l'occasion était bonne pour aller détruire la construction et prendre les hommes. M. Paradis demanda : « Est-ce bien vrai ? » Il répondit : « C'est très vrai ; deux de mes hommes en arrivent à l'instant même ». M. Paradis lui demanda quel chemin il devait suivre pour aller à la parcherie. Il lui répondit : « Nous irons devant, suivez-nous ». — « Va donc », dit M. Paradis ; et alors ce pally boiteux, Savérimouttou, marcha devant pour montrer la route et nos soldats s'avancèrent derrière lui.

L'armée des Anglais, ayant vu que celle des Français sortait et venait à elle, prépara un millier d'hommes, blancs et cipayes, qui vinrent se mettre dans un fossé, du côté Nord de la parcherie. Ils s'y glissèrent et y restèrent à guetter. A l'endroit, au Sud de la parcherie, où l'on construisait la batterie, ils mirent deux cents manœuvres en leur disant de travailler et en leur recommandant de s'enfuir dès que les Français arriveraient. Ceux-ci, ignorant que les Anglais étaient dans le fossé, envoyèrent l'armée, les chefs, le boiteux Savérimouttou et les espions du côté Nord de la parcherie ; ils se proposaient de l'entourer, ainsi que la batterie ; les cavaliers se portèrent du côté du Sud. Les Anglais, qui étaient cachés dans le fossé au Nord de la parcherie sans que les Français le sussent, tenaient leurs fusils tout prêts. Dès que ceux-ci les eurent dépassés, ils tirèrent leurs mille coups à la fois en faisant *pala! pala!* Cette fusillade subite fut cause qu'il y eut chez les Français environ cent ou deux cents personnes tuées ou blessées. Voici quelques détails : M. Laroche, fils de la sœur de M. Lamaindry (?), mourut de sa blessure ; plusieurs cipayes et plusieurs blancs tombèrent là morts ; parmi ceux qu'on a ramenés blessés en ville, M. Paradis avait une blessure mortelle à la tête ; Cheick-Huçain, le petit Gémédar, le frère cadet d'Abd-ul-rahman, a eu le péroné brisé au milieu. Il y a eu ainsi une quarantaine de blancs, de cipayes, de cafres et quatre officiers qui ont été grièvement blessés et que des manœuvres et des cipayes ont rapportés sur des matelas, sur des *dhoulis*, sur des palanquins ; des topas ont aussi aidé à les transporter à l'hôpital (1).

(1) Voici ce que dit la *Relation* de cette sortie :
« Le 11, à six heures du matin, on s'apperçut qu'ils ouvroient la tranchée à la gauche d'un petit Village, en face d'un premier bastion situé au nord de la porte de Valdaour, nommé le bastion Saint-Joseph, et à six cens toises de l'ouvrage le plus près de la place. Sur le rapport de quelques espions qui assurèrent qu'ils étoient peu de monde dans ces ouvrages et qu'il étoit facile d'aller à eux, il fut résolu de faire une sortie vers les quatre heures du soir pour les débusquer de là et pour combler leur tranchée, avant qu'ils l'eussent perfectionnée. Pour cet effet tout le corps de réserve eut ordre de se tenir prêt à marcher pour deux heures après-midi : on y joignit un piquet de tous les postes, pour compléter le nombre de quinze cens hommes, y compris sept à huit cens Sipays, tous les Caffres et quelques Topas destinés à traîner deux pièces de campagne, qu'on devoit mettre à la tête de tous, pour balayer le village et la tranchée. On donna ordre en même tems à un petit corps de Sipays et à la cavalerie noire de se tenir prêts à sortir par la porte de Valadour, afin que, venant à se montrer à la droite de la tranchée, tandis que nos soldats donneroient dans le village et le retranchement, ils fissent une fausse attaque et obligeassent les ennemis à faire diversion et à partager leur monde.
« Toutes les troupes commandées se trouvèrent à l'heure marquée à la porte

Mais, dès que les Anglais eurent fini de tirer, les nôtres tirèrent et les batteries tirèrent toutes, depuis la porte de Valdaour jusqu'au bastion qui est au bout de la rue des Huiliers et jusqu'à la porte de Madras. Le feu de ce millier de canons a-t-il fait du mal aux ennemis ? Je l'ignore : on le saura demain.

de Madras : on prit là quelques nouveaux arrangemens, après quoi elles défilèrent par le chemin couvert, pour aller gagner, au Nord de la Ville, un chemin creux qui devoit les conduire jusqu'à une plaine où elles déboucheroient près de l'ennemi.

« Les Vaisseaux les virent aussi-tôt qu'ils passèrent le pont-levis et firent des signaux qui furent apperçus du camp ennemi et même de la Ville. Mais nos gens, qui ignoroient cette manœuvre, continuèrent leur marche, non sans une peine infinie, les chemins se trouvant impraticables, lorsqu'il fallut approcher du Village parce que c'étoit un fond semé de riz et inondé par tout.

« Les canons de campagne s'embourboient à chaque pas ; la cavalerie, qui rencontra dix marais à traverser, ne put avancer, et sans pouvoir aller à l'ennemi, fut forcée pendant une heure entière d'essuyer tout son feu. Pour comble de malheur, au lieu d'avoir affaire à une Garde ordinaire, on se trouva avoir sur les bras les deux tiers de l'armée qui avoit eu le temps de filer jusqu'à la tranchée et qui attendoit tranquillement, moitié dans le Village et moitié dans le boyau, bayonnette au bout du fusil. Malgré tous ces embarras, nos troupes pleines d'ardeur parurent en bataille derrière une petite plaine. Les Sipays qui formoient l'avant-garde, essuyèrent d'abord la première décharge ; mais le désordre s'étant mis aussi-tôt parmi eux, ils s'enfuirent à droite et à gauche, et laissèrent le terrain libre aux grenadiers et aux volontaires qui les suivoient. Ceux-ci l'ayant occupé, malgré quelques fossés pleins d'eau et de boue dont la plaine étoit coupée, donnèrent bravement dans le Village et s'avancèrent jusqu'à demi portée de pistolet des retranchemens. Ce fut là que les ennemis, sans paroître, et se tenant cachés derrière les maisons ruinées du Village et dans leur boyau, firent sur eux une terrible décharge de mousqueterie capable d'étonner ces vieilles troupes accoutumées au sang et au carnage. Cependant les morts et les blessés qui tomboient de toutes parts ne les découragèrent point, elles ne se rebutèrent que lorsqu'elles virent une partie de leurs officiers tuée ou blessée. De ce dernier nombre furent M. Puimorin, lieutenant de la première compagnie des grenadiers, qui reçut un coup de feu dans la cuisse, à peu près au même endroit où il avoit été blessé à la prise de Madras deux ans auparavant ; M. Astruc, sous-lieutenant de la même compagnie qui reçut une balle à travers le corps, dont il a eu des peines infinies à guérir, et M. Foubert, officier des volontaires, blessé à l'épaule gauche. M. Roche, lieutenant de la seconde compagnie de grenadiers, jeune homme de haute stature et d'une très belle figure fut malheureusement tué roide sur les bords du retranchement, lorsqu'il étoit prêt à y sauter. Mais la perte la plus considérable que nous pussions faire en cette occasion est celle de M. Paradis qui, dès la première décharge, fut frappé à la tête d'une balle dont il mourut deux jours après, sans avoir pu recouvrer la connoissance. Il commandoit alors

J'ai écrit rapidement ce qui s'est passé dans cette sortie des Français, qui sont rentrés par la porte du Nord, tel que me l'a raconté, en rentrant au Fort, un officier qui y avait pris part et qui en revenait.

....(1)

Année Vibhava	1748
Mois de Purattâçi	Septembre
7 — jeudi	19

Ce matin, au lever du soleil, deux bombes, lancées par ces voleurs d'Anglais, sont tombées sur le rempart Nord du bastion Saint-Louis. On s'aperçoit très bien aujourd'hui, ce qu'on ne faisait pas auparavant, que les Anglais construisent une batterie à la parcherie de Paccamodéanpett. S'en étant aperçus, les nôtres ont lancé des boulets et des bombes qui ont renversé l'ouvrage ; mais ils s'y sont néanmoins remis et travaillent activement. Nos boulets et nos bombes font beaucoup de mal à leurs hommes (2).

nos troupes : les soldats ne le voyant plus paroître et le bruit qu'il avait été tué ayant couru de rang en rang, il n'y eut plus moyen de les retenir, et tous se débandèrent.....

« M. de la Tour qui restoit commandant, étant parvenu avec le secours des autres officiers à rallier les troupes, songea à sauver les deux pièces de campagne lâchement abandonnées par les Topas qui avoient laissé seuls MM. Ikerangal et Dor. Ces deux officiers vinrent a bout de les ramener avec le monde que M. de la Tour leur envoya : ensuite on ordonna la retraite, qui se fit en assez bon ordre sous le canon de la place. Les Anglois qui n'avoient point bougé de leurs retranchemens pendant tout le désordre, voulurent alors en sortir pour charger notre arrière-garde ; mais la troupe ayant fait volte-face, et étant soutenue du canon de la ville qui tira fort à propos, ils rentrèrent au plus vite dans leurs boyaux de tranchée. Nous perdîmes dans cette action près de quarante hommes tant tués que blessés, dont dix-sept grenadiers, huit volontaires, six soldats et quelques Sipays ou Caffres ».

(1) Il y a ici une lacune de huit jours dans le registre original.

(2) Voici ce que dit la *Relation* pour les événements qui eurent lieu du 11 au 19 :

« On étoit surpris avec raison de voir que les Anglois eussent si mal choisi l'endroit de leur attaque : c'étoit à la vérité un des plus foibles de la Place, mais en même tems le moins propre pour avancer leurs travaux. Il leur étoit également difficile de prolonger leurs boyaux à droite et à gauche, à cause des marais et d'une petite rivière dont les eaux, retenues par les digues que

Il y a cinq jours que les cipayes d'Abd-ul-rahman, au nombre de trois cents, armés de fusils, et soixante à soixante-dix cavaliers, sont sortis et sont allés, à ce qu'ils disent, au Nord jusqu'à la chauderie de Naïniapoullé, puis sont entrés à Contésalé et sont arrivés à Moutalpett où ils ont fait du désordre. Ils ont déterré les objets enfouis par les habitants : bijoux, pilons, mortiers, ustensiles de ménage, matelas, toiles, linge, coffres, poutres de teck, planches et poutres de bois rouge, planches et poutres de porcher et de margosier, cocotiers, un peu de poison, de l'argent, des meubles, du *nelly* et d'autres grains. Avec ces cipayes et ces cavaliers,

M. Dupleix avoit fait élever, formoient un large fossé entre eux et nous. On peut donc raisonnablement conjecturer que les Anglois qui avoient connu à Ariancoupam, que nous étions capables de forcer leurs retranchemens et de mettre le désordre dans les troupes qui les gardoient, furent charmés d'avoir cette occasion de nous opposer une rivière et des marais, et de placer aussi leurs ouvrages de façons à être plus difficilement attaqués. En effet on n'entreprit pas davantage de les y forcer, mais on les inquietta extrêmement.

« Chaque nuit étoit marquée par quelque sortie : les dragons, les grenadiers, les volontaires et les Caffres alloient tour à tour faire le coup de fusil sur leurs travailleurs; et ces derniers surtout passant la rivière poussoient souvent jusque sur le bord de leur retranchement.....

« On fit construire deux redoutes de terre en forme de bastion, au milieu des deux courtines contre lesquelles leur feu paraissoit devoir se porter : on y travailla avec tant d'ardeur, que quoique ces ouvrages, qu'il falloit élever à la hauteur du cordon, parussent de longue haleine, ils furent cependant finis, avant que l'ennemi fut en état de battre nos murs.

« Pendant ces travaux, nos soldats Indiens qui battoient l'estrade surprirent au bord de la mer, à une lieue et demie dans le Nord de la ville, quelques matelots Anglois, et en prirent cinq, du nombre desquels se trouva un écrivain de vaisseau; ils firent feu sur les autres qui à la faveur de leurs canons regagnèrent promptement leurs bords.

« Le 13, nous apprîmes qu'un détachement que nous attendions de Mahé composé de deux cens blancs et noirs, avoit été attaqué à huit heures dans les terres par les soldats Indiens des Anglois. Ce détachement ayant été averti par un missionnaire que Pondichery étoit investi, rebroussoit chemin pour gagner Madras, mais il fut trahi par les gens du pays, qui donnèrent avis de leur marche aux Anglois. Comme ils étoient sans armes suivant la convention faite avec les seigneurs des lieux qui n'avoient voulu leur donner passage sur leurs terres qu'à cette condition, cent un hommes furent faits prisonniers et conduits au général ennemi qui les dispersa tous sur ses vaisseaux : suite funeste de notre accident des poudres, sans lequel notre résistance plus longue sur les bords de la rivière d'Ariancoupam auroit facilité à cette troupe l'entrée dans la Place, sans coup férir ».

étaient allés une vingtaine de ces prétendus pions de Mme Dupleix. Ils ont rapporté au Fort tout ce que je viens d'énumérer dans ce journal. On n'a ni entendu dire ni vu qu'ils se soient battus (avec les Anglais) pendant leur sortie.

Quelques habitants de Moutalpett, ayant appris que ces individus étaient allés ainsi prendre les objets dont je viens de parler, sont venus se plaindre à Mme Dupleix. Celle-ci, sans écouter leurs plaintes, leur a fait donner cent coups (de rotin) à chacun, leur a fait mettre la chaîne au cou et a dit de leur faire porter de la terre. Si d'autres y allaient, ce serait la même chose. Nous n'avons pas entendu dire que les Anglais viennent ainsi piller. Mais il est préférable de se tenir tranquille, puisque, quand on se plaint, non seulement on perd ce qu'on possède, mais encore on est battu, enchaîné et forcé de porter de la terre. Pourquoi ces injustices sont-elles permises par Dieu ? Je ne sais ce que nous avons fait de mal pour nous amener cette punition, car si ce n'est pas par la volonté de Dieu que ça se passe, je ne sais comment l'expliquer.

(Les espions de Madame sortent sous prétexte de voir ce que font les Anglais et de surprendre leurs espions ; mais ils emmènent des cavaliers et des cipayes et vont piller tous les villages. Les gens qui se plaignent sont battus, ont les oreilles coupées, etc. Dans la ville noire, Madame envoie des gens loger dans les maisons des hommes de caste, des parias qui se servent des ustensiles, etc. ; et personne n'ose rien dire, tant on est terrifié et terrorisé.)

Année Vibhava		1748
Mois de Purattâçi	(Autre rédaction)	Septembre
7 — jeudi		19

Ce matin, au lever du soleil, deux bombes, lancées par ces voleurs d'Anglais, sont venues droit au bastion Saint-Louis et sont tombées sur le rempart du Nord.

Jusqu'à ce jour, on ne savait pas que les Anglais avaient

élevé une batterie à la parcherie de Pâccamodéanpett ; aujourd'hui, on le sait bien. Nos canons tirent dessus et y touchent ; nos bombes y font du mal ; mais néanmoins ils continuent à la construire. Ils ont même perdu des hommes.

Voici quatre jours que toutes les nuits cent cipayes et cavaliers sortent de la ville et ne reviennent pas avant le jour. Ils vont à Moutalpett, et en rapportent les chaudrons, les vases de cuivre, les pilons, les mortiers, les lits et tous les autres meubles et effets, ainsi que l'argent qui avait été caché par les uns et les autres, et qu'ils ont déterré. Leur rapacité n'a pas de limite et on ne finirait pas de l'écrire. Les pions de Madame disent : « Nous allons espionner » ; mais ils ne sortent que pour aller là-bas piller. Ils attrapent quelqu'un et disent que c'est un espion ; croyant à leurs rapports comme à des paroles sérieuses, sans demander ni où, ni comment, on bat le malheureux tout de suite, on lui coupe les oreilles, on lui met une chaîne au cou et on lui fait porter de la terre. Voilà ce qui se passe. Il semble, en voyant cela, qu'on ait le droit de dire que si Dieu s'en occupait ça ne marcherait pas ainsi.

Cependant des cafres, des topas, des blancs, vont et viennent avec des haches et des bêches ; ils coupent les cocotiers qui sont dans les rues, les transportent au hasard et les jettent au hasard, de sorte qu'ils tombent sur les maisons et y font des dégâts. Quelques maisons ont ainsi souffert. C'est comme un domaine royal ! La ville de Pondichéry n'est plus la résidence de M. le Gouverneur Dupleix ; jusqu'à sa mort, Mme Dupleix y commandera en maître. Quand ses pions vont dans la ville, entrent dans les maisons et les pillent, personne n'ose se plaindre des pions de Madame. Si quelqu'un dit : « Nous faisons attention que les Anglais ne viennent pas nous piller, et c'est vous qui venez le faire », ils l'attachent avec des cordes, l'appellent espion, le conduisent à Madame ; elle lui fait alors couper les oreilles et donner cent ou deux cents coups (de rotin) ; elle fait attacher les plaignants deux à deux par des chaînes aux mains et aux pieds et leur fait porter de la terre.

Pourtant, les gens se contentent de dire : « Il me suffit d'y échapper ; laissons aller les choses ». On ne se plaint jamais et les pions vont et pillent à leur gré. En outre, des parias arrivent dans les maisons des *chettys* et des *comettys* (1) et s'y installent. Si les gens de la maison disent : « Comment des parias peuvent-ils venir ainsi demeurer chez nous ? », on les bat, on les entraîne en disant : « Nous allons chez Madame ; venez ». Je ne sais comment exprimer sur le papier le désordre qui règne dans la ville. Mais qu'est-ce que ce désordre et ces conséquences pour la ville où ces gens-là pillent à leur fantaisie ? Si l'on en parle au Maître, il répond : « C'est naturel ». Je le sais bien, mais si l'on s'étonne du désordre qui arrive ainsi dans le Gouvernement, il faut se rappeler ce qui s'est passé lorsque, le 5 purattâçi de l'année Akchaya (2), ils ont pris Madras ; de même que les habitants de cette ville ont été troublés par les actes de pillage commis par les Français, de même aujourd'hui les habitants de Pondichéry souffrent autant que si les Anglais l'avaient prise et s'y répandaient en pillant. Pondichéry est malheureux : menacé par les Anglais, il souffre en attendant, mais pas du fait des Anglais. Si l'on pense que Dieu a ordonné cette calamité, on peut demander quand il y mettra un terme et quand viendra l'heure de la justice. Les gens savent d'ailleurs que ça se passe souvent ainsi dans la plupart des endroits. C'est pourquoi j'ai écrit tout cela en détail. Les hommes d'expérience le verront, mais peut-être ne le comprendront-ils pas. C'est pourquoi j'ai écrit en détail.

Cependant, ce soir, l'Anglais a lancé cent boulets. Les seize bombes... (3)

(1) Marchands et boutiquiers.
(2) 17 septembre 1746.
(3) La suite manque. — On lit dans la *Relation* :
« La nuit du 18 on dressa une batterie gabionnée de deux pièces de six en rase campagne à une grande portée de fusil des retranchemens ; et comme

Année Prabhava   1748
Mois de Purattâçi   Septembre
8 — vendredi   20

Les Anglais, qui étaient descendus ce matin à l'Ouest, près de la chauderie de Deivanâyagachetty, y ont rencontré deux cents cipayes et quelques cavaliers commandés par Alikhan. Ils en sont venus aux mains. On m'a dit que, parmi les nôtres, il y avait eu deux tués et quatre blessés, ainsi que deux chevaux tués. Chez les Anglais, un tamoul qui guidait d'ordinaire les cipayes, est tombé de son cheval, puis quatre ou six autres sont tombés et quinze ont été blessés. Là dessus, ils ont quitté Contésalé et se sont retirés jusqu'à la chauderie d'Ellapoullé. Nos cipayes ont dit qu'ils avaient trouvé là quatre canons, qu'ils avaient voulu les emporter mais qu'ils n'avaient pu le faire, parce qu'ils n'avaient pas assez d'hommes et qu'ils les avaient laissés sur place. C'est ce que m'a rapporté le comptable Rangapoullé auquel l'avait dit, en face de la maison de M. Signac, le Gémédar Abd-ul-rahman qui venait de la porte ouest du Fort et allait à la porte de Villenour chercher Monsieur.

Cependant, le nommé Collacàra m'arriva, par Ariancoupam, avec une lettre de Karikal qui était allée par la poste jusqu'à Chellambron. Un pion de Mme Dupleix, qui était

on s'apperçut qu'elle incommodoit beaucoup les travailleurs, on résolut de l'avancer encore de cent toises, afin qu'elle fît plus d'effet. M. Daucy, commandant l'artillerie, sortit pendant la nuit du 19 avec des ouvriers, la plaça dans l'endroit désigné et y laissa pour la commander M. Dor, sous-lieutenant de la compagnie. On y fit porter aussi quelques mortiers à grenades, et tout cela bien servi fit un effet merveilleux le lendemain.....

« Il fut résolu d'établir à 160 toises de la porte de Madras dans le Nord-Ouest, une nouvelle batterie qui de là pouvoit prendre, en écharpant, une partie de la tranchée et le village sur lequel elle étoit appuyée. M. Daucy fit tout de suite mettre la main à l'œuvre, et MM. de la Tour et Goupil sortirent la nuit avec quatre pelotons de grenadiers pour soutenir les travailleurs. M. de Grandmaison, enseigne d'artillerie, eut le commandement de cette batterie, qui dans la suite ayant été fortifiée et construite plus régulièrement, ne cessa de faire feu sur l'ennemi jusqu'au moment qu'il décampa ».

près du jardin de Canagarâyamodély, le conduisait à la porte Sud lorsqu'arriva Monsieur avec des cipayes de Mahé : « Qui est-ce ? » demanda-t-il. — « J'arrive avec une lettre venue de Karikal par la poste ». Monsieur répondit : « Va le dire à Poullé ». — « C'est pourquoi je viens vous le dire », me dit l'arrivant. Je lui répondis : « C'est bien ; puisque tu as passé, donne-moi des nouvelles du camp anglais. Et il me dit :

« On avait préparé à Dêvanâmpatnam trente à quarante balles de riz ; mais, comme il y a eu, pendant trois jours, un débordement du Ponnéâr et que les hommes ne pouvaient aller ni venir, les Anglais ont beaucoup souffert du manque de vivres. C'est hier seulement que, les eaux ayant baissé, on a pu apporter au camp le riz et les autres provisions. On en a emporté hier treize malades ». Il ajouta que le contre-amiral Boscawen avait écrit au Gouverneur de Dêvanâm-patnam qu'il resterait encore là sept à huit jours ; que, comme l'époque des pluies arrivait, il irait mettre la flotte dans les ports voisins de Trinquemalé et de Nicobar et qu'il reviendrait recommencer la guerre au premier *taï* prochain (1) ; qu'en attendant, il fortifierait Ariancoupam où il laisserait mille soldats européens. Tout le monde dit qu'on attend la réponse pour faire partir les navires. Les Anglais ont eu beaucoup de mal dans leur camp. Comme ils battent les *coulis*, ceux-ci, ni personne autre, ne veulent plus aller chez eux !

Aussitôt que j'eus écouté ce rapport, je mangeai à la hâte du riz cuit d'hier et j'allai dire toutes ces nouvelles à Monsieur. Il me dit : « Je vais visiter les bastions et les portes ; attends là jusqu'à mon retour ». — « C'est bien », dis-je, et j'allai attendre dans la salle de la visite des toiles. Monsieur est revenu à onze heures ; je lui ai raconté les nouvelles.

Aussitôt après, il alla dans une maison en construction où l'on a mis des soldats à qui on a donné des lianes en leur

(1) Janvier-février.

disant de faire des fascines. Ils en firent environ.... (1).
Quand Monsieur vint les voir, ils lui demandèrent, pour dissiper leur fatigue, du vin, et il donna l'ordre qu'on leur en distribuât. Les *corvas* (2) qui font d'ordinaire ces fascines, sont payés habituellement un fanon par jour ; (cette fois) ils ont dit que ce n'était pas assez et ils ont demandé un fanon et demi. On a refusé de le leur donner. Quelques-uns ont consenti à travailler pour le prix ordinaire ; mais il y a eu des troubles et tous ont quitté le travail. M. Bausset, qui est chargé de ce service, a dit de les faire, mais qu'il donnerait cinq à cinq fanons (?). Comme les *corvas* ne sont pas venus, on a pris sur les navires des soldats qui faisaient en Europe le métier de *tisserands;* en outre, comme c'est un travail qu'on peut apprendre facilement à faire en voyant faire les autres, on y a mis beaucoup de monde.

Monsieur est allé voir comment allait ce travail. En rentrant, il demanda : « Est-il vrai qu'à Valdaour Mir-haçan-khan et les autres chefs aident les Anglais ? » Je lui répondis : « Le feraient-ils d'eux-mêmes en aucun cas? Pour qu'ils le fassent, les hommes des Anglais vont, de ville en ville, dire qu'ils viennent faire prisonniers les Pondichériens ; s'il n'y en a pas, ils demandent un écrit l'attestant, signé des gens du village, et, après l'avoir pris, ils font partir les cinq ou six individus qui s'y cachent. C'est ce qu'ils font partout. Ayant appris ainsi que beaucoup de nos gens se sont réfugiés à Valdaour, les hommes des Anglais y sont allés et ont interrogé les gens du pays. On leur a répondu : « Quel droit avez-vous à nous le demander ? Naguère des Français nous avaient demandé (en vain) les gens de Madras qui s'étaient réfugiés ainsi. Venez-vous nous faire peur comme dans d'autres villages ? » et, s'étant mis en colère contre eux, on les a fait partir. Voici ce qu'on m'a rapporté. De plus, il y a un village de

(1) Le chiffre est resté en blanc.
(2) Propr. *Kur'ava*, caste de Montagnards.

pauvres appelés Cottécoupam ; j'ai entendu dire qu'ils ont pris et maltraité deux ou trois habitants de ce village. Par suite de la terreur qu'ils inspirent, les gens des divers villages viennent au camp vendre du *nelly* et du riz, ainsi que du lait, du lait caillé, du petit lait et autres aliments ; ils font le travail des coulis dont on a besoin. Les gens de ces villages ne suivent pas les ordres des Musulmans, car il n'y a aucun chef dans ces endroits, et il en est ainsi dans un espace de quatre *nâjis* (1) autour de Pondichéry. Le nommé Mouttounallaretty a fourni aux Anglais du grain et des céréales et même il leur a envoyé trois cents individus pour les aider ; il a de plus écrit aux paléagars et aux taléaris (2) du pays qui est sous ses ordres de rechercher et d'emprisonner les gens de Pondichéry. En outre, au village de Mattour, près de notre Calapett, le naïnard, un nommé Latchoumanatandri, dont tous les bois ont été coupés par les gens de notre compagnie, a grand'peur des Musulmans et des Rettys qui le battent sans motifs ; ils lui disent : « Tu as été te mettre sous la protection des Français ; tu nous menaçais naguère ! Maintenant les Anglais se sont emparés de Pondichéry, y ont arboré leur drapeau et ont fait prisonniers tous les Français, à commencer par le Gouverneur. Ces Français ont maintenant le derrière déchiré ; quelle assistance pourraient-ils t'apporter maintenant ? Ces Français ne pourront plus rester dans l'Inde, leur Pondichéry est perdu », et mille choses analogues.

— « C'est bien », répondit Monsieur, « dans une dizaine de jours, par la grâce de Dieu, le désordre aura cessé. Je ne le laisserai pas en vie, quel que soit celui qui aura mal agi envers les Français, et il le paiera. Ce que je te dis maintenant n'est rien ; mais tu verras à l'action », et il continua ainsi, disant tout ce qu'on pouvait dire.

— « Si vous ne faites pas ainsi », lui répondis-je, « il n'y aura pas plus de honte possible pour les Français. Vous ne

---

(1) Huit kilomètres.
(2) *Paléagars*, chefs de districts ; *taléaris*, gardes champêtres.

pouvez rester sans punir, car alors on aura peur de mal agir dans nos affaires; on saura que les Français ne laissent pas passer une affaire sans en châtier les auteurs et on craindra de se mal conduire envers nous.

« Les Anglais ont reçu d'Angleterre, pour Anaverdikhan et Mafouzkhan, des présents de cent mille roupies; ils leur ont promis cent mille pagodes et leur ont dit qu'ils se chargeraient des frais d'entretien s'ils envoyaient des troupes au camp. A cette invitation, on a répondu : « Les Français sont mauvais; je ne puis venir à votre aide ». Comme ceci est heureux pour nous!.....

« Il serait excellent d'écrire, sans rien dire de précis, en termes ordinaires, comme pour s'informer de leur santé, à Mafouzkhan et à Anaverdikhan, afin de connaître leurs vrais sentiments ».

— « C'est juste », me répondit Monsieur en m'approuvant, « je vais faire écrire comme je le fais une fois par mois, même quand il n'y a rien, en leur adressant des compliments », et il me dit d'écrire un ordre pour laisser sortir trois personnes qui porteront ces lettres. Je pris les lettres et cet ordre et m'en revins.

En route, je rencontrai M. Maire et M. Prat qui causaient. En me voyant, ils m'appelèrent et me dirent : « Toi et un autre, vous dites à Monsieur les nouvelles imparfaitement. Les Anglais ont dit qu'ils prendraient la ville, qu'ils l'occuperaient, qu'ils nous couperaient la tête. Ils ne sont point encore venus ici et quoiqu'ils aient entouré la ville, ils ne sont point de force et vont s'en aller. Voilà ce qu'il faudrait faire dire en ville! » Je répondis à M. Maire : « Il y a huit mois que je le dis! » — « C'est vrai », reprit-il, « mais pourquoi ne parles-tu pas à Monsieur le Gouverneur des injustices commises par Mme Dupleix? » Je lui répondis : « Lorsque vous, des Conseillers, vous avez peur de lui en parler, comment le ferai-je, moi? » et je continuai ma route.

A ce moment, arriva un dragon anglais déserteur. Il était Allemand de nation (1). Comme on l'interrogeait sur la situation du çamp anglais, je m'arrêtai pour l'écouter et je n'écris ici que ce que j'ai entendu. Il disait que, outre les soldats qui y étaient déjà, on avait débarqué deux cents hommes de chaque navire : « Quant à nous, cavaliers, nous sommes soixante-dix », disait-il, et il ajouta qu'outre les soldats de Dêvanâmpatnam, il en était venu de Bombay et de Tellichéry. On lui dit : « Nous vous donnerons ici un emploi d'officier parmi les dragons », et on le mit à la disposition de M. d'Auteuil, capitaine des dragons, pour lui donner, dans l'après-midi, un emploi d'officier.

Aujourd'hui, trois soldats se sont enfuis au camp des Anglais : deux étaient Français et un Hollandais.

Les Anglais ont commencé aujourd'hui à lancer des bombes du côté de l'Ouest. Il en est tombé soixante à quatrevingts, en-deçà et au-delà de la porte de Valdaour ; mais personne n'a été atteint (2).

Année Prabhava	1748
Mois de Purattâçi	Septembre
9 — samedi	21

Les cipayes n'ont pas fait de sortie aujourd'hui, parce que, ainsi qu'Abd-ul-rahman et d'autres l'ont dit à Monsieur,

---

(1) Le texte porte : « allemand de caste, çâdi (djâti) ».

(2) On lit dans la *Relation* : « Le 20 les Anglois sortirent enfin de leur léthargie, et commencèrent à faire jouer sur nos bastions une batterie de cinq gros mortiers, placés à 800 toises de la Place et au-delà de leur première parallèle. Leurs bombes firent peu d'effet : les nôtres qui partaient la plupart des chemins couverts y répondoient vivement, et le feu du canon qui les accompagnoit, incommmodoit tellement les Ennemis que par la voie de nos espions et d'un brigadier de Dragons qui leur déserta, nous apprimes qu'il ne se passoit pas de jour que nous ne leur fissions perdre bien du monde. Le bruit continuel de tant de coups de canon et de mortiers qui se tiroient jour et nuit de part et d'autre, se faisoit entendre bien loin dans les campagnes. Les échos des montagnes voisines répétoient les coups multipliés, qui annonçoient à plus de trente lieues à la ronde aux Mores et aux Gentils la prochaine destruction de notre colonie ».

c'était hier pour les Musulmans le jour appelé le 27 ladâri (1) (Ramadhan), qui est un jour où l'on ne peut rien faire.

Avant que j'aille au Fort, les deux pions de Maléappa, qui étaient allés à Chellambron chercher les lettres expédiées de Karikal par la poste, sont venus me raconter ceci : « Il venait de Karikal à Pondichéry deux ou trois lettres ; nous ne les avons pas prises, mais nous les avons renvoyées à Karikal. Les gens de Tanjaour ayant voulu s'emparer des villages *adamanaires* (2), un millier de cavaliers et de cipayes sont descendus aux environs de Karikal. Là-dessus, M. Richon, qui commande à Karikal, a dit : « Tant que les Anglais n'auront pas pris Pondichéry, nous ne livrerons rien ici ». Je leur demandai : « Que dit-on sur la route? » Ils répondirent : « On dit que Pondichéry est pris et que son chef a capitulé »....... Sur ma demande s'il n'y a pas d'autres affaires, ils m'ont dit : « Nous sommes venus à Vijapuram. Là étaient descendus cinq cents cavaliers et soldats musulmans qui s'emparent de tous les villages. On dit que le Nabâb les a envoyés là pour qu'ils ne pillent pas partout ». Je leur demandai : « Est-ce vrai? L'avez-vous vu? » Ils me répondirent : « C'est vrai ; nous avons vu les cavaliers ; s'il n'y en a pas cinq cents, il y en a au moins deux cents, à ce qu'il nous semble ».

Alors, ayant appris toutes ces nouvelles, j'allai au Fort et je les racontai à Monsieur..... Il me dit d'envoyer quelques hommes hors de la ville en les chargeant d'incendier les villages et alors on pourra, auprès du Nabâb, accuser les hommes des Anglais d'avoir allumé ces incendies. Je lui demandai les ordres nécessaires pour qu'aux portes on laissât passer six personnes. Je pris ce papier et m'en vins à la salle de la visite des toiles.

Là, Aroumougam vint m'apprendre que cinq ou six bombes

---

(1) Le 21 sept. 1748 correspond au 8 Chawâl 1161, et non au 27 Rawazân.
(2) Terres dont le fonds appartient au Roi et dont les habitants n'ont que la jouissance.

lancées par les Anglais, de l'Ouest, étaient tombées dans le jardin de Séchassalachetty qui est près du bastion du coin et dans la rue des Huiliers. Mes petits enfants, qui demeurent dans la maison Empéroumâl, ont été très effrayés et ne veulent plus demeurer dans la rue des Huiliers. Alors, je pensai que je pourrais les envoyer à Mîrâpalli dans l'une ou l'autre des maisons voisines de celle de Samârcouppa et j'allai à Mîrâpalli où je cherchai une maison pour mes enfants et pour les femmes de Badéçâhib, près de celle où l'on avait envoyé Sinnanamodély et Madanândapândita.

Comme je m'en revenais, un pion vint m'apporter la nouvelle qu'une bombe était tombée sur un bœuf attaché devant la maison d'Arumbâdatteipoullé et que ce bœuf avait été mis en pièces. Mme Dupleix, qui était dans l'église des Pères en face de notre maison, monta à l'instant dans son panier et s'en alla trouver son mari dans le Fort. Les autres femmes qui sont là ont grand'peur : quelques-unes sont allées dans les casemates de la porte de Goudelour où sont déjà les femmes de la maison d'Élias et d'autres personnes.

Je m'en revins chez moi et j'appris qu'une bombe était tombée sur le milieu de la porte de Valdaour et y avait tué un blanc et un tamoul. Une autre est tombée là où l'on tire le canon de la chauderie et y a tué un blanc. Une autre est tombée sur la maison de Adinârâyanapoullé et une autre sur la maison du Cheick Abd-ul-rahman ; toutes les femmes de ces deux maisons, s'échappant du *zénânah*, ont couru à Mîrâpalli, dans la maison que je faisais préparer pour mes enfants ; mes hommes n'ont pas voulu les laisser entrer. J'envoyai dire de les recevoir jusqu'à ce que j'aie pu leur procurer une autre maison. Je fus chercher mes enfants à la maison de Empéroumâl et je les fis conduire dans mon magasin, chez Pâléappamodély. J'y allai moi-même aussitôt après avoir mangé.....

Les gens qui sont dans la ville se plaignent beaucoup. Ils disent : « On a voûté, à deux pieds et demi ou trois pieds d'épaisseur, la terrasse de l'église des Missionnaires; on a mis par dessus des balles de coton et par dessus encore des poutres de teck ; ne trouvant pas que c'était encore assez, on a coupé les cocotiers de nos maisons et on les a mis par dessus le tout. On a pris toutes ces précautions pour que, quel que soit le nombre des bombes qui y tomberaient, elles ne fissent aucun mal. Et, pourtant, dès qu'on lui a dit qu'une bombe était tombée sur la maison d'Arumbâdatteipoullé, Mme Dupleix a pris peur et s'est réfugiée auprès de son mari dans le Fort. C'était elle, cependant, qui disait naguère aux Tamouls troublés : « Qui donc est mort par l'atteinte d'une bombe ? Vous vous effrayez pour rien ! » Elle nous l'a fait dire tant de fois par son mari et l'a dit elle-même ! Où est ce courage que l'on vantait tant ? où est cette résolution qu'elle montrait dans toute la ville pour les affaires politiques et pour les autres ? » Voilà ce que disent les habitants ; je ne pourrais écrire toutes les invectives dont on l'accable.

Au surplus, les bombes que les Anglais ont lancées jusqu'à ce jour du côté de l'Ouest s'élèvent à une centaine ; celles qu'a lancées pendant la nuit le sloop qui est à l'Est sont au nombre de quarante à cinquante. Les habitants n'ont pas peur de ces bombes et, comparativement, ils redoutent beaucoup plus les espions de Mme Dupleix qui par ses ordres leur font tant de vexations. Je ne sais comment l'exprimer sur le papier.

Aujourd'hui, à midi, un Père est allé chez les chrétiens qui sont à la porte de Valdaour et tous, à ce qu'on m'a rapporté, ont fait « la confession » et ont reçu « le sacrement ».

Aujourd'hui, Monsieur a fait venir Cheick-Ibrahim et lui a donné l'ordre de sortir le lendemain avant le jour avec trois cents cipayes pour aller attaquer les Anglais qui sont descendus à la chauderie de Deyvanâyagachetty; il a fait distribuer à chaque soldat vingt cartouches et mille cartouches en plus.

Les gens de la ville tremblent de peur. Ils disent qu'ils étaient tranquilles depuis trente jours que Mme Dupleix habitait dans l'église et que Monsieur restait dans le Fort. Mais, maintenant qu'elle est allée le rejoindre, ils se demandent quelles vexations ne va-t-elle pas leur faire.

On a empêché Monsieur de sortir ce matin, à cause des bombes qui tombaient.

Année Vîbhava	1748
Mois de Purattâçi	Septembre
10 — dimanche	22

Ce matin, comme j'arrivais chez Monsieur et lui faisais *salam*, il me demanda : « Quand vient Chandâçâhib? Ses gens ont-ils reçu de ses nouvelles? » Je lui répondis : « Ils n'en ont reçu aucune ». Il me demanda ensuite : « Quand pleuvra-t-il? » Je lui répondis : « La chaleur qu'il fait annonce qu'il pleuvra prochainement et qu'il y aura une tempête, qui, en faisant fuir les Anglais, vous rendra très content ». — « Je ne vois pas les choses ainsi », me dit-il. — « Il en sera pourtant ainsi », repris-je, « et s'il n'en était pas ainsi, pour plusieurs autres raisons, les Anglais ne resteront pas ici au-delà de la fin de ce mois ». Il me répondit, avec beaucoup de tristesse (?) : « Ce que tu dis est une bonne parole; puisse-t-elle se réaliser! »

Quoi qu'il en soit, le petit Monsieur habitait, dans le Fort, la chambre à l'Ouest de celle de Monsieur; mais comme, hier, par peur des bombes, Mme Dupleix est venue dans le Fort, on lui a abandonné cette chambre et on a dit à MM. Dulaurens et autres de s'installer dans une chambre qui est au-dessus du corps de garde et du magasin des fusils, et on a fait mettre dessus des ballots d'étoffe.

Il n'y a pour tout cela qu'un seul chemin et qu'une seule porte; aussi Monsieur alla-t-il par là. J'y allai aussi et restai à causer avec le petit Monsieur et les autres. Puis, Monsieur alla du côté de la porte de Villenour et, moi, je vins au magasin d'arec.

Hier soir, Monsieur avait fait venir Cheick Ibrahim et lui avait dit : « Il faudra que tes hommes sortent aujourd'hui. Tu m'as fait observer que, depuis tant de jours, ce sont les cipayes d'Abd-ul-rahman qui sont allés en expédition et tu m'as demandé d'y faire participer les hommes qui sont sous tes ordres. On est venu m'annoncer qu'un millier d'ennemis, soldats, cipayes et carnates, sont allés construire une batterie près de la chauderie de Deyvanâyagachetty. Tu devrais y aller, les chasser, démolir la batterie et leur (1)... »

Année Vibhava	1748
Mois de Purattâçi	Septembre
14 — jeudi	26

Ce matin, avant le jour, vers quatre ou cinq heures, Abd-ul-rahman et trois cent cinquante à quatre cents de ses cipayes, Cheick-Ibrahim et cinquante à soixante des cipayes sous ses ordres, ainsi que soixante à soixante-dix cavaliers

(1) La suite manque. On lit dans la *Relation* :
« Les Hollandois soutenant dans les Indes la même conduite qu'en Europe, avoient joint deux cents hommes de leur garnison de Negapatam aux troupes angloises, et par une politique assez naturelle chez eux, n'avoient sans doute en vue que la ruine des deux Compagnies. Il ne manquoit donc plus à Boscawen que le secours des Mores, il l'avoit sollicité depuis long-tems, et enfin il lui en arriva une partie. Le 23, il parut un pavillon more sur le haut du coteau, autour duquel il se forma un petit camp au Nord de celui des Anglois, où il parut y avoir environ mille hommes tant fantassins que cavaliers, deux éléphans et quelques chameaux. Les visites réciproques qu'on se rendoit d'un camp à l'autre, ne permirent pas de douter que ces troupes ne fussent venues renforcer le nombre de nos ennemis; mais cette dernière troupe auxiliaire fut d'une foible ressource pour les Anglois, qu'elle constitua en de grandes dépenses, et ils n'en retirèrent d'autre avantage que celui de se servir des chameaux pour les convois. Boscawen cependant devoit être bien flatté de voir réunies sous ses drape nt auxtade nations, qui avec ses troupes formoient un corps de vingt mille hommes, et qui toutes rassemblées par différens motifs, travailloient de concert à notre perte. Mais le grand nombre ne nous étonnoit point, et quoique nous ne fussions dans la place qu'environ mille quatre cent soixante Européens avec deux ou trois mille Sipays, Caffres et autres soldats indiens, nous nous crûmes assez forts pour répondre à tout. »

musulmans sont allés se poster, au Nord, sur la route de Contésalé à Carouccoudicouppam. Il y avait là une troupe anglaise d'un millier d'hommes, carnates et blancs.

Entre les deux armées, une bataille s'est engagée. Les Anglais étaient au-delà des palmiers de Contésalé et les nôtres en deçà. Ils en sont venus à se battre à la main. Les Anglais ont eu, sur le champ de bataille, quarante à cinquante morts et soixante-dix à quatre-vingt blessés, parmi les blancs. Il y a eu un pareil nombre de morts et de blessés parmi les carnates. Quelques-uns de nos cavaliers ont poursuivi l'ennemi dans sa retraite. Les nôtres ont eu un homme mortellement blessé et une quinzaine de blessés moins grièvement.

Monsieur était monté sur le bastion de la porte de Madras d'où il assista à toute l'action ; et moi j'étais allé la regarder du bastion de la rue des Cordonniers. Comme Contésalé est en haut, au sud de Carouccoudicouppam, on voyait très bien les allées et venues des hommes, la fuite des Anglais et la poursuite de nos cavaliers.

Monsieur vit arriver quatre à cinq cents soldats anglais (de renfort) et il expédia aussitôt Alikhan et ses cipayes. Il était alors neuf heures et demie. Comme les nôtres avaient épuisé toutes leurs cartouches, ils en firent demander et on leur en envoya tout de suite. On fit sortir en même temps des dragons et d'autres cavaliers. Les soldats anglais qui s'étaient enfuis se rallièrent alors et revinrent, mais ceux qui étaient venus pour les renforcer prirent eux-mêmes la fuite jusqu'à environ deux *nâjis* (1) de distance et rentrèrent

---

(1) La *Relation* dit :

« Depuis le 21 jusqu'au 26, il n'y a eu rien de particulier : la Galiotte jetta à son ordinaire des bombes dans le cœur de la ville et l'armée de terre fit pleuvoir les siennes sur les bastions ; mais cette journée fut glorieuse pour nos Sipays et acheva de leur faire une grande réputation. De l'endroit où se faisoit le débarquement des ennemis, pour aller au camp, il y avoit deux petites lieues ; ce long trajet qui retardoit beaucoup les opérations du siège nous facilitant les moyens d'insulter les convois qui alloient journellement

dans leur camp, comptant beaucoup de morts et de blessés. Abd-ul-salîl, qui venait au secours des Anglais, dans un

au camp ennemi, on résolut de tenter l'aventure. Pour cet effet, Abdelraman, colonel des Sipays, reçut ordre, le 25 au soir, de sortir le lendemain à quatre heures du matin par la porte de Madras, à la tête de cinq cens de ses gens et de quelques Caffres, de se glisser jusqu'au bord des limites et d'observer de là le chemin que les ennemis prendroient en allant à leurs convois, pour les couper, s'il en trouvoit occasion, lorsqu'ils les rameneroient. La moitié de ce projet fut exécuté : un gros de Sipays anglois qui faisoient l'avant-garde du détachement, s'étant approché à portée de pistolet de nos limites, derrière lesquelles les nôtres étoient embusqués, ceux-ci firent aussitôt feu. Six pelotons d'infanterie angloise qui suivoient, s'étant aussitôt avancés pour soutenir leurs gens, eurent à essuyer une décharge d'autant plus meurtrière que tous les coups portèrent dans leur troupe et qu'ils étoient fort embarrassés à y répondre. Car nos Sipays, se battant à la façon des Asiatiques, s'étoient tous dispersés et cachés dans les broussailles, d'où ils tiroient à choix les Anglois ; en sorte que ces derniers, pour s'être trop obstinés dans ce nouveau genre de combat, perdirent soixante de leurs meilleurs soldats qui restèrent sur la place avec quelques officiers et eurent un grand nombre de blessés.

« Mais cette perte ne peut entrer en comparaison avec la honte qu'ils remportèrent de cette action, qui les déshonora sans retour dans l'esprit du seigneur More venu depuis peu à leur secours, et qui du haut du coteau fut témoin de toute l'affaire. Au bruit de notre mousqueterie, Boscawen s'étoit hâté de détacher un corps de six à sept cens hommes avec toute sa cavalerie pour venir au secours des siens. Ces troupes défiloient sur la colline et n'étoient pas à deux portées de mousquet, qu'elles firent halte tout à coup à la vue de quelques pelotons de notre corps de réserve qu'on avoit fait sortir de la place et qui s'étoient rangés en bataille dans les limites pour favoriser la retraite de nos noirs. Les six pelotons anglois déjà beaucoup maltraités, ne voyant pas avancer ce corps qui étoit venu pour les soutenir, se débandèrent aussitôt et suivirent leur cavalerie qui n'avoit pu tenir un moment au feu de nos Sipays et remontoit le coteau plus vite que le pas. Tout se retira dans le camp ; vingt bateaux qui étoient sur le bord de la mer n'osèrent mettre à terre un seul homme et reportèrent à bord de leurs vaisseaux le convoi que toutes ces troupes, composées de plus de huit cens Blancs et de deux à trois mille Noirs, n'avoient pas eu la résolution de venir enlever à la vue de cinq cens de nos Sipays et de quelques autres troupes.

« Cette action, dans laquelle nous n'eûmes que quelques Sipays de blessés, les fit regarder par tous les Noirs de l'armée angloise comme des gens déterminés et bien au-dessus d'eux par la bravoure ; aussi commencèrent-ils dès-lors à fuir l'occasion d'en venir aux mains avec eux. Mais on ne peut exprimer surtout la terrible impression que nos Caffres, qui eurent leur part dans cette affaire, avoient faite sur l'esprit des soldats anglois, qui les craignoient extrêmement à cause de quelques traits de valeur un peu brutale de leur part, dont ils avoient fait connoître que cette nation, féroce de son naturel, ne leur feroit guère de quartier. Ce qui se passa dans cette action prouva bien, en effet, jusqu'à quel excès de barbarie ces impitoyables étaient capables de se porter.

palanquin que portait un éléphant, tenant à la main un drapeau, et accompagné de cent cinquante à deux cents cavaliers, s'arrêta à la chauderie de Mortândi ; en descendant de là, il vit que les Anglais s'enfuyaient et il se hâta de prendre lui-même la fuite. Les nôtres ont eu dix à quinze hommes et deux chevaux blessés.

Les Anglais ont abandonné leurs morts. En relevant parmi les cadavres cinq personnes qui respiraient encore, les Cafres ont pris les vêtements et les coiffures des Anglais qui gisaient là. Quatre de ces blessés sont morts en route. M. le Gouverneur a envoyé dire d'enterrer les morts sur place et de revenir ; c'est ce qu'ont fait les Cafres.

Après avoir remporté ainsi la victoire, nos troupes, en arrivant à la chauderie de Mînâkchiyamman (1), battirent des

« Un d'eux ayant fait un Anglois prisonnier de guerre, après l'avoir blessé dangereusement dans le combat, voulut l'emmener avec lui jusqu'à la ville ; mais ne pouvant y réussir, parce qu'il étoit seul avec cet homme que ses blessures empêchoient de marcher, il voulut au moins porter à son commandant quelque marque de sa victoire, et celle qu'il vouloit lui présenter n'étoit pas moins qu'un bras de son prisonnier. Dans ce dessein il tira sa bayonnette, et se mit en devoir de faire l'opération. Le pauvre Anglois, voyant cette démonstration et se sentant tirer le bras avec violence, ne s'imaginoit point qu'on le lui vouloit couper et croyoit simplement que le Caffre alloit lui plonger sa bayonnette dans le corps. Pénétré de cette idée accablante et ne voyant plus de ressource dans une si grande perplexité, il fit peut être pour la première fois le signe de la Croix, et s'écria qu'il étoit chrétien. Il pensoit par là fléchir son bourreau au col duquel il avoit apperçu un chapelet ; mais cet acte de religion, peu capable d'émouvoir le cœur d'un Caffre, ne l'auroit pas sauvé du danger où il étoit de perdre son bras et la vie sans le secours d'un sergent qui, en ramassant les pillards et les traîneurs du détachement, survint à propos pour empêcher cette cruauté.

« La façon dont tous nos Caffres revinrent de cette expédition fut un spectacle curieux. Presque tous avoient attrapé quelques dépouilles des ennemis : les uns étoient revêtus d'habits d'officiers avec l'épée au côté, les autres avoient des chapeaux anglois à grands bords garnis de plumes ; mais ce qui leur plaisoit davantage et nous paroissoit le plus comique, étoit une espèce de grande calotte de cuir fort à grandes oreilles, qu'ils coëffoient par dessus de longues perruques dont ils étoient extrêmement curieux. Cet accoutrement, sous une figure sauvage, représentoit un vrai Carnaval et une troupe de masques, plutôt qu'une expédition militaire ou des guerriers revenant du combat. »

1. Déesse de la petite vérole, fille du premier roi de Maduré qui était, dit-on, une incarnation de Pârvati, femme de Çiva.

mains et crièrent trois fois : « Vive le Roi ! » Le Gouverneur, les Blancs, les Tamouls, les personnes de marque, qui avaient assisté à l'engagement du haut des remparts, témoignèrent beaucoup de joie en entendant ces cris.

Abd-ul-Rahman, Alikhan, leurs soldats et les dragons, vinrent se présenter devant le Gouverneur qui était sur le rempart : il les félicita, leur adressa beaucoup de compliments et les congédia. Puis, extrêmement content, il revint lui-même dans le Fort. Comme les Cafres avaient les premiers attaqué les Anglais avec une grande bravoure, Monsieur, dès qu'il fut rentré au Fort, les fit mettre en rangs et leur fit remettre une roupie pour deux ; il ordonna de leur donner à chacun une bouteille de vin et un fusil.

Je sus tout cela par MM. de Solminihac, Cauterel, Bury fils et d'autres officiers que je rencontrai dans la rue qui est à l'est du magasin d'arec. J'allai dans ce magasin et m'en revins chez moi à onze heures.

On dit que les Anglais ont perdu en moyenne jusqu'à présent de quinze à vingt personnes par jour, par les attaques faites contre leurs batteries de la parcherie de Pâccamodéanpett, par les bombes et les boulets qu'on leur a lancés des remparts, et aussi par les maladies : beaucoup de malades sont morts et d'autres ont été transportés à Dêvanâmpatnam. Depuis que la guerre a commencé à Ariancoupam, leurs pertes, rien qu'en soldats blancs, s'élèvent à quinze cents personnes, tués et blessés ; il y a eu de quatre à cinq cents morts ou blessés parmi les cipayes canaras ou musulmans. Depuis trente-cinq à trente-six jours qu'ils sont ici, ils n'ont abouti encore à rien et n'ont réussi qu'à faire tuer des gens. C'est maintenant le temps de la victoire pour les Français et de la défaite pour les Anglais. Il y aura encore quelques morts, puis ils partiront, vers le premier *aippiçi,* quand le soleil entrera dans la Balance. C'est ce que disent tous les gens intelligents et il me semble qu'ils ont raison. En outre, plus de mille bombes qu'ils ont lancées jusqu'ici, de l'Est et de l'Ouest, n'ont pas même maltraité dix à quinze personnes et elles n'ont atteint que peu de maisons. Que feront-ils encore? S'ils continuent huit à dix jours, ils ne pourront faire grand mal aux gens et pourront seulement endommager deux ou trois maisons. Du reste, la gloire des Anglais s'est dissipée depuis la prise de Madras; les gens vulgaires disaient : « Ils vont arriver d'Europe et ils feront quelque chose » ; ils sont arrivés, en effet, avec vingt-deux vaisseaux et beaucoup de soldats, et finalement ils se trouvent vaincus et ont attrapé de la honte ainsi que le surnom de « fuyards ». C'est ce que commencent à dire même leurs partisans. Mais, quant à ce qui concerne M. Dupleix, sa gloire, lors de la prise de Madras, égalait l'éclat du soleil ; mais il a aujourd'hui l'éclat de mille *kôtis* de soleils, après avoir repoussé les attaques d'un contre-amiral anglais. C'est ce que disent tous les gens ici ; moi, je le pense et je l'ai dit depuis longtemps déjà.

Année Vibhava	1748
Mois de Purattâçi	Septembre
15 — vendredi	27

Ce matin, j'ai pris la lettre écrite au contre-amiral Boscawen pour l'expédier avec celle écrite à Abd-ul-salîl. Mister Boscawen..... Il y était question des coups qu'on tire et d'autres affaires. Je les ai données à notre Soubédar et il les envoya..... ayant dit : « Il faut les donner aux........... (1) ».

Année Vibhava	1748
Mois de Purattâçi	Septembre
16 — samedi	28

Si l'on demande la nouvelle que j'ai apprise ce matin, au lever du soleil, c'est que hier, pendant la nuit, il est tombé (en ville) cinquante-quatre bombes. J'écrirai seulement les

---

1. Le texte est incomplet et altéré.

noms des cinq à six blancs sur les maisons desquels il en est tombé : une dans la maison de M. Bury où elle a abîmé les habits, les glaces, les chaises, etc. ; une sur la maison de M. de Solminihac où elle a causé les mêmes dégâts, à ce qu'on m'a dit; une autre chez M. Perchal (?) où elle a fait la même chose. Une autre est tombée chez le petit Monsieur, dans le cabinet attenant à la varangue ; elle a crevé la varangue et est entrée (dans la maison) par la porte du milieu de la varangue : elle a éclaté là et n'a causé aucun mal. Quatre ou cinq sont tombées dans le Fort et n'ont fait de mal ni aux personnes ni aux choses, m'a-t-on dit. On a ajouté que les autres sont tombées çà et là dans les maisons et dans les rues et n'ont pas fait du mal non plus.

D'ailleurs, ce matin, les Anglais ont commencé à tirer des coups de canon du côté de l'Ouest : un boulet de quatorze livres est tombé dans la maison de Nâmaçivâyachetty, du côté Ouest de la rue des Chettys, et un dans la maison de Vengâṭṭichetty. On est venu m'apporter ces boulets pour me les montrer ; j'ai gardé seulement celui qui est tombé chez Vengâṭṭichetty.

On m'a dit que leurs boulets sont tombés sur l'église des Missionnaires, un droit sur le magasin de tabac. On m'a dit aussi que, sur une vingtaine de boulets seulement, un est tombé dans la maison d'Abd-ul-Rahman qui est allé le porter à Monsieur pour le lui montrer, et les autres tout autour de la porte de Valdaour. Les Anglais tirent ordinairement le canon et lancent des bombes tous les matins, mais aujourd'hui ils ont commencé à faire feu de leurs gros canons (1). On dit que même s'ils tirent pendant sept, huit

---

1. On lit dans la *Relation* :
« M. Marchand, Commandant des troupes de Marine, fut légèrement blessé à la tête, la nuit du 27 au 28, par l'éclat d'une bombe qui tomba, près de lui, et qui cassa le bras droit à M. Levoyer, jeune officier du même corps. A peu près dans le même tems il en tomba une au milieu de la citadelle, et elle tua roide sur la place un sergent de la compagnie des volontaires, qui s'y trouvoit alors pour prendre les vivres de sa compagnie ; cet homme méprisant les

ou dix jours, ils n'arriveront pas à accomplir leur dessein et s'en iront en portant sur leurs épaules leurs queues tordues (en signe de confusion).

Ce matin, le frère cadet de Vêngadâçala le forgeron est venu m'apprendre qu'il était allé vers son frère aîné et ses enfants : « Dieu sait », m'a-t-il dit, « les ennuis que j'ai soufferts et les dangers auxquels j'ai échappé ». Je lui ai demandé ce qui se passait là-bas. Il me dit : « Votre oncle Vîrapoullé et sa femme sont à Vélour, n'est-ce pas? Des hommes des Anglais sont allés d'ici jusque-là, accompagnés d'un garçon nommé Vêngan, le tisserand de soie. Ils se sont saisis de Vîrapoullé, lui ont pris un peu de poison et divers autres objets, et ont emporté au camp anglais le linge et les toiles qu'il possédait. De plus, ils l'ont battu à coups de canne, l'ont attaché et l'ont expédié sur la route d'Alancoupam. Le frère cadet de Mouttounaïk, Magaladinaïk, a voulu faire des remontrances à ces pions et leur a offert de cinq à dix roupies ; ils l'ont pris et l'ont amené à leur camp. Ils ont emmené aussi le frère cadet d'Arumugam qu'ils ont battu et auquel ils ont fait d'autres avanies après avoir découvert de l'argent qu'il avait enterré dans sa maison ; puis ils l'ont relâché. Ils voulaient battre votre frère, mais Pâpparya est

---

cris des sentinelles qui avertissoient à chaque bombe qui partoit de la Galiotte, fut la victime de sa témérité. Ce sont les seuls accidents de ce genre que nous ait causés cette Galiotte.

« Dans cette même nuit, les Anglais établirent deux batteries de canons, pour démonter celle que nous avions dans le dehors de la place. L'une de 2 pièces de douze, placée à la tête du village, battoit la nôtre du Nord ; et l'autre de 3 pièces, mise dans un jardin à la gauche de leurs retranchemens, tiroit à toute volée dans la ville, parce qu'on avoit eu soin de retirer nos deux pièces de six, qui n'ayant aucun épaulement ne pouvoient tenir contre les leurs. Ces batteries ne causèrent d'autre effet, que d'ôter l'envie à nos soldats indiens et aux caffres d'aller faire le coup de fusil sur les travailleurs ; mais elles n'empêchèrent pas plus de six cens fourageurs, gens du pays naturellement timides, d'aller couper à l'ordinaire l'herbe dans les dehors de la ville. De plus, comme on avoit publié que l'on donneroit un fanon, ou 6 sols par boulet ramassé, il y en avoit parmi eux que l'apparence du gain rendoit téméraires, et qui, au lieu d'aller au fourage, s'exposoient volontiers au feu des ennemis, pour ramasser les boulets qui tomboient hors des murs. »

arrivé et l'a délivré en leur donnant dix roupies. Sauf ceux qui se trouvent dans des endroits fortifiés, on prend les gens de notre ville, on les bat, on leur enlève leur argent ; nous avons même appris qu'ils ont extorqué de l'argent aux brahmes de la chauderie de Çêchâyengâr qui étaient allés à Tirumangalam. Ils ont emporté tous nos moutons et tous nos bœufs. Les hommes des Anglais saisissent de même ceux des nôtres qui sont dans les villages des Musulmans, les battent et les dépouillent. Ils chassent bien les Pondichériens (1) ! »

Je fis venir le fils de Vîrapoullé qui, ne pouvant rester à Ouppouvêlour, s'était réfugié ici : il me confirma ces nouvelles. Je me dis : « Que faire? cela s'accomplit par la volonté de Dieu ! » et j'allai au Fort voir Monsieur.

Il me demanda : « Y a-t-il une nouvelle quelconque ? ». Je lui répondis : « Personne n'est arrivé d'Arcate et des environs et personne n'y est allé; et c'est là le seul moyen d'avoir des nouvelles ». Il me demanda : « Le fils de Chandâçahib n'en a-t-il pas reçu quelqu'une ? » Je lui répondis qu'il était dans le même cas que nous, et nous continuâmes à causer pendant quelque temps. Aussi, j'entrai dans le magasin de la visite des toiles pour faire mes comptes : à partir de demain, je n'aurai plus de *nelly* à distribuer aux ouvriers, aux serviteurs, aux coulys qui travaillent aux magasins à poudre et autres, à qui j'avais donné jusqu'à présent le *nelly* que j'avais à ma disposition.

Là, j'appris que des hommes de Monsieur étaient allés chercher Cheick-Ibrahim et, une heure après, Cheick-Ibrahim vint à la salle et alla dans un groupe où étaient Madanândapandita et autres grands personnages. Il leur raconta ceci : « Madame a réuni les cipayes qui sont sous mon commandement et les individus qui sont depuis peu ses pions ; elle leur a dit : « J'ai appris qu'il y a très peu de monde dans

---

1. Le texte porte *Ponduçériyâr* (au lieu du correct *Pudutchériyâr*).

« la batterie ; allez donc la prendre d'un coup de mains ». Nous y sommes allés en conséquence ; mais, arrivés à un demi *nâji* de la batterie, ces pions lancèrent des grenades et tirèrent inutilement des coups de fusil, puis ils s'enfuirent. Comme c'est du temps perdu ; que même si l'on atteignait quelque homme des Anglais, gaspiller ainsi de la poudre n'est pas un ouvrage qui nous convienne ; enfin, que nous ne sommes pas gens à fuir ainsi sans nous être approchés de la batterie, sans avoir vu les ennemis et sans avoir tiré sur eux ou sans qu'ils soient venus se mettre en face de nous et nous tirer dessus, je le dis aux pions. Ils vinrent le rapporter à Madame. Madame fut le dire à Monsieur, et Monsieur me fit appeler et me demanda : « Pourquoi hier soir avez-vous refusé de tirer sur la batterie ? ». Je lui racontai ce qui s'était passé — comme c'est écrit ci-dessus — et tous sortirent la bouche close. Madame seule, encore en colère, parla ; mais Monsieur se mit à rire et me renvoya en disant : « Soyez tranquilles là dessus ». M. Duquesne, M. Bouciret (?) et deux ou trois autres officiers étaient là. Je pris congé et me retirai. J'en arrive. Les pions de Madame emportent des grenades, vont les enflammer au dehors, tirent au hasard deux mille coups de fusil en faisant *pala ! pala !*, puis ils reviennent près de Madame et lui disent : « Nous avons lancé nos grenades sur les batteries des Anglais ; leurs hommes sont sortis, nous avons tiré sur eux vingt décharges de nos fusils ; ils ont été taillés en pièces et nous voici revenus ». Madame croit que c'est vrai et le fait croire à Monsieur. Ces procédés nous perdent et ne font pas grand mal aux ennemis. Si on les reproche à ces pions, ils vont se plaindre à Monsieur. Il faudrait arriver à les faire supprimer, car, tant qu'il en restera un, ce sera toujours la même chose », et il s'en alla chez lui. Moi aussi, je revins chez moi.

Dans l'après-midi, on vint me dire que deux bombes étaient tombées sur l'église des Pères Missionnaires et que d'autres étaient tombées surtout entre la porte de Valdaour et la rue du Bazar des herbes. Ils ont commencé à lancer des bombes à huit heures du soir et ils ont continué jusqu'à deux heures après minuit ; alors, ils se sont arrêtés et il a plu environ deux *serres* (1). Puis de nouveau, à quatre heures et demie, de même qu'ils avaient tiré de l'Ouest, ils ont lancé de l'Est, jusqu'à cinq heures et demie, une dizaine de bombes.

En outre, le fils de l'homme de la poste de Chellambron et un autre homme ont apporté ce matin des lettres de Karikal à Monsieur. Ils m'ont apporté des lettres de Cadappa sur ôles datées du 30 âni et du 8 de ce mois (2), ainsi que trois cents feuilles de bétel.

Année Vibhava	1748
Mois de Purattâçi	Septembre
17 — dimanche	29

Ce matin, je suis allé voir Monsieur.

Parmi les bombes lancées par les Anglais cette nuit, il en est tombée une, comme pour lui répondre, sur la porte de la maison où était Monsieur, et elle a éclaté ; elle était tombée sur le chemin qui va au bastion d'angle où est le colombier, à la porte de la chambre occupée par Monsieur et Madame. Une autre est tombée près du bureau des comptes. Il est tombé ainsi huit ou dix bombes dans le Fort. Au dehors, il en est tombé une sur la maison du frère d'Adivarâgachetty, en face de celle de ce dernier. Il est tombé ainsi, à ce qu'on m'a rapporté, soit dans les rues, soit sur les maisons, cinquante-six bombes venant de l'Est. On m'a dit aussi que les nôtres avaient lancé dix à quinze bombes sur la galiote anglaise, mais sans l'atteindre.

Je suis resté jusqu'à midi à faire le compte du *nelly,* je me proposais de remettre ce compte à Monsieur à midi ; puis je

---

1. Environ un litre.
2. 10 et 20 septembre.

suis revenu chez moi. Ce matin, je n'avais pu lui parler : il était sorti. Lorsqu'il est rentré, il m'a aperçu, m'a dit bonjour et est allé tout droit dans sa chambre. Avec M. Cavoli (?) et une dizaine d'autres blancs, nous l'avons suivi et nous sommes restés à la porte. Un topa est sorti' et nous a dit que Monsieur s'était couché et dormait. Les blancs sont partis et moi je suis allé écrire le compte du *nelly*. Je suis revenu chez moi à deux heures.

Je ne suis pas sorti dans l'après-midi. Les boulets de six et seize livres, lancés par les Anglais, tombent en abondance dans la ville. Les habitants en ont grand'peur, tandis qu'ils n'ont pas peur des bombes. C'est que les bombes s'élèvent en l'air comme sur des degrés d'échelle en faisant du bruit ; elles arrivent lentement et descendent en faisant du bruit. On les voit, on les entend et on peut se sauver. Les boulets ne font pas du bruit ; ils tombent là où on a dirigé le canon, et on ne les voit pas. Aussi les gens en ont-ils grand'peur.

On m'a dit, en outre, qu'un boulet de dix-huit livres anglaises qui font seize livres des nôtres françaises, a frappé des deux côtés, à la grande rue de Madras d'une part, et de l'autre au mur de pierres qui est au bord de la route longeant le mur du jardin de l'église Saint-Paul, en franchissant la rue des Brahmes ; on a ramassé ce boulet et on l'a porté dans le Fort.

Deux boulets sont tombés près du magasin d'indigo construit par M. Lenoir, l'ancien Gouverneur, près de la porte de Madras ; on les a aussi ramassés, à ce que m'a dit Râdjô-pandita. L'officier appelé M. de la Touche vint dire dans le Fort que deux blancs avaient été tués sur le rempart de la porte de Valdaour ; j'y étais et je l'ai entendu. Un autre boulet a brisé la guérite de la sentinelle à la porte de Madras : un topa est venu le dire à M. Bury, dans le Fort : j'étais là. Des hommes de Cheick-Ibrahim, qui sont aux remparts, sont venus dire que les boulets tombaient dru sur tout le tour des remparts et en dedans; comme on ne les voit pas venir et qu'on ne peut s'en garer, les commandants des bastions ont donné l'ordre de ne laisser sur les remparts que les hommes de garde et de faire descendre toutes les autres personnes; aussi, les soldats, les cipayes, les pions tamouls, sont tous descendus. Un boulet est tombé près de la chauderie de Mouttiriçâvadi ; un sur la maison d'Arnâtriâyar dans la rue des Brahmes; un dans la rue des Vellâjas; et ainsi par toute la ville. J'en ai indiqué quelques-uns comme points de repère.

Parmi les hommes, il y a eu une dizaine de blessés. Depuis que, hier et aujourd'hui, les canons anglais ont commencé à lancer des boulets, les gens de la ville sont épouvantés, parce que ces boulets arrivent rapidement et sans faire entendre du bruit. On pense tout le temps à prendre des précautions, dans l'idée qu'ils vont arriver sans qu'on entende le bruit de leur course.

Moi, je pense que M. le contre-amiral Boscawen a promis au roi d'Angleterre de prendre Pondichéry. On lui a donné trente millions de livres, ce qui fait, à huit livres par pagode, qu'on a dépensé trente-sept lacks de pagodes (1). On lui a assuré que, s'il réussissait, on lui donnerait le grade d'amiral et que, s'il ne réussissait pas, il y irait de sa tête. Il est parti avec vingt-deux navires et sept mille soldats blancs et toutes sortes de munitions de guerre : canons, fusils, mortiers, et tout ce qu'on peut se procurer en Europe d'objets analogues, tout cela frais et bien réussi, et il a fait six mille lieues, c'est-à-dire pour nous autres tamouls deux mille *kâdams* de chemin. Peut-il donc s'en aller sans rien faire ? Non, certes, puisqu'il y va de sa tête. Mais il se dit qu'il faudrait partir s'il arrivait des tempêtes. Il ne pense qu'à cela nuit et jour. En route, il se disait qu'il serait facile de prendre Pondichéry; mais, quand il fut arrivé ici,

1. L'auteur parle donc de livres françaises.

il reconnut la force du Fort et apprit que les soldats qui le gardaient étaient vaillants. Depuis qu'il a commencé à nous attaquer jusqu'à aujourd'hui, il s'est écoulé quarante jours, et il n'a pu s'emparer encore de rien. Il a pensé qu'avec le temps employé pour construire les batteries il y a quarante-quatre jours, qu'il n'a pas les moyens de se retirer à Contésalé comme il l'aurait voulu, que pendant qu'il hésite et combine il n'avance à rien. Mister Boscawen songe qu'il n'a pas de navires de réserve, que s'il survient une tempête ou un coup de vent, il sera en danger, que s'il pleut les chevaux ne pourront plus servir à rien et il pense à se retirer. Mais quand Dieu nous fera-t-il cette grâce? Tout le monde s'adresse à Dieu et demande : « Quand donc s'en ira notre ennemi l'Anglais? » Il faudrait savoir quand Dieu nous sauvera.

Pourquoi donc ce temps de malheur est-il venu dans notre ville? On l'ignore. En attendant, il y a de vraies couleuvres qui se répandent par la ville et qui dévorent les gens par leurs extorsions. Depuis vingt-six ou vingt-sept ans que je suis venu dans cette ville, je n'ai jamais vu de pareilles extorsions. Je ne sais comment décrire par le détail ces atrocités. Ceux qui sont allés à Madras du temps de M. de Labourdonnais m'ont dit qu'il s'y était passé des choses semblables; mais, par rapport à ce qui se passe ici, c'était de la justice. Si l'eau salée et les eaux qu'on ne saurait boire étaient données pour de la bonne eau, il n'y aurait pas de protestation dans cette ville. Quand le Maître est arrivé, comme c'était un homme sage et habile, on disait : « Il dissipera comme de la rosée le malheur aussi grand qu'une montagne et fera le bonheur de tout le monde ». C'est ce qu'on pensait sans en douter aucunement.

Maintenant est arrivé d'Europe M. Boscawen avec vingt-deux vaisseaux, ce qui faisait en tout quarante avec ceux de M. Griffin précédemment arrivés. Mais si les Anglais s'en vont, ils seront couverts de honte et la gloire des Français sera immense dans tout le pays. La primauté du Roi de France sera établie et le Gouverneur Général, M. le Chevalier Dupleix, sera, lui aussi. haut placé. C'est ce que je pense à propos de cette guerre et je crois que tout le monde pense comme moi.

Tout aujourd'hui, le vent du nord a soufflé fortement. S'il pleut ce soir, comme il a plu hier, on dit que l'armée anglaise ne pourra pas rester là. Comme il pleuvait hier, on n'a pu aller à la bâtterie hors des remparts ; on dit que les soldats, les cipayes et les cafres se préparent à y aller ce soir (1).

Ce soir, à huit heures, les Anglais ont commencé à lancer des bombes de l'Est. Ils en ont aussi lancé abondamment de l'Ouest. Les nôtres qui n'avaient pas tiré depuis longtemps ont un peu tiré ce soir ; ils ont lancé sept à huit bombes sur le sloop anglais. Je saurai demain où sont tombées les bombes qu'ont lancées les Anglais.

Année Vıbhava	1748
Mois de Purattâçi	Septembre
18 — lundi	30

Ce matin, aussitôt que j'arrivai au Fort, Ajagapamodély de la chauderie et Tiruselvarâjamodély sont venus auprès de moi et m'ont dit que M. Delarche les avait fait venir et leur avait dit : « Monsieur le Gouverneur a donné cet ordre : « Nous avons des centaines de *marécals* de *nelly* ; il faut les porter au bazar de Mîrâvéli et les vendre aux femmes des cipayes et aux pauvres, à raison de deux petites mesures par personne ; il faut les faire payer au prix de trois mesures pour un fanon ; c'est pourquoi, il est

---

1. La *Relation* porte ce qui suit : « La nuit du 28 ou 29, il y eut une pluie très violente depuis deux heures après minuit jusqu'à quatre heures que nous conjecturâmes devoir avoir fait quelque dégât dans les ouvrages des ennemis, qui néanmoins recommencèrent à tirer à la pointe du jour ; tellement qu'un de leurs boulets tua un Sipay sur la courtine ».

nécessaire d'aller dans les rues des Tamouls, d'entrer dans les maisons, de rechercher le riz et le *nelly* qui s'y trouvent, de mesurer la quantité trouvée, d'en laisser un quart pour les gens de la maison et de prendre les trois autres quarts en en payant le prix ». Demain matin, vous irez prendre dans les maisons des Blancs quatre cents marécals de *nelly* que vous porterez au bazar de Mîrâvéli et que vous vendrez comme il vient d'être dit ; puis vous enverrez d'autres personnes dans la ville (indienne) pour prendre le *nelly*, ainsi que je viens de le dire ». Ils lui ont demandé de les faire accompagner par un blanc et par des pions, pour faciliter l'opération. Je leur dis que, lorsqu'il y avait une disette dans une ville, c'était un devoir pour ceux qui y habitaient de réunir leurs provisions en commun.....

J'allai chez Monsieur et lui présentai le compte de *récapitulation* (1) du *nelly* de la Compagnie distribué jusqu'ici aux coulys et aux ouvriers. Alors Monsieur me dit ce que m'avait rapporté Ajagapamodély en ajoutant : « M. Delarche a mes ordres ; il réunira dans le magasin que tu désigneras tout le *nelly* qu'on trouvera ». — « C'est bien, Monsieur », répondis-je, « il faudra charger un sergent de se joindre aux hommes ». Alors, appelant M. Dubattacheau (?), sergent, il lui répéta l'ordre et lui dit : « Vous ferez transporter dans le magasin qu'indiquera Rangappa tout le *nelly* qu'on trouvera en ville », et il me dit : « Envoie pour cette recherche les écrivains et les Blancs de la Chauderie ».

Puis il s'assit, pour prendre son café (2). En se levant, il me demanda : « N'est-il pas venu quelque nouvelle de Chandâçâhib ? » Madame ajouta : « Est-il vrai qu'Anaverdikhân a envoyé quelques cavaliers pour prendre Dostalikhân ? » Je leur dis : « Le fils de Chandâçâhib est très inquiet de ce que personne ne soit venu du dehors et il me demande des

---

1. Le mot est en français dans le texte.
2. La traduction de M. Laude dit « en fumant sa pipe ».

billets pour faire sortir deux hommes à lui. Madanândapandita demande deux permissions pour un homme de la maison de Badéçâhib et pour un homme de Mîr-ghulam-huçain ».
— « Cela peut se faire », répondit Monsieur. Puis il monta en voiture et sortit. Il y avait alors avec Monsieur MM. Law, Séré, Robert, d'Auteuil et le père Cœurdoux, ainsi que M. Bertrand, le secrétaire de Monsieur. Quand Monsieur fut parti, j'allai au magasin d'arec. Je dis à Ajagapamodély et à Tiruselvarâjamodély les ordres de Monsieur et leur prescrivis d'aller avec le sergent et les pions. Je revins ensuite à mon logement dans le magasin de Pâléappamodély; je n'allai pas chez moi, à cause des boulets qui tombaient constamment tout autour de ma maison où j'avais fait mettre des vases pleins d'eau et où j'avais pris les autres précautions nécessaires.

Les nouvelles que j'ai apprises ce matin sont les suivantes :

A la porte de Valdaour, un boulet lancé par un canon anglais a brisé l'omoplate d'un Blanc. Les palefreniers des chevaux d'Abd-ul-Rahman étaient sortis pour chercher de l'herbe ; un boulet a emporté la tête de l'un d'eux et ils sont rentrés précipitamment : ce sont eux qui me l'ont dit. Les Anglais ont lancé plus de cent boulets ou bombes qui sont tombés depuis la rue des Chettys jusqu'à la Grande rue, la rue des Vellâjas et la rue des Brahmes, à ce qu'on m'a rapporté. Sur la maison de Sidambarapoullé, à l'Ouest de la mienne, est tombé un boulet de seize livres qu'on a ramassé et qu'on est venu me montrer. Les bombes lancées hier soir sur toute la ville sont au nombre de cinquante, à une ou deux près (1).

1. On lit dans la *Relation* : « Dans la nuit du 29 au 30, la Galiotte tira à son ordinaire; mais au lieu de nous faire du mal, elle rendit la tranquillité aux bourgeois qui gardoient la citadelle, et qui doutoient de leur sûreté sous le corps de garde. La voûte de ce bâtiment qui a plus de cinq pieds d'épaisseur, ne fut percée que de 13 pouces; ce qui fit connoître qu'elle étoit à l'épreuve de la bombe ».

Les personnes qui portent au Fort et remettent à M. Cornet ou au Maître de l'artillerie les boulets qui sont tombés dans la ville, reçoivent un fanon par boulet et une roupie par bombe. J'ai recueilli quelques éclats de bombe en donnant à ceux qui les avaient ramassés une ou deux caches par morceau.

Cet après-midi les Anglais ont tiré sans compter. Des boulets de seize livres tombaient sur les maisons et sur les remparts à l'Ouest, sur le magasin de tabac et au nord de la maison de Mîr-ghulam-huçain. Il y a eu quatre ou six personnes blessées.

Hier soir, dès que la pluie eut cessé, on devait donner l'ordre aux cipayes de sortir pour aller engager le combat dans la batterie hors des remparts; mais ils ne sont pas sortis quoiqu'il ne pleuvait pas.

Un dragon anglais s'est réfugié ici et on lui a donné un emploi.

Cette nuit, on a lancé sur nous, du sloop, une cinquantaine de bombes.

Année Vibhava	1748
Mois de Purattâçi	Octobre
19 — mardi	1ᵉʳ

Comme c'était aujourd'hui la *Vijaradaçami* (1), laissant là les comptes et les instruments de travail, nous avons célébré l'office et nous avons fait dire à Dêvarambamodély de faire faire l'office pour les gens. Je suis allé dans le Fort et Sidambaramodély m'a dit qu'il avait célébré l'office. Quand j'ai été dans le Fort, Monsieur est venu à la salle de la visite des toiles et m'a demandé pourquoi on n'avait trouvé que très peu de *nelly*. Je lui ai répondu qu'on n'en avait encore pris que dans une maison, mais qu'on irait voir s'il y en a ou s'il n'y en a pas dans les autres. Il me dit alors : « Chacun

---

1. Fête indienne qui dure dix jours, du 11 au 20 purattâçi; c'est la fête des armes, des instruments professionnels, des livres, des écoles.

aura enfoui du *nelly* dans sa maison ; donne l'ordre qu'on cherche très exactement ». — « C'est bien, Monsieur », répondis-je.

Il me demanda ensuite : « Quelque homme de Chandâçâhib n'est-il pas arrivé, apportant des nouvelles du dehors ? » Je lui répondis : « Aucun de ces hommes n'est sorti ; peut-être les Anglais ont-ils arrêté les hommes de Chandâçâhib qui venaient par ici ; ils demandent maintenant des passes pour faire sortir des hommes ». Alors, Monsieur dit à M. Bertrand, comme je le lui avais demandé hier, de faire six passes pour laisser sortir cinq musulmans, hommes de Mîr-ghulam-huçaïn, de Badéçâhib et de Chandâçâhib. M. Bertrand les écrivit ; Monsieur les signa et me dit en me les remettant : « Le fils de Chandâçâhib se prépare à quitter la ville ; quand on donnera les billets à tes gens, tu leur recommanderas de se poster près des portes et de faire bien attention ; tu diras au Naïnard de s'informer aussitôt que possible des intentions de Badéçâhib et du fils de Chandâçâhib ». — « Il y a vingt-cinq jours que j'ai donné des ordres au Naïnard à ce sujet », lui répondis-je et j'ajoutai : « Je ne sais comment vous faire connaître la terreur du fils de Chandâçâhib et des femmes de la maison de Badéçâhib ; ils ne passent pas une nuit entière dans le même endroit ; ils n'ont d'autre occupation que la peur ». — « Ce sont des gens bien peu intelligents », dit Monsieur ; « depuis trente jours que l'ennemi tire sur nous, avec l'intention de nous prendre, il tombe des bombes et des boulets du côté de l'Est et des boulets seulement du côté de l'Ouest. Combien y a-t-il eu de personnes tuées ? Combien de blessées ? dix ou quinze. C'est seulement à des maisons, çà et là, qu'il a été causé des dégâts. Qu'est-ce que cela ? Chez les Anglais, il y a eu plus d'un millier d'hommes tués, blessés ou morts de maladie ; mais, en plus des Blancs, nous ne savons pas le chiffre concernant les carnates, les cipayes et les autres. En outre, plusieurs capitaines, majors, officiers et autres personnages sont tombés entre nos mains. M. Boscawen s'est mis en colère contre un ingénieur venu d'Europe, et celui-ci s'est retiré à Goudelour. Tout cela prouve que les Anglais sont vaincus. En outre, ils ont bien mal choisi l'emplacement de leur camp; s'ils s'étaient établis à l'Est, sur le bord de la mer, il leur eût été bien plus facile de tirer des navires les munitions, les provisions pour les hommes et le matériel de guerre. De plus, en cas de pluie, ils n'auraient pas été incommodés par la boue. Je ne sais comment ils n'ont pas prévu ces inconvénients et pourquoi ils sont allés s'établir à l'Ouest. Quelles difficultés n'éprouvent-ils pas pour transporter leurs munitions et leurs approvisionnements des navires au camp? Ils ont à parcourir un *kâdam* de distance. Je puis très bien envoyer des hommes s'emparer des objets qu'ils transportent. Même dans les circonstances les plus favorables, ils sont obligés de faire escorter tous leurs convois par cinq cents ou mille hommes. Comment, après cela, les exposer aux accidents variés de la guerre ? De plus, le terrain où ils se sont installés est marécageux, et, quand le vent du nord soufflera, s'il pleut pendant quatre jours, ils ne pourront plus y rester. Pour toutes ces raisons et d'autres encore, ils n'ont pas été prudents et se sont installés dans un bien mauvais endroit. C'est Dieu qui leur a inspiré l'idée de descendre là, car un homme ne l'aurait pas eue; Dieu nous a fait cette grâce de nous envoyer une bonne raison et de faire que nos ennemis se sont établis à l'Ouest de notre ville au lieu de s'installer au Nord sur le bord de la mer ».

— « Cette idée de camper à l'Ouest », dis-je, « vient du Roi des Anglais qui a envoyé ici l'escadre et M. Boscawen. Mais le Roi de France et la Compagnie, qui savaient qu'on envoyait d'Angleterre M. Boscawen et une forte escadre pour aller dans l'Inde attaquer Pondichéry, sont restés sans vous envoyer des renforts afin que vous puissiez vaincre les Anglais. Ils ont commis là une grande faute. Quoi qu'il en soit, la gloire que vous avez obtenue en rendant inutiles les efforts d'une escadre envoyée à six mille lieues par le Roi d'Angleterre et qui est venue donner du courage aux gens de Dêvanâmpatnam, s'est étendue jusqu'à Delhi et Agra, ainsi que dans tous les royaumes de l'Europe; c'était un soleil incomparable qui est devenu comme mille soleils. Pourquoi le Seigneur aurait-il donné à ce M. Boscawen l'idée de camper au bord de la mer, au Nord de notre ville? Je ne sais si le Roi de France et la Compagnie vous récompenseront pour le grand service que vous leur avez rendu ; mais, même si la gloire que vous avez obtenue en rendant ce grand service au Roi de France et à la nation française était éternelle, vous ne seriez pas suffisamment récompensé ! »

A ces mots, Monsieur me dit : « Rangapoullé, il te tombe de l'eau du nez ! » Je repris : « A ceux à qui il tombe ainsi de l'eau du nez en arrivera-t-il de la sorte ? De même qu'il me tombe abondamment de l'eau du nez, de même il vous arrivera une gloire brillante comme le soleil et qui éclairera tous les royaumes. Qu'on soit coupé en cent ou en mille morceaux, la gloire ne viendra pas à ceux à qui elle ne doit pas venir. Après leur avoir fait éprouver un peu de peine, si le Seigneur donne toute gloire à ceux qui vous ressemblent, n'y a-t-il pas lieu pour vous autres de vous réjouir ? » MM. d'Auteuil, Séré et Desfresnes dirent alors : « Rangapoullé parle très justement ; il est fort intelligent », et ils se mirent à faire l'éloge de Monsieur.

Alors, Monsieur me dit : « Il m'est venu ce matin une grande colère contre les marchands de la Compagnie ». Je lui demandai : « Pourquoi, Monsieur? » Il me répondit : « Ils sont venus me demander la permission de quitter la ville, parce qu'ils ont peur des boulets ». Je lui dis : « Je n'en savais rien ; si je l'avais su, je ne les aurai pas laissés venir ». Monsieur reprit : « Si tu l'avais ignoré, qui les aurait autorisés à venir ? Si tu ne t'étais pas borné à leur dire : « Allez demander ; je suis comme si je ne le savais pas », seraient-ils venus ? A quoi bon faire l'ignorant ? Leurs femmes et leurs enfants ne sont pas ici ; ils ont emporté hors des remparts leur argent, leurs meubles et leurs effets ; ils restent seuls. Si les hommes ont une telle frayeur, que sera celle des femmes et des petits enfants ? Je briserai leurs mauvaises pensées. S'ils reviennent me demander une pareille permission, je ne le supporterai pas ». — « Je l'ignorais », répondis-je ; « désormais je donnerai des ordres pour qu'ils ne viennent plus vous trouver ».

Monsieur me demanda ensuite : « A quelle époque les *çâstrams* des Tamouls (1) disent-ils que l'Anglais s'en ira ? » Je lui répondis : « Tous les Indiens disent que l'Anglais s'en ira le 30 de notre mois de Purattâçi (2); à partir du 21 de ce mois-ci on en verra d'heureux présages. Jusqu'au 13 de votre mois (d'octobre), il n'y aura pas de malheur pour la ville et le lendemain 14 sera un jour heureux. Ce 14, mardi, les nôtres auront la victoire ; à partir du 21 du courant, pendant cinq à six jours, les nôtres auront la victoire et les Anglais la défaite ». Quand j'eus dis cela, Monsieur, s'adressant aux Blancs qui étaient là, dit : « Les prédictions des Indiens se trompent rarement; il y en a beaucoup qui se réalisent ». M. Desfresnes dit : « Dans le Malabar, c'est exact ».

A ce moment, cinq ou six macouas apportèrent une bombe que les Anglais avaient lancée hier et qui était tombée au bord de la mer. M. Cornet l'avait vue et avait dit de l'apporter au magasin et il avait donné aux hommes, suivant l'usage, une roupie. Monsieur, qui était assis dans la salle de la visite des toiles vit passer les porteurs ; il les fit venir et me dit : « Rangapoullé, ceci pèse deux-cent-vingt livres, n'est-ce pas ? sans la poudre. En France, on lance souvent des bombes de cinq mille livres. Qu'est-ce que celle-ci à côté de celles-là ? En tombant, elles prennent un poids de vingt mille livres : quels toits résisteraient à un pareil poids ? Dans ce pays-ci,

---

1. Livres de science. *çâstra* en sanskrit.
2. Le 12 octobre.

il n'est pas besoin de projectiles aussi lourds, étant donné le peu de force des toits, pour lesquels c'est assez d'un poids de deux cent-quarante livres ». Puis il fit apporter du Fort une grande jarre à beurre, me la montra et me dit : « Ce serait aussi gros qu'une fois et demie ceci », et il fit remporter la jarre. M. d'Auteuil dit : « En France, j'ai vu des bombes de cinq cent cinquante-livres ; si tu assistais aux guerres d'Europe, tu serais émerveillé ; tu ne verras jamais des batailles comme celles-là », et la conversation continua en ce sujet.

Aujourd'hui, est morte Madame Lamondière (?). Son fils, un capitaine à Monsieur Pache, était mort au combat d'Ariancoupam ; elle est morte aujourd'hui du chagrin que cela lui a causé. M. Gévelin (?), un officier, est mort de maladie. M. Desfresnes est venu annoncer ces nouvelles à Monsieur...

M. d'Auteuil apporta à Monsieur la nouvelle que trois boulets étaient tombés sur ma maison. Monsieur me demanda : « Où habites-tu maintenant ? » Je lui répondis : « Dans mon magasin de toiles, à l'Ouest de la maison de Sadéappamodély et à l'Est de la maison du *moutchi* (1) dans la grande rue de la porte de Valdaour ». — « Ta femme et ton enfant y sont avec toi ? » me demanda-t-il. — « Oui », répondis-je....

Les Anglais ont lancé hier de la galiote quarante-huit bombes qui sont tombées, les unes près de l'étang de l'ingénieur, les autres près du magasin d'arec ; il n'y a eu aucun accident de personnes. Aujourd'hui, ils ont lancé de l'Ouest des boulets et des bombes ; il n'y en a pas eu moins de cinq à six cents. Ils tombaient depuis la porte de Valdaour jusqu'au bastion d'angle et jusqu'à la porte de Madras ; depuis la porte de Madras jusqu'à la saline qui est de ce côté-ci de la maison de Mîr-ghulam-huçain-çâhib ; sur l'église des missionnaires qui est à l'Ouest de cette saline ; dans la rue des Vellâjas et dans la rue des Huiliers : il n'y a pas un endroit où elles

---

1. Peintre indien.

n'arrivaient pas. Quand ce n'étaient pas les boulets, c'étaient les bombes. Il n'y a pas de maison qui n'en ait reçu une ou deux ; rien que la nôtre en a reçu quatre. Des boulets sont tombés depuis la pagode de Péroumâl, dans la rue des Huiliers, jusqu'aux maisons de Marappachetty et de Madanândapandita. Deux ou trois boulets ont atteint l'église Saint-Paul. Un boulet est venu frapper le bastion qui est à l'angle du Fort derrière le pigeonnier. On m'a dit qu'il y avait eu deux ou trois blessés ou morts dans la rue des Huiliers, là où demeure Alikhan. Les nôtres ont lancé de leur côté six ou sept cents bombes et boulets.

Ce soir, en sortant avec moi du Fort par la porte de l'Est, Périanaïnamodély, de Podutturei, m'a rapporté que Madame Dupleix et ses gens disent qu'il y a en ville cinq ou six « diables de païens » qui veulent livrer la ville aux Anglais et qui demandent des permis de sortie ; si on les laissait sortir, ils iraient tout raconter aux Anglais. A Périanaïnamodély lui-même, elle a dit qu'il procurait tous les jours à sa femme vingt bétels et qu'elle en voulait autant pour elle. Il me pria de faire attention aux injustices de Madame Dupleix qui vont jusqu'à la confiscation du bétel et de l'arec. Je lui répondis : « C'est la volonté du Seigneur, n'est-ce-pas ? » et je revins chez moi.

Année Vibhava	1742
Mois de Purattâçi	Octobre
20 — mercredi	2

Ce matin, quand j'arrivai au Fort, Monsieur était allé à l'Hôpital pour visiter les malades. J'allai m'asseoir dans le magasin d'arec. Un pion de Monsieur vint me chercher, en me disant qu'il avait ordre aussi d'aller chercher M. Delarche. Je pensai : « Voilà des affaires graves ! » et j'allai au Fort. Il y a trois jours, Monsieur avait dit à Ajagapamodély de prendre le lendemain quatre cents marécals de son *nelly*, de le porter au bazar de Mîrâvéli et de le vendre à raison de une grande mesure et demie au fanon en moyenne. Tout ce *nelly* avait été vendu le 18 et Monsieur voulait savoir à qui Ajagapamodély avait remis l'argent. Lui et moi, nous sommes allés voir Monsieur. Quand nous l'eûmes salué, il nous dit : « Hier, on n'a rapporté de toute la ville qu'une garce et deux cents marécals. Qu'est-ce que c'est que cette mauvaise plaisanterie ? Les commis de la chauderie qui sont allés faire les recherches s'amusent-ils donc ? Les gens cachent leurs provisions dans la terre, dans des trous : je l'ai appris hier soir par le fils de Sangâdiyécha-cassava qui est venu me le dire. De la manière dont vous vous y prenez, ça ne finira jamais. Il y a des habitants qui ont des provisions pour quatre mois, pour six mois, et même pour une année : je le sais fort bien. Il faut les faire venir, leur ordonner de déclarer quelle quantité de *nelly* ils ont, et leur dire qu'on ira voir dans leurs maisons : s'il y en a plus qu'ils n'auront déclaré, on les battra et on leur fera payer une amende. Et si quelqu'un attrapait ainsi un billet de punition, les autres feraient des déclarations exactes ». Je répondis : « J'ai donné déjà six fois des ordres pour qu'on envoie dix personnes mesurer les *nellys*, en prendre les trois quarts et laisser le reste aux propriétaires. Les choses iront ainsi régulièrement et on arrivera très vite à découvrir tout le *nelly* qui est en ville ». Alors Monsieur regarda Ajagapamodély et lui dit : « Si vous disiez : il le faut, vous trouveriez tout le *nelly* qui est dans la ville ; les affaires se font à votre fantaisie. Je vous ferai couper les oreilles ! » Il répondit : « Un blanc verra qu'il n'y a aucune fraude ; laissons venir M. Delarche » ; puis il demanda ce qu'il fallait faire de l'argent des quatre cents marécals vendus, à qui il fallait le remettre. Monsieur lui dit d'aller le chercher et de le remettre à Rangapoullé. Alors il alla chercher l'argent et je restai là.

Là-dessus, survint M. Delarche. Monsieur lui donna les ordres suivants : « Pour faire donner à ceux qui sont dans la ville le riz qu'ils ont chez eux, vous ferez signer aux habitants et aux marchands des *déclarations* (1) portant qu'ils en ont tant et tant, pour un mois, deux mois, un an. On dit qu'il y a du nelly enfoui ; vous ferez fouiller la terre dans les maisons afin de vous en assurer. Lorsqu'il aura été fait de fausses déclarations, vous prendrez tout le nelly qu'on trouvera dans les maisons ; en outre, vous ferez payer aux habitants une amende de cent cinquante pagodes et vous leur ferez donner cinquante coups de rotin. Il faudra faire publier cet ordre. Veillez à ce qu'on fasse les perquisitions après avoir reçu les déclarations signées ». Puis Monsieur me dit : « Allez avec lui et voyez y également ». M. Delarche et moi nous allâmes au magasin d'arec ; nous y fîmes venir les comptables de la chauderie et six pions du *taléari*. Monsieur Delarche leur donna rendez-vous au magasin d'arec pour trois heures, et me dit d'y venir aussi. Alors, je rentrai à la maison (2).

(1) Le mot est en français dans le texte.
(2) La *Relation* s'exprime en ces termes : « On découvrit sur ces entrefaites un Ennemi domestique bien plus dangereux que ceux du dehors et qui pensa causer un terrible embarras. M. Cornet, Garde-Magasin Général, qui depuis le commencement du siège distribuoit aux troupes les rations de biscuit, viandes, boissons et riz qu'on avoit réglées journellement, se trouva tout d'un coup à court de cette dernière provision, la plus nécessaire pour tous les Sipays, soldats Indiens et Ouvriers du pays, qui en faisoient leur unique nourriture et même aimoient mieux recevoir leur payement en riz qu'en argent. Malgré le soin que l'on avoit eu de faire dans les précédentes récoltes un amas considérable de cette denrée, le grand nombre d'hommes qu'il falloit nourrir et auquel on ne s'étoit pas attendu, y ayant bientôt mis fin, M. Dupleix, qui en fut informé sur le champ, y chercha un prompt remède : il n'en trouva point d'autre que celui de faire assembler tous les habitants Malabares et de leur faire faire une déclaration de la quantité de riz qu'ils avoient chez eux, afin d'en enlever le plus que l'on pourroit, proportionnellement à ce qu'il falloit laisser à chacun pour ses besoins jusqu'à la fin du siège, avec promesse de leur rembourser ce qu'on leur prendroit, en nature ou en argent comptant. Ces déclarations rassemblées, le plus essentiel restoit à faire : c'étoit la visite des maisons, tant pour faire emporter le riz que pour voir s'il ne s'en trouvoit pas davantage que chacun n'en avoit déclaré, afin de punir ceux qui en auroient imposé. Cette opération par elle-même étoit d'autant plus difficile, que la plus grande partie des maisons Malabares, sur-tout celles des Principaux d'entre eux, étoient attenantes à la porte de Valdaour et, par leur position, se trouvoient exposées aux bombes et aux boulets qui partoient de la tranchée des Ennemis ; en sorte qu'ils en cribloient tous les jours quelqu'une. Les rues dans

L'Anglais a lancé, comme hier, à deux reprises, du côté de l'Ouest, des bombes et des boulets. Ils tombaient depuis le bastion qui est au bout de la rue des Huiliers jusqu'au bastion des Cordonniers, près de la maison de Madanândapandita, dans toutes les rues au Nord du jardin de Mouttiyapoullé, à la porte de Madras. C'était comme une pluie torrentielle. Par cette averse, trois ou quatre femmes et enfants ont été atteints ; mais il n'y a pas eu d'autres dommages. Il pleuvait aussi des boulets et des bombes à l'Ouest du magasin de tabac, au Sud des magasins de la Compagnie, au Nord de la maison de Mîr-ghulam-huçaïn, à l'intérieur de la porte de Valdaour, dans la rue du Bazar, dans notre rue, dans la rue des Brahmes. Les boulets frappaient les maisons mais sans faire du mal ; il n'y a pas eu non plus là d'accidents de personnes. Les bombes passaient par-dessus l'église des Missionnaires et par-dessus notre maison. Il en a plu ainsi jusqu'au soir.

A trois heures de l'après-midi, je suis allé au magasin d'arec et j'ai écrit et signé la *déclaration* que j'avais chez moi une garce et demie de riz et de nelly. Plusieurs habitants sont

ce canton étoient totalement désertes : la crainte du péril avoit fait abandonner aux Propriétaires leurs maisons, pour s'aller réfugier dans quelques autres endroits de la Ville moins exposés, et ils avoient eu soin auparavant d'enfouir, à plus de dix pieds sous terre, leurs meilleurs effets et leurs provisions. Il falloit donc les faire chercher et les engager par promesses ou par menaces à se transporter chez eux, pour y découvrir l'endroit où étoit caché leur Riz et pour être témoins de la quantité qu'on en enleveroit. Malgré toutes ces difficultés, la chose devenant absolument nécessaire, on chargea de cette commission M. de la Selle, Employé de la Compagnie, qui, possédant la langue du pays et ayant eu autrefois quelque autorité sur ces Malabares, fut jugé plus propre à tirer d'eux, par la voie de la douceur, ce que l'on en exigeoit, que par une violence qu'on vouloit éviter. Il accepta la commission avec joie, et s'étant fait accompagner de deux sergens de la garnison pour contenir la timidité de tous les Écrivains Noirs, Mesureurs et autres qu'il étoit obligé d'avoir avec lui, il parvint (non sans beaucoup de peine et de risque) à faire transporter chaque jour dans les magasins une assez grande quantité de riz. Par ce moyen, les rations des Sipays, ouvriers et autres, se trouvant heureusement continuées à l'ordinaire jusqu'à la fin du siège, on ne s'apperçut presque point du tout d'un inconvénient qui auroit pû entraîner de très-fâcheuses conséquences, si nous eussions eu plus longtems les Ennemis sur les bras ».

venus faire de même. On a donné le chiffre total à Monsieur ; je le rapporterai. M. Delarche donna l'ordre de faire dire aux habitants qui n'étaient pas venus de venir demain matin. Il me dit : « Je reviendrai de bonne heure », et il s'en alla chez lui. Je m'en retournai aussi à mon logement.

Aujourd'hui, les nôtres ont dressé, en deux endroits différents, hors des remparts, des batteries ; ils y ont mis des canons. Le Fort et les bastions tiraient aussi comme d'habitude. On a lancé ainsi sur les Anglais cinq à six cents boulets et bombes.

Les ennemis ont lancé ce soir de l'Ouest cent cinquante ou cent soixante bombes ou boulets : les bombes éclataient en l'air et il en provenait vingt à trente morceaux qui arrivaient avec le bruit du tonnerre. Une bombe est tombée sur la porte de la maison de Mîr-ghulam-huçain, une autre dans la cuisine de la maison de Monsieur, deux ou quatre autres à l'église Saint-Paul et sur les remparts, une près du magasin de tabac, une près de l'écurie de la rue des Vellâjas, une enfin dans la maison d'une topasine près du Poulléar qui est dans l'étang derrière notre magasin d'arec. Une bombe a brisé les deux jambes à une petite fille, une autre a éclaté dans la rue où est la maison de Sêchâçala-ayengâr et les éclats ont blessé deux ou trois hommes. Autrement, elles n'ont fait qu'endommager les maisons (1).

(1) On lit dans la *Relation* : « Le 30, la batterie des Anglois placée à la tête du village fit grand feu pendant quelques heures et démonta une de nos pièces sur le cavalier de la porte de Madras ; mais notre batterie extérieure et les canons de la demi-lune tirèrent si vivement sur elle, qu'ils firent taire son feu, et l'on crut même lui avoir démonté une pièce. Les Ennemis ne nous tirèrent ce jour là aucunes bombes du côté de terre, parce qu'ils étoient occupés à rapprocher leurs mortiers qui se trouvoient trop éloignés.

« On s'étoit toujours imaginé que l'épaulement des Anglois le plus avancé vers la Place étoit une seconde parallèle d'où ils prolongeroient leurs travaux pour s'approcher de nous ; mais leurs desseins n'étoient ni si vastes, ni si hardis. A la faveur de ce rideau, ils travailloient à établir deux batteries chacune de sept pièces pour battre nos murs. On s'en apperçut, et aussi-tôt on travailla à leur opposer deux autres batteries, l'une sous la capitale du bastion Saint-Joseph, et l'autre sous celle du bastion du Nord-Ouest, que l'on

Comme les bombes venaient des deux côtés, les gens éprouvaient ce soir beaucoup d'ennui, mais ils n'ont plus que le quart de la peur qu'ils avaient il y a un mois. Beaucoup de personnes n'ont plus qu'une demi-peur, qu'un quart de peur et même qu'un demi-quart de peur. Il n'y a aucun Blanc qui n'ait peur des bombes; comparativement aux Tamouls, ils sont très effrayés. Les desseins de Dieu sont grands; sous cette abondance de bombes qui éclatent et qui tombent, beaucoup de personnes devraient périr; mais, par la volonté de Dieu, tant de bombes et de boulets ne font pas de mal aux gens. Quelle absurdité ce serait de ne pas reconnaître la volonté de Dieu, comme il est écrit dans le Çâstra! Les grands et les sages doivent renoncer à leurs désirs et faire pénitence; n'est-ce pas une bonne fortune de le faire? Il faut le reconnaître.

Aujourd'hui, un vieillard, qui, depuis trente ans, assomme les moutons pour la boucherie, a été pris pour avoir vendu des bétels. Interrogé, il a répondu: « Hier, lorsque les cipayes sont sortis pour attaquer les Anglais, je suis allé avec eux. Ils ont cueilli des bétels dans les jardins et j'en ai cueilli aussi. Les cipayes avec lesquels je suis allé viennent depuis longtemps dans ma boutique me faire abattre des moutons. C'est pourquoi je suis allé avec eux et j'ai cueilli des bétels que j'ai vendus à raison de seize au fanon. Vingt ou trente cipayes en témoigneront ». Malgré ces explications, on l'a considéré comme un espion des Anglais, on lui a fait couper les oreilles et on lui a donné deux cents coups (de rotin); on lui a fait attacher une chaîne au cou et on l'a envoyé porter de la terre. Les habitants de la ville sont moins effrayés des bombes et des boulets que les ennemis font pleuvoir, que de pareilles injustices. Je ne sais comment décrire et comment

joignit à la première batterie du Nord par un boyau de communication. De cette façon les Anglois, étant prêts à masquer leurs embrasures, furent étrangement surpris de se voir comme assiégés et foudroyés par tant de pièces de gros canon, qui ne leur donnèrent pas le tems de se reconnoître ».

évaluer cette terreur. De jour en jour, on en attend vainement la fin ; les petits enfants qui viennent de naître prient eux-mêmes le bon Dieu d'y mettre un terme. Je ne sais quand il nous fera cette grâce.

On est venu me dire ce soir que cinq cents cipayes et cinquante cafres étaient auprès des bords de la saline, prêts à faire une sortie, pour renverser les mortiers et enclouer les canons des Anglais ; et que trois cents soldats étaient à la porte de Madras, pour se porter au besoin sur Ouppalom. Depuis quatre jours, les cipayes ne sont pas sortis, mais les pions de Madame sont allés jusqu'à Kundutâjei et en sont revenus. On m'a dit aussi que, cet après-midi, à trois heures, un grand canon où l'on met des boulets de dix-huit livres a éclaté ; quatre à cinq soldats ont été tués, ainsi qu'un officier dont on ne sait pas le nom.

Année Vibhava	1748
Mois de Purattâçi	Octobre
21 — jeudi	3

Si l'on demande quel est l'événement qui s'est passé ce matin, les cipayes qui étaient sortis hier, dans la nuit, n'ont pu arriver à la batterie anglaise ; ils ont tourné au Nord et se sont dirigés sur Kundutâjei. En y allant, ils ont entendu une espèce de chant et du bruit ; ils ont soupçonné que c'étaient des Anglais qui amenaient des canons sur des charrettes. Pour s'assurer de ce qu'on portait ainsi, les nôtres ont envoyé des hommes à Kundutâjei avec ordre de bien regarder. Ils se sont assurés ainsi que les Anglais traînaient des canons et de grandes charrettes venues d'Europe pour les y placer. Ils sont restés à surveiller l'opération. Dès que le jour a paru, ils se sont emparés de la poudre et des boulets que les Anglais avaient déposés là. Les canons étaient de ceux qui lancent des boulets de vingt-quatre livres anglaises soit vingt-deux livres et demie françaises ; ils sont de fabrication récente et portent le sceau du roi d'Angleterre. On les

ENLÈVEMENT D'UN CONVOI ANGLAIS 271

a apportés spécialement pour cette guerre. Ils ont mis à terre deux de ces canons, leur ont attaché des chaînes aux pieds et ils les tiraient à l'aide de cordes non pas tenues aux mains, mais passées autour de la poitrine : de cette façon, les hommes n'ont pas de mal et l'opération se fait facilement et sans accidents. Pour les mettre en place, on attache des cordes au poitrail des chevaux et on les attelle à un grand char près duquel on en met un petit. Lorsqu'ils reconnurent que les Anglais étaient occupés à ce travail, nos cipayes et nos cafres se précipitèrent sur les Anglais et firent une décharge de leurs fusils. Les ennemis étaient peu nombreux ; ils ne firent eux non plus qu'une décharge de leurs fusils : les nôtres n'eurent que deux ou trois hommes blessés et deux chevaux tués. Parmi les Anglais, un maître d'artillerie, qui était monté sur un cheval blanc, est tombé mort : le cheval a reçu deux blessures ; ils ont eu en outre dix à quinze morts ou blessés et six de leurs soldats ont été faits prisonniers. Les nôtres sont revenus, traînant les deux canons et les chars ; on l'a dit à Monsieur et il a envoyé des macouas et des coulis pour les aider. Pendant ce temps, les Anglais et leurs coulis prenaient la fuite. Les nôtres sont rentrés en ville par la porte de Madras, traînant les deux grands canons et les chars et criant de toute leur force : « Vive le Roi (1) ! »

(1) La *Relation* raconte ainsi l'affaire : « L'action qui se passa le 3 octobre fait d'autant plus d'honneur à la Nation, qu'il n'est pas commun de voir des assiégés enlever les convois des assiégeans. Sur des avis certains qu'on avoit eus la veille, qu'il partiroit à la pointe du jour un détachement du camp pour escorter quelques pièces de canon que les Vaisseaux devoient mettre à terre, il fut résolu de faire une sortie pour les enlever. Abdelraman, avec ses Sipays auxquels on joignit cent Caffres, fut encore choisi pour cette expédition. Le Corps de réserve renforcé de cinquante hommes de marine fut commandé, pour les soutenir, avec ordre de se tenir dans les limites et de n'en sortir qu'en cas que nos Sipays fussent vivement poussés, ou qu'il vînt un secours capable de les couper. Comme les Ennemis étoient devenus sages depuis l'affaire du 26 septembre et qu'ils respectoient nos limites, il fallut les aller chercher un peu plus loin.

« On voyoit déjà le coteau rempli d'une multitude d'hommes qui escortoient les bœufs de charge, les charriots et les charrettes du pays, qui défiloient du côté du camp ; et nos soldats, embusqués au bord des limites, voyoient à regret

Monsieur fit donner à Abd-ul-Rahman un plateau et un vase, travail d'orfévrerie en argent sur lequel il y avait de la dorure ; M. Dumas les avait fait venir lors de l'achat de Kari-

passer toutes ces munitions. Plus on tardoit à faire le signal d'attaquer l'Ennemi, plus ils comptoient perdre. Mais le Commandant des Sipays, qui avoit ses ordres, ne voyant point paroître de canons, laissoit passer toutes ces munitions, pour ne pas manquer l'Artillerie dont la prise devoit être bien plus glorieuse pour nous. En effet, à peine vit-on les trinqueballes en route, que l'ordre d'attaquer fut donné. Alors nos Sipays et nos Caffres, sortant de leur embuscade, tombèrent si vivement sur l'escorte, qu'après un léger combat bientôt terminé par la fuite des Ennemis, qui se sauvèrent en désordre, ils se rendirent maîtres de cette Artillerie composée de 2 grosses pièces de 24. Cette expédition si heureusement commencée se faisoit à près d'une demi-lieue de l'endroit où étoit posté le corps de réserve. Déjà la Cavalerie ennemie partie du Camp accouroit au grand trot : un gros d'infanterie la suivoit et doubloit le pas, pour couper nos gens dans leur retraite. M. de la Tour qui commandoit cette sortie, appercevant tous ces mouvemens, détacha deux pelotons de Grenadiers et de Volontaires pour aller au secours des Sipays. Ce détachement, commandé par MM. du Saussay et Sconamille, arriva fort à propos dans le tems que les Sipays, voyant venir les Ennemis, étoient prêts de quitter prise. Ces deux Officiers, après avoir fait faire à leurs pelotons une décharge sur les Chaloupes à Canot qu'ils obligèrent de retourner à leurs Vaisseaux, prirent chacun une bretelle et, montrant l'exemple aux soldats, vinrent à bout de traîner ces canons jusques bien près des limites, où il se trouva quantité de Manœuvres pour les relayer. Dans cet intervalle, nos Dragons s'étant présentés devant la Cavalerie ennemie, s'arrêtèrent tout court. Cette dernière alors, pour n'en pas venir aux mains, mit un marais entre deux, et, sans oser tirer le sabre, laissa lâchement enlever le convoi. L'infanterie fatiguée apparemment par une marche forcée, ne marqua pas plus de bravoure. Aussi-tôt qu'elle eut apperçu la nôtre rangée en bataille hors des limites, qui l'attendoit de pied ferme et lui expedioit de tems en tems quelques coups de deux pièces de campagne, elle se retira au plus vite sur le haut du coteau, d'où elle conduisit de l'œil et vit sans risque les nôtres rentrer en triomphe avec leur prise.

« Cet échec coûta aux Ennemis, outre leur Artillerie, 7 prisonniers dont 3 de blessés, un cheval, un tambour et 10 à 12 morts qu'ils laissèrent sur la place. Nous ne perdîmes de notre côté qu'un seul Caffre.

« Les Caffres demandèrent qu'on leur permît de faire une sortie particulière avec une pièce de campagne. On crut devoir se prêter à l'ardeur qu'ils témoignoient de faire du mal à nos Ennemis et on leur accorda leur demande, avec ordre cependant de ne pas s'éloigner du canon de la Place. Leur façon de se battre nous donna un spectacle curieux et divertissant. On les voyoit traîner leur canon tantôt dans un lieu, tantôt dans un autre. Ensuite se dispersant, ils prenoient leur course jusqu'au pied des premiers retranchemens des Anglois ; et après avoir fait le coup de fusil, ils s'en revenoient aussi promptement et avec le même désordre qu'ils y étoient allés. Cette manière de combattre, qui incommodoit beaucoup les travailleurs Anglois, dura jusqu'à la nuit que l'on fit rentrer ces Caffres dans la Place ».

kal pour les donner au roi de Tanjaour; mais on ne les lui avait pas donnés : ils valent quatre cents pagodes. Il lui fit donner en outre d'autres choses : deux pièces d'étoffe rouge de six coudées, douze arecs et bétels, etc. A Alikhan, on donna deux pièces d'étoffe rouge de six coudées. Aux officiers des cipayes, qui sont au nombre de huit ou dix, on donna de l'étoffe rouge, six coudées par personne; parmi eux, il y avait un major qui n'était pas content et on lui donna, en plus de l'étoffe, un fusil à deux coups. Monsieur dit aussi de distribuer sept cents roupies aux cipayes. Abd-ul-Rahman n'était pas content, non plus qu'Alikhan. Un cipaye avait rapporté un fusil anglais; M. Cornet lui donna huit roupies et prit ce fusil. Des télingas avaient été rencontrés jouant du tambour; on les avait fait prisonniers. Pendant que M. Cornet, qui venait de distribuer ces cadeaux, était encore dans le magasin, un homme d'Abd-ul-Rahman vint le voir et lui raconta toute l'affaire. Alors on fit dire à Abd-ul-Rahman et à ses hommes de rapporter ce qu'on leur avait donné. Ils demandèrent pourquoi : c'était parce qu'on croyait qu'ils avaient tué ou blessé deux à trois cents personnes, que le maître d'artillerie tué était le chef de l'armée ennemie; mais, quand on avait appris que cette troupe était très peu nombreuse, qu'il y avait eu seulement dix à quinze blessés, qu'on n'avait tiré qu'une fois et qu'on avait pris facilement les canons, on avait trouvé juste de reprendre les cadeaux pour en donner de moins beaux. Je ne sais comment tout cela s'est fait : il y a eu de la précipitation et de la maladresse. Cependant, les hommes aux pavillons de Tigre, les pions de Madame, s'étant présentés aussi, on donna au boiteux Savérimouttou six coudées d'étoffe et aux pions sous ses ordres cinquante roupies.

Quand j'appris ces nouvelles, j'allai tout content saluer Monsieur : « Rangapoullé », me dit-il, « tu vois comment vont les affaires! » Je lui répondis : « Aujourd'hui, on a fait entrer dans la ville deux canons et deux chars; nous aurons une bien plus grande joie quand on aura pris et amené ici le contre-amiral Boscawen ; nous aurons cette joie dans peu de jours ». A cela, Monsieur répondit en souriant : « Dieu le veuille ! » — « Il vous fera la grâce de cette gloire », repris-je. Alors Monsieur me dit : « Vois-tu, Rangapoullé? Mon corps et mon visage sont devenus noirs. Vois-tu combien de tracas j'ai eus? » — « S'occupe-t-on », lui répondis-je, « d'un peu de fatigue corporelle pour soi et pour sa famille, lorsqu'on acquiert une gloire qu'on n'obtiendrait pas au prix de dix *kôtis* d'argent? C'est par de telles fatigues qu'on arrive à une grande gloire ». MM. Bussy, Robert, Séré, Duquesne, qui étaient à côté de nous, approuvèrent en riant ce que je venais de dire. Ensuite, Monsieur alla s'asseoir à table pour dîner ; il me congédia et je rentrai chez moi à midi sonné.

On m'a rapporté que ce matin, deux grands canons des nôtres ont éclaté et ont tué ou blessé huit ou dix blancs ; j'ai vu quatre de ces hommes, blessés, qu'on transportait à l'hôpital.

Comme le grand char ne pouvait passer par la porte, on a laissé les deux grands canons et les deux chars pris aux Anglais à la porte de Madras. On y est allé avec deux chars des nôtres, on y a chargé l'un des canons et on est venu le mettre du côté Est du Fort. Quant aux chars, on les a démolis sur place et on a porté les pièces à l'Est du Fort. On disait que la prise de ces deux chars était le commencement de la victoire pour les Français et de la défaite pour les Anglais, car ils les avaient fait venir d'Europe pour traîner leurs grands canons ; il en faut trois pour un canon et ils ne pourront plus en traîner un seul...

Les Anglais ont, comme d'habitude, lancé de l'Ouest et de l'Est des boulets et des bombes. Les nôtres en ont lancé aussi comme hier. Leurs projectiles ont causé du dommage à huit ou dix maisons et blessé cinq ou six personnes, hommes, femmes ou petits garçons. J'en écrirai le détail quand je le saurai ; j'ai indiqué seulement le dommage. Du reste, toutes ces réprimandes, ces changements de cadeaux, etc., ne se font que conformément aux paroles de la femme de Monsieur. Sans son autorité, celle de Monsieur serait facilement supportée.

Cet après-midi, M. Delarche et moi, nous sommes restés au magasin d'arec, à recevoir les déclarations des habitants relativement au riz qu'ils possèdent et à les leur faire signer. Puis nous nous sommes retirés chacun chez nous.

Hier soir, à la nuit, deux des pions de Madame Dupleix étaient venus me voir, dans la maison de Sinivassachetty, à côté de la rue des Chettys, et m'avaient dit : « Madame est très en colère contre vous ; elle nous excite à faire contre vous, sur n'importe quoi, de mauvais rapports. Si nous lui disons : « On ne peut rien dire là où il n'y a rien, car on nous puni- « rait d'avoir fait de faux rapports; s'il y avait un tout petit « peu, on pourrait en faire une montagne », elle nous répond toujours : « On peut dire quelque chose sur n'importe quoi ; « dites qu'il a des relations d'espionnage avec les Anglais ». Mais, comme vous vous conduisez régulièrement, personne n'ose vous accuser. S'il y avait la moindre irrégularité, elle n'échapperait pas à la colère de Madame ». En parlant ainsi, ils me faisaient voir quatre cents bétels qu'ils me remirent; puis ils continuèrent : « Si nous le voulions, nous pourrions faire couper la tête à quelqu'un, car Madame serait disposée à s'en rapporter à tout ce que nous lui dirions ». Je leur répondis : « Je n'ignore rien de ce qui se passe. Puisque vous avez pensé à venir m'apporter ces bétels, je vous récompenserai bien demain ou après-demain. Si vous trouvez encore des bétels, apportez-les moi et si vous apprenez quelque nouvelle, venez me le dire ». Et je les congédiai...

Aujourd'hui, Alikhan et Abd-ul-Rahman sont venus raconter à Monsieur, en présence de Madame, le combat de ce matin. Ils ont ajouté : « Voici deux ou trois fois que nous sortons pour nous battre et que, vos Français prenant la fuite, nous manquons notre affaire. Ce matin même, les dragons à cheval qui étaient venus avec nous s'en sont allés, quoique nous les appelions en déployant les drapeaux, pendant que nous nous battions avec les Anglais. S'ils fuient ainsi, à quoi peut-on aboutir, sinon à l'insuccès? Nous avons demandé à M. d'Auteuil pourquoi on nous envoie des cavaliers, s'ils doivent prendre ainsi la fuite. Désormais, ne nous en envoyez plus; nous n'avons plus besoin de vos blancs. Mettez seulement à notre disposition les chevaux de ces soldats; vous verrez quelle victoire nous remporterons! » A ces paroles d'Abd-ul-Rahman et d'Alikhan, Monsieur, Madame et les autres blancs qui étaient là, n'ont rien laissé paraître de leurs sentiments et les ont dissimulés. Mais Monsieur s'est adressé aux Cafres et s'est beaucoup fâché contre eux, en leur disant : « Quand on vous expédie cent, il y en a à peine trente qui partent ». Puis il les a tous congédiés.

Les Anglais ont lancé, pendant la nuit, de l'Est et de l'Ouest, une cinquantaine de bombes. Je n'ai pas la place suffisante pour écrire sur quelles maisons et dans quelles rues elles sont tombées. Il y en a beaucoup qui sont tombées sur des maisons de pauvres.

Année Vibhava	1748
Mois de Purattâçi	Octobre
22 — vendredi	4

Aujourd'hui, M. Delarche et moi nous étions dans le magasin d'arec où nous avions fait venir les habitants pour recevoir leurs déclarations, lorsqu'un pion vint me dire : « Monsieur vous demande ». Je m'entendis avec M. Delarche et j'allai au Fort. Là, dans la chambre où était Monsieur, se trouvait un homme de Salikhan de Vêlour, le nommé Mîryâdgari-Mohammed-Çâhib et le gémédar Cheick Abd-ul-rahman. Ces trois personnes étaient assises sur des chaises. Cheick Abd-ul-rahman tenait à la main une lettre en persan que lui avait écrite le nommé Ahmed-atsâ de Vêlour. Son dobachi avait porté la lettre à un musulman dont j'ignore le nom et qui est près de Madame; celui-ci l'avait expliquée à Mîryâdgari qui la traduisait à Monsieur au moment où j'arrivai. Je saluai Monsieur. Voici ce que disait cette lettre : « Mafouzkhân, qui était allé assiéger Véttavalapaléom, a fait prisonnier le subrécargue et lui a fait couper la tête; puis il a donné de l'argent à Mîr-djat et lui a dit qu'il était venu occuper ce défilé par ordre du Nabâb qui prescrivait de couper la tête à Çâhib et d'occuper tous les *jaguirs* (1) de Mîr-djat. Abd-ul-salîl est venu parler au chef des Anglais, M. Boscawen. Il lui a demandé des canons, des boulets et autres munitions de guerre, pour pouvoir prendre le fort de Valdaour, et en outre quelques soldats. A cela, M. Boscawen a répondu : « Si vous venez nous aider avec votre armée à prendre Pondichéry, le lendemain de cette prise, j'irai prendre Valdaour et je vous le donnerai ». Là dessus, Abd-ul-salîl s'est avisé qu'il fallait en référer au Nabâb Mafouzkhân à Gengy et les Anglais ont envoyé des hommes au Nabâb... »

Une des bombes lancées de l'Ouest par les Anglais est tombée dans « l'ancienne Compagnie » (2) et y a éclaté sans faire de mal à personne. Des boulets sont arrivés jusqu'à la rue de Madras et ont blessé six ou sept personnes. Ce soir, ils ont lancé de l'Est dix bombes seulement. Les nôtres ont répondu (3).

Cependant, Madanândapandita m'a dit que la mère de

(1) Proprement *djagîr*, territoire dont le revenu est attribué à un grand personnage.
(2) Probablement l'ancien jardin ou l'ancien hôtel de la Compagnie.
(3) La *Relation* dit : « Comme on s'attendoit à tout moment que les Ennemis demasqueroient leurs nouvelles batteries, on tenoit les nôtres masquées pour tromper leur feu et assurer le nôtre. Ce même jour, 3 octobre, une de leurs batteries placée à la tête du Village, incommoda beaucoup notre batterie du Nord qui y étoit opposée. Elle y démonta deux de nos pièces : une troisième creva et blessa cinq hommes, de sorte qu'à l'entrée de la nuit il n'y avoit plus qu'un canon en état de tirer. On y remédia tout de suite, et trois pièces nouvelles y ayant été remplacées dans la nuit, la mit en état de jouer le lendemain comme à l'ordinaire. Ce même jour, une bombe de la tranchée y tomba et y mit le feu, mais heureusement ne tua ni ne blessa personne. Cependant la furie des Anglois paraissoit bien ralentie : le 4, ils ne tirèrent presque que ce qu'il falloit pour nous faire connoître qu'ils étoient dans leur tranchée. On ne prit pas le change : notre feu, augmenté des deux pièces de 24 prises la veille, con-

Huçain-khân avait écrit à la femme de Badéçâhib... Les Anglais ont offert douze lacks de roupies au Nabâb Mafouz-khân. Il est arrivé avec son armée et a établi une batterie près de Villenour. De là, il a fait dire aux Anglais : « Vous n'êtes pas aussi braves que les Français et vous n'êtes pas comme eux persévérants dans ce que vous avez entrepris. Si, après avoir profité de notre secours, vous vous retirez sans avoir rien fait, il y aura un grand désaccord entre nous et les Français. Nous ne pouvons pas croire que vous nous donniez quelque chose; ce n'est pas comme leur amitié à eux. Par vous, il ne peut nous arriver que des ennuis ou des malheurs; nous ne saurions donc venir à votre aide ». A ces paroles les Anglais ont répondu : « Auparavant, nous n'avions ni les ordres de notre Roi, ni des forces suffisantes. Maintenant, notre Roi nous a envoyés ici avec de grandes forces, des navires et de l'argent, pour prendre Pondichéry. Même si l'on nous dit que nous n'y réussirons pas et que nous ferons des pertes immenses, nous ne nous en irons pas, tant que nous serons en vie, avant d'avoir pris Pondichéry », et ils lui parlèrent avec toute l'énergie possible. Là dessus, Mafouzkhân s'est mis d'accord avec eux et leur a promis de venir à leur aide avec quinze cents cavaliers et trois cents cipayes; il leur a demandé de laisser à sa disposition les canons qui sont à Gengy. Les Anglais lui ont dit : « Nous vous donnerons toutes les munitions de guerre, les canons

---

tinua vivement toute la journée; MM. Daucy et Kerengal qui avoient la direction de nos mortiers, placés en bon nombre en différens endroits, les faisoient jouer sans cesse.

« Le jet de bombes de terre et de mer, que les Ennemis nous envoyoient et qui se croisoient en l'air avec les nôtres, nous donnoit, sur-tout pendant la nuit, un spectacle qui auroit été bien amusant, si les suites n'en eussent pas été aussi dangereuses. Les Vaisseaux, qui jusqu'alors avoient été spectateurs oisifs tant de la défaite de leurs gens que de l'enlèvement des canons, parurent enfin vouloir prendre part à l'Affaire. Sur les cinq heures du soir, un d'entre eux, pour frayer le chemin aux autres, vint mouiller sous nos batteries; mais quelques coups de canon qu'on lui tira et qui l'attrapèrent en plein bois, l'obligèrent de pousser au large au plus vite ».

et la poudre dont vous aurez besoin ; venez ». Alors, Mafouzkhân leur dit : « C'est bien ; j'arrive », et il s'est mis en route avec toute son armée. Il m'a dit cela, il y a huit jours, en me priant de ne le dire à personne. Cependant il l'a dit lui-même, en parlant à M. Delarche, il y a deux ou trois jours, dans votre magasin d'arec... »

Année Vibhava	1748
Mois de Purattâçi	Octobre
27 — samedi	5

Ce matin, les Anglais ont un peu de mauvaise intention et ils lancent des bombes et des boulets de grands canons, de l'Ouest. Depuis la porte de Madras jusqu'au bastion de la rue des Huiliers et jusqu'à la porte de Valdaour, les murs derrière lesquels se cachent les hommes sont démolis par les coups. On avait bouché avec des pierres et de la chaux les ouvertures par où les gens pouvaient regarder en se baissant. Cela aussi a été démoli. Mais, pendant la nuit, on rebâtit et on rétablit les choses en l'état. Le matin, les canons des Anglais les renversent de nouveau, mais on les reconstruit aussitôt.

Les Topas, les Cafres, les femmes pariates, les cipayes, les soldats, ramassent tous les boulets des Anglais et les portent à M. Cornet dans le Fort ; ils reçoivent un fanon par boulet et une roupie par bombe. De cette façon, on m'a dit qu'on avait recueilli deux mille boulets et deux cents bombes à éclatement.

Ce matin, comme j'allais au Fort dans l'intention de voir Monsieur, je rencontrai M. Delarche qui me dit : « M. Cornet recherche maintenant les quelques gens qui ont des charrettes et des bœufs. Je ne sais quel Tamoul en avait donné une liste écrite au maître des canons, l'homme aux moustaches. M. Cornet ayant eu cette liste entre les mains, l'a copiée et l'a donnée à Monsieur. Monsieur me l'a remise hier en me disant : « Un tel et un tel cachent ce qu'ils ont ; vous n'avez pas bien regardé ». Je lui ai répondu que les comptables de la chauderie et vos hommes dressent les listes, que nous avons tout bien vérifié et qu'il n'y a pas de notre faute. « Beaucoup de gens nous injurient », ai-je dit ; « pourquoi vous tromperais-je ? » — « Il faut faire déposer des gages » m'a-t-il dit. — « On peut envoyer à la vérification », ai-je répondu, « M. Delasselle, qui est un habile homme, qui sait lire le tamoul et qui a si bien inspecté la chauderie ». Là dessus, il a envoyé chercher M. Delasselle et lui a ordonné de prendre avec lui deux sergents et de faire bien attention. Ils se sont mis en campagne ce matin. Monsieur a dit aussi de vous montrer le papier copié par M. Cornet et d'aller avec vous voir le *nelly* qui est chez tels et tels habitants ». — « C'est vrai », répondis-je à M. Delarche ; « hier, j'ai remis l'ordre à M. Cornet. Vous avez fait une belle affaire en le laissant aller ! C'est une bonne chose cependant, pourvu qu'on ne fasse pas dépérir les affaires de la Compagnie ». Et là dessus j'allai au bureau où devait être Monsieur. M. Cornet vint au devant de moi et me dit : « Monsieur est couché ; il dort ». Alors, j'allai chez M. Drouet, le second de M. Cornet...

Je résolus de revenir chez moi en passant par le magasin d'arec où je bus du thé, et de ne plus sortir de la journée. Vers les deux heures de l'après-midi, un *taléari* nommé Darmaçiva m'amena un petit garçon qui travaillait chez un marchand de bonbons. Le *taléari* me dit : « Celui-ci est allé chercher des bétels dans les jardins », et il m'en montra. Je demandai pour combien il y en avait. Il me répondit : « Pour un fanon »...

Année Vibhava	1748
Mois de Purattâçi	Octobre
24 — dimanche	6

Ce matin, je suis allé au Fort. Aussitôt, Monsieur est sorti de l'église où il avait entendu l'office. Je le saluai. Il rentra chez lui. Je restai là un quart d'heure, puis j'allai à la salle de vérification des toiles et ensuite au magasin d'arec où je m'assis. (Un pion) vint me dire : « Monsieur vous demande, ainsi que M. Cornet », et il alla chercher M. Cornet. Moi, j'allai chez Monsieur et il me demanda tout de suite : « Combien de garces de *nelly* a-t-on trouvées en ville? » Je lui répondis : « Jusqu'à hier soir, on a apporté au magasin huit garces et quatre cent quinze marécals ; la moitié a été distribuée aux coulis et il ne nous reste plus que l'autre moitié. Je l'ai mesurée et mise à la disposition de M. Cornet pour la Compagnie ». Monsieur me dit alors : « Vois à réserver, sur les *nellys* qu'on tirera des maisons des habitants, quinze garces pour les coulis ». Monsieur envoya ensuite chercher M. Cornet et lui répéta ces ordres; il lui dit que j'allais lui donner immédiatement quatre garces. M. Cornet dit qu'il enverrait des hommes les prendre chez moi et il s'en retourna chez lui.

Il y avait, en ce moment, auprès de Monsieur, MM. Bruel, Séré, Duquesne, Kerangal, et un ou deux autres blancs. Monsieur me dit : « Rangapoullé, les Anglais tirent aujourd'hui beaucoup de coups de canon de leurs nouvelles *batteries* de l'ouest. Ils tirent des grenades royales (1); tu es donc venu au Fort sans en avoir peur? Tu n'as donc pas craint que les boulets viennent derrière toi et t'atteignent? » Je lui répondis : « La bonté de Dieu en premier lieu et votre bienveillance en second lieu sont pour ma famille et pour moi une vaste cuirasse de diamant ; à la vue de cette cuirasse, les bombes et les boulets ont peur : les bombes éclatent loin de moi et les boulets reculent des quatre côtés ». — « S'il en est ainsi », dit M. Bruel, « va donc vaincre et mettre en fuite Mister Boscawen ». Je lui répondis : « Dans peu de jours, je vous apporterai la nouvelle de la fuite de M. Boscawen, à votre grand contentement ; je vous apprendrai aussi, si vous me le demandez, que nos hommes s'empareront de ses

---

(1) *Kér'navarâyal*, dit le texte. *Batterie* est en français.

armes, de ses canons, de toutes ses munitions de guerre ». Tous se mirent à rire, et Monsieur me dit : « La maison que tu habites n'est pas assez forte contre un tel bombardement ; c'est un endroit où arrivent trop de boulets ; il ne faut pas y rester. Va chercher M. Cornet ». Et lorsque M. Cornet fut revenu, il lui dit : « Laissez Rangapoullé s'installer avec sa famille dans une des chambres du grand magasin du Fort ». — « C'est bien », répondit M. Cornet, et il me dit de venir avec lui. Monsieur me dit : « Tu viendras aujourd'hui même, avec ta famille, dans une des chambres du grand magasin du Fort ; n'hésite pas une demi-heure, car, à partir de demain, les Anglais lanceront sur la ville une si grande quantité de bombes et de boulets qu'il sera difficile de sortir. Va donc chercher ta femme et tes enfants et venez dans le Fort. Ne reste pas là-bas ». — « C'est bien, Monsieur », lui répondis-je, et je le remerciai de cette faveur et de sa grande bienveillance. Puis je pris congé, je sortis et j'attendis M. Cornet. Avec lui, j'allai au grand magasin. Il me montra la chambre qu'il y avait et me dit : « Tu peux mettre là ta femme et tes enfants ; cette chambre est pareille à celle où nous sommes nous autres dans la grande chauderie », et il donna l'ordre à des manœuvres d'enlever et de porter au magasin de la grande chauderie deux ou trois caisses qui étaient là et de préparer l'endroit pour des personnes. Alors, je lui dis : « Qu'il en soit ainsi », et, l'ayant remercié, je revins chez moi. Le fils de Soupraya, Kichenaya, et Râmaya, qui m'accompagnaient me dirent : « Est-il juste que votre famille soit dans le Fort? Comment, avec des femmes, pourrez-vous demeurer dans le grand magasin? M. Bruel, M. Cornet, M. Dulaurens et les autres conseillers sont dans la grande chauderie. Comment les femmes pourront-elles aller et venir? » Je leur répondis : « Dès que Monsieur m'eut fait la grâce de me le dire, je suis allé voir le grand magasin ; comment résister à une offre faite d'aussi bon cœur? », et je rentrai tout droit à la maison de Pâléappamodély, où je suis installé.

Là, j'appris que, le 12, le nommé Kolakâra, qui avait porté des lettres adressées au Nabâb d'Arcate, à Mafouzkhân, à Anaverdikhân et à notre vâkil, était de retour. Les Cipayes l'avaient arrêté à la porte et l'avaient conduit chez Monsieur. Il portait plusieurs lettres. Un pion, nommé Sidambaram, vint me chercher de la part de Monsieur qui avait fait venir aussi Madanândapandita. Nous arrivâmes tous deux chez Monsieur comme il était midi sonné et Monsieur était sur le point de se mettre à table. Monsieur me remit deux lettres écrites en persan et deux en télinga en me demandant de qui elles étaient. Je lui dis : « Les deux lettres persanes sont de Mahmoud-khân ; il y en a une pour vous et une pour moi ; les deux en télinga sont du vâkil Soupraya : l'une est pour moi et l'autre pour Madanândapandita, et donnant à Mandanândapandita la lettre écrite en persan et adressée à Monsieur, je lui dis de la traduire. Voici ce qu'elle contenait :

Elle commençait par des compliments ; puis elle disait : « Les Anglais sont en train d'assiéger votre ville et votre Fort de Pondichéry ; c'est pourquoi je vous écris, après avoir bien réfléchi, sur le moyen de faire cesser cette guerre. Si vous y consentez, il me semble que je pourrais faire rétablir la paix entre vous et vos ennemis par l'intermédiaire du Nabâb Çâhib. Vous pourriez lui écrire tout de suite en lui disant de venir à Pondichéry et vous m'écririez afin que je lui dise aussi. Si vous ne voulez pas écrire aussi à Huçain-çâhib pour le faire venir, vous pourriez écrire seulement à la mère d'Huçain-çâhib en lui disant : « Pour faire cesser la « guerre et mettre l'accord entre les Anglais et nous, il faut « que vous veniez ici en nous amenant le Nabâb d'Arcate « Anaverdikhân ». Si vous lui écrivez cela, en lui témoignant les égards convenables, je vous les amènerai. C'est ce qui me paraît la meilleure manière de faire ».

La lettre de notre vâkil Soupraya disait : « Je vous ai déjà écrit deux ou trois fois par des gens sûrs, mais ils n'ont pu passer. Alors, j'ai déchiré les lettres et j'en ai dit de vive voix le contenu à un homme sûr ; j'ai appris qu'il n'avait pas pu non plus arriver. Les Anglais ont envoyé des cadeaux et écrit des compliments au Nabâb et à Mafouzkhân, en leur disant des choses aimables ; ils les pressent de venir à leur aide. On écrit que les Paléagars de Trichenapally donnent beaucoup de mal à ces Princes ; et l'on dit, tantôt qu'ils vont y aller, tantôt qu'ils restent là où ils sont. Si Mâfouzkhân se rend auprès du Nabâb, alors ils prendront une décision. On dit que Monsieur n'a pas répondu aux lettres que lui ont écrites Saïd-alikhân et Huçain-çâhib pour se plaindre que les gens de Pondichéry ont poursuivi les vaches et les bœufs du *talouk* de Bahour qui est sous les ordres du frère et de la mère de Huçain-çâhib ; qu'on ne finirait pas d'écrire le mécontentement que cela a mis dans leur esprit ; de plus, comme lorsque les affaires de Mafouzkhân étaient troublées, Huçain-çâhib les a fait marcher comme il le voulait ; le Nabâb ne s'opposera pas à ce qu'il arrange maintenant les choses à sa fantaisie ; c'est pour cela que les Anglais lui ont écrit des compliments et il semble que les choses vont aller favorablement pour eux. De plus, lorsque Monsieur a écrit à Mafouzkhân et au Nabâb Anaverdikhân, il paraît que le Nabâb a pris la lettre, l'a lue, a regardé Mahmoud-khân qui était près de lui et lui a dit : « Qu'est-ce que le Gouverneur de Pondichéry nous écrit? des compliments, des souhaits, mais rien de plus ; je ne vois pas qu'il y soit question d'aucune affaire ; je ne vois pas de détails sur la guerre. Qu'il en soit donc ainsi désormais », et il a fait écrire en réponse une lettre à vous et une lettre à Monsieur qu'il m'a fait remettre et que je fais porter avec ma propre lettre où je vous explique les choses. En même temps, Anaverdikhân qui se trouvait à la cacherie s'adressa à moi et me dit : « Les Anglais sont en train d'assiéger votre Pondichéry, à ce que m'écrit mon *avaldar* qui est là-bas ? Que vous en écrit-on ? » Je lui répondis : « J'ai appris qu'ils sont descendus jusqu'à Oulgaret ». Il reprit alors : « Ce que nous ont écrit nos *avaldars* est donc faux ? » Je repartis : « J'ai dit la seule nouvelle qui soit venue jusqu'à moi ». Anaverdikhân a écrit à Abd-ul-salîl qui était à Vijuvapuram pour le rappeler. Il y a deux jours que Mafouzkhân s'est mis en marche dans le but de conduire au secours des Anglais trois cents cavaliers et cinq cents pions. Les nôtres ont peur de Mafouzkhân d'une part et de l'autre les Anglais sont irrésolus. Si l'on écrivait vite à Huçain-çâhib, ce serait avantageux... »

Je dis à Monsieur tout ce qui était écrit. Il m'écouta en mangeant. Puis il me dit : « On ne peut pas écrire à Huçaïn-çâhib. Ils restent tranquilles ! Nous en reparlerons demain à loisir. Rentre chez toi ». — « C'est bien », répondis-je et, prenant congé, je revins chez moi à une heure.

Cependant, si l'on demande quelle est la nouvelle que j'ai apprise aujourd'hui, deux Anglais, sortis du camp, étaient allés du côté du bord de la mer pour se promener en bateau. Comme ils arrivaient du côté de Contésalé, cent cinquante à deux cents cipayes de Abd-ul-Rahman, qui passaient par là, les firent prisonniers et les amenèrent devant Monsieur. Pour les faire parler et pour se renseigner ainsi sur la force des Anglais, Monsieur a fait conduire ces hommes dans le Fort et y a enfermé avec eux un autre Anglais pris précédemment à Calapett, mais qui rend aux nôtres des services et qu'on a mis parmi les maîtres d'artillerie. Celui-ci a dit aux deux nouveaux prisonniers : « Il y a quatre mois que j'ai été pris. Les nôtres sont arrivés ; pourquoi donc tardent-ils si longtemps à s'emparer de cette ville ? » Et il accompagnait ces paroles d'injures contre les Français et d'éloges pour les Anglais. Il ajoutait : « La situation est bonne ; quel est donc leur dessein ? » Et il parlait de façon à leur donner toute confiance. Alors eux lui parlèrent à cœur ouvert et il vint rapporter à Monsieur ce qu'ils lui avaient dit. C'est à dire :

« La fièvre et la diarrhée causées par les jeunes pousses de cocotiers qu'ils mangent, les inconvénients du passage d'un climat froid comme celui de l'Europe à celui du pays, les fatigues qu'ils éprouvent à coucher par terre dans l'humidité ou dans le sable, étant restés depuis quarante à cinquante jours des huit et dix jours sans dormir, les boulets lancés des remparts — ont fait mourir beaucoup de monde dans le camp des Anglais. Le contre-amiral Boscawen a réuni un grand conseil où l'on a décidé ceci : pendant trois jours on lancera, des navires d'un côté, et de l'autre des batteries de l'Ouest, des batteries tout nouvellement élevées de deux ou trois côtés, une immense quantité de bombes et de boulets pour essayer de forcer ainsi la place à se rendre ; mais, si elle ne se rend pas, — comme la saison des pluies qui va commencer rendra impossible le séjour des navires dans la rade, — ils se retireront. Ils ont écrit et signé tout cela ».

Ces Anglais rapportèrent qu'à partir de demain il allait y avoir une pluie de bombes et de boulets. L'Anglais fait anciennement prisonnier et qui nous rend service, après avoir écouté tout cela, l'a dit à Monsieur, à deux ou trois grands chefs blancs et à moi. Monsieur me dit : « Fais attention ; choisis un endroit où tu pourras rester pendant deux ou trois jours, avec ta famille et tes enfants, à l'abri des bombes et des boulets ; fais y porter de la nourriture que tu vas faire préparer pour trois jours pendant lesquels il ne faudra pas que personne sorte ». Je le remerciai vivement de sa bienveillance et lui dis : « Par la faveur de Dieu et par votre grâce qui me font comme un rempart de diamant, j'ai une couverture impénétrable aux balles et aux boulets. Je ferai tout porter dans l'endroit indiqué et m'y installerai dès demain ». Et je revins chez moi en réfléchissant : « Monsieur m'a dit de venir demeurer dans le Fort avec mes petits enfants. C'est une précaution excellente ; il n'y a pas de doute à avoir. Il faudra le faire ».

Aujourd'hui, par les bombes lancées de l'Ouest et par les

boulets des grands canons, il y a eu quinze à vingt personnes tuées ou blessées. Par les boulets de ces grands canons, le bastion appelé Saint-Joseph qui est au Nord de la porte de Valdaour, le bastion qui est au bout de la rue des Huiliers, celui de la porte de Valdaour et les remparts aux environs sont tout troués : les hommes qui sont là ne peuvent montrer la tête. Les boulets atteignent tous les gens qui passent jusqu'à la maison de Mîr-ghulam-huçaïn. Depuis cette maison et le magasin de tabac jusqu'à la maison d'Arambâdattcipoullé, dans les rues du Bazar, des Comouttys, des *Sêḍar,* des *Kâikklavar* (1), les boulets arrivent si vite que l'on ne peut y marcher. On m'a même rapporté que le fils de la belle-sœur d'Arambâdatteipoullé, qui se trouvait sur le seuil de la maison de celui-ci, avait été frappé par un boulet et était mort. Ce matin il est tombé dans la maison de Parasourâma un projectile appelé grenade royale qui a frappé le nommé Chettypoullé-Tânadâçari et il en est mort. On dit qu'il y a eu ainsi en ville beaucoup de morts et de blessés et beaucoup de dommages causés aux maisons. Beaucoup de gens sont épouvantés. On a envoyé à Mîrâppalli tous les gens de l'hôpital. On rapporte que, lorsque des gens se présentent à l'hôpital pour se faire soigner, on leur fait montrer leur blessure s'ils sont chrétiens, mais on les renvoie s'ils sont tamouls. Cette nuit, de l'Est, les Anglais ont lancé dix bombes, mais se sont arrêtés : une de ces bombes est tombée dans le magasin qui est à côté du magasin de vins et y a éclaté causant du dommage. Les autres sont tombées çà et là dans les maisons et dans les rues.

Un navire anglais est venu aujourd'hui jusqu'à la troisième vague de la barre. L'ayant vu, les nôtres lui ont tiré des coups de canon et il est reparti. Si l'on de-

---

(1) Diverses espèces de tisserands : les *Kâikklavar* sont les tisserands ordinaires ; les *Sêḍar* font les tissus fins.

mande pourquoi il s'était ainsi avancé, c'était afin de voir la profondeur de l'eau pour le mouillage des navires (1).

Année Vibhava	1748
Mois de Purattâçi	Octobre
25 — lundi	7

Ce matin, les Anglais sont venus en cinq fois ranger leurs vingt et un navires sur deux rangs, et ont tiré sur le Fort et sur toute la ville, depuis six heures du matin jusqu'à six heures et demie; le tir de ces vingt et un navires pendant cette demi-heure ressemblait aux violentes pluies d'orage qu'amène le vent de terre. Quelques-uns de ces boulets tombèrent dans le Fort, d'autres dans les rues des blancs, d'autres dans la ville indienne, d'autres dans la mer. Cinq à dix hommes ont été blessés et deux ou trois maisons ont eu leurs murs renversés. Il y a même eu des boulets qui franchissaient la ville, qui allaient à l'Ouest et même au delà, à ce qu'on

(1) On lit dans la *Relation* : « La nuit du 5 au 6, les Anglois achevèrent leurs dispositions pour battre en brèche. Seize pièces de canon jointes aux trois qui étoient dans un bosquet à la gauche de leur tranchée, avec vingt-deux mortiers tant de bombes que de grenades, partagés en deux batteries Nord et Sud, se trouvèrent en état de jouer. Mais, quand toutes leurs batteries furent démasquées, on reconnut que leur prétendue parallèle n'étoit plus qu'un angle, dont les deux faces allongées se trouvoient remplies d'embrasures flanquées de deux grands épaulemens qui cachoient les mortiers. Le 6, à la pointe du jour, leur feu fut très-vif et se porta sur le bastion gauche de la porte de Valdaour et sur celui de Saint-Joseph. L'intervalle qu'ils mettoient à charger leurs pièces étoit rempli par les bombes et les grenades qu'ils faisoient pleuvoir sur les remparts. On ne leur répondit d'abord que des bastions ordinaires de la porte de Valdaour et du Nord-Ouest. Mais bientôt les ordres furent expédiés pour que l'on tirât des trois batteries extérieures, et, peu de tems après, notre feu devenu supérieur commença à faire taire le leur, tellement qu'à dix heures du matin il avoit beaucoup perdu de sa vivacité. Trois de leurs embrasures qu'on leur vit masquer, et qui restèrent en cet état jusqu'à deux heures après midi, donnèrent lieu de croire qu'on leur avoit démonté quelques pièces. Malgré le feu terrible qu'ils avoient fait dans cette journée, ou à la seule porte de Valdaour, qui n'étoit pas la plus chauffée, on ramassa plus de trois cens boulets, nous n'eûmes qu'un Caffre de tué, un soldat blessé à mort et quatre autres légèrement.

« Les Vaisseaux firent aussi dans cette journée quelques mouvemens, et la nuit ils s'embossèrent formant une ligne Nord et Sud ».

m'a rapporté. Comme on pensait qu'ils allaient recommencer à tirer des navires, beaucoup de gens étaient restés chez eux; mais, voyant qu'ils ne tiraient pas, vers neuf ou dix heures, on sortit de chez soi. Ce que j'avais appris hier s'est confirmé par le tir de ce matin. On pensait qu'ils tireraient ainsi sans interruption nuit et jour; et, quoique n'ayant pas peur, on restait dans sa maison. Mais une panique s'est répandue dans la ville où tous, blancs et tamouls, se disent : « Cette pluie de feu n'est qu'un prélude; quand finiront-ils ? » Il faudrait aussi savoir quand finira cette panique.

Cependant, ce jour-ci et la nuit, on n'a pas tiré de l'Est; les Anglais n'ont tiré que ce matin de six heures à six heures et demie. Voici des détails sur cette pluie de boulets : ils étaient de trente-deux à six livres anglaises, c'est-à-dire de vingt-huit à cinq livres françaises, à ce que disent tous les blancs qui ont vu les boulets tombés.

Mais, ce soir, de l'Ouest, les grands canons et les mortiers ont lancé abondamment des boulets et des bombes. Ces projectiles, tombant, à partir de la porte de Valdaour, sur les remparts Nord et Sud, ont démoli les parapets jusqu'à la vieille porte de Madras. Les boulets qui passaient par dessus tombaient dans la ville, à l'Est de la porte de Villenour et au Nord de la rue Royale, dans les maisons de Périyanamodély, d'Appoumodély, de Mîr-ghulam-huçaïn-çâhib; au Sud de la porte de Madras et à l'Ouest de la rue Royale, il n'y avait pas un endroit dans les rues où ils n'arrivaient pas. Depuis la rue des Comouttys, la rue des *Kaïklavar*, des *Sêḍar*, des *Sêṇiyar* (1), jusqu'aux maisons de Madanândapandita et de Râmanâyikchetty, personne ne pouvait abriter sa tête.

Aussi, tous les gens qui habitent dans les rues de ces quartiers à l'Est de la porte de Madras et au Nord de la porte de Villenour, depuis la maison de Mir-ghulam-huçaïn-çâhib, ne pouvant échapper aux boulets, se réfugient-ils à Mîrâppalli,

---

1. Les *Sâṇiyar* sont des tisserands qui font les tissus de soie.

au Sud de la Rue royale, à l'Est et à l'Ouest de la porte de Villenour. Ainsi qu'à l'époque où, à cause de l'arrivée des Mahrattes, tous les gens du pays, de dix *kâdam* d'ici à Arcate, étaient accourus dans la ville, les gens se pressaient aujourd'hui à Mîrâppaḷḷi tellement qu'une épine qu'on aurait jetée là n'aurait pu arriver à terre, à ce qu'on est venu me rapporter. Moi seul et ma famille nous sommes restés dans notre magasin qui est la maison de Maïlappamodély, dans la rue Royale, à l'Est et à l'Ouest de la porte de Valdaour. Tous les autres habitants ont mis des *coulis* dans leurs maisons et se sont réfugiés à Mîrâppaḷḷi, ainsi que les habitants de Pavajapett au Nord du Fort. Dans toute la ville, il n'y avait plus dans les maisons qu'un pion et un *couli,* par ci par là. Dans notre rue seulement, il restait quelques personnes, parce que les femmes et les enfants de Badéçâhib y habitent.

Les boulets lancés par les Anglais pèsent vingt-quatre, dix-huit, douze livres; il y en a peu de six livres; les bombes soixante et soixante-dix livres. En tout, boulets et bombes lancés de l'Ouest, il y en a eu plus de deux mille, peut-être trois mille... Comme il ne restait plus guère que des *coulis* dans la ville, il y a eu parmi eux de quarante à cinquante ou soixante morts et blessés.

Les nôtres ont mis sur le bastion Saint-Joseph, qui est entre celui de la porte de Valdaour et celui de la rue des Huiliers, les deux grands canons pris aux Anglais le jeudi 21 et ils ont tiré sur les batteries et sur le camp des Anglais. Mais ceux-ci ont alors lancé abondamment sur ces canons et sur les remparts des boulets et des bombes qui ont brisé les bouches de ces canons et les supports qu'on avait mis des deux côtés; en outre, un officier et cinq ou six canonniers ont été tués ou blessés, à ce qu'on est venu me dire; on a ajouté qu'on a remplacé ces grandes pièces par des canons lançant des boulets de vingt-quatre et de trente-six livres qu'on avait apportés de Madras. Comme par suite du tir des Anglais, les hommes ne pouvaient plus rester sur les remparts, on a envoyé trois officiers donner l'ordre d'en faire descendre les soldats et de n'y laisser que les hommes de garde (1).

Année Vibhava	1748
Mois de Purattâçi	Octobre
26 — mardi	8

Si l'on demande : « Qu'est-ce qui s'est passé de remarquable ce matin à cinq heures? », les Anglais ont mis en ligne juste en face du Fort leurs vingt et un navires ; sur le vais-

---

(1) On lit dans la *Relation* : « Le lendemain 7, et à six heures du matin, ils nous tirèrent quelques volées auxquelles on ne daigna pas répondre, parce qu'ils étoient trop éloignés. Au bout de trois quarts d'heure, s'étant apperçus que leurs boulets tombaient presque tous à la Mer, ils cessèrent. Pendant cette canonade, on remarqua qu'il y avoit des Vaisseaux qui tiroient à plus de deux portées de canon ; mais tous avoient ordre de tirer, et ils vouloient obéir.

« Le feu de leurs batteries fut plus sérieux : il s'attacha toujours au bastion de Saint-Joseph qu'ils avoient considérablement endommagé la veille et dont ils ruinèrent le nouveau revêtement qui n'étoit encore qu'à la moitié de la hauteur qu'il devoit avoir. Ce feu, tout violent qu'il étoit, ne fut pas capable de ralentir l'ardeur de nos Canoniers et de nos soldats; les premiers répondoient à leurs coups, et ceux-ci s'empressoient de rétablir nos merlons par de bons sacs à terre. Le bastion gauche de la porte de Valdaour se trouva aussi extrêmement endommagé ; il avoit son angle flanqué ouvert de haut en bas, ses faces toutes criblées et une pièce de vingt-quatre démontée. Six soldats furent blessés à cette porte, et une de nos batteries extérieures eut aussi une pièce de brisée.

« L'attention que l'on avoit pour que rien n'échappât de ce qui pouvoit contribuer à une vigoureuse défense et à rendre inutiles les efforts des ennemis, avoit fait disposer des Maçons et des Manœuvres avec de la brique et de la chaux le long de ces bastions, de façon qu'à l'entrée de la nuit on mit la main à l'œuvre, et le soldat, se portant d'ardeur pour le travail, animoit par son exemple les ouvriers Indiens naturellement lâches et timides. Depuis quinze jours nous avions pris la coutume de tirer par intervalles la nuit des coups de canons, pointés au déclin du jour sur les travaux et retranchemens. Cette méthode fut suivie jusqu'à la fin du siège et ne laissa pas que de faire son effet.

« Les Ennemis, qui s'étoient apperçus du dommage et des brèches que nos bastions avaient souffert, firent toute la nuit un feu terrible de tous leurs mortiers et envoyèrent plus de quatre cens bombes et grenades sur nos Travailleurs qui pour cela ne se rebutoient point. Entre sept à huit heures on s'apperçut d'une ouverture faite à la digue servant à retenir l'eau de la petite rivière qui par là avoit perdu un pied de sa surface. Deux heures après, nos ouvriers rétablirent cette digue, et le matin la rivière se trouva aussi remplie que la veille ».

seau amiral, au moment où le soleil a paru, on a battu le tambour, on a hissé le pavillon rouge au grand mât et on a allumé un fanal dans la grande hune. Alors, tous les vaisseaux se sont rangés dans le même sens et ont lancé des boulets du poids de trente-six, trente-deux, vingt-huit, vingt-quatre, dix-huit, seize et douze livres anglaises ; en outre, le sloop lançait des bombes de cent-quatre-vingt à cent-quatre-vingt dix livres. Ils ont tiré ainsi sans interruption depuis l'apparition du soleil, à six heures du matin, jusqu'à son coucher à six heures du soir.

Ainsi qu'à la fin d'un *yuga* (1), les sept nuages, après avoir absorbé l'eau des sept mers, après avoir lancé des éclairs, après avoir tonné et éclaté, font pleuvoir sur le mont Mêru un déluge mélangé de pierres et de feu ; ainsi, sur la ville de Pondichéry, qui, comme le mont Mêru, domine Delhy, Agra et autres grandes villes, les Anglais ont lancé 31,547 boulets et 288 bombes. De plus, les batteries construites à l'Ouest ont lancé 2,500 boulets et 770 bombes. Ils faisaient pleuvoir ainsi des deux côtés des boulets et des bombes qui volaient dans toute la ville comme les atômes dans l'air ; il n'y avait pas un endroit où il n'en tombait ; il n'y avait pas une maison qui n'en était touchée. Les boulets lancés des navires allaient à l'Ouest jusqu'à Contésalé et ceux des batteries de terre arrivaient jusqu'à la mer.

A cette effroyable démonstration des Anglais, les nôtres n'ont répondu qu'en lançant une fois des boulets à l'Est et une fois à l'Ouest. Monsieur a dit à ce propos : « Si les Anglais nous envoient aujourd'hui cette extraordinaire averse de projectiles, c'est qu'ils pensent pouvoir ainsi s'emparer de notre Fort ; nous comprenons leur dessein ; il n'est pas utile que vous leur répondiez », et il a donné l'ordre de rester tranquille. Alors, on n'a plus tiré du tout (2).

---

(1) Age du monde ; nous sommes dans le quatrième.
(2) La *Relation* dit : « Les dix Vaisseaux de guerre qui s'étoient rapprochés pendant la nuit, commencèrent leur canonade à six heures du matin, et

Par les projectiles des Anglais, il y a eu cent seize tués et soixante-cinq blessés, parmi les *coulis* et les pauvres gens qui restaient seuls dans la ville ou qui allaient dans les rues pour ramasser des boulets dans l'espoir de gagner des fanons. Les autres habitants n'ont rien eu, par la grâce de Dieu. Lorsqu'on voit l'énergie, l'ardeur et le courage de M. Dupleix, chevalier, Nabâb d'Arcate, Gouverneur Général, et qu'on les compare à ceux des Anglais, on s'aperçoit que ceux-ci se sont évanouis comme la nuit et la rosée disparaissent à l'aspect du soleil éclatant.

Après avoir mis ma famille dans notre magasin de toiles qui est la maison dite Paléappamodély, moi, Ariappamodély et Muttapôlachetty, nous sommes restés depuis le lever du

trièrent avec une fureur inexprimable jusqu'à six heures et demie du soir sans aucune interruption. La Galiotte, se mêlant aussi de la partie, nous envoya ses bombes deux à deux. Trois cens pièces de canons qui tirent sur une Ville pendant douze heures, sans discontinuer une seule minute, sont un spectacle dont il est difficile de se former une juste idée, à moins que d'en avoir été témoin.

« Près de deux cens boulets qui se trouvoient partir tous à la fois, et dont les sifflemens, joints au bruit du canon, annonçoient la prochaine arrivée, ne ressembloient pas mal au bruit d'un vent impétueux qui vient par raffales. Il n'est pas possible d'estimer au juste le nombre des coups que ces Vaisseaux tirèrent ; mais nous avons sû depuis par les Anglois mêmes qu'ils se montèrent à près de vingt mille, et dès le même jour, en effet, on ramassa plus de quatorze mille boulets, le reste s'étant perdu dans la Mer et dans les plaines autour de la Ville. Cette horrible canonade aboutit à nous blesser seulement quatre hommes de la garnison. Les seuls Malabares en furent les victimes : il y en eut une trentaine de tués et autant de blessés par leur faute. Ces gens, d'abord si timides au premier feu des Ennemis, couroient ce jour là les rues pour ramasser cette grêle de boulets ; et l'appat du gain les portoit à se précipiter sur ceux qui tomboient, sans penser aux dangers semés sur leurs pas. Toutes nos batteries extérieures et nos bastions tirant à la fois, leur répondirent avec une telle vivacité et tant de bonheur qu'à dix heures du matin leur fureur étoit déjà fort ralentie. Ils furent contraints de masquer quatre de leurs embrasures qu'ils ne rouvrirent plus de toute la journée ; le feu de leurs mortiers se soutint mieux, et ils nous envoyèrent près de sept cent bombes. Malgré ce redoublement de furie, les ennemis ne nous causèrent ici d'autre perte que celle d'un Caporal d'Artillerie qui fut tué ; il y eut trois soldats de blessés, deux canons de démontés et un troisième creva. On s'apperçut qu'ils avoient aussi tiré à boulets rouges, pour mettre le feu aux maisons et tacher de profiter du désordre que cet accident pourroit causer dans la Ville ; mais ces boulets rouges ne firent pas l'effet qu'ils en avoient attendu, et l'on trouva seulement quelques Malabares tués dans leurs cases ».

soleil jusqu'à midi sur le banc de la rue ou dans l'entrée ; puis nous rentrâmes pour manger et nous dormîmes jusqu'à quatre heures. Après nous être levés, nous envoyâmes des hommes chercher des nouvelles partout dans la ville et nous nous promenâmes en causant pendant une demi-heure. La plupart des autres habitants de la ville sont restés chez eux, prenant toutes sortes de précautions, ne bougeant pas, ne se lavant pas la figure, ne mangeant même pas.

A six heures, sur le vaisseau amiral, on battit le tambour, on descendit le pavillon rouge arboré au grand mât et à ce moment tous les navires cessèrent le feu. Les gens qui, pleins d'effroi, s'étaient tenus cois toute la journée, sortirent alors pour prendre des nouvelles et courir les uns chez les autres. On fut heureux de voir qu'il y avait eu si peu de mal.

De sept heures à minuit ou une heure, j'allai avec mes enfants chez Sangaçêchâsalachetty. Comme nous projetions d'aller le lendemain dans la maison qui est à l'Ouest de Mouttiapoullé, Monsieur nous envoya dire par un pion de rester là.

Année Vibhava	1748
Mois de Purattâçi	Octobre
27 — mercredi	9

Les habitants de la ville, pensant que les Anglais allaient tirer comme hier de leurs navires, sont restés ce matin, en prenant garde, dans les endroits où ils s'étaient réfugiés ; mais, comme les Anglais ne tiraient pas, ils sont sortis jusqu'à dix heures où le tir a recommencé.....

Les nôtres ont découvert une batterie en terre qu'ils ont construit dernièrement et ils ont tiré sur les batteries des Anglais. Les remparts de ceux-ci ont été démolis et comme cinq ou six de leurs canons étaient frappés par nos boulets, ils ne pouvaient trouver un moment pour tirer ni un endroit pour mettre leurs mains et leurs pieds. Cependant, dans l'après-midi, ils ont recommencé à lancer des bombes : un chef canonnier de notre batterie a été tué. Ils ont continué à tirer sur nos remparts d'une telle façon que les nôtres ne pouvaient y demeurer, mais sans montrer leurs têtes.

Du côté de la mer, une bombe, lancée par les nôtres, est tombée sur un des navires dont le commandant a été tué et on a dit que ce navire a été envoyé hors de la ligne, pour se réparer (1).

Comme j'arrivai avec ma famille à la maison de Sangavîra, Çêchâsalachetty me fit beaucoup d'amabilités.

Les boulets lancés de l'Ouest par les Anglais tombent partout tuant et blessant des gens.

Le fils de Badéçâhib a fait demander à Monsieur par le

---

(1) On lit dans la *Relation* : « La nuit du 8 au 9 une de nos bombes mit le feu à une poudrière des retranchemens ennemis et la fit sauter en l'air avec un fracas épouvantable.

« Les cris que l'on entendit firent conjecturer que cet accident leur avoit causé quelque grande perte. Nous employâmes toute cette nuit à nous raccommoder, et les Travailleurs, animés par les récompenses que M. Dupleix avoit soin de leur faire distribuer, se portèrent avec une ardeur incroyable à tout ce que l'on exigea d'eux. Ainsi les Ennemis qui s'attendoient à voir des bastions prêts à s'écrouler et une ville ensevelie sous ses ruines, remplie de morts et de mourans, furent étrangement surpris le lendemain d'appercevoir, non seulement nos bastions réparés, mais encore une nouvelle batterie de six pièces de 24 et de 12, sortir de la courtine du milieu des deux bastions attaqués, et précisément à l'endroit où ils avoient dessein de faire brèche. Cette vûe commença sans doute à les décourager beaucoup.

« Le 9, jour bien plus serein que le précédent, on s'apperçut dès le matin que les Vaisseaux s'étoient un peu éloignés ; ce qui fit juger qu'ils n'étoient pas d'humeur à recommencer la sérénade de la veille. Leur distance n'empêcha pas de pointer sur eux quelques gros canons, qui frappèrent en plein bois un de ceux qui paraissoit le plus proche ; mais ce qui leur fit le plus de peur et les obligea de se retirer tout à fait, ce fut l'effet d'une de nos bombes dirigée si juste, qu'elle tomba sur un des plus gros Vaisseaux qui auroit infailliblement sauté en l'air, si elle n'eut éclaté sur l'avant du Navire, où elle brisa seulement le mât de Beaupré et tua quelques hommes. Du côté de terre notre nouvelle batterie s'étant jointe aux autres fit des merveilles et donna tant d'exercice aux Ennemis, que ne pouvant résister à la violence de ce feu, le leur ne se soutint pas long-tems, du moins avec quelque vivacité. Ils tachèrent inutilement de ruiner cette nouvelle batterie ; ils ne purent l'endommager que faiblement dans ses merlons. Ils cessèrent donc absolument de tirer vers les 11 heures du matin et ne recommencèrent qu'à 4 heures du soir, mais avec très peu de vigueur. Nous présumâmes ce jour là leur avoir démonté quatre ou cinq pièces. »

Cheick Abd-ul-rahman la permission de sortir de la ville. Monsieur a répondu : « Cela ne se peut ».

Comme je me trouvai dans la maison de Tiruvadibâlichetty, le fils du Moullah de Kâṇimôḍu est venu dire que, dans cet endroit, des Anglais sont entrés chez le Moullah, l'ont battu et l'ont emmené avec eux.

Année Vibhava	1748
Mois de Purattâçi	Octobre
29 — vendredi	11

Si l'on demande ce qu'il y a de remarquable aujourd'hui, on dit que les boulets lancés par les nôtres empêchent les Anglais de montrer leurs têtes et leur font beaucoup de mal : ils ne peuvent y tenir (1). Quant à la ville, on dit que ce sera

(1) On lit dans la *Relation* à la date des 9-10 octobre : « La nuit suivante, on travailla à l'ordinaire à réparer les dommages ; et il parut que la supériorité de notre feu pendant la journée avoit beaucoup incommodé les Assiégeans, puisqu'ils nous laissèrent assez tranquilles et que cette nuit leurs bombes ne furent pas à beaucoup près aussi nombreuses qu'elles l'avoient été les nuits précédentes.

« Les sorties fréquentes que nous faisions n'étonnoient pas tant les Anglois que les batteries qu'ils voyoient chaque jour éclore, se démasquer et frapper. Le 10, on jugea qu'il étoit tems de démasquer la dernière, placée à la seconde courtine opposée à leurs retranchemens. Cette batterie acheva de détruire leurs épaulemens, leur démonta encore quelques canons et leur fit perdre entièrement l'espérance. Cinq gros mortiers accompagnés de plus de quarante pièces de canon les foudroyoient sans cesse, et cette quantité de bouches à feu, soixante-quatre qui vomissoient continuellement des torrents de boulets et de bombes, les mettoit en quelque façon sur la défensive ; ils n'étoient plus occupés à faire brèche ; ils avoient assez à se défendre contre les diverses batteries qui partageoient leurs derniers efforts. Ce jour même, cependant, ils semblèrent avoir repris une nouvelle vigueur : ils ne cessèrent de tirer depuis dix heures du matin jusqu'à quatre heures après midi ; mais ils ne nous tuèrent qu'un homme et en blessèrent un autre.

« Quoiqu'on travaillât sans relâche toutes les nuits à réparer les désordres que l'ennemi nous causoit pendant le jour, la réparation des brèches souvent répétées dans le même endroit ne pouvoit pas tenir long-tems. Il n'étoit pas non plus possible que le peu de maçons du pays que nous avions fissent beaucoup d'ouvrage sous le feu de 20 mortiers qui auroient inquiété bien d'autres gens moins timides qu'eux. Les deux bastions attaqués ne tenoient presque plus à rien ; celui de la porte de Valdaour avoit sa face droite ouverte de tous les côtés ; le bastion de Saint-Joseph n'étoit guères en meilleur état, sa chemise qui étoit venue tout à bas ne lui sauvoit plus les coups,

un avantage que le mois d'Aippicy commence. Il me semble à moi que les observations faites sur les mouvements et les positions de Vénus, de Mercure et de Saturne pour le premier Aippicy annoncent un changement de temps vers le deux et que dans une période de douze à vingt-quatre jours, on verra la perte des ennemis qui sont venus assiéger la ville. Dieu le veuille ainsi !

J'allai voir le Grand Chef et il me demanda, dès qu'il m'aperçut : « Quand pleuvra-t-il? » Je lui répondis : « La pluie commencera à tomber le deux du mois d'Aippicy. Chez nous, quand la mer rejette beaucoup de sable et quand il fait des éclairs, cela annonce d'ordinaire la pluie dans deux ou trois jours. Hier, il en a été ainsi. C'est pourquoi je dis qu'il pleuvra à partir du deux Aippicy ». M. Duquesne et toutes les autres personnes qui étaient là s'écrièrent, en se moquant : « Pleuvra-t-il, pleuvra-t-il donc ainsi? » Je repris avec assurance : « Il pleuvra », et Monsieur ajouta : « C'est vrai ; dans ce pays-ci, il pleut d'ordinaire à cette époque ». Puis il me dit qu'il était un peu fâché contre le Naïnard parce que les vivres n'arrivaient pas et il me recommanda de lui donner des ordres formels. — « C'est bien », répondis-je; alors, Monsieur se leva et alla dans la salle de la visite des toiles. Je l'y suivis. Le grand Naïnard y vint et Monsieur lui dit en colère : « Les rechercheurs ne mettent aucun empressement! » Le Naïnard demanda : « Faut-il chercher dans les maisons des négociants? » Monsieur se fâcha beaucoup et moi un peu, et je le renvoyai après lui

et ses vieilles faces pouvoient alors être battues. Malgré cette situation, les ordres furent donnés si à propos et l'on anima si bien les Ouvriers, que tout le monde ayant mis la main à l'œuvre, Soldats, Matelots, Ouvriers, Malabares et autres, on parvint dans la nuit à remettre le revêtement de ce dernier bastion en son premier état. Les merlons de celui de la porte de Valdaour furent refaits en sacs à terre et ses faces blindées avec des cocotiers, arbre excellent pour ces sortes d'ouvrages et qui, sans sauter en éclat, soutient l'effort du boulet en garantissant le mur.

« Heureusement les ennemis ne nous inquiettèrent point pendant ces travaux et nous les laissèrent achever avec toute la tranquillité possible ».

avoir dit de prendre les vivres et les *gonis* qu'on trouverait dans les maisons de n'importe qui. Je revins chez moi à midi (1).

(On vint m'y chercher à une heure de la part de Monsieur. Des habitants étaient venus se plaindre à M. Delasselle, qui en avait référé à Monsieur, de la reprise des recherches et des fouilles. On ne leur laissait pas, disaient-ils, de quoi vivre : ils ont d'ailleurs plus de monde à nourrir que d'ordinaire, parce que beaucoup de gens réfugiés mangent chez eux).... (2).

Année Vibhava   1748
Mois de Purattâçi   Octobre
30 — samedi   12

Ce matin, quand j'arrivai au Fort, le Grand Monsieur, MM. Séré, Robert, Duquesne, Bruel et d'autres étaient assis et buvaient du café. Je vins les saluer et Monsieur, me regardant, me dit : « Vous nous aviez dit que, d'après les *çâstra* des Tamouls, les Anglais devaient se retirer le 1er de votre mois d'octobre ; mais le 12 de notre mois correspond au 1er du vôtre, n'est-ce pas ? et les Anglais ne partent point. » MM. Duquesne et Bruel ajoutèrent : « Avec le 30 du mois de Purattâçi, commence ici d'ordinaire le mauvais temps ; mais, nous voici au 1er octobre *malabar* : il fait beau à Pondichéry et les Anglais ne partent pas. Tu avais dit qu'il pleuvrait fortement ; plein de confiance dans ta parole, j'avais parié avec six personnes. Qu'as-tu à dire, Rangap-

---

(1) La *Relation* porte :
« Le 11, soit que la perspective de nos bastions rétablis eût découragé les Anglais, soit qu'ils pensassent à se retirer, on s'aperçut sensiblement du ralentissement de leur feu qui ne fut ni si bien réglé, ni si continu que les jours précédens ; ce qui nous fit prendre le parti de diminuer aussi le feu de nos batteries, pour ménager nos munitions. Nous eûmes ce jour-là deux hommes de blessés seulement, et nous nous apperçumes avoir encore démonté deux pièces de canon aux ennemis, que nous leur vîmes retirer de leurs embrasures. »

(2) Le journal est ici incomplet et se termine par une ligne de points.

poullé ? » A cette question de M. Duquesne, je répondis :
« Le 30 de notre mois de septembre correspond au 12 de
votre mois d'octobre ; c'est demain le 1ᵉʳ Aippicy qui correspond à votre 13 octobre. Voilà ce que vous entendrez
dire. Vous entendrez dire aussi que les Anglais s'en vont.
Il va pleuvoir une bonne pluie ; vous gagnerez votre pari.
Hier soir le sable a commencé à s'amasser et c'est signe
de pluie ». Comme je disais cela, Monsieur m'interrompit :
« C'est vrai ; de plus, il y a eu beaucoup d'éclairs et il a
soufflé un peu de vent du Nord. Il y a longtemps qu'il fait
très chaud. Tout cela annonce de la pluie et du vent ». Alors
je repris : « Vous entendrez dire que ce vent aura fait du
mal aux navires des Anglais ». Monsieur me demanda :
« Tu as dit que c'est demain votre 1ᵉʳ octobre et que nous
apprendrons le départ des Anglais. Quand partiront-ils ? » Je
répondis : « Vous aurez demain la joie d'entendre la nouvelle de leur départ ; dans une douzaine de jours, à partir de
demain, ils abandonneront Pondichéry et se mettront en
retraite. A partir de demain, leurs attaques seront moins
violentes. Ils partiront d'ici dans cinq ou six jours ; puis il
leur faudra cinq ou six autres jours pour s'en aller d'Ariancoupam. C'est pour cela que je dis que vers le 12 Aippicy
il n'y aura plus d'Anglais par ici. N'y a-t-il pas plus d'un
mois que je vous ai dit : « Si notre mois de septembre finit
et si notre mois d'octobre commence, ce sera une bonne
époque pour nous. Douze à treize jours après, ils partiront. Vous me demandez quand ; je suis venu pour vous le
dire ». — « C'est vrai », dit Monsieur, « les choses qu'annoncent les brahmes se réalisent quelquefois ». — « N'en
a-t-il pas été souvent ainsi ? » demandai-je — « Si », dit-il.

Comme nous parlions de la sorte, Abd-ul-rahman, le Gémédar arriva et dit à Monsieur : « Ayant appris que les Anglais
élevaient des batteries à Poudoupaléam, nous sommes sortis, Cheick-Ibrahim et moi, avec les pions sous nos ordres,
sept à huit cents cipayes et cent cafres. Nous avons trouvé

seulement trois cents pions du roi et deux cents parias qui, la plupart, étaient à dormir. Ils ne soupçonnaient pas notre venue et nous nous sommes jetés sur eux à l'improviste. Ils ont pris la fuite en jetant de côté ou en abandonnant leurs armes : les pions sous mes ordres ont ramassé trois fusils, dix sabres et quatre à six épées ou poignards ; ceux sous les ordres de Cheik-Ibrahim ont pris cinq à six fusils, dix à douze sabres et quatre à six épées ou poignards. Un de mes pions ayant voulu prendre son épée à un pion anglais, celui-ci n'a pas voulu la laisser aller et il a fallu lui donner jusqu'à quarante-neuf coups de canne pour lui faire lâcher prise. Un de mes pions et un de ceux de Cheick-Ibrahim ont fait chacun prisonnier un paria de Bombay. Un de mes majors a arraché les boucles d'oreille d'un homme du Nord qu'il a blessé à l'oreille. On a pris aussi quelque peu de vin, des roupies, du linge, des vêtements. Mais comme des soldats blancs anglais et des cipayes arrivaient au secours des leurs, nous avons pris par l'Ouest et nous nous en sommes revenus. Cependant dix à douze de nos cipayes sont restés entre les mains de l'ennemi. Un des pions de Madame, qui était allé avec eux pour piller, a reçu une vingtaine de coups sur la tête et à la figure et a pris la fuite. Un cipaye anglais à cheval s'est avancé jusqu'au milieu de nous et a tué deux des nôtres. En arrivant, les Anglais ont tiré des coups de fusil et nous avons eu sept ou huit morts ou blessés. Avant de partir, les nôtres ont fait une décharge générale et ont seulement blessé cinq ou six ennemis » (1).

(1) On lit dans la *Relation* : « Dans la nuit du 11 au 12, on eut avis que les Anglois établissoient une batterie de mortiers à 500 toises vers le sud de la Place. On commanda tout de suite les Sipays soutenus des Dragons à pied, des Grenadiers et de la Cavalerie Noire pour les débusquer de là ; mais l'avis se trouva faux. Ces troupes étant sorties à la pointe du jour ne trouvèrent dans l'endroit indiqué que quelques Corps de Sipays Anglois, qu'elles menèrent battant bien au-delà des limites, leur firent deux prisonniers et enlevèrent quelques bagages. La troupe des Blancs, sortie avec une pièce de campagne pour soutenir nos Sipays, ne put tirer qu'une vingtaine de coups de canon et rentra avec eux dans la Place, sans avoir eu occasion de faire le coup de fusil ».

Avant de parler, Abd-ul-rahman avait fait déposer devant Monsieur, en le saluant, les armes que lui, Cheick-Ibrahim, Alikhan et les autres avaient prises..... Monsieur ordonna de porter les fusils, les roupies et le reste dans le magasin de la Compagnie, et il interrogea les parias de Bombay sur la situation des Anglais. Ils ont répondu : « Beaucoup sont morts par une maladie semblable à une fièvre contagieuse ; beaucoup d'autres par les fatigues qu'ils ont éprouvées depuis le départ de Goudelour ; d'autres ont été tués ou blessés. On peut évaluer leurs pertes à environ mille hommes. Aussi n'attendront-ils pas cinq ou six jours avant de s'en aller. Ce n'est pas la peine que vous alliez leur tomber dessus en vous exposant à perdre des hommes ; ils partiront d'eux-mêmes ». Après avoir entendu ces paroles, Monsieur fit conduire les deux parias à la porte du Fort et s'en alla à l'hôpital, pour visiter les malades. Madame fit venir ces deux hommes de Bombay pour les interroger. (Abd-ul-rahman vint me trouver pour me dire de parler à Monsieur en sa faveur.) Alors, je revins chez moi.

Les Anglais ont lancé jusqu'au soir, de leurs batteries de l'Ouest, des boulets et des bombes aussi abondamment que les jours précédents. Il n'y a eu de dégâts que dans la rue du Bazar, dans celle du magasin de la Compagnie et dans les rues voisines. Monsieur a donné l'ordre d'apporter au Fort tous les sacs de *goni* que l'on trouverait en ville et le Naïnard a envoyé des hommes pour les rechercher. Ces sacs de *goni* doivent être remplis de terre et placés dans l'enceinte depuis la porte de Madras jusqu'à celle de Valdaour. Il y a eu (aujourd'hui) en ville sept à huit personnes tuées ou blessées.

Cette nuit, trois Anglais, qui avaient volé jusqu'à deux mille roupies à leurs compatriotes, se sont échappés et sont arrivés ici. Ils ont dit à Monsieur que les Anglais étaient en train d'embarquer leurs affaires et qu'ils allaient bientôt partir. Monsieur a pensé qu'ils disaient cela par peur d'être tués ou blessés; et il s'est promis de vérifier la nouvelle demain. Mais elle s'est répandue en ville et je ne saurais écrire quelle joie et quels transports elle a causés chez les Blancs, les Tamouls et tout le monde. Dieu, qui a le droit de sauver tous les hommes sur la terre, nous a sauvés de la méchanceté des Anglais. Mais je ne saurais décrire la gloire que s'est acquise M. le Gouverneur Général Dupleix : de même qu'un seul et unique soleil brille sur tout l'univers, Dieu lui a fait la grâce que sa gloire brille partout.

Année Vibhava	1748
Mois d'Aippicy	Octobre
1 — dimanche	13

Si l'on demande quelle est la nouvelle apprise ce matin et si l'on demande quel rapport ont fait à Monsieur les trois Anglais qui se sont enfuis hier de la batterie élevée près de la parcherie et qui sont entrés en ville par la porte de Goudelour, ils ont dit : « Nous arrivons de la batterie anglaise. Dans l'armée, beaucoup de personnes ont souffert soit par les fièvres soit par les boulets lancés de vos bastions. Tous les jours on emporte à Dêvanâmpatnam sur des *dhoulis* beaucoup de malades et beaucoup de blessés. En outre, comme les batteries sont toutes pleines de boue et d'eau, les hommes qui y demeurent nuit et jour ont les bras et les jambes enflés ; à cause de vos boulets, ils ne peuvent pas sortir la tête. Aussi, M. Boscawen, voyant qu'il ne peut pas empêcher cette perte d'hommes, fait embarquer les canons et les munitions de guerre. Les marins disent qu'ils ne peuvent plus rester en rade, de peur des tempêtes ; aussi rembarque-t-on toutes les affaires et se prépare-t-on à partir. Seuls, les Hollandais, qui sont venus ici, disent qu'il ne convient pas de se retirer. Ils parlent ainsi : « Qu'importe si la saison des pluies « arrive ? Qu'importe si des hommes meurent ? Quand on en « est à faire la guerre, on ne peut pas rester sans perdre des « hommes ! Nous vous en fournirons, ainsi que des boulets, de

« la poudre et des provisions. Quant aux navires, ils
« peuvent partir et revenir après les pluies ». M. Boscawen n'a pas été convaincu par ces raisonnements et a dit
qu'il fallait partir. Alors, nous, nous avons pris deux mille
roupies et nous nous sommes enfuis ici ». Après avoir
appris d'eux ces nouvelles, Monsieur leur a fait distribuer
abondamment du pain, du vin et de la viande ; puis on
les a laissés en liberté dans l'enceinte du Fort. On dit que
ces nouvelles lui ont causé une grande joie ; c'est très
naturel.

Les Anglais ont commencé mardi à faire pleuvoir sur nous
une abondante pluie de feu qui a duré jusqu'à six heures du
soir. Un jour seulement, après, ils ont lancé dix bombes de
l'Est ; puis ils n'en ont plus lancé de ce côté-là. Mais, mercredi et jeudi, ils ont lancé en grande quantité de l'Ouest, des
bombes et des boulets. Vendredi, ils ont lancé de l'Ouest des
bombes, des boulets et des grenades. Hier, ils avaient commencé à élever une batterie à Paranipett. Les nôtres sont
allés chasser jusqu'à Pilleiçâvadi les carnates qui y travaillaient et ont rapporté ici leurs armes et leurs provisions de
guerre et de bouche ; ils ont pris aussi deux des pions de
Bombay qui sont sous les ordres de Mahmoud-khân. Ces
pions ont dit : « Pourquoi êtes-vous venus nous attaquer ?
Dans peu de jours, les Anglais ont résolu d'embarquer leurs
affaires et de s'en aller », ce que les trois hommes arrivés hier
ont confirmé.

Cependant, les navires, qui étaient mouillés exactement
dans la rade de Pondichéry, ont tous mis à la voile, à l'exception du navire où est arboré le pavillon du commandant
et du sloop appelé *Galiote* qui lance des bombes, au lever
du soleil, et sont allés mouiller au-delà de Cottécoupam, en
face de Vellàjençâvadi. Nous avons vu alors une centaine de
chelingues, de bateaux, de radeaux, aller et venir du rivage
aux navires, sans doute pour l'embarquement des munitions.
Il nous semble bien que M. Boscawen fait embarquer les

canons et les munitions de l'armée qui était au Nord-Ouest de notre Pondichéry (1).

Année Vibhava	1748
Mois de Puraṭṭâçi	Octobre
5 — mardi	14

Ce matin, il est arrivé de Dêvanâmpatnam un petit navire. Il a salué de sept coups de canon le navire qui porte le pavillon amiral et celui-ci a répondu de même. Puis, à cause sans doute d'une nouvelle quelconque apportée par ce petit navire, le vaisseau amiral a tiré un coup de canon et a mis à la voile pour rejoindre les autres navires à Vellâjençâvadi. Le petit navire et le sloop sont partis à sa suite et à sept heures on est venu apporter la nouvelle qu'il n'y avait plus un seul navire en face de Pondichéry.

Mais, comme d'ici à vingt heures, ce sera l'opposition de Saturne, ceci marque la fin des troubles. Réfléchissant à cela, je pensais aussi que, dans vingt-quatre et demie à vingt-cinq jours, ce sera la quadrature de Mercure et que le complément en arrivera dans douze jours (2), je songeais aussi que ce serait

(1) La *Relation* dit : « Ce jour et le lendemain 13, les batteries ennemies ne nous tirèrent que de cinq à six mortiers et de quelques pièces de canon. Nos batteurs d'estrade surprirent sur les bords de la Mer un Courrier de Boscawen, qui alloit à bord des Vaisseaux porter une lettre au Commandant. Cette lettre que nous interceptâmes, nous apprit qu'il avoit perdu tout espoir de réussir. La Galiotte qui s'étoit épuisée, ne tiroit plus depuis deux jours ; elle faisoit eau de tous côtés et étoit absolument hors de service. Les Vaisseaux, depuis qu'ils s'étoient retirés, demeuroient dans une inaction totale : un de nos Espions qui avoit été jusqu'à la tranchée, nous assuroit en avoir vû emporter des mortiers ; et la saison qui pressoit d'ailleurs extraordinairement, tout nous disoit que les Anglois pensoient sérieusement à quitter la partie. Mais ce qui nous confirma dans cette opinion, c'est que le matin du 13 nous ne vîmes plus l'Armée des Mores sur le coteau. Ces troupes, qui comptoient avoir leur part de la prise et du pillage, se voyant déchues de leurs espérances et s'étant apperçues que les Anglois méditoient leur retraite, ne furent pas d'humeur de rester pour faire l'arrière-garde et avoient pris les devants pendant la nuit ».

(2) Le manuscrit, copié assez négligemment, donne des mots inintelligibles en ce qui concerne les termes astronomiques ou plutôt astrologiques. J'ai traduit tout à fait au hasard, ne pouvant en ce moment faire les recherches nécessaires pour établir les positions exactes de Saturne et de Mercure le 14 octobre 1874.

la fin des ennuis du maître et qu'il en serait content, et je résolus d'aller le voir. J'y allai donc, mais à peine arrivai-je à la porte du Fort que j'aperçus juste en face de moi un objet néfaste, et j'allai voir Latchoumananaïk qui était chez Madanândapandita où il m'apportait des *arecs* après s'être levé de bonne heure et s'être lavé la figure. Nous parlâmes de la nouvelle qu'avaient apportée hier les trois Anglais déserteurs, du départ des navires vers le Nord et de l'embarquement des affaires de guerre ainsi que de la fin du bombardement(1) : « Il ne peut plus rester », disions-nous, « et il va partir ; il ne tirera plus. Les bois, les sacs, la terre, qu'on a préparés ne sont plus utiles. Les gens qui avaient quitté leurs maisons par peur verront finir cette peur et pourront rentrer chez eux dans cinq ou six jours. On avait dit que si Aippicy commençait, ce serait le signe du départ des ennemis ; nous voici à cette date et la chose s'est réalisée ». Pendant que nous causions ainsi, nous entendîmes un coup de canon. Nous eûmes peur et nous demandions : « D'où tire-t-on ainsi ? », lorsqu'on vint nous dire de ne rien craindre, que c'était un navire arrivé de Dêvanâmpatnam, qu'aussitôt après avoir tiré il avait remis je ne sais plus quels ordres ; qu'ensuite le navire amiral et la galiotte avaient mis à la voile, étaient partis avec lui et avaient rejoint les autres navires au Nord. Dès que

---

(1) On lit dans la *Relation* : « Le 14, les retranchements ne nous tirèrent plus que de quatre pièces de canon et de cinq à six mortiers par intervalle. Malgré le peu de feu qu'ils faisoient, ils nous démontèrent deux grosses pièces avec d'autant plus de facilité que nous ne tirions presque plus et que nous leur donnions tout le tems d'ajuster leurs coups. Nous eûmes ce jour trois Déserteurs des Ennemis qui tous s'accordèrent à nous confirmer leur prochain départ ; mais ils assuroient en même tems que leur Général au désespoir de se voir contraint d'abandonner la partie, avoit résolu de tenter auparavant un coup de main et de venir nous présenter l'escalade dans l'obscurité de la nuit.

« Leur désertion nous prouvoit bien l'idée avantageuse qu'ils avoient de cette entreprise : mais comme elle manquoit à notre gloire, il n'y avoit dans la Ville ni Officier ni Soldat qui ne la désirât ardemment, jusques-là que ce faux bruit s'étant répandu par toute la Ville, plusieurs de nos blessés, brûlés, invalides et presqu'incapables de se soutenir, vouloient avoir leur part de la défense et se firent traîner sur les bastions voisins de l'Hôpital, pour y sacrifier le reste de leur vie ».

j'eus appris cela, je mangeai du riz cuit de la veille et je résolus d'aller chez Monsieur. Auparavant je passai, avec Latchoumananaïk et Madanândapandita dans l'habitation où je demeurai provisoirement. Là, nous fîmes l'*âsîrvâdam* (1), Latchoumananaïk et moi, puis, prenant un objet impur (2), nous le chargeâmes de malédictions pour tous les maux que nous avions soufferts depuis tant de jours. Alors, j'allai chez Monsieur.

Au moment où j'arrivai à la porte de l'Est dite porte royale, un père de l'église des Capucins arrivait juste en face de moi. Il s'arrêta et me dit : « Rangappoullé, es-tu satisfait ? » Je répondis : « Je suis heureux de tous vos bienfaits ». Il reprit : « Les Anglais s'en vont ; ils vont se cacher ; il en reste encore un peu, mais ce peu s'en ira dès qu'il commencera à pleuvoir ». Je répondis : « Pensez qu'ils partiront certainement comme vous dites ». Puis, je me dirigeai vers l'angle du pigeonnier pour voir Monsieur. Il était assis dehors avec MM. Duquesne, Bruel, Séré, Cassasultan, Mme Dupleix, Mlle Vincens, et un ou deux autres blancs. Ils causaient du départ des Anglais et de l'embarquement des appareils du siège.

J'arrivai là, ayant derrière moi Madanândapandita et Annapûrnanaïk. Dès que Monsieur m'aperçut, il se leva, quitta la compagnie, vint près de moi et me dit : « Les Anglais s'en vont ! Sont-ils enfin décidés à se retirer ? Il semble que c'est la fin de la lutte. On avait composé jadis une pièce de théâtre qui traitait de la guerre des Français et des Anglais. Tout était prêt : on l'avait apprise, mais la représentation a été ajournée. Fais compléter cette tragédie en y ajoutant des vers sur la guerre actuelle et fais-la représenter. Réunis les bayadères, les musiciens et les acteurs nécessaires ; ne crains pas de faire des dépenses et fais-la jouer le plus vite possi-

---

(1) Bénédiction, salut, etc.
(2) Je n'ai pu lire le mot.

ble ». Je lui répondis : « Je vais m'occuper de faire exécuter très vite ce que vous m'ordonnez ».

Il reprit alors : « Bien ; les Musulmans sont venus au secours des Anglais. Ceux-ci sont toujours à exciter contre nous tous ces gens qui parlent maure ; ils ne peuvent pas souffrir que nous ayons de la gloire dans ce pays. Quand resteront-ils sans faillir et sans nous créer des difficultés? Il faut que nous les punissions ». Je lui répondis que la punition devait se faire sentir jusqu'à la troisième génération.....

Ce matin, j'allai voir Monsieur dans la salle de la vérification des toiles ; dès qu'il m'aperçut, il me dit : « Abd-ul-salîl est parti la nuit d'hier à la lueur des torches ; je viens d'apprendre cette nouvelle par des cipayes et des pions qui sont sortis. Mais, depuis le huit purattàçi où il est arrivé jusqu'à hier, cela fait vingt-trois ou vingt-quatre jours qu'il est resté là. On prétend qu'il recevait tous les jours des Anglais quatre cents roupies ; il y en a qui disent même mille. Il attendait la prise de Pondichéry par M. Boscawen parce qu'on lui avait promis qu'on lui laisserait piller quatre rues de la ville. Dans quelle humeur doit-il s'en être allé ! Il ne respire plus ; il a peur de notre réveil. Il se rappelle notre démonstration sur Arcate lors de l'affaire de Gengy. Sa peur fera un effet inexprimable à la cour du Nabâb d'Arcate et au dehors »... M. Bruel arriva sur ces entrefaites et je lui demandai : « Quelles sont les quatre rues qu'il avait l'autorisation de piller? » Monsieur me dit : « La rue de Rangappa et les rues où sont les Chettys et les Comouttys ».

Alors arriva le Gémédar Abd-ul-rahman. Monsieur lui dit de s'asseoir et, le regardant : « Je te donne le titre de Nabâb d'Arcate », lui dit-il. Abd-ul-rahman lui répondit : « Donnez-moi mille cipayes, des cavaliers, quatre mortiers et quatre gros canons ; il est inutile de me donner de l'argent. Nous irons nous emparer d'Arcate et nous vous en rapporterons. Vous n'avez qu'un ordre à donner », et il ajouta cette remarque : « Avec un pareil nombre de cipayes, de canons et de mortiers, on peut faire la conquête de tous les pays contenus dans la largeur de Krichnâ ». — « C'est vrai », dit Monsieur, et il parla de nouveau de l'arrivée et du départ d'Abd-ul-salil.

Il donna ensuite l'ordre de faire venir M. Delarche et entra dans la cacherie. Là, il fit appeler Abd-ul-rahman et lui ordonna d'aller cet après-midi détruire les retranchements en terre élevés par les Anglais au Nord de la ville. Il ordonna aussi à M. Duquesne de prendre les dispositions nécessaires pour que, cette nuit, tous les cipayes sous les ordres d'Abul-rahman, tant qu'il y en a, avec cinq cents de ceux sous les ordres de Cheick-Ibrahim, y compris les canaras, accompagnés de deux cents cafres et trois cents soldats avec deux canons se préparent à sortir demain matin, au lever du soleil, pour aller tomber sur les Anglais, les repousser de toutes leurs batteries, détruire les retranchements, et prendre et rapporter tout ce qu'on y trouverait. Abd-ul-rahman vint me le raconter en sortant de chez Monsieur et rentra ensuite chez lui.

Alors arriva M. Delarche qui entra chez Monsieur.....

[Année Vibhava
Mois de Purattâçi
3 — mardi]

[1748
Octobre
14]

Ce matin, comme j'arrivai au Fort, Monsieur se préoccupait de ce que faisaient dix-sept à dix-huit cents de nos hommes, y compris les cipayes, qui étaient allés attaquer les Anglais. Ceux-ci étaient occupés à transporter les affaires de leur camp au campement établi près de la rade où venaient de mouiller les navires. Les nôtres devaient les poursuivre vivement et leur faire beaucoup de mal. Désireux de voir comment se passait la bataille, Monsieur monta au clocher avec Madame et les capitaines des soldats, dix à douze personnes en tout. J'y allai aussi, je les saluai et j'y restai une demi-heure, après quoi je vins m'asseoir dans la salle de vérification des toiles.

Là, vers neuf heures, un pion de la Compagnie m'apporta une lettre de neuf jours du vâkil Soupraya qui est près du Nabâb Mafouzkhân. Je vis qu'elle avait été ouverte et je demandai par qui. J'appris qu'elle avait été prise à la porte de Valdaour par les pions de Madame qui l'avaient portée à Monsieur, que Monsieur avait dit de me l'envoyer, mais que Madame l'avait prise et avait fait venir Madanândapandita pour la lire. Et c'est après tout cela qu'on me l'apportait. (Il y était parlé des troubles dans le royaume du Nabâb, de ses expéditions sur Gengy et Tanjaour, de l'invitation adressée par le Nabâb à Mafouzkhân de venir auprès de lui, de ce que les Anglais lui faisaient écrire de leur camp par Abd-ul-salîl et du peu de confiance qu'il avait dans les Anglais. En terminant, Soupraya demandait de l'argent pour ses frais.)

Dans l'intention de dire ces nouvelles à Monsieur, j'allai le retrouver à la cacherie, car il était descendu du clocher. On vint lui rapporter que les cinq cents hommes de Cheick-Ibrahim, ainsi que les mille et plus d'Abd-ul-rahman, cipayes, cavaliers, cafres, étaient allés attaquer les Anglais au Nord et à l'Ouest, mais qu'ils avaient été mis en fuite par des décharges de canons. Deux des cipayes seulement d'Abd-ul-rahman avaient été blessés et deux tués. Abd-ul-rahman et Cheick-Ibrahim vinrent raconter l'affaire à Monsieur qui se mit dans une grande colère ; très humiliés et la tête basse, ils s'en revinrent chez eux.

Les Anglais ont tiré ce soir une trentaine de coups de canons ; ils ne lançaient que des boulets. Plusieurs ont atteint les bastions et les murs. Je ne sais pas le nombre exact. A neuf heures, un boulet de quatorze livres est tombé sur le magasin du riz, à l'Est de la maison où demeure mon frère. En agissant ainsi, les Anglais veulent dissimuler l'embarquement de leurs munitions.

Cependant, à minuit juste, les Anglais ont mis le feu à leurs retranchements et se sont retirés tous dans les tentes qui étaient installées sur les hauteurs, à l'Ouest de Contésalé. Ils ont embarqué sur les navires tout ce qu'il y avait d'important dans ces tentes. Il y a aussi des hommes qui sont allés à Dêvanâmpatnam en suivant le bord de la mer. Les batteries, incendiées à minuit, ont brûlé jusqu'à trois heures et demie et ont fumé jusqu'à quatre heures et demie.

Le jeune brahme, dont j'ignore le nom et qui a apporté hier la lettre du vâkil Soupraya, a dit qu'il avait vu, lundi, 2 aippicy courant, vers dix heures (du matin), le contre-amiral Boscawen qui s'en allait en palanquin, à l'Ouest, dans la direction d'Ariancoupan et de Dêvanâmpatnam. Ce rapport a été confirmé ensuite par d'autres personnes.

Les nôtres ont tiré jusqu'à midi des batteries nouvellement construites et ont lancé cent à deux cents boulets. Depuis l'attaque d'Ariancoupam, les Anglais ont lancé soixante mille boulets, dont vingt ou vingt-cinq fois plus de l'Ouest que du côté de la mer, mille bombes de l'Est et trois mille de l'Ouest. On dit que les nôtres ont lancé trente mille boulets et trois cents bombes (1).

(1 On lit dans la *Relation* : « Les batteries ennemies cessèrent entièrement de tirer le 15. Les Anglois n'y avoient plus de canons et n'avoient conservé que deux pièces dans le Bois. Un Officier Ecossois, réduit parmi eux au rang de soldat et proscrit par le Parlement d'Angleterre pour s'être déclaré en faveur du prince Édouard, vint chercher parmi nous un asile. Lui et cinq déserteurs que nous eûmes encore ce même jour nous confirmèrent le rembarquement des Anglois. Comme on n'avoit nullement dessein de le laisser faire tranquillement, tous les Sipays furent commandés au nombre de 1,500, pour sortir des limites et couper les convois, s'ils en trouvoient occasion. On fit marcher, pour les soutenir, tout le Corps de réserve auquel on joignit cent hommes de Marine, avec ordre cependant de ne point passer les barrières des limites. Soit que ce détachement fût sorti trop tard ou que vraisemblablement nos Sipays voulurent faire un pont d'or aux ennemis qui se retiroient, ils les virent, et au lieu de tomber sur eux, ils rentrèrent dans les limites et s'y dispersèrent, sans qu'il fut jamais possible à leur Chef de les ramener sur leurs pas. Nos troupes Européennes, rangées en bataille aux portes des limites, ne demandoient pas mieux que d'aller reparer la faute des Noirs ; mais comme il y auroit eu de l'imprudence de se livrer à leur ardeur, M. Dupleix leur envoya ordre de se retirer dans la Place ».

Année Vibhava	1748
Mois d'Aippicy	Octobre
4 — mercredi	16

Les Anglais qui, hier soir, avaient mis le feu à leurs batteries et à leurs redoutes de la parcherie de Paccamodéanpett, à Contésalé, s'en sont allés ce matin à la chauderie de Péroumalnaïk. Ils se sont retirés dans leur camp qui est établi à l'Ouest de cet endroit-là et à l'Ouest de Moûtrapaléam. Depuis trois ou quatre jours, ils ont enlevé toutes leurs affaires et les ont transportées aux ports de Ponnayapaléam et de Vellâjençâvadi et les ont embarquées sur leurs navires pour se rendre eux-mêmes à Dèvanâmpatnam par la route de Villenour. Quelques Anglais seulement sont restés autour de la ville et tirent de temps en temps quelques coups de canon pour faire aller et venir les nôtres, les Français. Mais, à part les cipayes, personne des nôtres ne sort.

Depuis le vendredi, 25 avani, où les nôtres se sont repliés sur Contésalé, il y a eu des jours où l'on a tiré mille coups de canon ; mais il n'y a pas eu de jour où l'on n'en ait tiré huit cents, sept cents, six cents, cinq cents, trois cents, deux cents ou enfin cent. Il n'y a pas eu un seul jour où l'on n'ait pas entendu le bruit des canons et des mortiers.

Les gens qui sont allés dans les batteries anglaises ont rapporté trois à quatre mille boulets de vingt-huit, vingt-quatre livres et moins encore, jusqu'à seize ou quatorze livres. Ils ont trouvé de plus des pioches, des pinces, des bêches et d'autres instruments que les Anglais avaient abandonnés. Ils ont ramassé en outre beaucoup de planches, les unes en bois d'Europe, épaisses de six à douze doigts, d'autres en teck très longues, etc.

Les pions de Madame, de leur côté, ont recueilli des ustensiles de ménage et des instruments de jardin, des pilons, des mortiers, un peu de fruits secs, un peu d'eau-de-vie. Enfin, comme on n'a coupé aucune récolte pendant le temps si long qui s'est écoulé depuis l'arrivée des Anglais, parce qu'ils avaient défendu à n'importe qui de toucher aux cultures et aux cocotiers qui entouraient leurs retranchements, les gens de la ville sont allés chercher ce qui leur appartient. On fit transporter dans le Fort les boulets seulement, pour lesquels on donnait un fanon par pièce (1).

Quand j'arrivai au Fort, Monsieur me dit : « Tous les Anglais ont pris la fuite ; ils ont incendié hier soir leurs batteries », et il me raconta les autres histoires. Puis il ajouta : « Les Musulmans sont faux et misérables ; ce sont des chiens », et il continuait en les traitant fort mal. Il reprit ensuite : « Les Hollandais ont aidé les Anglais en leur envoyant mille soldats sous le commandement d'un nommé Roussel qui a été major ici » (2). Étant capitaine, il s'était marié à Pondichéry avec la fille d'un charpentier européen, M. Faissèque (?), puis il fut envoyé à Mahé où il y eut une querelle entre lui et M. Beauducl (?). Rappelé ici et mis en prison, il en avait appelé contre M. Dupleix devant les tribunaux de France. Ayant perdu son procès, il passa en Hollande, y prit du service et est venu ici commander le contingent hollandais. Sa femme, après être allée en Europe, est revenue à Mahé et comme c'est l'amie intime de Mme Coquet, elle est venue habiter chez celle-ci, à Pondichéry, avec ses enfants.

Monsieur me raconta tout cela et beaucoup d'autres choses, puis il me dit : « Voilà neuf jours que vous n'avez vu votre maison ; vous pouvez y aller à n'importe quelle heure et y dîner à midi ». C'est ce que j'ai fait ; mais je lui appris que je me propose d'envoyer demain matin, jeudi, avec mon frère, mes enfants à la campagne : Monsieur approuva ce projet. Il y a trente-neuf jours qu'à cause du trouble

---

1. On lit dans la *Relation* :

« La nuit suivante (du 15 au 16) nos soldats indiens prirent possession de la tranchée que les ennemis avoient abandonnée, après avoir mis le feu aux plateformes et aux fascines : on y trouva dix pièces de 24 brisées et hors de service ».

2. Voyez ci-dessus p. 4, 13, etc.

causé par les Anglais, les gens n'habitent plus chez eux.

A midi, des individus qui étaient allés au camp des ennemis en ont rapporté quatre mille sacs de riz, du sucre, des dattes et autres provisions de bouche qu'ils y avaient abandonnées et auxquelles ils avaient mis le feu.

Monsieur a donné l'ordre que, demain matin, les cipayes, sous les ordres d'Abd-ul-rahman, les dragons de M. d'Auteuil, et les cavaliers musulmans, sortent à quatre heures du matin et se mettent à la poursuite des Anglais; ils devront rentrer en ville au coucher du soleil. Ils doivent leur prendre les ustensiles et appareils qu'ils emportent.

On m'a dit que Monsieur avait appris l'histoire de M. Roussel par les hommes de sa compagnie et par les Anglais qui ont déserté. Il en arrive tous les jours cinq à six ; il est même arrivé aujourd'hui un officier.

Année Vibhava		1748
Mois d'Aippicy	·	Octobre
5 — jeudi		17

Ce matin, l'armée anglaise a quitté les environs de Cadràgappoulléar-côvil et de Moûtrapaléam pour se retirer à Dêvanâmpatnam et Goudelour. Comme ils n'avaient pas assez de *coulis* pour emporter le reste de leurs provisions, sacs de riz, sucre, sucre candi, dattes, etc., ils y ont mis de la poudre qu'ils ont allumée; puis, ils sont partis. Les nôtres sont allés à leur poursuite. En passant la rivière à Mouroungapaccom, ils se sont aperçus qu'on les poursuivait; alors, ils ont mis des canons en batterie et ont tiré. On tirait aussi du Fort d'Ariancoupan. Nos soldats, nos cipayes et nos cavaliers ont tourné bride. Le feu des canons anglais a tué deux chevaux; deux cipayes ont été aussi tués et six ou sept blessés. Les pions de Madame Dupleix, qui venaient au loin derrière, ont eu deux hommes tués. Les cipayes et les pions se sont empressés de ramasser tous les sacs de riz ; ils les ont chargés sur les chevaux des cavaliers, autant que ceux-ci pouvaient en porter. Toute la troupe est revenue au Fort à neuf heures et demie (1).

Cependant, c'est le dimanche 27 purattâçi, de la nuit à l'aurore, que le bombardement a commencé. A cette époque, j'ai quitté ma maison et suis allé avec mes enfants à la maison Empérumâl (2). Mais, comme les boulets des batteries de l'Ouest arrivaient jusque-là, j'en suis parti le dix-septième jour pour venir m'installer dans mon magasin qui est la propriété de Pâléappamodély. Comme les projectiles y arrivaient abondamment, j'en sortis au bout de seize jours et vins, à minuit, avec mes enfants, là où je me trouve aujourd'hui. Il y a dix jours, aujourd'hui 5 aippicy, jeudi, que nous y sommes. Alors, aujourd'hui, après avoir envoyé mes enfants devant, je suis allé avec Mouttourâmachetty, Çêchâsalachetty, et autres, pour voir nos maisons. Au moment où j'arrivai à la mienne, les cloches de l'église d'en face se firent entendre. Dêvarâyachetty de Négapatam, et Sassapraya étaient sur leurs portes. En me voyant, ils me dirent : « Voilà longtemps que vous n'étiez pas venu dans votre maison ; nous parlions de vous hier. Plût au ciel que tous les gens revinssent ainsi ! ».....

Après avoir vu ma maison, je résolus d'aller au Fort chez le Gouverneur. Mais je le rencontrai qui arrivait tout droit dans la rue en face de ma maison : il allait voir les batteries des Anglais et les endroits où ils avaient établi des retranchements. Je descendis de palanquin et j'allai le saluer. Il

---

1. La *Relation* s'exprime ainsi :

« Le 17, toute l'armée angloise se replia vers Ariancoupam, après avoir aussi mis le feu aux baraques qui formoient une partie de son camp. Nos dragons, grenadiers et volontaires qui etoient sortis pour tomber sur l'arrière-garde ne cessèrent d'harceler l'ennemi jusqu'au passage de la rivière tandis que nos soldats indiens s'amusèrent à piller le camp, où ils trouvèrent quantité de sacs de riz, du biscuit, et autres provisions que cette retraite, (qui par parenthèse avoit assez l'air d'une fuite), avoit contraint les Anglois d'abandonner ».

2. Il doit y avoir là quelque erreur de copie, car la date ne correspond pas à la réalité des faits. Il faut lire sans doute : 27 âvani (8 septembre).

me dit : « Viens, toi aussi », et, derrière lui, sortant par la porte de Valdaour, j'allai à la parcherie de Sarompaccomodéanpett. Il y avait là une redoute au milieu, une autre à droite et une autre à gauche ; les Anglais y avaient mis seize canons et des mortiers. Nous sommes ensuite allés voir une autre batterie qu'ils avaient élevée en face du bastion à l'angle de la porte de Madras ; il y avait là quatre canons : c'était pour répondre à une redoute que les nôtres avaient construite, armée de deux canons, en dehors de la porte de Madras et qui donnait à la fois sur leurs batteries et sur leur camp. Puis Monsieur alla voir, et j'y allai avec lui, une redoute construite à Pavajacârençàvadi tout à fait en face de la porte de Valdaour : les nôtres avaient mis là une batterie de deux canons, et, pour lui répondre, les Anglais avaient établi une redoute de deux canons aussi. Nous avons vu les tranchées ouvertes par les Anglais ; elles partent d'au delà de Contésalé et se divisent en canaux conduisant aux diverses batteries. Ces batteries étaient toutes garnies à l'intérieur de poutres ou de planches de bois d'Europe ayant huit à dix pouces d'épaisseur ; elles étaient couvertes par du feuillage pour protéger les soldats contre les bombes et les boulets. Il y avait des casemates pour les officiers, les grands chefs, et les provisions de boulets et de poudre. On peut évaluer à dix mille le nombre des *coulys* que les Anglais ont employés à ces travaux ; ils les payaient chacun trois fanons de Goudelour. Un fanon de Goudelour vaut un fanon et quart des nôtres (1). C'est ainsi qu'ils ont pu faire très vite tous ces travaux. Monsieur et tous les blancs qui étaient venus avec lui disaient qu'autrement c'eut été un travail impossible à faire.

Aujourd'hui, à cinq heures de l'après-midi, on a fait ranger à l'Est du Fort tous les soldats ; tous les cipayes, tous

(1) Trois fanons de Goudelour font donc environ 1 fr. 1 ., trois fanons de Pondichéry feraient 0 fr. 90

les pions du Marava, les pions de la Compagnie et toutes les autres personnes qui étaient sur les remparts tirèrent une salve de coups de fusil ; puis les soldats tirèrent une triple salve. Ensuite, tous les canons des remparts tirèrent, suivant l'ordre qu'on avait donné. Comme il y avait quarante et un jours qu'on n'avait pas mis le drapeau et qu'on n'avait pas le temps de préparer le mât, on a fait avec deux morceaux de bois un mât provisoire et on y a arboré le drapeau blanc. Pour remercier Dieu de nous avoir sauvés et d'avoir chassé les ennemis, on célébra à l'église un office où allèrent assister le très illustre Monsieur, Madame, ainsi que tous les autres blancs et leurs femmes. Ils avaient la figure joyeuse et avaient mis de beaux vêtements. Pendant qu'ils assistaient à l'office, les cipayes et les pions qui étaient sur les remparts ont tiré une salve de coups de fusils, les soldats en ont tiré trois et les canons qui sont sur les remparts qui entourent la ville ont tiré trois fois vingt et un coups. Levant en l'air leurs chapeaux, tous les hommes ont crié trois fois : « Vive le Roi ! »

Quand Monsieur le Gouverneur est arrivé à l'église, tous les blancs et leurs femmes lui ont témoigné leur vive reconnaissance et lui ont adressé beaucoup de compliments sur son courage, sur ses talents, sur le grand succès qu'il avait remporté en faisant fuir les ennemis et en préservant la ville. Ils l'entouraient et l'embrassaient tous l'un après l'autre.

Ils ont tous crié là trois fois : « Vive le Roi ! » puis ils se sont rendus tous dans la salle de vérification des toiles, où l'on avait préparé une grande table, avec tout ce qu'ils ont l'habitude de manger les jours de fête. Ils ont trouvé là d'abord un endroit où l'on avait préparé du vin.

Monsieur, avec les Conseillers et les chefs des troupes, s'est rendu à l'Est du Fort, à l'endroit où l'on avait rangé les soldats. Suivant l'usage, les officiers l'ont salué de leurs épées et il a répondu de même. Alors, sur l'ordre des chefs,

tous les soldats ont levé leurs chapeaux et crié trois fois :
« Vive le Roi ! » Puis Monsieur le Gouverneur est venu
dans le Fort, avec les Conseillers et les chefs de troupes. Ils
s'arrêtèrent devant le nouveau Gouvernement qu'on est en
train de construire. Là, on apporta un grand plateau, où il
y avait de vingt à trente verres, on y versa du vin, et ils
ont bu à la santé du Roi. Ils ont encore levé leurs chapeaux
et crié trois fois : « Vive le Roi ! » Tous les blancs et leurs
femmes sont allés ensuite dans la salle de vérification des
toiles où était préparée la grande table Ils s'y sont assis, ont
mangé et ont bu du vin (1).

Quand Monsieur est sorti pour se promener, moi et les
vieux marchands de la Compagnie, Çêchâsalachetty, Mouttousâmichetty, Latchoumananaïk, Tirouvâdibalichetty, Coumarabhattâsalatte, Vêngadâçalachetty, Tânappamodély ; les
employés du service maritime ; Râmatchandrâya, Sarasadèvapandita, Kôttésoupraya et les autres employés du Fort ;
les comptables de la chauderie ; tous les comptables du Fort
et les principaux habitants de la Ville ; nous sommes venus
nous ranger devant lui et nous lui avons fait de grands

---

(1) On lit dans la *Relation* : « Par une estimation assez juste, on compte que les Ennemis nous ont envoyé, tant du côté de terre que de celui de la mer, plus de quarante mille coups de canon, la Galiotte près de onze cens bombes et les mortiers de terre environ quatre mille. De notre part il s'est tiré vingt-quatre mille coups de canon et près de deux mille bombes.

« La revue de nos troupes faite, il se trouva de moins 112 Blancs, 29 Sipays et quelques Caffres. Sans la malheureuse affaire des poudres, notre perte eut été peu de chose, n'ayant eu environ que 40 ou 50 hommes tant tués que blessés par le feu des Ennemis. On n'a pu savoir au juste celle que nous leur avons causée. Outre 500 hommes et 20 officiers que nous leur avons tués ou blessés, de l'aveu de leurs déserteurs, les maladies contagieuses qui se mirent dans leur camp et qui furent causées, soit par les chaleurs excessives, soit par l'usage des Choux Palmistes mêlés avec du lait et du sucre, dont ces troupes, nouvellement arrivées d'Europe, faisoient un excès étonnant, comme ils en font de leur Ponch. Ainsi l'on peut conjecturer qu'ils doivent avoir trouvé à redire plus de 1,500 hommes tant tués que blessés, désertés et morts de maladie. Le nombre de leurs Déserteurs reçus dans la Place se trouva monter à 19 y compris l'Officier Écossois, et celui des prisonniers faits sur eux à 39, dont deux Officiers principaux pris à l'action d'Ariancoupam ; ce qui fait en tout 58 hommes, tant prisonniers que déserteurs ».

compliments sur son courage et sa persévérance : « Quand les ennemis sont venus entourer notre cité, vous les avez chassés comme le jour dissipe la nuit, et vous les avez vaincus avec tout le génie qui était nécessaire. Vous avez sauvé nos personnes, nos familles et nos biens. Pour ces bienfaits, nous vous avons une reconnaissance éclatante et nous demandons au Seigneur de vous accorder une longue vie ! La gloire de la race française brille partout et nous prions Dieu de lui donner toutes les victoires. Qu'en prononçant seulement votre nom, on voie les ennemis vaincus ! C'est ce que nous demandons à Dieu pour exprimer notre reconnaissance envers vous ». Monsieur répondit à cela : « C'est Dieu qui vous a sauvés ; c'est lui qu'il faut remercier », et les saluant un à un, il les renvoya. Ils s'en retournèrent chez eux. Alors Monsieur, quittant la salle de vérification des toiles, revint chez lui. Je l'accompagnai en causant avec lui. Ce qu'il me dit (1).....

[Année Vibhava [1748
Mois d'Aıppıcy Octobre
6 — vendredı] 18]

La nouvelle de ce matin, c'est qu'on a connu le départ des Anglais d'Ariancoupam par la lumière de l'incendie des planches et autres objets auxquels ils avaient mis le feu ; cela indiquait qu'ils incendiaient leur camp et que toute l'armée partait (2). J'étais à en parler avec Monsieur, ce matin, à six heures, sur la terrasse, quand est arrivée la nouvelle que ce matin même toute l'armée anglaise avait gagné Ret-

---

1. La suite manque.
2. On lit dans la *Relation* :

« Le 18, les Anglois évacuèrent le fort d'Ariancoupam dont ils firent sauter une partie. Nos troupes aussitôt s'en emparèrent et nos dragons les poursuivirent jusqu'au de là de la première rivière où on les avoit reçus à leur arrivée. Leur escadre qui avoit levé l'ancre dans la matinée pour se rendre à Goudelour, fut obligée de remouiller faute de vent, et ne put rappareiller que le lendemain 19, jour enfin où nous nous vîmes entièrement libres par terre et par mer ».

tiarçâvadi. Monsieur expédia aussitôt cinq ou six cents cipayes, des dragons, des soldats blancs, des pions et M. Duquesne, avec l'ordre d'entrer dans (Ariancoupam), d'y prendre des nouvelles, de s'informer jusqu'où s'était retirée l'armée anglaise, etc.

Conformément à ces instructions, M. Duquesne et ceux qui étaient avec lui sont allés à Ariancoupan, y ont arboré notre pavillon et ont envoyé des hommes s'informer jusqu'où s'était retirée l'armée anglaise ; ils ont appris ainsi qu'elle était allée à Dâkkanâmpâccom pour gagner de là Dêvanâmpatnam. M. Duquesne envoya dire cela, alors Monsieur se rendit en voiture à Ariancoupam, vit tout par lui-même ; il est revenu à onze heures.

Il m'envoya chercher aussitôt et me dit : « Les pions du Naïnard n'ont été rien voir ! Ne devais-tu pas leur prescrire d'aller tout inspecter à fond ? Avais-je besoin de le dire et devais-tu attendre ? » Et il me dit d'envoyer très vite les pions du Naïnard. Je fis venir le Naïnard, je lui transmis cet ordre, et il expédia quatre hommes avec des fusils.

Puis Monsieur me dit : « Envoyez, demain matin, faire battre le tamtam dans nos villages pour rappeler les habitants ». Je fis aussitôt venir le Naïnard et je lui ordonnai d'envoyer des gens à Ariancoupam, Oulgaret, Mouroungapâccom, Archiwack et autres villages à nous, pour faire dire, au son du tamtam, que les choses allaient bien, que les habitants devaient revenir ; je lui dis aussi de faire donner à boire aux crieurs dans le magasin de vin.

Monsieur me dit également de me procurer du riz en grande quantité par tous les moyens possibles ; je lui répondis que je ferais arriver tout ce que je pourrais trouver.

Le zilédâr de Valdaour, Mîr-kalâlatti-khân, et l'ancien zilédar Mîr-huçain-khân, ont écrit à Monsieur pour lui faire leurs compliments, à propos de la victoire qu'il venait de remporter sur les Anglais. Sans entendre jusqu'au bout la lecture de ces lettres, Monsieur me dit : « Répondez comme il faut. Ils demandent une récompense : dis-leur de s'en aller, dis-leur de s'en aller ». Je fis écrire les réponses et donnai à chaque (porteur) cinq roupies.

Deux des navires anglais, qui avaient quitté le nord de la rade de Pondichéry pour aller mouiller à Vîrampatnam, droit en face d'Ariancoupam, ont mis à la voile et sont partis vers la Haute-Mer. Deux autres sont allés à Dêvanâmpatnam. Les autres sont encore mouillés là.

Année Vibhava	1748
Mois d'Aippicy	Octobre
7 — samedi	19

Ce matin, quand j'arrivai chez Monsieur, il me demanda : « As-tu envoyé battre le *tamtam* de village en village? » Je répondis : « Hier soir, j'ai envoyé dire de le faire et j'ai appris qu'on l'avait fait à Archiwack, Ariancoupam, Oulgaret, Mourougapâccom, et autres villages voisins; nous apprendrons bientôt qu'on l'aura fait aussi ailleurs ». Il me dit : « C'est bien », et il ajouta : « Il y a d'ici à Madras trente étapes de poste; il faut envoyer trois cents hommes pour faire le service, cent pions de Méliapour, cent cipayes de Cheick Ibrahim et cent cipayes d'Abd-ul-rahman. S'ils rencontrent les Anglais, ils pourront tomber dessus dans le cas où ceux-ci ne seraient pas plus de cent cinquante ». Il m'ordonna en outre de faire examiner avec soin les meubles et objets mobiliers qui entreraient en ville ou qui en sortiraient.

MOTS SPÉCIAUX ET EXPRESSIONS LOCALES

Adamanom, concession de la jouissance d'une terre = terre *adamanaire*, dont le fonds appartient au roi et dont les cultivateurs n'ont que la jouissance, avec le droit de les aliéner et de les hypothéquer.

Agrahâra, village ou quartier de Brahmes; par extension, maison de campagne.

Angui, vêtement d'homme, robe de dessus, de cérémonie, longue et flottante, en mousseline.

Arec, noix de l'*areca catechu* (Linné), de malayâla *aḍakka*. = Voy. Bétel.

Avaldar (pers. *'Amaldâr* « employé »), percepteur et chef de village, sergent de cipayes.

Bangalow (hind. *bangalâ* ou *banglâ*), proprement « maison à l'usage des Européens » et, par extension, hôtellerie gratuite où les voyageurs ne trouvent que le logement.

Bâr, poids de cinq cents livres environ.

Barâ-Çâhib, Grand Monsieur, Grand Seigneur; plur. honorifique *Baṛê-Çâhib;* titre donné à Dupleix par les Indiens musulmans de Pondichéry.

Barre (de coton), mesure de poids valant 240 kilogrammes.

Bazar, proprement *Bâzâr*, mot persan, dont le peuple abrège généralement la première syllabe : boutique, halle, marché permanent.

Bétel, feuille du *piper betel* (Linné), du tam. *veṭṭilei* « simple feuille ». Avec de la noix d'arec broyée et de la chaux, on en forme une sorte de chique dont l'usage est très répandu. Elle provoque la salivation : la salive est rouge.

Boy (hind. *bhôî* ou *bhûî*), porteur de litière, de palanquin.

Cache (tam. *Kâçu* « monnaie »), pièce de billon valant un liard; un fanon de Pondichéry en contient 24.

Caller, voleur, formant une caste spéciale.

Cange, canji (tam. *Kandji*), eau de riz.

Cary, écrit *currie* par les Anglais, sorte de ragoût de viande, légumes, œufs, poisson, etc., cuit avec du safran, de la cannelle, du piment, du coriandre, etc., et qui se mange avec du riz cuit à l'eau, en guise de pain : du tam. *kar'i* « sauce ».

Casbah (ar. *qaçbah*), grand village, cité, enceinte particulière, forteresse.

Caste, du portugais *casta* « pure, chaste », division de la société distinguée par des privilèges, des coutumes, un culte particulier, une profession, etc. On ne se marie pas d'une caste à l'autre.

Çâstram, science, par extension livre de science, prophétie.
Cattiaux, altération du nom tamoul *Kârttikâ*. — Fête des cattiaux, caractérisée parce qu'on allume des torches, qu'on tire des feux d'artifice, etc., pour célébrer la victoire de Subrahmaṇya, fils de Çiva, sur le géant Gadjamukhâsura. Subrahmanya s'appelle aussi *Kârttikêya* parce qu'il eut pour nourrices les Pléiades (skr. *Karttikâs*).
Cattimaron (tam. *kaṭṭumaram* « arbres attachés »), sorte de radeau long insubmersible, formé généralement de trois ou cinq troncs d'arbres liés ensemble avec des cordes faites à l'aide de la bourre du coco.
Chakra, propr. *tchakkira* (skr.) « disque », petite monnaie d'or portant pour empreinte le disque vichnouviste, et valant de 0 fr. 90 à 1 fr. 20, suivant le pays.
Champan (propr. *çampân*, tam.), petit navire.
Chatti, vase de cuisine plat, en terre.
Chauderie, tribunal de première instance à Pondichéry, à cause du local qu'il occupe. Les *chauderies* sont des maisons mises gratuitement à la disposition des voyageurs, comme les *Bangalows*. Le pays tamoul en compte beaucoup. Tam. *çâvaḍi*.
Chelingue (tam. *çalangu*, skr. *djalanga?* « qui va sur l'eau »), sorte de chaloupe non pontée qui sert à franchir la barre sur la côte de Coromandel.
Chetti, négociant, marchand.
Cipaye (hind. *sipâh-î*, de *sipâh* « armée »), soldat indigène volontaire.
Coḷḷu, sorte de lentille (*dolichos uniflorus*) qui sert à l'alimentation des chevaux.
Combu, trompe, cornet, etc., tam. *kombu* « corne ».
Cometty (*komuṭṭi*), caste de marchands.
Chitte, étoffe indienne.
Corva (propr. *kur'ava*, tam.), caste de cultivateurs.
Couli, couly (et non *coolie*, comme écrivent les Anglais), homme de peine, manœuvre, du tam. *kûli* « salaire journalier ».
Crore, voyez *kôṭi*.
Darbâr, pers. « cour, audience royale ».
Dhouli (propr. *ḍôlî*), sorte de palanquin rudimentaire, de litière suspendue à un bambou, qui sert ordinairement aux ambulances militaires dans l'Inde.
Divan, propr. *dîwân*, Cour royale, « Conseil d'État, premier ministre ».
Dobachi, agent principal, domestique de confiance ; proprement « interprète, qui sait deux langues : *dô bâchî* ».
Dôni, petit navire indien jaugeant de 50 à 60 tonneaux.
Fanon, pièce divisionnaire en argent ; le fanon de Pondichéry valait six sous (0 fr. 30), celui de Goudelour neuf sous (0 fr. 45), celui de Madras environ quatre sous (0 fr. 19), etc.; du tam. *paṇam* « argent, monnaie ».
Garse (tam. *kariçei*), mesure de capacité virtuelle équivalent à 5239 ou 5543 litres. On compte ordinairement 94 sacs de 75 kilog. pour une garse, soit 7050 kilogrammes qui comprennent 6400 mesures indiennes.

Gémédar (pers. *djama'dâr*), second officier d'une troupe de soldats, lieutenant-colonel, lieutenant.

Gilédar (pers. *zilahdâr*), chef de district nommé directement par le souverain.

Godon, chai, cave, grenier; les Anglais écrivent *go-down*. Du tam. *kidangu* « magasin ».

Gomasta (pers. *gumâchtah*), écrivain, agent, représentant.

Goni, sac de toile grossière ou plutôt d'herbes tressées, servant originairement à transporter le sucre brut.

Guindin (tam. *kiṇḍan*), étoffe de coton rayée.

Guinée, toile bleue teinte d'indigo, exportée surtout dans l'Afrique occidentale, d'où son nom.

Guru, skr. « directeur spirituel ».

Jagir, propr. *djagîr*, territoire dont le revenu est attribué à un grand personnage.

Kâdam, lieue indienne de sept *nâjigei*, environ 14 kilomètres, longueur qu'on parcourt en une veille *(çâmam)*.

Kâdi, cange aigri.

Kaikklava, caste de tisserands.

Kanakkan', comptable, écrivain, commis, etc.

Kâyath, comptable musulman, écrivain calligraphe.

Khartch, ar. « dépenses, frais ».

Kôti, dix millions, cent fois cent mille.

Kullây, tam. « petit bonnet, calotte », etc.

Lack, skr. *lakcha*, cent mille.

Lingam, symbole du culte de Çiva, probablement emprunté à un culte naturaliste antérieur, qui a la forme d'une colonne cylindrique; emblème de la virilité.

Macouas, bateliers et pêcheurs du sud de l'Inde.

Mahânâṭṭâr, chefs de caste, proprement « grands indigènes » (de *nâḍu*, tam. « pays »).

Manangu, poids de 12 kilog. à Pondichéry. de 11 kg. 325 à Madras.

Maniagâr, tam. percepteur, régisseur, administrateur.

Marécal (tam. *marakkâl*), mesure de capacité, équivalente à 3 litres 492660.

Mesure, pour les grains, valant 866 décilitres.

Minâkchiyamman, déesse de la petite vérole, fille du premier roi de Maduré, qui était, dit-on, une incarnation de Pârvatî, femme de Çiva.

Modéliar (tam. *Mudaliyâr* « premier »), chef, courtier, divân, etc.

Monsieur, titre donné au Gouverneur de Pondichéry. On l'appelle aussi *le Grand Monsieur*, *Périyadurei* en tamoul, *Baṛâ Çâhib* (ou plutôt *Baṛé Çahib*, pluriel honorifique) en hindoustani.

Monsieur *(le petit)*, titre donné à l'Intendant, au Second de Pondichéry.

Moutchi, peintre indien.

Muhur (pers. *muhr* « sceau »), pièce d'or valant 15 roupies, soit environ 37 fr. 50.

Munchî, employé, secrétaire.

Nabâb, hind. *nawâb* (pluriel arabe de *nâyab* « délégué »), proprement vice-roi du Grand Mogol.

Naïnard, chef de police indien, grand-prévôt.

Naïre (mal. *nâyar*), caste noble, belliqueuse, de la côte Malabar.

Nâji ou **nâjigei** (skr. *nâḍikâ*), heure de 24 minutes, 60° partie du jour, par extension, longueur de route qu'on peut parcourir en 24 minutes, environ deux kilomètres.

Nazr, pers. « faveur, protection ».

Nelly (tam. *nel, nellu*), riz non décortiqué.

Nizam-ul-muluk, « gouverneur du pays », titre que prit le Soubédar du Décan Mîr Kamrû'd dîn Khân, qui devint bientôt indépendant. Ses successeurs ont conservé ce titre.

Ole, feuille de palmier sur laquelle on écrit au stylet.

Pagode, temple hindou, originairement « divinité » (*Bhagavati,* tam. *pagavadi*), et, par suite, « pièce de monnaie d'or » sur laquelle est la figure d'une divinité indienne.

Pagode, pièce de monnaie d'or valant trois roupies ou trois roupies et demie, environ 8 fr.

Pagotin, petite pagode, petit temple indien.

Paillotte, maison construite en terre et couverte de paille.

Palanquin (hind. *pâlki,* du skr. *palyanka* « lit »), sorte de litière pour voyager soutenue par des tiges solides en avant et en arrière et portée par quatre ou six hommes.

Paléagar (tam. *pâleîyakkâra* « homme du camp, du district »), petit chef local, feudataire du souverain ; — aujourd'hui, inspecteur de police.

Paḷḷy, caste de cultivateurs mercenaires.

Pandal, construction légère en forme de dais ou tente, en bambou, bois ou feuillage.

Panelle, vase de cuisine rond, en terre.

Paravânah, pers., ordre royal.

Parcherie (tam. *par'atchêri*), « village de parias ».

Paria, fém. *pariate,* la plus inférieure des castes, gens hors-caste, etc.

Partchi (tam. *par'atchi*) « femme pariate ».

Pataques, piastres sévillanes.

Retti, caste de cultivateurs originaires du pays télinga.

Rettou, grosse toile, toile à double fil.

Roupie (skr. *rûpya*), pièce de monnaie en argent, unité monétaire, qui valait 2 fr. 50 ; aujourd'hui, vu l'abaissement du prix de l'argent, elle ne vaut plus que de 1 fr. 70 à 2 fr.

Salâm (ar. *çalam,* héb. *châlôm* « paix »), formule de salutation, salut.

Sâmam (*çâmam,* skr. *yâma*), une veille, durée de trois heures.

Sêda, tisserands qui font les tissus fins.

Sêṇiya, tisserands de soie.

Serpeau, pers. *sarêpâô, sar-ô-pâ,* vêtement d'honneur.

Serre, mesure de capacité, équivalente à 0 lit. 469730.
Soubabie, propr. *çûbah* « province », division territoriale.
Soubédar (propr. *çûbah-dâr*), chef de province, gouverneur, commandant, capitaine.
Soudra, la quatrième caste légale, à laquelle se rattachent la plupart de celles du sud de l'Inde.
Taléari, garde champêtre.
Talouk (ar. *ta'lluq*), subdivision d'un district, partie d'une propriété.
Tannîr-pandal « *pandal* où l'on distribue gratis de l'eau aux passants ».
Teck, arbre qui fournit un très bon bois de construction, *tectona grandis* de Linné; tam. *têkku,* sanskr. *çâka.*
Tchaṇḍâla, homme hors de castes, fils d'un Soudra et d'une Brahmine.
Thabédar (hind. *tâba'-dâr*, dépendant, serviteur), chef de poste de police,
Topa (de *ṭopi* « chapeau » hind.), mulâtre, métis, « gens à chapeau, » = fém. *topasine.*
Udeiyâr, dynastie originaire du pays canara qui usurpa le nord du Tchola (Soja) vers la fin du xive siècle.
Vâkil, pers., représentant, envoyé, ambassadeur.
Varangue (hind. mod. *varaṇḍâ*), galerie à colonnes qui forme la façade de toutes les maisons européennes dans l'Inde. L'origine de ce mot, que les pédants écrivent *vérandah,* est obscure.
Vellon (tam. *vellam*), mesure de capacité, contenant environ dix litres.
Vijaradaçami, fête indienne qui dure dix jours, du 11 au 20 purattâçi; fête des armes, des instruments de travail, des livres, etc.
Yuga, âges du monde. On sait qu'il y en a quatre pour les Indiens et que la fin de chacun est marquée par un cataclysme. L'année 1894 correspond à la 4999e du *kaliyuga,* le quatrième âge.
Zilédar, voy. *gilédar.*

NOMS DE PERSONNES ET NOMS GÉOGRAPHIQUES

ABD-UL-RAHMAN, 158, 169, 170, 184, 206, 218 note, 220, 221, 224, 227, 231, 236, 238, 241, 243 note, 245, 247, 257, 271 note, 272, 273, 275, 276, 277, 283, 299, 301, 307, 308, 309, 313, 320.
ABD-UL-SALIL, 243, 246, 277, 285, 307, 308, 309.
AÇAF-Çâhib, 70.
Achem, 27, 55, 61, 123, 124, 130, 134.
Agra, 261, 292.
AHMED-ATSÂ, 276.
AHMAD-CHÂH, 183.
ALAMCOUPAM, 247.
ALAMPARVÉ, 1, 24, 25, 222.
ALIKHAN, 173, 176, 178, 183, 220, 227, 242, 245, 264, 273, 275, 276, 301.
ANAVERDIKAN, voy. ANWAR-UD-DÎN-KHÂN.
ANDRÉ, 118.
ANJOUAN, 122, 124.
ANWAR-UD-DÎN-KHÂN, 55, 72, 73, 74, 75, 95, 98, 133, 150, 151, 160, 162 note, 184, 195, 202, 235, 237, 256, 277, 283, 284, 285, 309.
Arabie, 35.
Arcate, 2, 65, 67, 68, 81, 95, 97, 98, 133, 180, 249, 290, 307.
Archiwack, 157, 158, 159, 170 note, 319, 320.
Ariancoupam, 63, 147, 148, 149, 152, 155, 158, 159, 168, 169, 170, 172, 174, 175, 176, 178, 179, 180, 182, 185, 186, 187, 189, 192, 193, 194, 195, 197, 199, 204 note, 206, 227 note, 231, 232, 245, 263, 299, 308, 313, 314 note, 317 note, 318, 319, 320.

ARNASSALACHETTY, 78, 92, 93.
ASTRUC, 193 note, 225 note.
AUBIN, 4.
AUGER, 26, 47, 102, 155, 180.
D'AUTEUIL, 47, 55, 57, 72, 73, 75, 89, 110, 152, 158 note, 184, 187, 189, 191, 204 note, 236, 257, 261, 263, 276, 313.
D'AUTEUIL (Madame), 59, 152, 211.
AVER-Çâhib, 153.
AVISSE, 110, 119.
AZÂD-Çâhib, 43, 195.
BADÉ-Çâhib, 43, 44, 161 note, 194, 198, 214, 217, 238, 257, 259, 278, 295.
Bahour, 162, 284.
BARLAM, 26, 199, 207.
BARNEVAL, 82.
BARNEVAL (Madame), 63, 64, 82 note.
BARRETT, 130.
BARTHÉLEMY, 57, 89, 95, 96, 103, 108, 113, 115, 116, 127, 135, 139, 142 note, 147.
DE LA BAUME, 93, 25 note.
DE BAUSSET, 23, 156, 233.
Bénarès, 27.
Bencoul, 61.
Bengale (le), 15, 17, 26, 35, 36. 62, 92, 134, 162.
BENOIT, 116, 122.
BERTRAND, 257, 259.
BOCAGE, 107.
Bombay, 45, 60, 62, 236, 300, 301, 303.
BONNEAU, 57, 96 note, 107, 116, 141 note.
DE LA BORDERIE, 169 note.
BOSCAWEN, 145, 195, 199, 217, 232, 241 note, 246, 253, 254, 260, 261, 274, 277, 281, 302, 303, 304 note, 307, 310.

328 NOMS DE PERSONNES

BRUEL, 89, 154, 170, 188, 280, 282, 298, 306, 307.
Bourbon, 29 note, 135 note.
BRUYÈRES, 95, 102, 115, 127.
BUREL, 157.
BURY, 12, 102, 104, 105, 106 note, 108, 113, 116, 130, 174, 184, 188, 247, 252.
BURY fils, 245.
BUSSY, 158 note, 200 note, 216, 274.
Cadapa, 81, 160 note, 251.
Cadragâppoulléar covil, 313.
Calapett, 285.
Calimer (pointe), 30 note.
CANAGARÂYAMODÉLY, 1, 6, 7, 10, 173, 180, 182, 211, 214, 232.
CANDALAGURUVAPPACHETTY, 122, 124, 128, 189, 132.
Çanguvâram, 9.
Carnatique (le), 75.
Carouccoudicouppam, 242.
CASSASULTAN, 306.
CAUSSINET, 189.
CAUTEREL, 188, 245.
ÇÊCHÂÇALACHETTY, 3, 6, 7, 21, 238, 294, 295, 314, 317.
Çêchâyengârçâvadi, 249.
Ceylan, 25, 29, 41, 209 note.
CHAMPIGNON, 26, 27.
CHANDÂ-ÇÂHIB, 6, 8, 11, 12, 43, 44, 95, 138, 157, 160, 161, 162, 166, 167, 177, 178, 179, 185, 193, 195, 197, 198, 214, 217, 222, 240, 249, 256, 259.
CREICK-HUÇAÏN, 158 note, 176, 178, 185, 218 note, 220, 221, 224.
CHEICK-IBRAHIM, 153, 177, 196, 239, 241, 249, 252, 299, 300, 301, 308, 309, 320.
Chellambron, 231, 237, 251.
Chine, 27.
Chounâmbâr (le), 159, 169 note.
CŒURDOUX (le P.), 26, 147, 148, 205, 207, 257.
Coleron (le), 10, 11.
Colombo, 42, 44.
Combaconam, 67.
Contésalé, 175, 176, 194, 196, 197, 199, 200, 206, 221, 227, 231, 242, 254, 285, 292, 309, 311, 315.
COQUET, 20.
COQUET (Mme), 312.
CORNET, 61, 72, 124, 162, 164, 165, 171, 203, 216, 217, 258, 262, 266 note, 279, 280, 281, 282.
CORNET (Mme), 21.
Cottécoupom, 218, 234, 303.
Cousapaléom, 201.
Covelong, 61, 77, 80 note, 123, 125, 126, 161.
DAKKAÇÂHIB, 112.
Dâkkanâmpâccom, 819.
Danksborg, voy. *Tranquebar*.
DARGIS, 204 note.
DAUCY, 169 note, 176 note, 204 note, 207 note, 231 note, 278 note.
DELARCHE, 4, 89, 154, 255, 256, 264-266, 268, 275, 276, 279, 280, 308.
DELASELLE, 127, 267 note, 280, 298.
DELHY, 68, 69, 100, 102, 261, 292.
DESFORGES-BOUCHER, 51 note.
DESPRESNES, 40, 105, 127, 169, 261, 262.
DESJARDINS, 26 note, 34, 54, 129 note, 147.
DESMARÊTS, 58, 59, 60, 102.
Dévanâmpatnam, 35, 36, 37, 38, 39, 46, 47, 18, 64, 65, 66, 68, 137, 145, 150, 151, 153, 154, 160, 166, 167, 170, 190, 191, 196, 199, 232, 236, 245, 261, 302, 304, 305, 310, 311, 313, 319, 320.
Deyvanaïkchetty-çâvadi, 201, 231, 239, 241.
DIROIS, 3, 4, 9, 15.
DOR, 266 note, 231 note.
DORDELIN, 109, 120, 122, 130, 134, 135.
DOST-ALI-KHÂN, 1, 138, 162 note, 167, 197, 256.
DROUET, 280.
DUBOIS, 21, 104, 106, 129, 132.
DULART, 61.
DULAURENS, 16, 19, 20, 32, 34, 39, 74, 88, 89, 95, 96, 102, 103, 105, 108, 113,

115, 116, 117, 141 note, 146, 166, 204, 211, 213, 240, 282.
DUMAS, 6, 7, 11, 12, 15, 16, 17, 41, 110, 202, 271.
DUPLAN, 61, 184, 218.
DUPLEIX, 15, 17-320.
DUPLEIX (Mme), 18, 21, 22, 36, 54, 63 note, 87 note, 117, 143, 144, 156, 158, 164, 170, 174, 178, 196, 199, 201, 202, 204, 206, 210, 211, 212, 214, 219, 220, 221, 222, 223, 228, 229, 230, 231, 235, 238, 239, 240, 250, 256, 264, 273, 275, 276, 277, 300, 301, 306, 309, 311, 313, 316.
DUQUESNE, 32, 33, 169, 188, 250, 274, 281, 297, 298, 299, 306, 308, 319.
ÉDOUARD (le prince), 310.
ÉLIAS, 2, 89, 238.
Ellapoulléçâvadi, 231.
D'ESPRÉMÉNIL, 19, 40, 57, 70, 74, 75, 76 note, 77, 78, 88, 90, 91, 92, 93, 95, 96, 103, 105, 106, 107, 108, 113, 114, 115, 117, 118, 119, 123, 125, 126, 127, 128, 131, 132, 133, 135, 141 note, 146.
DE FONTBRUNE, 52, note 61.
Fort-Saint-David, voy. *Dévanâmpatnam*.
Foubert, 225 note.
DE FULVY, 35, 67, 105, 110, 121.
Galle, 44.
GALLOIS-MONTBRUN, 22 note.
DE LA GATINAIS, 25, 37.
Gengy, 152, 160, 277, 307, 309.
Goa, 126, 128, 135, 136.
GOLARD (G.), 12.
Golconde = voy. *Haïderabad*.
GOSSE, 127.
Goudelour, 36, 37, 46, 65, 66, 68, 98, 158 note, 200, 301, 313, 315, 318 note.
GOUPIL, 200 note, 204 note, 231 note.
Grande-Aldée (la), 3, 21.
DE GRANDMAISON, 231 note.
GRIFFIN, 145 note, 162, 254.
GUILLIARD, 102, 141 note, 151, 169, 174, 184, 188, 212.

GULÂB-SINGH, 95.
HAÇAN-ALI-KHAN, 197.
HAÇAN-ÇÂHIB, 193, 284, 285.
Haiderabad, 67, 160.
HAIRATTIKHAN, 152.
D'HOFFELIZE, 61.
HUÇAÎN-ÇÂHIB, 43, 95, 160, 278, 283.
Ile-de-France, 17, 23, 26, 28, 35, 45, 58, 62, 65, 96, 97, 107, 109, 110, 112, 129, 134, 135 note, 154, 157, 174.
IMÂM-ÇÂHIB, 2, 73, 74, 153.
Jaffna, 44.
JOANNIS, 89.
Kâdapâcom, 184.
Kandattûr, 142.
Kândjipuram, 137, 138.
Kânimôdu, 296.
Karcangéry, 3.
Karikal, 3, 4, 5, 8-15, 22, 28, 45, 46, 87, 91, 95, 98, 210, 231, 232, 237, 251, 271.
Karkkilampâcom, 162.
KERANGAL, 193 note, 206 note, 226 note, 278 note, 281.
KERJEAN, 115, 116, 218.
Kichenabouram, 158.
Kijanjipett, 162.
Kilindjicoupam, 151.
Kirmampâcom, 162.
Kôçambêdû, 64.
Krichnâ (la), 81, 308.
Kundutâjei, 270.
Kuttagei, 184.
LABOURDONNAIS, 15, 16, 17, 23, 25, 27-38, 40-135, 139 note, 141, 143, 146, 147, 153, 162, 163, 254.
LABOURDONNAIS (Madame de), 59.
LAMOTTE, 200 note.
LATOUCHE, 78, 108, 115.
LAW, 154, 169 note, 176, 192, 257.
LEGOU, 61, 117.
LE MAIRE, 102, 141 note, 235.
LENOIR, 2, 208, 252.
LEVOYER, 247 note.
LHOSTIS, 21, 106.

LITTRÉ, 26 note.
Londres, 110.
DE LOUCHE, 45, 62.
MACHAUT D'ARNOUVILLE, 110, 121.
Madagascar, 29.
MADANÂNDAPANDITA, 56, 112, 160, 198, 238, 249, 257, 264, 267, 277, 283, 289, 305, 306, 309.
Madras, 35, 37, 38, 39, 40, 46, 47, 48, 55, 56, 58, 59, 60, 61, 63, 64, 65, 66, 67, 68, 69, 70-147, 153, 154, 158, 160, 162, 163, 167, 171, 182, 227, 230, 246, 254, 320.
Maduré, 21.
MÂFÛZKHÂN, 94, 133, 136, 137, 139, 140, 141, 142, 152, 155, 160, 162, 235, 277, 278, 279, 283, 284, 285, 309.
Mahé, 15 note, 24, 45, 48, 55, 56, 74, 75, 82, 107, 109, 124, 136, 139, 140, 142, 157, 180, 185, 227 note, 232.
MAHMOUD-ALI-KHÂN, 162.
MAHMOUD-KHÂN, 112, 283, 284, 303
MAHRATTES (*les*), 160, 161, 202.
DE MAINVILLE, 105, 204 note.
Maïssour (le), 65, 67.
Malacca, 123.
MALÉAPPEN, 157, 158, 161, 237.
MALEIKKUJANDEIMODÉLY, 38.
Manille, 27, 49, 53, 55.
Maranakkânattukkaji, 116.
Marava, 201.
MARCHAND, 247 note.
MARCHANDON, 21 note.
MARTANDAVÂRMÂ, 104.
MARTIN (le P.), 189.
MARTINVILLE, 4, 9.
Mascareigne, voyez *Ile de France*.
MATHIEU, 49, 52, 64, 69.
Mattour, 234.
Maurice, voyez *Ile de Fronee*.
Mâyavaram, 5.
Mayirâmandalam, 186.
Mayotte, 29 note.
Mazulipatam, 72, 83.
Méliapour, 48, 55, 60, 61, 63, 64, 69, 74,
76, 80, 81, 96, 105, 108, 113, 114, 123, 133, 136, 138, 141, 142, 146, 219, 320,
MELVILLE, 113.
Méru (Himâlaya), 292.
Minakchiammançâvadi, 220, 244.
MINOT, 48.
MIRAN, 2, 63, 89, 102, 125, 128, 141 note.
MIRAN (le petit), 61, 102.
Mirâpalli, 20, 213, 238, 255, 256, 264, 287, 288, 289.
MÎR-DJAT, 277.
MÎR-GHULAM-HUÇAÏN, 157, 162, 194, 213, 257, 258, 259, 263, 267, 268, 287, 289.
MÎR-HAÇAN-KHÂN, 233.
MÎR-HUÇAÏN-KHÂN, 319.
MÎR-KALÂLATTI-KHÂN, 319.
MÎR-YÂDGARI - MOHAMMED - ÇÂHIB, 276, 277.
MÎRZÂ ADI-AÇIBEY, 136.
MÎRZÂ-ÇÂHIB, 181.
MORSE, 62, 70, 82, 83, 106, 111, 114, 123, 130, 131, 132, 162, 163.
MORSE (Mme), 61, 70, 82 note.
Môrtândi, 19, 64, 77, 244.
Mouroungapâcom, 175, 186, 313, 319, 320.
Moutalpett, 220, 227, 228, 229.
Moûtrapaléam, 311, 313.
Mouttiriçapoulléçâvadi, 168, 169, 172, 178, 180, 202, 253, 303.
MUHAMMAD-ÇHÂB, 73.
MUHAMMAD-GHAMAL, 75.
Muttâr (le), 139.
MUZAFFAR-JANG, 160 note.
Naïniapoulléçavrdi, 220, 287.
NAÏNIAPPA, 129.
Nangambâkkam, 64, 139.
Nariyankâḍu, 60.
NASIR-JANG, 160.
Nâtchiyârkôvil, 10.
Négapatam, 11, 21, 25, 29, 39, 49-51, 53, 58, 92, 95, 99, 124, 180, 210, 241 note, 314.
Nellitope, 62-63.

Nicobar, 232.
Nizâm-ul-Mulak, 73, 97, 98, 160 note.
Orry, 67, 105, 110, 121, 122 note.
Oulgaret, 31, 32, 40, 57, 61, 62, 64, 66, 82, 99, 147, 148, 149, 171, 199, 209, 319, 320.
Ouppalom, 270.
Ouppouvêlour, voy. *Vélour*.
Paccamodéanpett, 218, 223, 226, 229, 245, 311, 315.
Paliacate, 64, 70, 108 note.
Panon, 61, 127, 128.
Paradis, 48, 45-47, 53, 57, 62, 70, 75, 77, 80, 87 note, 91, 92, 93, 102, 104, 105, 108, 115, 116, 122, 136, 141, 142, 151, 155, 159, 160, 164, 166, 169, 170, 180, 183, 185, 186, 187, 189, 190, 192, 193, 197, 200, 209, 210, 211, 221, 223, 224, 225 note.
Paranipett, 303.
Parassourâmappoullé, 148, 149.
Par'eyençâvadi, 158.
Passy, 192 note.
Pattépetti, 151.
Pavajacârençâvadi, 315.
Pavajapett, 290.
• Pereira (Francisque), 11, 13.
Perimbé, 172.
Péroumalnaık-çâvadi, 199, 201, 311.
Peyton, 29, 40, 41, 43, 52, 130.
Piliantôppe, 10.
Pirçâdâdastriçâhib-dastugiri, 136,137.
de Plaisance, 61, 204 note.
Ponnayapaléam, 511.
Ponnéar (le), 232.
de la Porte-Barré, 25, 58 note.
Portenove, 24, 37, 45, 48, 65, 180.
Prat, 235.
Pudupaléam, 299.
De Puimorin, 192 note, 193 note, 225 note.
Pûndamalli, 64, 74, 76.
Quéda, 48.
Râdjendrâyen, 156.
Râjaçâhib, 197.

Râjapandita, 166, 167, 193, 195, 196
Râdjopandita, 252.
Râma, 209 note.
Râmakichenachetty, 165.
Rangappoullé, écrivain, 231.
Rangôjipandita, 3, 5, 6, 9, 10.
Râvana, 209 note.
Rebutty, 4.
Rettiarçâvadi, 319.
Réunion (la), voy. *Bourbon*.
Richon, 237.
Robert, 106, 188, 257, 274, 296.
Roche, 224, 225 note.
De Rostaing, 29 note, 70 note, 44 note, 52, 106 note, 129, 132.
Roulier, 110, 121.
Roussel, 4, 174 note, 312, 313.
Ryan, 39.
Sadras, 115.
Sâhadjî, 8.
Saint-David (Fort), voy. *Dévanâmpatnam*.
de Saint-Georges, 15.
de Saint-Pierre (Bernardin), 4 note.
Saint-Thomé, voy. *Méliapour*.
Said-Ali-Khân, 276, 283.
Sârom, 201, 315.
de Sartines, 125.
du Saussay, 271 note.
Savérimouttou, 219, 223, 224, 373.
Schonamille, 271 note.
Séchassalachetty, voy. Séchâçalachetty.
Sellé, 25, 29.
Séré, 257, 261, 274, 281, 298, 306.
Serpeau, 183, 205, 209.
Serre, 188.
Signac, 231.
Sindâtripett, 82.
Singattareipett, 81.
Singarakôvil, 159, 162, 168.
Sinnamodely, 238.
Sîrappa, 81.
De Solminihac, 188, 245, 247.

SOUPRAYA (du Fort), 3, 10, 87, 94, 282, 317.
SOUPRAYA (vâkil), 3, 5, 73, 74, 152, 160, 198, 283, 309, 310.
SUHASING, 58.
Tambirettypaléom, 14.
TANAPPAMODÉLY, 81, 83, 103, 112, 194, 198.
TANDAVARÂYAMODÉLY, 194.
TANDAVARÂYAPPOULLÉ, 88, 89.
Tanjaour, 3, 4, 5, 9, 10, 11, 12, 91, 98, 237, 309.
Telliapingapérumâlcôvil, 81.
Tellichéry, 122, 124, 157, 236.
Tennasserim, 161.
Tindivânom, 184.
Tirumangalam, 249.
TIRUVADIBÂLICHETTY, 6, 7, 8, 296, 317.
Tiruvallitévi, 81.
Tiruvâllikéni, 142.
Tiruvâmour, 80.
TIRUVENGADAPPOULLÉ, 45, 87, 150.
TIRUVENGADAPPOULLÉ (frère de l'auteur), 75, 76, 77. 89, 93, 113, 117.
TÔPPAN, 199.
DE LA TOUCHE, 169 note, 173 note, 176, 193 note, 204 note, 220, 252.
DE LA TOUR, 4, 12, 108, 115, 116, 139, 142, 158 note, 169 note, 172, 173, 174, 176 note, 178, 179, 192, 204 note, 216, 226 note, 231 note, 271 note.

TOURNON (le cardinal de), 2 note.
Tranquebar, 4 note, 11.
Travancore, 104.
Tricajikunam, 77.
Trichenapally, 22, 162, 284.
Trinquemalé, 40, 41, 42, 44, 62, 232.
Uttattûr, 6.
VAÇUDÉVAPANDÎTA, 52, 86, 213.
VALAMÂRTAN, 104.
Valdaour, 154, 195. 233, 277, 319.
VALLIMUHAMMAD, 75.
Vannânturei, 134.
Vêdalavattei, 152.
Vellâjençâvadi, 303, 304, 311.
VÉLOUR, 248, 249, 276.
VÊNGADÂÇALAAIYA, 137.
Vettavalam, 160.
Vettavalappâléom, 277.
Vijapuram, 237.
Vijouvapuram, 285.
VILLABAGUE (Mahé de la), 26, 38, 39, 40, 46, 53, 54, 72, 118, 129, 140 note, 142 note, 147.
Villenour, 172, 278, 311.
VINCENS, 218, 219, 220.
VINCENS (Mlles), 306 ; voy. BONNEVAL, D'ESPRÉMÉNIL, DUPLEIX, D'AUTEUIL.
Virampatnam, 134, 152, 155, 168, 184, 186, 217, 320.
VIRANAIK, 154, 165, 177, 213, 222.
Vizagapatam, 82.

INDEX ANALYTIQUE

Achat de Karikal et dépendances, 3 ; — de prises françaises aux Anglais par les Hollandais, 49, 53.
Achille (l'), vaisseau amiral de Labourdonnais, 29 note, 42, 43, 52, 126.
Aérolithes à Pondichéry, 19.
Agent, courtier et interprète à Madras, 75, 88.
Alarme chez les Anglais après l'arrivée et l'escadre de Labourdonnais, 36, 46, 63-64, 65, 70.
Anglais (les) en marche pour assiéger Pondichéry, 157-158, 159, 168 ; — à Ariancoupam, 168 et suiv. ; — autour de Pondichéry, au sud et à l'ouest, 201, 208-209; partout, 232 et ss. ; — leurs agissements dans les villages aux environs de Pondichéry, 233-234, 248-249.
Annulation de la capitulation de Madras, 141.
Arbres coupés aux environs de Pondichéry avant le siège, 162, 180.
Argent donné à Dupleix et à sa femme pour avoir assisté à un mariage, 22 ; — par des solliciteurs, 22 note ; — donné ou offert, disait-on, aux ministres par Labourdonnais, 67, 121 ; — l'argent manque à Pondichéry, 27 ; — apporté par l'escadre de Labourdonnais, 31, et par celle de M. Dordelin, 110 ; — Labourdonnais accusé d'en avoir pris à Madras, 112.

Armistice pour relever les morts et les blessés, à Ariancoupam, 178.
Arrestations et destitutions à Madras : Labourdonnais, d'Éprémenil, etc., 106-108.
Arrivée de Dupleix à Pondichéry, 17 ; — de Labourdonnais, 28.
Astrologie, consultation des astres, 90, 304.
Baptême d'un enfant indien, 14.
Batteries françaises devant Madras, 83 ; — à Pondichéry, 176, 187, 294, 308 ; — anglaises devant Ariancoupam et Pondichéry, 186, 189, 218, 221, 226, 229, 294, 300, 303.
Bayadères (les) dans les cortèges et fêtes, 16, 138.
Bijoux indiens, 138.
Blessés sur l'escadre, 23, 31 ; — pendant les opérations du siège de Pondichéry, 175 et suiv.
Bœuf écrasé par une bombe, 238.
Bombardement (premier) de Madras, 60-61 ; — par les Anglais du Fort de Pondichéry, 218 ; — de la ville, 210, 236, 239, 240, 247-248, 257-258, 264, 267, 268, 274, 276, 279, 288-294, 303, 314.
Bombes (les), 212, 215, 252, 262-263.
Bourbon (le), navire français, 29 note, 125, 126, 131, 133.
Brulôt préparé pour mettre le feu aux navires anglais, 186.
Cadeaux reçus des princes indiens ou donnés à ces princes, 2, 44,

138; = voy. *Gratifications.*

Cafres (soldats) à Pondichéry : leurs sorties, 242-245, 270, 276, 299.

Campements anglais à Vîrampatnam, 180, 184, 186; — devant Pondichéry, 260, 310-311.

Canons et armes, à emporter de Madras, 96; — sauvés et ramenés à Pondichéry, 220; — enlevés aux Anglais, 270-271, 274, 290; = voy. *Salves.*

Capitulation de Madras : la ville sera rendue contre une rançon de 1,100,000 pagodes (9,500,000 fr.), 96, 102, 132, 141.

Capucins et jésuites, leurs querelles, 2.

Casemates habitées pendant le siège de Pondichéry, 211, 216, 240, 282, 286.

Cérémonies pour le départ de Dumas, 16; — pour l'arrivée de Dupleix, 17-18; — pour la présence d'Européens aux mariages indiens, 21-22; — pour l'enterrement d'un commandant de navire, 36; — pour le passage de Labourdonnais à Négapatam, 50-51.

Chevaux pour la guerre, 47, 48, 56, 57, 71, 72, 75.

Chien (Dupleix traite Labourdonnais de), 68-69.

Chrétiens (Indiens) à Pondichéry se confessent et communient, 239; — seuls soignés à l'hôpital, 287.

Cipayes à Pondichéry : leur attitude lorsqu'on parlait de démolir une mosquée, 206; — leurs sorties 227-230, 231, 239, 241-245, 250, 270-271, 275-276, 285, 299-301, 309, 311.

Combat naval entre Labourdonnais et Peyton, 29-30, 97; — entre des navires français et anglais, 61, 62; — entre les soldats français et les Musulmans, 140, 142-143; — combats avec les Anglais devant Ariancoupam, 168, 172-173, 174-176, 178, 186, 190; engagements autour de Pondichéry, 220, 308; = voy. *Sorties.*

Conflit entre Dupleix et Labourdonnais à propos de la capitulation de Madras, 96, 102, 103, 105, 112, 113 et suiv.

Conseil supérieur de Pondichéry (délibérations et résolutions du); 37, 54, 55, 93, 97-102, 107, 113, 116, 119, 120, 122, 124, 125, 127-129, 134.

Conversation entre Dupleix et Labourdonnais, 28, 37, 53, 59, 74-75; — entre Dupleix et l'auteur, 24-25, 34-35, 39, 47, 62, 64, 71, 78-79, 104-105, 133, 162-164, 181-182, 186, 198-199, 216-217, 233-235, 258-263, 273-274, 281-282, 298-301, 306, 308; — entre l'auteur et divers Européens, 26, 40, 49-52, 58-60, 61, 261-263, 282, 298-301, 306-308.

Coquet (M.), notaire, son aventure dans la ville malabare, 20.

Costumes de soldats et de cipayes à Pondichéry, 155-156.

Coton (balles de) réquisitionnées pour servir de blindage dans la défense de Pondichéry, 162, 164-165, 167.

Courtier et interprète pour Madras, 75, 88.

Crédulité de Dupleix vis-à-vis de sa femme, 151, 199, 202.

Déclaration des habitants européens de Pondichéry contre la capitulation de Madras, 102; — des officiers de l'escadre Dordelin, 121; — des habitants indiens de Pondichéry relative à leurs provisions de riz, 266-268, 275, 276.

Démolition de la Pagode de Védaburiçvara, 202, 205-208, 210; — des remparts de Pondichéry par les projectiles des Anglais, 279.

Départ de Dumas pour la France, 16,

INDEX ANALYTIQUE

— de Labourdonnais pour Négapatam, 45 ; — pour Madras, 74-75 ; — des princesses musulmanes de Pondichéry avant le siège, 197.

Dépenses de l'escadre, 42 ; — de Dupleix pour mettre Pondichéry en état de défense, 97.

Déserteurs français chez les Anglais, 174, 236 ; le major Roussel, 312 ; — anglais chez les Français, 236, 301-303.

Dîner offert par Labourdonnais à Madame Dupleix, 36 ; — par Dupleix à Labourdonnais, 37, 40 ; — par Labourdonnais à Dupleix, 37 ; — par les Hollandais à Labourdonnais, 50-51 ; — à Madras le jour de la fête de Labourdonnais, 108 ; — banquet après la levée du siège de Pondichéry, 316.

Eau (vases pleins d') à avoir toujours dans les maisons pendant le siège de Pondichéry, 165.

Effet produit sur les Indiens par la vue des bombes, 209, 215, 252, 292.

Églises des environs de Pondichéry abandonnées à l'approche des Anglais, 147-149 ; — celle d'Ariancoupam sert de poste de guerre, 174, 180, 189-190 ; — celles de Pondichéry servent de casernes et de logement aux femmes européennes pendant le siège, 164, 202, 211.

Enfant baptisé, 14 ; — de Dupleix, mort le jour de sa naissance, 18-19.

Escadre (première) de Labourdonnais (1741), 15 ; — deuxième, 23 et suiv. : attendue, p. 23-25 ; signalée, 25-26 ; arrivée, 27-28 ; son voyage, 28-31 ; premier séjour à Pondichéry, 27-44 ; expédition à Négapatam, 45-52 ; deuxième séjour à Pondichéry, 52-57 ; pointe sur Madras sous les ordres de M. de la Porte-Barré, 58 et suiv., 99 ; départ pour assiéger Madras, 77, 100 ; débarquement à Tirouvâmour, 80, 101 ; tempête du 13 octobre, 123-126 ; départ de Madras, 133 ; station à Pondichéry, 134 ; — escadre auxiliaire de M. Dordelin, 82, 109 et suiv. : arrivée, 109 ; se joint à celle de Labourdonnais, 134.

Escadre anglaise (l') de M. Peyton, 25, 29, 35, 51-52 ; — de M. Boscawen : arrivée au fort Saint-David, 145 ; devant Pondichéry, 152, 166 ; quitte la rade, 303-305, 320.

Espions des Anglais, 38, 264, 269.

Évacuation d'Ariancoupam après l'explosion des poudres, 192.

Évêque à Pondichéry, 2.

Explosion des poudres dans le Fort d'Ariancoupam, 191-193.

Fascines (fabrication de), 232.

Favori (le), pris par les Anglais à Achem, 26.

Femmes, 8 ; Européens et femmes indiennes, 20 ; — des indiennes quittent Pondichéry avant le siège, 148, 177, 193, 195.

Fête à Pondichéry, quand M. Dumas obtint l'autorisation de frapper des roupies, 1-2 ; — pour la prise de Madras, 85 et suiv. ; — de Labourdonnais, 108 ; — du Roi, 25 août 1746, 179 ; — de Mme d'Auteuil, 15 août, 152 ; — musulmane, 237 ; — indienne, 115, 258 ; — à Pondichéry après la levée du siège, 316.

Frais occasionnés par l'obtention du droit de frapper des roupies à Pondichéry, 2.

Frayeur des Anglais à Madras, 70, 82 ; — des Indiens, 80, 151, 171, 193-194, 215, 217, 233, 248, 252, 262, 269 ; — des Français à Pondichéry, 151, 171, 176, 193-194, 217, 238-239.

Frère de l'auteur (le) à Madras, 75, 89, 90-94, 113, 115, 117, 118, 146.

Gouvernement de l'Inde française : départ de Dumas, 15-17; — arrivée de Dupleix, 17-18.

Grades supérieurs (les) dans la marine, 145.

Gratifications et récompenses, 38, 156, 185, 220-221, 245, 272-273, 307.

Grèves d'ouvriers, 232.

Habitants de Pondichéry pendant le siège, se réfugient dans les églises, dans les casemates, dans les maisons du N.-E., 202, 211, 213, 289-290; — reviennent dans leurs maisons, 312, 314 ; — ceux qui sont sortis sont invités à revenir, 319-320.

Hivernage des navires, 120, 124, 126, 128-130, 135, 232.

Hollandais (les) instruits les premiers de l'arrivée de Labourdonnais, 25; — leur attitude humble envers Labourdonnais, 49-51, 99 ; — disent que la guerre est déclarée entre la France et eux, 124 ; — contingent hollandais dans l'armée de siège de Boscawen, 190, 302, 312.

Honneurs rendus ou à rendre à Dupleix, Labourdonnais, d'Esprémenil, etc., 31-33, 40-41, 55-56, 123.

Incendies allumés dans les villages à l'approche des Anglais, 152, 161, 170, 236 ; — les Anglais mettent le feu dans leurs retranchements à Pondichéry, 309-312; à Ariancoupam, 318·

Indemnités aux habitants des maisons détruites en vue du siège de Pondichéry, 152, 161.

Indiens (lâcheté des) contre un Européen, 20.

Indigènes (propagande française parmi les), 6, 77 ; — ils ont peur des Européens et se soumettent tout de suite, 80-81.

Injustices et vexations de Mme Dupleix, 151, 156, 196, 198, 199, 202, 207, 222, 228-230, 235, 254, 264, 268, 275.

Insuccès de Dupleix dans son expédition contre Goudelour, 153.

Interprète et courtier pour Madras, 75.

Ivresse et disputes d'Européens, 19-20.

Jalousie réciproque de Dupleix et de Labourdonnais, 33.

Jésuites et capucins, leurs querelles, 2; — faux et prudents, 147-149; — font démolir une grande pagode à Pondichéry, 202 ; — leur attitude et leurs paroles à cette occasion, 205, 207-208.

Joie générale à Pondichéry par suite de l'arrivée de l'escadre de Labourdonnais, 27 ; — en apprenant que les Anglais allaient lever le siège, 302.

Jugements et opinions de Dupleix sur Labourdonnais, 34-35, 66-71.

Karikal et dépendances. Achat, 3 ; négociations, 4, 6-8, 11; organisation du service, 3-5, 13-14; difficultés, 5-6, 9-10; prise de possession, 12-14.

Lettres écrites par l'auteur, 25 ; — saisies, 39, 54, 60, 81 ; — reçues par l'auteur, 63, 93, 122, 125-126, 128, 130-131, 132, 231 ; — des princes et chefs indiens, 56, 72-74, 83, 94-95, 136, 150, 152, 160-161, 166-167, 177, 179, 222, 276-278, 283.

Madras pris, 84 et suiv.; — remis aux agents de Dupleix, 114 et suiv., 133 ; — réclamé par le Nabâb d'Arcate, 133, 137-138.

Malades, blessés et morts sur l'escadre, 23, 31, 42.

Maladie de Labourdonnais, 52, 54, 55, 57, 99 ; — indispositions de Dupleix, 95, 116.

Maraude et pillage à Pondichéry et dehors pendant le siège, 201, 203,

222, 227-230, 237, 269, 280, 300, 311-312.

Mariage (riche) indien, 21-22.

Marie-Gertrude (la), 45, 47, 95, 123, 125, 126.

Méprise, soldats français tirant les uns sur les autres, 181-182; — méprise sur le nom de Badéçâhib qui fait croire à la mort de Dupleix, 214, 216.

Messe (Dupleix à la), 131, 140, 155, 179, 280.

Ministres (les), Dupleix et Labourdonnais, 67-68.

Marie-Joseph (le), navire français du Bengale, 26-29.

Mission de Paradis auprès de Labourdonnais, 45-47.

Monnaie (autorisation de battre) à Pondichéry, 1.

Mort de M. Visdelou, évêque de Claudiopolis, 2; — d'un capitaine de l'escadre française, 34, 36; — de M. Paradis, 224-225; — d'habitants de Pondichéry pendant le siège, 263.

Mouillages dans la rade de Pondichéry, 155, 287-288.

Mousson (le changement de) amène des mauvais temps, 117, 123, 125-126, 129-130, 131, 254-255, 297-298, 302.

Musulmans, vantards et peureux, 81; — marche des princes musulmans sur Madras, 133, 137-138, 139-140; — battus à Madras, 140; — les Musulmans à Pondichéry pendant le siège, 193, 214-216; = voy. *Princes musulmans*.

Naufrage du Saint-Géran, 4 note; de l'Insulaire, 92.

Navires de France arrivée, 14, 15, 26-27, 82.

Nouvelles d'Europe : la guerre, 110, 157; — le Ministère, 110; — du dehors à Pondichéry pendant le siège,

231, 237, 276, 283, 308.

Nouvelles (fausses), 114, 119.

Occupation d'Ariancoupam par les Anglais, 192.

Ordres du Roi et des Ministres à Dupleix et à Labourdonnais, 59-60, 104, 109.

Ordres de la Compagnie, 120.

Oulgaret (maison de campagne de M. Paradis à); dîner, 30; — Labourdonnais, malade, s'y installe, 57.

Pagode de Vêdaburîçvara : réparations autorisées, 87; — démolie, 202, 205-208, 210.

Paillottes détruites à l'approche des Anglais, 152, 161, 170.

Panique à Madras, 82; — à Pondichéry, 176-177, 193, 289.

Pape (le) et les Jésuites, 2-3.

Paradis, sa maison de campagne à Oulgaret, 40; — envoyé en mission à Labourdonnais, 45; — son rôle entre Madras et Pondichéry, 91 et suiv.; — nommé commandant de Madras, 136; — bat les Musulmans à Méliapour, 161-143; — sa mort pendant la sortie du 11 septembre 1748, 224-225.

Paroles textuelles de Dupleix, 68-69, 186, — de soldats, 133.

Pertes des Anglais pendant le siège de Pondichéry, 178, 245, 259, 285-286, 301-303.

Pillage = voyez *Maraude*.

Pions de Madame Dupleix (les cent), 201, 219, 222, 228-230, 231, 249-250, 254, 270, 273, 300, 308, 311.

Poursuite des Anglais après la levée du siège de Pondichéry, 313, 319-320.

Prédictions, pronostics et prévisions des Indiens, 143-144, 151, 182, 186, 240, 245, 253-255, 262, 273-274, 277, 299, 303, 305.

Préparatifs de guerre et provisions, 36-37, 41-42, 45, 47-49, 58, 75, 99, 232.

Présages indiens : étonnement, 78 ; — objet de mauvais augure, 305, — objet chargé de malédictions, 306.

Primes pour boulets et bombes recueillis, 252, 258, 279, 312.

Princes musulmans à Pondichéry, 43 ; — pendant le siège, 164, 193, 214-216, 259 ; — tenus en respect par Dupleix, 97 ; — leur correspondance avec Dupleix, 56, 72, 74, 94, 137, 183, 235 ; — prétendent s'opposer aux Français et leur reprendre Madras, 133, 137-138, 139-140 ; — leur contingent dans l'armée anglaise qui assiège Pondichéry, 307, 312.

Prise de vaisseaux français par les Anglais, 26-27, 49, 97-98 ; — de vaisseaux anglais par les Français, 45, 61, 71, 92, 122 ; — de Madras, 84 et suiv.

Prison (M. Duquesne mis en) c.-à-d. aux arrêts pour n'avoir pas rendu à Labourdonnais les honneurs qui lui étaient dus, 33.

Prisonniers (Anglais), 133, 173-174, 175, 179, 190-191, 195, 260, 285-286, 300-301, 303.

Prix du bétel et du tabac à Pondichéry en 1746, 86.

Programme de l'auteur, 1.

Projectiles (les) anglais, leur nature, leurs effets, endroits où ils atteignent, 175, 186, 210-211, 213-216, 218, 236, 238, 245-246, 247-248, 250-251, 252, 257, 259, 263-264, 267, 268, 274, 277, 287, 288-294, 295, 309-310, 311.

Projets des Anglais révélés par des prisonniers, 191,   , 286.

Provisions et préparatifs de guerre, 36-37, 41-42, 46, 45, 49, 54, 71, 72, 75, 99, 129, 149, 153, 158, 171, 195, 203.

Querelle violente entre Dupleix et Labourdonnais en plein conseil, 59.

Rançon de Madras, onze cent mille pagodes, 96, 102, 113, 132, 141.

Rations de riz aux *coulis* pendant le siège, 209.

Récompenses, voyez *Gratifications*.

Remparts de Pondichéry démolis par les projectiles anglais, 279.

Réquisitions, voyez *Riz, Saisies, Vin*.

Résumé des événements qui ont précédé et amené la prise de Madras, 97-102.

Retraite des Anglais après la levée du siège de Pondichéry, 313, 318.

Retranchements des Anglais devant Pondichéry, 260, 310, 314-315.

Revue passée par Labourdonnais, 33-34 ; — de troupes françaises, 48, 74, 155, 179, 315-316.

Riz (provisions de) à Pondichéry pendant le siège, 149, 150, 155, 162, 181-182, 203, 249, 251 ; — vendu à Pondichéry, 154, 159, 255, 264 ; — réquisitionné, 256, 258, 265, 275, 280, 282, 297-298.

Roupies au coin du Grand Mogol, autorisation d'en frapper à Pondichéry, 1.

Saint-Géran (le), 4.

Saisies et réquisitions sur des voyageurs, 39, 54, 60, 107 ; — à Madras par Labourdonnais, 96, 104, 111, 130 ; — à Pondichéry et aux environs à cause du siège, 171, 184, 279-280 ; — objets recueillis dans les retranchements anglais après la levée du siège de Pondichéry, 311, 313.

Salves de canons, 1, 7, 15, 17, 18, 28, 36, 41, 44, 50, 51, 52, 84, 85, 88, 95, 109, 132, 133, 138, 179, 316.

Séances du Conseil supérieur de Pondichéry, 37, 54, 55, 59, 92-93, 97-102, 107, 111, 113, 116, 119, 120, 122, 124, 125, 127-129, 134.

Siège de Madras : commencement, 83 ; capitulation de Madras, 84 ; — de Pondichéry : commencement, 201, levée, 303.

Soldats (mot grossier de) contre Labourdonnais, 133.

Sorties générales de Pondichéry pendant le siège : le 11 septembre 1748, 221, 223-234 ; le 26 septembre, 241-245 ; — pendant la levée du siège, le 13 octobre, 308 ; — voyez *Cafres, Cipayes.*

Susceptibilité de Labourdonnais, 31-33, 56 ; — de Dupleix, 34, 56.

Te Deum d'action de grâces pour la prise de Madras, 85 ; — pour la levée du siège de Pondichéry, 316.

Tempête vers Madagascar, 29 ; — à la côte de Coromandel, 117 ; — terrible à Madras, 123, 125, 126.

Travaux de défense à Pondichéry, 147. — de siège des Anglais, 260, 310.

Vanité de Dupleix, 33, 56, 65-67 ; — de Labourdonnais, 33, 56 ; — de Paradis, 91.

Vantardise des Indiens, 219, 250, 307-308.

Vin (le) à Pondichéry pendant le siège, 203.

Visites de l'auteur à Labourdonnais, 31, 36 ; — de Dupleix à Labourdonnais malade à Oulgaret, 61, 62 ; — des princes indiens au vaisseau amiral de Labourdonnais, 43-44 ; — des retranchements anglais après la levée du siège de Pondichéry, 314-315.

Vols prétendus de Labourdonnais, 112-113, 118, 133, 146.

LE PUY, IMPRIMERIE MARCHESSOU FILS, BOULEVARD SAINT-LAURENT, 23

PUBLICATIONS DE L'ÉCOLE DES LANGUES ORIENTALES VIVANTES

LES
FRANÇAIS DANS L'INDE
DUPLEIX ET LABOURDONNAIS

EXTRAITS

DU JOURNAL D'ANANDARANGAPPOULLÉ

COURTIER DE LA COMPAGNIE FRANÇAISE DES INDES

(1736-1748)

TRADUITS DU TAMOUL

PAR

JULIEN VINSON

PROFESSEUR A L'ÉCOLE SPÉCIALE DES LANGUES ORIENTALES VIVANTES

PARIS
ERNEST LEROUX, ÉDITEUR
28, RUE BONAPARTE, 28

1894

rau, de l an 1013 a 1019, texte persan, publie, traduit et annote par *Ch. Schefer*, de l Institut Un beau volume gr in-8, avec quatre chromolithographies. . . . 25 fr.

II, III. CHRONIQUE DE CHYPRE PAR LÉONCE MACHERAS, texte grec publie, traduit et annote par *E. Miller*, de l'Institut, et *C Sathas*. 2 vol. in 8, avec une carte ancienne, en chromolithographie 10 fr.

IV, V. DICTIONNAIRE TURC-FRANÇAIS Supplement aux dictionnaires publies jusqu a ce jour, par *A.-C. Barbier de Meynard*, de l Institut 2 forts volumes in-8 a 2 colonnes L ouvrage publie en 8 livraisons a 10 fr . . . 80 fr.

VI. MIRADJ-NAMEH, recit de l ascension de Mahomet au Ciel Texte turc-oriental, publie, traduit et annoté d après le manuscrit ouigour de la Bibliotheque Nationale, par *Pavet de Courteille*, de l Institut. In-8, avec fac-similes du manuscrit en chromolithographie 15 fr.

VII, VIII CHRESTOMATHIE PERSANE, composee de morceaux Inedits avec introduction et notes, publiée par *Ch Schefer*, de l Institut. 2 volumes in-8 30 fr

XI. MELANGES ORIENTAUX Textes et traductions, publies par les professeurs de l'Ecole des langues orientales vivantes, a l occasion du sixieme congres international des Orientalistes reunis a Leyde en septembre 1883 In-8, avec planches et fac-simile . 25 fr

Notice historique sur l Ecole des langues. — Quatre lettres missives écrites de 1170 a 1175 par Abou l-Hasan Aly, par H Derenbourg. Trois chapitres du Khitay Nameh, par Ch Schefer — Notice sur l Arabie meridionale, par C Barbier de Meynard. L incendie de Singapour en 1828, par l abbe C. l avre — Inscriptions d un reliquaire armenien de la collection Basilewski, par A. Carriere. Fragments inedits de litterature grecque, par E Miller. Memorial de l antiquite japonaise, par L. de Rosny. — Kim van Kieu Truyen, par A des Michels La Bulgarie a la fin du xviii° siecle, par L. Leger — Notice biographique et bibliographique sur Nicolas Spatar Milescu, par Emile Picot Essai d'une bibliographie des ouvrages publies en Chine par les Europeens au xvii° et au xviii° siecles, par H. Cordier. Un épisode du poeme epique de Sindamani, par J Vinson.

X. XI LES MANUSCRITS ARABES DE L ESCURIAL, decrits par *Hartwig Derenbourg* Tome I Grammaire, Rhetorique. Poesie, Philologie et Belles-Lettres, Lexicographie, Philosophie Gr in 8 15 fr. Tome II Morale et politique, Histoire naturelle, Geographie, Histoire, Divers, Supplement, Melanges. In-8 (sous presse) 15 fr.

XII OUSAMA IBN MOUNKIDH (1095-1188). Un emir syrien au 1er siecle des croisades, par *Hartwig Derenbourg*. Avec le texte arabe de l autobiographie d Ousama, publié d apres le manuscrit de l Escurial. Premiere partie Vie d Ousama 1889, en 2 fascic. In-8 20 fr. Deuxieme partie, texte arabe. 1886, in-8 . . 15 fr.

XIII. CHRONIQUE DITE DE NESTOR, traduite sur le texte slavon-russe avec introduction et commentaire critique par *L. Leger* In-8 15 fr.

XIV. XV. KIM VAN KIEU TAN TRUYEN. Poeme annamite, publie, traduit et annoté par *Abel des Michels*, 2 volumes en 3 parties. In-8 40 fr.

XVI. XVII LE LIVRE CANONIQUE DE L ANTIQUITE JAPONAISE Histoire des dynasties divines, traduite sur le texte original et accompagnée d une glose inédite composee en chinois et d un commentaire perpétuel, par *Leon de Rosny* Deux fascic. in 8 Chaque fasc 15 fr. Premiere partie. La Genese. Deuxieme partie Le regne du Soleil Troisieme partie L Exil.

XVIII LE MAROC de 1631 a 1812 Extrait de l'ouvrage intitule Ettordjeman Elmo arib an douel Elmachriq ou l Maghrib, de Aboulqasem ben Ahmed Ezziani Texte arabe publie et traduit par *O Houdas*. In-8 . 15 fr.

XIX. NOUVEAUX MELANGES ORIENTAUX, publies par les professeurs de l Ecole des langues orientales vivantes, a l'occasion du Congres des Orientalistes tenu a Vienne en 1886 In-8, avec fac-simile 15 fr. Tableau du regne de Mouizz eddin Aboul Harith, Sultan Sindjar, par Ch Schefer, — Considerations sur l histoire ottomane, par A -C Barbier de Meynard — Essai sur l'ecriture maghrebine, par O. Houdas. — Ousama ibn Mounkidh, par H Derenbourg Entretien de Moïse avec Dieu sur le mont Sinai, par l'abbe F Favre — Voyages de Basile Vatace en Europe et en Asie, par E Legrand Les noces de Maxime Tzernoievitch, par A Dozon — Quelques contes populaires annamites, par A des Michels — Note pour servir a l histoire des etudes chinoises en Europe, par H Cordier Specimen de paleographie tamoule, par J Vinson — Une version armenienne de l histoire d Asseneth, par A Carriere — Notice biographique et bibliographique sur l'imprimeur Anthime d'Ivir, par E Picot, — Des differents genres d ecriture employés par les Japonais, par L. de Rosny

XX. L ESTAT DE LA PERSE en 1660, par le P. *Raphael du Mans*. Publié et annoté par *Ch. Schefer*, de l Institut In-8. 20 fr.

TROISIEME SÉRIE

I. LA FRONTIERE SINO ANNAMITE, description géographique et ethnographique, d après des documents officiels chinois traduits par *G. Devéria* In-8 illustré avec planches et cartes. 20 fr.

II. NOZHET-ELHADI. Histoire de la dynastie saadienne au Maroc (1511 1670), par Mohammed Esseghir ben Elhadj ben Abdallah Eloufrâni. Texte arabe, publié par *O. Houdas* In-8. 15 fr.

III. Le même ouvrage Traduction française, par *O. Houdas* 15 fr.

IV. ESQUISSE DE L HISTOIRE DU KHANAT DE KHOKAND, par *Nalivkine*, traduit du russe par *A. Dozon* In-8, avec carte 10 fr

V. VI. RECUEIL DE TEXTES ET DE TRADUCTIONS, publiés par les Professeurs de l Ecole des langues orientales vivantes à l occasion du Congrès des Orientalistes de Stockholm 2 vol in-8 30 fr. Quelques chapitres de l abrégé du Seldjouq Namèh, composé par l emir Nassir eddin Yahia, publié et traduit par Ch. Schefer. — L Ours et le Voleur, comédie en dialecte turc azeri, publiée et traduite par Barbier de Meynard. — Proverbes malais, par G. Marre. — Ceremonies religieuses et coutumes des Tchérémisses, par A. Dozon. — Histoire de la conquête de l'Andalousie, par Ibn Elqouthiya, publié par O. Houdas. — La compagnie suedoise des Indes orientales au xviiie siecle, par H. Cordier Du sens des mots chinois, *Giao Chi*, nom des ancêtres du peuple annamite, par A. des Michels — Chants populaires des Roumains de Serbie, par Em. Picot — Les Francais dans l Inde (1736-1761), par J. Vinson. — Notice biographique sur Jean et Théodose Zygomalas, par E. Legrand, etc

VII, VIII SIASSET NAMEH Traité de Gouvernement, par Nizam oul Moulk, vizir du sultan Seldjoukide Melikchah Texte persan et traduction française, par *Ch. Schefer*, de l Institut Tome I. Texte persan In-8. 15 fr.
Tome II Traduction française et notes In-8 15 fr.

IX, X. VIE DE DJELAL-EDDIN MANKOBIRTI, par *El Nesawi* (viie siècle de l hégire). Tome I Texte arabe, publié par *O. Houdas* In-8 15 fr.
Tome II. Traduction française et notes, par *O. Houdas*. In-8. *(Sous presse)*

XI CHIH LOUI KOUOH KIANG YUH TCHI Géographie historique des Seize royaumes fondés en Chine par des chefs tatares (302-433) traduite du chinois et annotée par *A. Des Michels* Fasc I et II, in-8. Chaque 7 fr. 50
Fascicule III *(Sous presse)*

XII. CENT DIX LETTRES GRECQUES, de *François Filelfe*, publiees intégralement pour la premiere fois, d après le *Codex Trivulzianus* 873, avec introduction, notes et commentaires, par *Emile Legrand*. In-8 20 fr.

XIII. DESCRIPTION TOPOGRAPHIQUE ET HISTORIQUE DE BOUKHARA, par *Mohammed Nerchakhy*, suivie de textes relatifs à la Transoxiane. Tome I. Texte persan, publié par *Ch. Schefer*, membre de l'Institut. In-8. 15 fr.

XIV Tome II. Traduction française et notes, par *Ch. Schefer*, de l Institut. *(Sous presse.)*

XV. LES FRANÇAIS DANS L INDE, Dupleix et Labourdonnais Extraits des Memoires d'Anandarangappoullé, divân de la Compagnie des Indes (1736-1761), traduits par *J. Vinson*. In-8 avec cartes 15 fr.

XVI. KHALIL ED-DAHIRY. Description de l Egypte et de la Syrie Texte arabe, publié par M. Ravaisse. In-8 12 fr.

XVII. Le même, traduction française. In-8 *(En preparation)*

XVIII. TABLEAUX GENEALOGIQUES DES PRINCES DE MOLDAVIE, dressés d'après les documents originaux et accompagnés de notes historiques, par Emile Picot. In 8 de 300 pages, avec environ 30 tableaux. *(En preparation)*

XIX, XX. BIBLIOGRAPHIE CORÉENNE Tableau littéraire de la Corée, contenant la nomenclature des ouvrages publiés jusqu en 1890, ainsi que la description et l analyse detaillées des principaux d entre ces ouvrages, par Maurice Courant, interprete de la légation de France a Tokyo. 2 vol. *(Sous presse.)*

QUATRIEME SÉRIE

I-IV. CATALOGUE DE LA BIBLIOTHEQUE DE L ECOLE DES LANGUES ORIENTALES VIVANTES, publié par *E. Lambrecht*, secrétaire de l Ecole. *(Sous presse)*

www.ingramcontent.com/pod-product-compliance
Lightning Source LLC
Chambersburg PA
CBHW070617230426
43670CB00010B/1558